Otto Carisch

Taschen-Wörterbuch der Rhaetoromanischen Sprache

Otto Carisch

Taschen-Wörterbuch der Rhaetoromanischen Sprache

ISBN/EAN: 9783337310509

Hergestellt in Europa, USA, Kanada, Australien, Japan

Cover: Foto ©Thomas Meinert / pixelio.de

Weitere Bücher finden Sie auf **www.hansebooks.com**

Taschen-Wörterbuch
der
RHÆTOROMANISCHEN SPRACHE

in Graubünden

besonders

der Oberländer und Engadiner Dialekte,

nach dem Oberländer zusammengestellt und

ETYMOLOGISCH GEORDNET

von

Otto Carisch,

Professor an der evangel. Kantonsschule.

CHUR,
Druck der Officin von Fr. Wassali.
1848.

Unveränderter Neudruck.
Hitz & Hail,
CHUR & ST MORITZ.
1887.

VORREDE.

I.

In allen Bemühungen um die rhäto-romanische Sprache, denen Manche unsrer Landsleute sich von Zeit zu Zeit unterzogen haben, dürfte der Hauptunterschied wohl in dem *Standpunkte*, von welchem sie ausgegangen, und in dem *Zwecke* zu suchen sein, der ihnen vorzugsweise dabei vorschwebte. Den Meisten erschien sie als eine, ihrer Brauchbarkeit nicht weniger als ihres hohen Alterthumes wegen sehr beachtungswerthe Sprache, die erhalten und gepflegt werden müsse; sie erblickten in ihr einen schon ziemlich bestimmt ausgeprägten Gegensatz des *guten Romanischen* und des *schlechten Romanischen*, wesswegen ihr Bestreben sich dann auch hauptsächlich auf Erweiterung, Bereicherung, Verfeinerung, oder, wie sie es gewöhnlich nennen, auf Ausbildung und Vervollkommnung der Sprache richtete. Zu diesem Behufe wurde dann der Schatz aller Wissenschaften gesichtet, in die einzelnen Begriffe aufgelöst und, wo für einen oder den andern der Ausdruck im Romanischen fehlte, der mangelnde sogleich aus einer andern Sprache entlehnt, mit einer rom. Endung versehen, oder nach irgend einer Analogie neu gestempelt. Solche Männer werden dann die Meister der Sprache und in der That wahre Sprachkünstler.

Wie gerne auch der Verfasser dieses Werkchens einen Unterschied des Bessen und weniger Guten in unsern Dialekten im Allgemeinen anerkennt: zu einer befriedigenden Ueberzeugung von dem unbedingten Primat des einen vor allem andern Rhäto-romanischen hat er es zur Zeit noch nicht bringen können. Und aus den widerstreitenden Ansichten, die so vielseitig sich noch kundgeben, geht wohl hervor, dass man auch im Volke noch zu keinem Abschlusse darin gekommen ist. Denn das ist doch unverkennbar, dass mit welchem Selbstgefühle auch mancher Engadiner auf das diesseitsbergische Romanische, oder, wie er es gewöhnlich mit einem Spitznamen nennt, auf das — Schalauer — herabblicke: sich bei den Oberländern dennoch wenig Neigung zeigt, dem Engadinischen den angesprochenen Vorzug so kurzweg in Bausch und Bogen einzuräumen. Dann wieder in den einzelnen Thalschaften, jenseits und diesseits der Berge, unter Entfernern und Nähern, Oberengadinern und Unterengadinern, Disentisern und Grubern, Schamsern und Heinzenbergern, Domleschgern und Oberhalbsteinern überall der gleiche Streit, und die feste Ueberzeugung, und bei jeder Verhandlung darüber die kecksten Betheurungen : das beste Romanische sei doch das ihrige; denn das schönste, das wohlklingendste, das gemüthlichste. So misslich steht es also dermalen noch um die Spruchreife dieser Frage; und die competente Entscheidung darüber dürfte wohl noch lange auf sich warten lassen. Und bei solchem Stande der Dinge wird es wohl am räthlichsten sein, einstweilen alle rhäto-romanischen Dialekte als ziemlich gleichberechtigt und gleicher Berücksichtigung würdig zu achten. Dem hier erscheinenden Wörterbuche wenigstens liegt diese Ansicht zum Grunde. Ohne Vorliebe oder Parteilichkeit hat der Verfasser jedem Dialekte eine Stelle in demselben gegönnt und muss nur bedauren, dass er, seiner diessfälligen Bemühungen ungeachtet, für manche Mundart keine oder nur so wenige würdige Repräsentanten aufzutreiben vermochte.

Der Zweck dieses kleinen Wörterbuches ist aber ein doppelter. Einerseits hätte der Verfasser auch aus dem Gebiete der rhäto-romanischen Dialekte den gelehrten Philologen und Ethnographen einen möglichst reichen und angemessenen Beitrag zu ihren wissenschaftlichen Forschungen und Sprachvergleichungen liefern; andersseits einem vaterländischen Bedürfniss dadurch abhelfen mögen, dass er seinen jüngern Landsleuten die Erlernung des Deutschen einigermassen erleichterte, die ältern aber, und zumal die gebildetern, zu reiflicherm Nachdenken über ihre jedenfalls beachtenswerthe Muttersprache veranlasste, und derselben unterdessen, bis ein würdigeres, durch Baustoff und Architektonik vollkommneres zu Stande käme, dieses kleine Denkmal setzte.

Wenn aber die Compilation eines rhäto-romanischen Wörterbuches schon wegen Mangels an derartigen Vorarbeiten und einer normgebenden Literatur, noch mehr aber wegen des mannichfach Schwankenden, Willkürlichen, und offenbar Corrumpirten in der Sprache selbst, eine schwierige Aufgabe sein muss: so wird ihre Schwierigkeit durch den doppelten Zweck noch gesteigert, der hier festgehalten werden sollte. Denn mit einem roman. Lexikon kann dem gelehrten Sprachforscher offenbar nur in dem Maasse gedient sein, als es ihm ursprüngliche, ächt romanische Wörter bietet, — gleichviel, ob aus dem einen oder dem andern Dialekte zusammengetragen, ob veraltet oder im Volke noch gangbar; und für ihn konnte die ganze Sammlung füglich auf einige hundert Wörter beschränkt werden. Sollte hingegen die andere Rücksicht vorwiegen und das Bedürfniss der Landeseinwohner bedacht werden, so dürfen sie mit Recht erwarten, in einem rhäto-romanischen Lexikon möglichst viele im Verkehr üblichen Wörter nnd Redensarten angeführt zu finden — gleichviel, ob ursprünglich romanische oder nur aus andern Sprachen herübergezogene. Allein bei der grossen Verschiedenheit der Dialekte, ihrer überall schwankenden Unbestimmtheit und gemeinsamen, soll man sagen Fügsamkeit oder Adulterationsfähigkeit, dürfte diese Rücksicht den Lexikographen weit führen und ihn zur Aufnahme auch solcher Wörter verleiten, deren Angehörigkeitsrecht doch schwer zu erweisen sein möchte.

Ich gestehe, in der Wahl zwischen den beiden Wegen, die hier eingeschlagen werden konnten, lange geschwankt zu haben, und nur die Hoffnung, für meine Landsleute doch das

Nützlichere zu thun, konnte mich endlich für den zweiten, wenn auch mühsamern und vielleicht undankbarern bestimmen. Den gelehrten Sprachforschern wurde aber wenigstens in soweit Rechnung getragen, dass gerade den weniger bekannten, veralteten oder nur hin und wieder noch gebräuchlichen, eigenthümlich rom. Wörtern mit Vorliebe nachgespürt und eine Stelle im Wörterbuche angewiesen wurde. Und wenn denjenigen, deren Bedeutung nicht schon aus der Aehnlichkeit mit den italienischen erkennbar schien, das italien. Wort beigefügt wurde, so geschah es gerade aus Rücksicht auf die gelehrten Sprachforscher Italiens und nur seltener um auch den Romanischen die gemeinsame Wurzel in beiden Sprachen anzudeuten.

Wenn aber dieses Wörterbuch dennoch so dünnleibig und selbst in Beziehung auf seinen Hauptzweck unvollständig erscheint, so ist die Schuld zum Theil allerdings dem Verfasser beizumessen; zum Theil aber auch in Umständen zu suchen, die ihn jeder diessfälligen Verantwortlichkeit überheben dürften. — Selbst im Oberländischen, und zumal in den engadinischen und andern Dialekten, wird man hier Wörter vermissen, die ächt romanischer Natur sind; Namen für concrete Gegenstände, die offenbar dem Volke und seinen Verhältnissen angehören. Warum? Weil der Verfasser sie nicht kannte, und seine diessfalls privatim und öffentlich erlassenen Aufforderungen und Bitten an diejenigen, die gerade hierin Hülfe zu leisten am ehesten im Stande gewesen wären, meistens zu kärgliche Beiträge erwirkten. — Auch die roman. Lexika, das gedruckte Conrad'sche, und die ungedruckten des Hrn. Landam. F. Cadonau von Waltensburg, und des sel. Pater Maurus von Disentis, welche zur Einsicht und Benutzung ihm gefälligst mitgetheilt wurden, bieten darin am wenigsten die nöthige Aushülfe. Wie erklärlich indessen die Unvollständigkeit dieses Werkchens in Dingen dieser Art immer sein mag, eine Mangelhaftigkeit bleibt es immer, deren Schatten auch auf den Lexikographen selbst zurückfällt.

Aber auch in andern Beziehungen dürften über Unvollständigkeit dieses Wörterbuches Klagen erhoben werden. Einigen derselben möchte ich aber zum Voraus durch die Erklärung begegnen, dass sein Umfang zum Theil auch *grundsätzlich* beschränkt wurde. Denn grundsätzlich und mit gutem Vorbedacht wurde angenommen:

1) alle technischen Ausdrücke für Künste und Wissenschaften, die dem romanischen Volke, als solchem, so ferne liegen, dass sie ohne ausführliche Erklärung nicht verstanden würden, davon auszuschliessen;

2) Wörter, die den entsprechenden lateinischen oder italienischen gleich lauten, nur dann zuzulassen, wenn sie Begriffe bezeichnen, die auch unter dem gemeinen Volke gäng und gäbe sind und daher einen angemessenen Ausdruck erfordern. Diesem Grundsatze zufolge ist freilich dem Engadinischen am meisten Abbruch geschehen, weil dasselbe besonders durch Adoptirung vieler italienischen Verba und Adjektiva sich bereicherte, während die Dialekte diesseits der Berge mehr die klaren Spuren deutscher Influenz an sich tragen.

3) Dessgleichen wurde die Anführung mancher bloss zusammengesezten Wörter, zumal aus Verben und Adverbien, wie *ir si, giù, en, ora, sutt* u. s. w., wenn sie nicht Eigenthümliches bezeichnen, unterlassen. So auch die Angabe mancher

abgeleiteten Substantiva auf *iun,* wo sie zwar gebildet werden können, aber nicht sehr gebräuchlich sind.

4) Grundsätzlich wurde ebenfalls die Hervorstellung der Participia der gegenwärtigen und vergangenen Zeit, sowie an den meisten Orten die der Adverbia mit der Endung *mein* oder *maing* (Ital. *mente*) unterlassen; weil die Bildung der erstern aus dem Verbum, der leztern aus dem Adjektiv, für denjenigen, der mit der Sprache auch nur ein wenig vertraut ist, nicht die geringste Schwierigkeit hat.

5) Dessgleichen wurden nur selten die Diminutiva auf *ett, etta,* und die Augmentativa oder Pejorativa auf *atsch, atscha* und *un, una,* die aus einer grossen Anzahl Substantiva und Adjektiva, gerade wie im Italienischen, gebildet werden können, angeführt.

6) Ebenso blieb eine Menge von Sammelnamen, die im Oberländischen durch Abschneidung der Infinitivendung und Anhängung von *imm,* aus sehr vielen Verben gebildet werden können, weg: z. B. *risimm, stuschimm, tarlahimm* etc. Dessgleichen andere mit der Endung *ada,* wie *tarlahada, cantada, schlampergniada* etc. Auch manche Verba der ersten Conj. auf *gniar,* die, wie obige Substantiva, durchgängig den Nebenbegriff des Schlechten, Unedlen, Oberflächlichen ausdrücken, von geistreichen aber ungebildeten, lebhaften Leuten gelegenheitlich zwar mit Glück angewandt werden, aber doch zu keinem Bürgerrecht in der Sprache gelangt und mehr als Schöpfungen augenblicklicher Eingebung zu betrachten sind, wurden nicht aufgenommen.

X

Bedenkt man überdiess, dass die Sprache eines kleinen, abgelegenen Bergvolkes, dem so tausenderlei Gegenstände und Thätigkeiten der gebildeten Welt unbekannt oder doch fremd geblieben sind, wie z. B. aus dem Gebiete der Schiffahrt, der Wissenschaften und schönen Künste, der Industrie und mannichfacher Gewerbe, des Luxus, der feinern Gesittung, überhaupt des innern und äussern Lebens: so wird man wohl natürlich finden, dass ein Wörterbuch der rhätoroman. Sprache, auch in möglichster Vollständigkeit gedacht, kein voluminöses sein kann, und daher auch gegenwärtiges nicht schon desswegen misstrauisch empfangen, wenn es lieber, seiner innern Natur gemäss, nur dünn und mager auftritt, als mit Zuthaten angeschwellt und mit allerlei Federn geschmückt, die ihm nicht angehören.

Auffallen mag es allerdings, hier auch Namen mancher Thiere und Pflanzen, Werkzeuge, Geräthschaften und Gegenstände des Bauwesens, der Alpenwirthschaft etc. die doch einheimisch sind, zu vermissen. Es wird deren ohne Zweifel manche geben, die dem Verfasser leider unbekannt blieben. — Ist aber die Klage gegründet, dass selbst bedeutende Bergspitzen in Bünden des speciellen Namens so oft ermangeln, und nur mit dem generischen: *Piss, Pissa, Corn, Chiern, Mutta, Spig, Furcletta etc.* oder allenfalls noch mit einer Beifügung bezeichnet werden, wie *Piss dellas trais Fluas, Piss dellas ott, - nouv-desch etc.*: so darf man kaum erwarten, dass für Sträucher, Kräuter, Blumen, Insekten etc. bestimmte, allgemein anerkannte Namen zahlreich vorhanden seien. Die meisten von denen, die mir bekannt geworden, sind entweder aus einer fremden Sprache entlehnt, übersetzt, oder bloss generisch, oft von den wunderlichsten Merkmalen hergeleitet, und also natürlich, je nach den verschiedenen Thalschaften, auch verschieden. So dürften wohl die meisten Blumen nur *flurs alvas* oder *cotschnas, melnas* oder *blovettas*, oder *flurs da cuolm, da meil* und dergleichen heissen; auch etwa *Feielis* (Veilchen), oder, wie am Heinzenberg, gar *Franzos* und *Holländers*. Die Kräuter hingegen: *earvas brinnas-tschuoras-grassas* und dergleichen; die Schmetterlinge und Insekten: *tschittas* oder *bullas*, sei es *da niess Segner* oder *da quest u da tschei;* die Käfer: *baus;* etwa *da gruscha* oder von etwas Anderm. Die nicht essbaren Beeren, alle ohne Unterschied, heissen aber an manchen Orten nur: *Pumma caura, - chora*. Haben wir doch selbst für Ortsbewohner, sei es auch ganzer Thäler, keinen eigenen Namen, sondern nur: *Quels d' Engiadina, - da Mantogna, - da Surselva, - da Flemm, - da Musté;* für die Obstverkäuferin: *quella da la meila;* für den Käsehändler: *quell d' igl caschiel*, u. s. w.

Zum Schlusse noch eine Bemerkung. Es wäre natürlich und nähme sich in einem rom. Lexikon auch gut aus, wenn bei vielen Wörtern auf Celtisches, Spanisches, Wallachisches etc. hingewiesen würde. Auch das gegenwärtige hätte dadurch einen gelehrtern Anstrich bekommen. Sein Verfasser gesteht offenherzig, auch von Anwandlungen dieser Art nicht ganz frei geblieben zu sein. Mittelst der Hülfe gewisser Lexika, zumal desjenigen des Herrn P. Monti *), es zu thun, wäre auch ihm öfters

---

*) Vocabolario dei dialetti della città e diocesi di Como, con esempi e riscontri di lingue antiche e moderne, di Pietro Monti. Milano 1845.

ein Leichtes gewesen. Allein die Erwägung, dass solche Anführungen seinen Landsleuten doch wenig nützten, auf keinen Fall Früchte eigner Forschung und Gelehrsamkeit, sondern nur fremder Schmuck wären, schlug diese Versuchung siegreich nieder, und es soll ihm vollkommen genügen, wenn er durch vorliegende Sammlung den Gelehrten nur einen, sei es auch rohen, aber desto unverdorbenern Stoff zu ihren eignen Conjekturen, Nachweisungen und weitern Forschungen darzubringen vermochte. Soviel ist wenigstens gewiss, dass er Alles in natura zu liefern sich redlich angelegen sein liess, und keine selbst gemachte oder künstlich geschliffene, sondern nur solche Wörter bietet, die an einem oder dem andern Orte Bündens gerade in dieser Form im Munde des Volkes sind.

II.

Ebensosehr, — wenn nicht in noch höherm Grade — als der materielle Inhalt wird wohl die Form dieses Wörterbuches der Rechtfertigung bedürfen. Viele werden über die etymologische Anordnung desselben, Andere über Neuerungen und Willkürlichkeiten in der Orthographie ungehalten sein.

Es ist nicht zu läugnen, dass ungeachtet des beigefügten Verzeichnisses (Seite 189 — 204) durch die etymol. Anordnung das Nachschlagen der Wörter erschwert wird; ich zähle aber mit Zuversicht darauf, dass demjenigen, der auch nur einigen Sprachsinn besitzt und mit dem Wörterbuche ein wenig vertraut geworden ist, diese Schwierigkeit immermehr verschwinden und er sich durch einen Ersatz belohnt fühlen werde, der jenen Uebelstand reichlich aufwiegt. Ich hoffe nämlich, dass eben diese etymologische Aneinanderreihung von Wörterfamilien auch unter uns Romanischen das sprachliche Bewustsein, wenn man's so nennen darf, kräftiger und nachhaltiger wecken, dem jüngern Geschlechte die Erlernung beider Sprachen erleichtern, dem ältern den Sinn dafür schärfen, beide zu eifrigerm Forschen anregen, und auf diese Weise allmählig auch helleres Licht in die alte Verworrenheit bringen müsse. In Betreff der hier gewählten Anordnung hat der Verfasser also nur dreierlei zu bedauern:

a). dass ihm manche Wörter zu spät mitgetheilt oder bekannt wurden, um sie gehörigen Orts einreihen zu können;

b) dass er, nur um das Nachschlagen nicht allzusehr zu erschweren, mit der Wahl des Stammwortes und der etymolog. Anordnung es nicht strenger genommen hat. Öfters hätte es füglich geschehen können, und die blosse Hinweisung auf die verwandten, aber an einem andern Orte befindlichen Wörter, ist freilich nicht hinreichend. Bei andern Wörtern hätte aber der Stamm aus einer fremden Sprache herübergeholt werden müssen, weil er im Rom. verloren gegangen oder unkenntlich geworden ist, so dass eine gewisse Laxität in dieser Beziehung wohl Entschuldigung verdient.

c) Als eigentliche Unvollkommenheit dieses Wörterbuches erkennt aber der Verfasser selbst an, dass bei der etymolog. Anordnung nur auf das Oberländische und nicht gleichmässig auch auf's Engadinische Rücksicht genommen wurde. Freilich

XIV

wäre dadurch die Bequemlichkeit verloren gegangen, die Wörter der verschiedenen Dialekte für denselben Begriff nebeneinander zu finden; aber auch der Uebelstand vermieden worden, oft unter demselben Stamme die heterogensten Ausdrücke anderer Mundarten anführen zu müssen, was die Einheit stört und sich wunderlich ausnimmt. Bedauern muss er aber diese Unterlassung um so mehr, weil gerade im Engadinischen oft weit klarere, geeignetere Stämme gewonnen und dadurch die Benutzung des Wörterbuches auch denen jenseits der Berge sehr erleichtert worden wäre. Es ist zu wünschen, dass ein künftiger rhätorom. Lexikograph mit den engadinischen und oberhalbsteinischen schon von voneherein ebenso vertraut als mit den oberländischen Dialekten sei, um in seinem Werke dann aus allen ohne Unterschied je die klarsten Stämme wählen und alle dahingehörigen Wörter daran reihen zu können, in welchem Falle ihm auch das schönere Verdienst zu Theil werden wird, sein Werk zu einem etymolog. rhätoroman. Lexikon im engsten Sinne des Wortes zu erheben. Hoffentlich wird es ihm dann auch gelingen, von jedem Worte, jedes Dialektes, die Bedeutung genauer anzugeben, als es in gegenwärtigem Wörterbuche möglich war. Denn offenbar ist die Bedeutung desselben Wortes in den verschiedenen Dialekten oft eine ganz andere, oder doch eigens modificirte, *Bassexxia* z. B. heisst im O B. Demuth, *Bassexxa* im E. Niederträchtigkeit, *Butschida* O B. Waschbecken, *Bassida* U. E. Kupfereimer, M. Melkeimer, *Puschein* O B. das späte Essen den Handwerksleuten nach dem Abendbrod; *Puschegn* M. das Frühstück. Die Billigkeit erfordert es daher, mit dem Tadel auch da nicht zu voreilig zu sein.

wo das deutsche Wort der Bedeutung des romanischen nicht
zu entsprechen scheinen sollte; denn es wäre wohl möglich,
dass sie nur dem einen Dialekte gegenüber falsch oder unge-
nau, für den oder die andern hingegen die ganz richtige wäre.

Die grössten Beschwerden dürften aber gegen die hier an-
gebahnte, wenn auch nicht überall consequent durchgeführte,
Orthographie erhoben werden. Allgemein anerkannte Regeln
bestehen darüber zu wenige; jeder schreibt nach seinem Gut-
dünken, richtet sich natürlich am liebsten nach der Aussprache
seiner Mundart, und ist nur zu geneigt, gerade seine Schreib-
weise, wenn nicht für ganz tadellos, doch für die weitaus
beste zu halten. Wie mannichfaltig aber die rhäto-rom. Dia-
lekte sich im Laute nüanciren, kann kaum auf deutlichere Weise
veranschaulicht werden, als an einem Beispiele, welches unsre
rom. Zeitung erst kürzlich angeführt hat. Es betrifft das Wort
„*nicht*", das in einer der rom. Gemeinden ob dem Walde
buc, in einer andern *beg* heisst. Diese Ausdrücke können
gleichsam als die beiden Grundtöne betrachtet werden, zu denen
alle übrigen, die in andern Gemeinden dasselbe bezeichnen, sich
nur als Variationen verhalten: *Buc, buca; buch, bucha; bucc,
bucca; boc, bocca; boch, bocha; buoc, buoca; bouc, bouca;
buig, buitga; botg, boitg, boitgia; puc, puca; uc, uca; ucc,
ucca; bec, beca; ecc, ecca; ech, echa; hecc, hecca; hech,
hecha; beg, bega; beig, beigia; betg, betgia.* Am Hein-
zenberg heisst *nicht*: *big*, im Eng. *bricha*, und beide werden
gewiss auch ihrerseits zahlreiche Modifikationen erleiden.

Wie schwer es demnach fallen müsste, demjenigen zu ge-
nügen, der nur seine Mundart zum Massstabe der Schönheit der

Sprache, und nur die jener Mundart entsprechende Schreibweise zur Richtschnur für die Orthographie annehmen wollte, geht wohl aus diesem einzigen Beispiele zur Genüge hervor.

Die Hauptregeln, die in orthographischer Beziehung in diesem Lexikon befolgt wurden, und die der Verfasser zugleich seinen Landsleuten empfehlen möchte, sind folgende:

1) Wenn ein Vocal scharf betont werden soll, so wird der darauf folgende Consonant der gleichen Sylbe verdoppelt. Also *atunn, bass, brinn, gitt, mellen, satill, schett, mannen etc.* nicht *atun, bas, brin* u. s. w. Diese Regel ist allen Sprachen gemeinsam; wird aber von Oberländern und Engadinern noch viel zu wenig berücksichtiget.

2) In Wörtern, deren Stammvocal in den verschiedenen Dialekten verschieden ist, soll derjenige vorgezogen werden, der mit dem lateinischen und italienischen Stammvocal desselben Wortes übereinstimmt. Daher *paun, maun, vitta, scritt, tener, vegnir etc.* nicht: *poun* oder *peun, moun* od. *meun, vetta, scret.*

3) Laute, die im Romanischen und Italienischen gleich lauten, werden auch mit den gleichen Buchstaben geschrieben. Daher, statt des früher üblichen *lg* und *ng*, die Umstellung in *gl* und *gn;* also: *igl Segner,* nicht: *ilg Senger.*

Diesem Grundsatze zufolge wäre das *i* nach *gl* und *gn,* wenn noch ein Vocal darauf folgt, überflüssig. Nach *gl* schieben aber selbst die Italiener noch das *i* ein, *famiglia, moglie,* und wenn wir es auch bei *gn* thun, wie es die Engadiner früher auch nach dem *ch* gethan, — *chiasa, chiosa,* — so geschieht es nur zur Erleichterung des Ueberganges zum

Bessern; habe aber nichts dagegen, wenn Andere dieser Herablassung sich jetzt schon entschlagen zu dürfen glauben und lieber *mantogna, castogna, gnugnar* schreiben wollen.

Der Einwurf aber, dass durch diese Umstellung des *lg* in *gl* und *ng* in *gn* bei vielen Wörtern Zweifel entstehe, wie sie gelesen werden sollen, ist ungegründet und nicht stichhaltig. Denn nach der alten und neuen Schreibweise bezeichnen *gl* u. *gn*, wie *lg* und *ng* zuweilen nur *einen*, zuweilen aber *zwei* getheilte, selbständige Laute. Einen Laut, z. B. in *glinn, glisch, glieud, basegns, gnocc gnir*; zwei Laute, in *glatsch, gleiti, glera, baseilgia, mongia, fadignu, canvigna etc.* Wo *gl* oder *gn* getrennt, als zwei, oder verbunden, als ein Laut, zu lesen seien, kann nach beiden Schreibweisen nur aus dem Sinne der betreffenden Wörter ermittelt werden, wie Aehnliches oft auch in andern Sprachen eintritt.

Dem *t* vor *i* und einem darauf folgenden Vocal wurde das *z* vorgezogen; also *uraziun, grazia*, statt: *uratiun, gratia*. Diese Veränderung ist zwar weniger nöthig, und ausser Analogie mit dem Lateinischen und Französischen; schien aber zur Anbahnung grösserer Uebereinstimmung mit dem Engadinischen, wo das *z* schon allgemein eingeführt ist, das Rathsamere.

4) Ein anderer Laut ist den Romanischen, meines Wissens, eigenthümlich. Es ist ein Mittellaut zwischen den ital. Quetschlauten *c* und *g*. Die Engadiner bezeichnen ihn überall folgerichtig durch *ch*; also: *chi, chasa, chosa, chüern etc.* Im Italienischen vertritt aber bekanntlich *ch* vor *e* und *i* die Stelle des *k*, und es ist merkwürdig, dass gerade die Engadiner in

XVIII

diesem Punkte dem Einfluss des Italienischen so standhaft widerstanden, während er im Oberländischen Eingang gefunden und leider so grosse Verwirrung angerichtet hat. — Verwirrung schon dadurch, dass Manche — wahrscheinlich durch die eng. Orthographie verleitet — immer noch statt des *c*, das vor *a*, *o* und *u* für sich schon wie *k* lautet, *ch* schreiben, also statt: *ca, car, carr* etc. *cha, char, charr*; was der engad. Aussprache freilich ganz angemessen, für die oberländische aber verwirrend und unrichtig ist.

Aber der Gebrauch des *ch* vor *e* und *i* als *k* Laut führte noch zu einer andern weiter verbreiteten und ungleich bedauernswürdigern Verwirrung. Denn dadurch wurde es zur Bezeichnung des eigenthümlichen roman. Lautes, für welchen die Engadiner das *ch* beibehielten, seiner ursprünglichen Bestimmung entfremdet und zweideutig. In der Sprache lebte aber der Laut dessen ungeachtet fort, und kommt gerade in dem obersten Oberlande, in Tavetsch, wie im Engadin, am häufigsten vor. Er musste also auch irgendwie mit Schrift bezeichnet werden, und zu seiner Bezeichnung wurde das *tg**) üblich und für: *chi, chei, chierp, chiau, soinchia, strechia* und dergleichen, schrieb man: *tgi, tgei, tgierp, tgiau, sointga, stretga* etc.

Ein Vortheil wurde durch diese Vertauschung des *ch* mit *tg* allerdings gewonnen. Denn öfters kommt im Roman. ein *s* vor *ch* zu stehen und muss zuweilen mit demselben verbunden

---

*) Nach Diefenbach wurde dieses Zeichen zwar auch schon in der alten Langue d'oc für *g* gebraucht.

gelesen werden, wo es dann wie das deutsche *sch* oder das ital. *sc* lautet; z. B. *schani, schender, schierm;* andere Male aber gehört es zur vorhergehenden Sylbe oder lautet getrennt vom *ch*, als Zischlaut für sich, z. B. *as-chiar, ris-chiar, s-chisa, s-chir, s-chiratt,* wofür dann *astgiar, ristgiar, stgisa, stgir, stgiratt* geschrieben und auf diese Weise allerdings jeder diessfällige Zweifel beseitigt wird.

Allein ausser diesem Quetschlaut *ch* haben wir noch einen, den wir durch *g* bezeichnen, und beide werden in der Aussprache deutlich unterschieden, z. B. *ligiar, lichiar, spigia* und *pichia*. Wahr ist es, dass auch das Gequetschte *g* bald weicher bald schärfer lautet, z. B. *lêg,* Bett, *lêg,* Ehe. Hätte man auch für die Schärfung des gequetschten *g* ein eigenes Zeichen haben wollen, so wäre das natürliche wohl die Verdoppelung desselben — nach ital. Weise — gewesen. Derselben zog man aber vor — nach deutscher Art — ein *t* beizufügen, also *tg* zu schreiben, und erhielt dadurch das gleiche Zeichen für zwei verschiedene Laute, was die Verwirrung nur grösser machte. Denn der oben zugestandene Vortheil von der Einführung des *tg* wird nur durch einen doppelten Nachtheil gewonnen; einerseits dadurch, dass der Unterschied zwischen den beiden Lauten *ch* und *g* sich immermehr verwischt; anderseits, dass das Augenfällige der Verwandtschaft und Familienähnlichkeit mit denen anderer Sprachen in sehr vielen roman. Wörtern verloren geht, und sie nur in einer verknickten, anwidernden, fast gespensterhaften Gestalt erscheinen.

XX

Diesem Uebel sind die Engadiner durch ihre Beharrlichkeit in der alten Weise glücklich entgangen und in der Orthographie wenigstens könnten und sollten sie unsre Meister werden.

Um anzuzeigen, wo das *s* von *ch* getrennt werden müsse, verwandelten die alten Eng. das *h* in *k sckiüsa, sckiürdüm*; die Neuern hingegen begnügen sich, die Nothwendigkeit dieser Trennung durch Einschiebung eines *i* nach dem *h* anzudeuten, *schiürdüm, schiüsa, schiampar, aschier, rischiar* und reichen mit diesem, allerdings auch willkürlichen Zeichen, in den meisten Fällen aus. Die gleiche Regel kann auch für's Oberländische gelten und ist in diesem Wörterbuche wirklich befolgt worden; nur muss sie, weil in unserm Dialekte ein *i* nach *sch* weit häufiger vorkommt, noch durch eine andere Regel ergänzt werden. Es ist diese: *sch* wird auch vor *i* verbunden gelesen, wenn das *i* Stammvokal oder betont ist; also: *schirau, schigiar, aschia, schirun*, und dahin gehören denn auch alle, die von deutschen Wörtern mit *sch* herkommen: *schirmiar, schinghiar*. Denn in andern Wörtern ist das *i* blosses Quetschzeichen und mit dem darauf folgenden Vocal zu einem Laute verbunden, was aus den obigen Beispielen und in *vischieu, vischiadira etc.* sich deutlich genug zeigt. Freilich reicht auch die so modificirte Regel nicht für alle Fälle aus, und die oben angeführten *schir, schiratt etc.* bilden Ausnahmen, die besonders angemerkt werden müssen.

Am klarsten und bequemsten würde es freilich werden, wenn man das vom *ch* zu trennende *s* mit einer Cedille „ș" oder einer kleinen Trennungslinie bezeichnete, also *schir* oder *s-chir*, *schiratt* oder *s-chiratt*, *schisa* oder *s-chisa* schriebe.

Bei den Engadinern bezeichnet ihr *ch* überall, ohne Ausnahme, den gleichen Quetschlaut: *bricha*, *buoch*, *chastè*, *fick*, *marcha*, *maschiel*, *poch*, *püerch*, *sech*, *sench* etc. Sie würden daher auch ohne Bedenken folgende oberländische Wörter so schreiben: *dech*, *fich*, *lech*, *och*, *pinch*, *soinch*, *trech*, *tech*, *veinch* etc. Wir wagen es nicht und der Eine schreibt: *detg*, *dratg*, *matg*, *otg*, *sontg*, *veintg*; der Andere: *teig*, *draig*, *maig*, *oig*, *streig*; ein Dritter: *deg*, *fig*, *lèg*, *mag*, *og*, *streg*, *veing*. Ist das nicht Verwirrung? Hingegen haben auch wir kein Bedenken, die Dehnung obiger Wörter so zu schreiben: *dechia*, *fichia*, *lechia*, *ochionta*, *pinchia*, *soinchia*, *strechia*, *techiom*, *veinchiadus*. Ist das Consequenz? Durch Annahme der engad. Orthographie würde dem Uebel abgeholfen werden; bis dahin werden wir aber jedem überlassen müssen, den gequetschten Laut *g* durch kein besonderes Zeichen, oder durch *tg*, oder durch *ig* zu bezeichnen, welches Letztere wenigstens so viel für sich hat, dass das *i* auch an andern Orten, und namentlich nach dem *g*, als Quetschzeichen gebraucht wird, z. B. *lingia*, *giungia* etc.

5) Der Buchstabe *c* lautet im Oberländischen und Engadinischen ganz wie im Italienischen, vor *a*, *o*, *u* und allen Consonanten, mit Ausnahme des *h*, wie *k*; vor *e* und *i* aber gequetscht.

6) Der Buchstabe *g* lautet im Engadinischen überall, wie im Italienischen, vor *a*, *o*, *u* und allen Consonanten — ausgenommen *l* und *n*, wenn es mit ihnen Einen Laut bildet —

geschärft; gequetscht aber vor *e, i* und auch nach einem Consonanten am Schlusse eines Wortes. Im Oberländischen hingegen lautet es geschärft nicht nur vor *a, o, u*, sondern auch vor *e*, und selbst vor *i*, wenn das Wort vom Deutschen herkommt. Um Zweideutigkeiten zu verhüten, ist jedoch vor *i* das *gh* als Zeichen der Schärfung vorzuziehen. Gequetscht lautet es aber in der Regel nach *e, i*, so wie nach den Consonanten *sch* und *r* am Schlusse eines Wortes; z. B. *lég, lèg, teg, big, seigig, erig, ruschg, fuoschg, pierg etc.* Nach *a* und *u* aber bald geschärft: *lag, schrag, leug, reug*, bald gequetscht: *maig, draig, laig, duig, truig*, wo jedoch das *i* nur Quetsch-Zeichen ist und nicht gehört wird. Engadinisch würden diese Wörter *mach, drach, lach, duch, truch* geschrieben werden.

7) Im Engadinischen und Oberländischen endigen sich manche Wörter mit *sch* und das *ch* soll gequetscht lauten. In diesem Falle ist es wohl rathsamer, es durch Beifügung eines *g* anzuzeigen und also *böschg, suoschg, bieschg* zu schreiben.

8) Die schweizerische Aussprache des *s* wie *sch* ist auch auf's Romanische übergegangen und es ist daher oft schwer zu entscheiden, ob ein Wort bloss mit *s* oder mit *sch* geschrieben werden soll. In drei Fällen darf man wohl das blosse *s* vorziehen: a) wo die verwandten Sprachen nur *s* haben, *svanir, sparir, stentar etc.* b) wo damit nur das Privative, Entgegengesezte angedeutet wird und es dem ital. *dis* entspricht, z. B. *sfavureivel, stamprar, svurin etc.* c) wo es bloss des Wohllautes wegen, oder zur Verstärkung steht, z. B. *smanatscha, smervigliar, smagrantar.* In den Wörtern

hingegen, die im Italienischen *g* oder im Französischen *j* haben, muss *sch* stehen, *schanugl*, *schirlar* etc.

9) Wie bei den Italienern zeigt sich auch bei den Romanischen eine entschiedene Neigung die Vor- und Nachsilben zu verschlingen, also: *ver, vair, gnir, schar, lein, uffon, mun, pun, cantà, tenè, udi, calsè* für: *aver, vegnir, laschar, rulein, uffont, mund, punt, cantar, udir, tener, calsèr* zu sagen. Die Sprache gewinnt dadurch allerdings an Weichheit, verliert aber an Kraft und Charakter. Für die Schrift sind daher diese Abkürzungen nicht zu empfehlen.

10) Dass die Oberengadiner dem früher allgemein gebrauchten *ä* im Inf. Präsens der ersten Conj. und in so vielen andern Wörtern das einfache *e* substituirt haben, ist offenbar nur ein Rückschritt vom Bessern. Irre ich mich nicht, so drückt das *ä* ihren Laut genauer als das *e* aus, *amär, lodär;* würde auf jeden Fall den Fremden die Unterscheidung der Verba der ersten Conj. von denen der dritten sehr erleichtern, und die Aehnlichkeit der Wörter in den verschiedenen Dialekten nicht auf so zweckwidrige Weise verwischen; *qual, quäl, crudeltad, crudeltäd, sensual, sensuäl*. Wo das Oberländische und Unterengadinische *a* haben, das Oberengad. *e*, denke man sich also an dessen Stelle jedesmal ein *ä*.

11) In den Adverben, die sich mit *mein, meng, maing* endigen, ist in der Volkssprache allerdings ein mehr oder weniger näselnder Laut vernehmbar, wie in dem französischen *fortement, doucement;* an den meisten Orten des Oberlandes aber nur so leise, dass ich kein Bedenken trug, nur *mein* zu schreiben. Auch im Engadinischen lautet die Endung nicht so

scharf als *maing* anzudeuten scheint, und es ist zu vermuthen, dass nur die Schreibweise hier den Anlass zur Alterirung des Lautes gegeben habe. Soll indessen das *g* beibehalten werden, so würde der Volkslaut gewiss besser bezeichnet, wenn auch hier das *g* vor dem *n* stünde, und *bunameign*, *bunamaign* geschrieben würde.

12) Das *e* wird im Oberländischen sehr verschieden betont. Sollte es in der Schrift unterschieden werden, so dürfte es am besten sein, für das geschlossen-gedehnte, das ich durch *ê* bezeichnet habe, *ee* oder *ë* zu schreiben, *reer*, *vër*; *neer*, *nër*, und für das offen-gedehnte, *ä*, z. B. *pär*, *stär etc.*, welches zu thun ich wohl versucht war, es aber noch nicht wagte.

III.

Was den Bau der rom. Sprache und die charakteristischen Verschiedenheiten ihrer Dialekte betrifft, darf als den Landeseinwohnern hinlänglich bekannt vorausgesetzt werden. Den Fernerstehenden aber, welche sich nichts destoweniger um unsere Sprache interessiren, mögen vielleicht einige Bemerkungen auch darüber willkommen sein. Schon aus dem oben angeführten Beispiele der Variationen zwischen *buc* und *beg* (S. XV) wird ihnen der gemeinsame Grundton nicht entgangen sein, der sich, durchgängig, aller Mannichfaltigkeit von Abstufungen ungeachtet, kund giebt. Und so ist es in den roman. Dialekten Bündens überall, im Allgemeinen und Einzelnen. Dem einen mögen zwar Ausdrücke fehlen, die in dem andern vorhanden sind, aber in allen zeigt sich — wie bei unsern Bergen — doch ein gemeinsamer Grundcharakter; der reiche Wechsel bloss in den Formen und Farben, die Gegensätze selbst nur durch allmählige Uebergänge vermittelt. Es wäre eitles Bemühen, die verschiedenartigen Modificationen der Vocallaute durch Schrift andeuten zu wollen, obwohl das Eigenthümliche derselben schon für sich hinreicht, dem geübten Ohre sogleich den Bewohner dieser oder jener Gegend zu verrathen. Dasselbe gilt mehr oder weniger auch von den Consonanten. Wie mannichfach auch sie in einander übergehen oder mit einander vertauscht werden, muss Jedem schon in diesem Wörterbuche auffallen.

Als charakteristische Verschiedenheiten der Dialekte jenseits der Berge von denen diesseits derselben, können folgende hervorgehoben werden:

1) In den engadinischen sind die breiten, vollen Laute — Umlaute und Doppellaute — vorherrschend: *bsögn, oach, üsch, chüsa, vair, sait, raig, tgnair, accidaint, amiaivel etc.;* in den oberländischen, die einfachen, hellen Laute: *basegns, isch, chisa, vĕr, seit, reg, tener, accident, migieivel etc.* Nur für den im Unterengadinischen häufigen, im Oberländischen ob dem Wald noch weit häufigern Doppellaut *au* haben die Oberengadiner durchgängig *o*, was wohl einerseits auf alte Verwandtschaft des Romanischen mit dem Französischen, anderseits darauf schliessen lässt, dass entweder die Aussprache von der Schrift, oder die Schrift von der Aussprache irgendwie alterirt worden sei: *chaussa, dau, staus;* O E. *chosa, do, sto.*

2) Sehr viele Wörter haben im Engadinischen den Anfangsbuchstaben *a*, z. B. *adanär, adüsär, arouvär, amarv*, etc. wo er im Oberländischen weggefallen ist: *daniar, disar, rugar, marv*. Noch weit häufiger war dieses *a* in der alten eng. Sprache, wie aus der Bivronischen Uebersetzung des N. T. zu ersehen ist. Dort finden wir noch *aquäl, araig, arisposta, arumaunsch*, und sehr viele andere Wörter, in denen das *a* längst verschwunden ist; z. B. *quäl, raig, rumaunsch*.

3) Von dieser Vorliebe für das *a* im Anfange eines Wortes mag auch die Umstellung des *ra*, in *ar* kommen, die wir in vielen Wörtern finden: *arcontschaint, artschaiver*, für: *racunischent, rätscheiver*. Ebenso *as* für *sa*, sich; *at* für *ta*, dich, dir.

4) Auch zur Häufung der Consonanten zeigt sich bei den Engadinern eine grössere Neigung. Sie fügen nicht nur dem *sch* öfter ein *t* bei, *bainvoglentscha, arcontschenscha*: O B. *beinvuglienscha, racunaschienscha*, sondern auch ein *d*, wo es im O B. gar nicht üblich ist: *cusdrin, dschuber, dschiglius, fodsch*, für: *cusrin, schuber, schiglius, faulsch*.

5) Hingegen elidiren sie oft den in den andern Dialekten vorfindlichen Vocal — sei es aus Neigung, Consonanten zu häufen, oder aus Abneigung gegen kurze Vocale — O B. *puccau, vischieu, talèr*, O E. *pchò, stieu*, (lies: *stia*), *clèr, dbit, stigl, tgnair* etc.

6) Für unser *ar*, nach einem vorhergehenden Consonanten, *barschun, parschun, fardagliuns, carpus* etc. haben die Engadiner — und wohl mit grösserm Rechte — *ra*, also: *brakchun, praschun, fradagliuns, crapus* etc.

7) Statt des *c* vor *a, o, u,* z. B. *casa, caura, corn, cura,* ist im Engad. *ch* gewöhnlich, also *chasa, chora, chüern, chüra*.

8) Eigenthümlich dem oberengadinischen Dialekte ist aber dieses, dass ungeachtet er in andern Beziehungen, wie in der Wegschaffung des *h* vor Vocalen, sich der italienischen Orthographie am meisten anbequemte, er dennoch der einzige ist, in welchem zwischen Schreibweise und Aussprache sich eine grosse Verschiedenheit erhalten hat. In dieser Hinsicht steht er dem Französischen offenbar näher. So lautet im Oberengadinischen:

a) das *s* nach einem *u* und *i* wie *cs* oder *gs* oder *x*; *nus = nux, vus = vux, vis = vix*.

b) das *l* nach *i* am Ende einer Sylbe oft wie *gl, fil = fig-l, fic-l*.

c) das *r* nach *i*, am Ende einer Sylbe, wie *gr*; z. B. *ir = igr, udir = udigr*.

d) *ieu*, welches auch die Endung so vieler Participia ist, wie *ia*; z. B. *mieu = mia, tieu = tia, sieu = sia; udieu = udia, agieu = agia*.

(Auch aus diesem Grunde kann es nicht rathsam sein, die oberländ. Endung *eu*, z. B. *meu, temeu, udeu* u. s. w. mit *i*, also *mieu, temieu, udieu*, zu schreiben, was noch von Vielen geschieht).

e) das *au* vor *n* lautet wie das franz. *ai*, od. *ä*; z. B. *rischnauncha = vischnäncha, saung = säng*.

f) das *n* am Schlusse eines Wortes oder einer Sylbe lautet wie *m; bun = bum, paun = päm, maun = mäm*.

Daher kommt es, dass das Oberengadinische in der Schrift angesehen, härter lauten zu müssen scheint als die andern

Dialekte; gesprochen aber in den Vocallauten durchgängig grössere Milde und Weichheit verräth. So sprechen die Oberländer *maun, saun, vaun, glieud, gudeu*, nach den Buchstaben aus; die Oberengadiner aber: *mäm, süm, väm, gliad, giudia*.

9) Allen rom. Dialekten ist aber gemeinsam, dass sie nur zwei Geschlechter haben und den Plural durch Anhängung eines *s* dem Nom. Sing. bezeichnen, die Fälle der Deklination aber durch Beifügung der Präpositionen *da, dad* und *a, ad*. Zur Unterscheidung des *Genitivs* vom *Ablativ* brauchen die Engadiner zwar schon lange in der Schriftsprache *de*, die Disentiser aber seit kürzerer Zeit *di;* Unterscheidungen, mit denen es jedoch im Sprechen nicht genau genommen wird.

10) Der männliche *Artikel* lautete früher auch im Eng. *ilg* oder *igl;* hat sich aber dort in Aussprache und Schrift schon lange in *il* ausgeschliffen. In der Schrift brauchen jezt auch die Disentiser vor Consonanten *il* für *igl*.

Sing. Nom. *igl, il, l'*. Gen. *digl, dil, del*. Dat. *agl, al*. Ab. *dagl, dal*.
Plur. Nom. *igls, ils*. Gen. *digls, dils, dels*. Dat. *agls, als*. Ab. *dagls, dals*.
Sing. Nom. *la, l'*. Gen. *dalla, dall', della*. Dat. *alla, all'*. Ab. *dalla, dall'*.
Plur. *las, dallas, dellas, allas, dallas*.
Der unbest. Artikel: O B. *in, inna*. E. *ün, üna*. O H. *en, ena*.
Gen. *dad - d'in, inna, d'ün, d'üna, d'en, d'ena*.

11) Alle Substantiva mit der Endung *a* sind weiblich und bekommen, wie die männlichen, im Pl. ein *s: aua, auas, ova, ovas, lavur, lavurs*. Der Mann, *hum, hom* hat aber *humens, homens*, und die im O B. mit betontem *i* sich endigenden haben *ials;* z. B. *ani, marti, anials, martials*.

Neben der gewöhnlichen Endung auf *s* haben aber sehr viele auch die Endung *a*, drücken dann den Begriff des Collectivs aus, und werden weiblich, (Diefenbach nennt sie *neutra*):

la crappa, la laina, la lenna, la sterpa. Zur Verstärkung bekommen im O B. zuweilen auch diese einen neuen Plural; *las crappas, las lennas.*

Den Begriff des Coll. drücken im O B. auch die Endungen *imm, aglia, menta, om* aus: *schulimm, ziclimm, candglia, narramenta, bischiom.*

In Analogie mit dem Ital. wird an vielen concreten Subst. und Adjektiven der Begriff des Diminutiven und Vezzagiativen durch Anhängung der Endung *ett, etta, in, inna, (ign, igna)* und des Augmentativen und Pejorativen durch die Endungen *atsch, atscha, un, una,* ausgedrückt, z. B. *mattett. mattetta,* E. auch *mattign, mattigna, pauprett-a, pitschnett-a, pitschnin-a, mattatsch-a, mattun-una, marschun-una, grondatsch-a.* Climax im Eng.: *mattign, mattett, matt, mattatsch, mattun; grandign, grandett, grand, grandatsch, grandun.*

Die Endung *ira* drückt den Begriff eines hohen Grades aus: *garschira, graschira,* sehr fett; *marschadira,* sehr faul, *narradira,* sehr albern, *nauschira,* sehr böse.

12) Die Adjektiva endigen im männlichen mit einem Consonanten od. *i, o,* und hängen für's Weibliche ein *a* an: *bun-a, grond-a.* Ist aber der Consonant *l, r* oder *n,* so fällt der vorhergehende unbetonte Vocal im Weiblichen aus: *migieivel, amiaivel, migieivla, amiaivla, mager, magra, perpetten, perpettna;* nicht aber in: *sincèr, sincèra, lingièr, lingièra.* Steht aber das Adj. so wie auch das Part. hinter dem Subst. als Prädicat, so nimmt es im Männlichen noch ein *s* an: *in grond, saun hum; quei hum ei gronds a sauns.*

XXX

Der Comp. wird, wie im Ital. und Franz., durch Beifügung eines Adv. bezeichnet: *pli, plü, pü;* und der Superl. bekommt noch den best. Artikel:

grond, pli grond, igl pli grond.
grand, plü, pü grand, il plü, pü grand.

Eigene Comp. und Superlativformen haben nur: *bun, meglier, igl meglier; schliatt, mender, igl mender; pir, pigiur, igl pir, pigiur,* E. auch *pessim; inferiur, infim, a. anteriur, posteriur, ulteriur, ultim, exteriur, extrem, interiur, intim, priur, prim, prüm.*

Die lat. Endung *issimus* des absoluten Superl. ist nur im Eng. in *ischem, ischma* geblieben; bezeichnet aber nicht immer den abs. Superl., sondern oft nur einen ziemlichen, erträglichen Grad der betreffenden Eigenschaft: *bunischem,* recht gut, ordentlich.

13) Das *Pronomen.*

Die *persönlichen:*
Sing. Nom. O B. *jou, jeu.* U E. *eug, eu.* O E. *cau.* O H. *ia.*
Gen. *da mei, da mai, da me.* Dat. *a mei, a mai, a me.*
Acc. *mei, mai, me.* Für den Acc. u. Dat. enklytisch auch *mi, ma.* E. *am.*
Plural Nom. *nus.* U E. *nus,* (ausgespr. *no*). O E. *nus,* (ausgesproch. *nux*).
O H. *nous,* (ausgesproch. *nox*).
Sing. Nom. *du, ti.* E. *tü.* O H. *te.* Acc. *tei, tai, te;* enklytisch Acc. und Dat. *ti, ta.* E. *at.*
Plur. Nom. *vus.* U E. *vus,* (gesproch. *vo*). O E. *vus,* (gesproch. *vux*).
O H. *vous,* (gespr. *vox.*)
Nom. *ell, ella.* Neut. *ci.* E. *el, ella.* Enklytisch im Acc. *igl, il.* Dat. *gli, igl.* E. *al.*

Das *Pron. rel.* hat im Acc. O B. *sa, s'.* E. *as, s'.*

Eine Verstärkung erhalten die persönlichen Fürwörter im Oberländischen durch Anhängung von *ess: iou mess-a, ti tezz-a, el sezz, ella sessa, mamezz-a, tatezz-a, sasess-a,* nusess-as, rusess-as, elsess, ellas sessas; im Engadinischen, durch die Beifügung von svess, stess, (Ital. medesimo, stesso); dasselbe geschieht mit *medem, igl, quell medem, la, quella medema.*

Possessiva. Sing. N. O B. *meu, miú, mia.* U E. *meis, mis, mia.* O E. *mieu,* (gespr. *mia*) - *mia.* O H. *mis, mia.*
O B. *teu, tiú, tia.* U E. *teis, tia.* O E. *tieu, tia.* O H. *tis, tia.*
O B. *scu, siù, sia.* U E. *seis, sia.* O E. *sieu, sia.* O H. *sis, sia.*
O B. *niess, nossa.* E. *noss, nossa.* O B. *viess, vossa.* E. *voss, vossa.*
O D. *lur, lura.* Pl. *lurs, luras.*
Plural. O B. *mes, mias.* U E. *meis, mias.* O E. *mieus, mias.* O H. *mis, mias.*
 tes, tias; teis, tias; tieus, tias; tis, tias.
 ses, sias; seis, sias; sieus, sias; sis, sias.
 noss, nossas; voss, vossas.
Demonstrativa. O B *Quest, questa.* E. *quaist, quaista. quell, quella.*
Für den Gegensatz weit gebräuchlicher ist aber *quelltschell, quella - tschella* und (hier auch eine Neutralform) *quei-tschei, quai-tschai.*

Interrogativa: *Qual-a,* O E. *(quel), quäl-a;* O B. *chi, chei (tgi, tgei),* E. *chi, che.*

Relativa: O B. *ca, igl qual, la quala,* E. *che, il quäl, la quäla.*

Unbestimmte Pronomen sind im O B. *ei, in, ins,* E. *i, is, es, man; ei, i tunna,* es donnert; *in, ins, is auda,* man hört.

14) *Zahlwörter.* Siehe Seite 186.

15) Das *Verbum.* Wir haben im Romanischen vier Conjugationen, die im Inf. Präs. den ital. ganz entsprechen, I. *ar,* II. *ér,* III. *er,* IV. *ir,* nur dass die Engadiner das lange *ér* derjenigen der II. in *air* verwandeln: *avair, tgnair, tmair.*

Die Engadiner haben eine eigene Zeitform für die unbestimmte Vergangenheit. *füt, avett, gnitt, lodet etc.* Im

XXXII

Oberländ. ist dieselbe nur in der ersten und dritten Person des Sing. — und diess seltener — und in der dritten des Plurals gebräuchlich: *iou, el tilà, temè, udi, tilannen, temennen, udinnen.* Ferner hat das Engadinische eine einfache Futurform: U E. *sarà, avrà, gnarà - ast-à-an-at-an.*

O E. *sarò, avrò, gnarò - ost-ò-ons-os-on,* während das O B. zur Bildung desselben das Auxiliar *werden* gebraucht und zum Inf. Pr. ein *a* setzt — wohl eine sehr natürliche Weise — *vegn ad esser, ad aver, a vegnir.* Dagegen hat das O B. ein Imp. Conj. auf *i* oder *ig;* z. B. *eri, fuvi, avevi, ludavi,* oder: *erig, fuvig etc.,* die im Eng. und Ital. nicht vorhanden ist. Dessgleichen die Unterscheidung des Condizionals in der direkten und indirekten Rede, *ludass* u. *ludassig, vendess, vendessig etc.* Die Personal-Endungen sind:

O B. -, *s*, -, *n*, *s*, *n*.   U E. -, *st*, -, *ns*, *t*, *n*.

O E. -, *st*, -, *n*, *ns*, *s*, *n*   O H. -, *s*, -, *n*, *ts*, *n*.

Das Particip Präsens ist in sehr vielen Verben nicht gebräuchlich, endigt in denen der ersten Conj. im Oberländ. auf *ont-a*, im Eng. auf *ant-a;* in denen der drei übrigen Conj. O B. *ent, int-a*, Eng. *aint, int-a*. Das Gerund unterscheidet sich vom Part. Pr. nur dadurch, dass es statt *t* ein *d* bekommt: *lodand, tmaind, creschend, vegnind.* In den drei Auxiliars: *essend* od. *siond*, O E. *siand; avend* od. *aviond, aviand; vegnind, vegniond,* E. *vgniond, gniand.* Das Part. der Verg. der regelm. Verba hat im O B. I. *au - ada*, in den übrigen *eu-ida;* im U. E. I. *at-a*, in der II. III. *ü-üda*, in der IV. *i-ida;* im O E. in denen der I. *o-eda;* in den übrigen *ieu* (zu lesen: *ia*) *ida*.

Hülfszeitwörter haben wir, wie die Deutschen, drei: *esser*, *aver* - *avair*, *vegnir* - *gnir* - *(dvantèr)* und mit Hülfe von *esser* und *gnir* wird die passive Form gebildet. Die einfachen Zeiten sind:

O B. Ind. Pr. *sun, eis, ei, essan, essas, än (ein),*
           hai, (vai) has, ha, vein, veits, han,
           vegn, vens, ven, gnin, gnits, vegnen.
   Imp. *era u. fuva-as-a-n-as-an.*
        veva, gniva-as, a-n-as-an.
   Conj. Pr. *seigig, hagig, vegniy-ias-ig-an-ias-ian.*
        erig, fuvig, vevig, gnivig-ias-ig-ian-ias-ian.
   Imp. Wie das Pr. Conj. ausser: *ven*, gewöhnlich: *nou ti, gnin*
        nus, gnitt vus.

E. Ind. Pr. *sun, est, ais, eschan, eschat,* (O E. *essans, essas), sun.*
   U E. *n'ha, has, ha, vain, vait, haun.*
   O E. *he, hest, ho, avains, avais, haun.*
      vegn, vainst, vain, gnins, gnits, vegnen.
   Imp. *cira-ast-a-ans-at* (O E. *as) an.*
      füt-ast, füt, ans-at (O E. *as) an.*
   So auch *hvet, avet, gniva u. gnit.*
   Conj. Pr. *saja, n'haia, vegna-ast-a-ans-at* (O E. *as) an.*
      füss, avess, gniss-ast-iss, ans, at (O E. *as) an.*
   Imper. Wie Conj. Pr. ausser: *ve', gnins, gni, vegnan.*

O H. Ind. Pr. *sung, ist, è, ischan, isches, en.*
      va, ast, ho, vagn, vets, onn.
      vign, vignst, vign, vignen, nits, vignen.
   Imperf. *era, veva, niva-as, a-an-as-an.*
   Conj. Pr. *saia, vegia, vignà.*
   Imperf. *fiss, vess, niss.*

Was die Vocale in den einzelnen Personalendungen betrifft, so ist im O B. ein grosses Schwanken zwischen *a* und *e*, (*essan* od. *essen*) und je nach der Aussprache in dieser oder jener Gegend mag hier *a* dort *e* das passendere sein. Dass Einige aber auch in der ersten Person des Präs. und Imp. Ind. die Endung *el* anhängen, *sundel, erel, vevel, vegnel, vegnevel*, *laudel etc.*, liegt ausser aller Analogie und beruht wahrscheinlich auf purem Missverstande. In *iou sund* ist das *d* offenbar nur Milderungslaut, wie in *dad, ad* vor einem Vocal; *el* entweder die Verlängerung von *d*, oder es sollte nur bei activen Verben vorkommen, als enklytisches persönl. Pronom. für *il*; also *iou il lauda = laudel*. So wäre es eine Zusammenziehung, wie sie im Italienischen sehr gewöhnlich ist, z. B. *lodarlo, chiamali, vedersi*. Einen andern Grund für diese Endung könnte ich mir nicht denken. Ich halte ihn aber um so mehr für den einzigen, der hier irre geleitet hat, weil gerade Diejenigen, die beim *laudel* und *ludavel* so getrost bleiben, auch das andere refl. Pronomen *sa* oder *se* immer mit dem Verbum zusammenschreiben, z. B. *samidar, sapigliar* od. *seconferir, sefraternisar, seresultescha etc.* was sich ja auf keine Weise rechtfertigen lässt.

16) Die *Conjunction*. Die schwache Seite der rom. Dialekte zeigt sich — wie ganz natürlich — in den Conjunktionen, von denen wir freilich genug zur Bezeichnung allgemeiner, nicht aber feinerer Beziehungen haben. Diefenbach, in seinem trefflichen Buche über die jetzigen rom. Sprachen (Leipzig 1831), bemerkt mit Recht, dass das Rhätoromanische den Einfluss des Deutschen selbst darin verrathe, dass es den Nachsatz durch *scha, (so)* andeute, was ausser aller Analogie mit den übrigen rom. Sprachen sei. Um so auffallender mag aber dieses erscheinen, wenn man weiss, dass auch das bedingende *wenn* des Vordersatzes durch ein gleiches *scha* bezeichnet werden muss. Im Nachsatze ist übrigens das *scha* nicht gerade unerlässlich, und es verdient wohl in dieser und andern Beziehungen

bemerkt zu werden, dass wer den roman. Satzbau nur nach Schriften — und seien es auch gedruckte Bücher — beurtheilt, einen sehr unzuverlässigen Maasstab für denselben hat. Unsere Autoren sind in der Regel von deutscher Bildung so tingirt, dass je mehr ihre Produktionen, gewöhnlich Uebersetzungen, mit dem Deutschen übereinstimmen, desto mehr meinen sie, ein recht classisches Romanisch geschrieben zu haben. Im Munde des Volkes, oder der nicht deutsch Gebildeten, ist der Satzbau ein ganz anderer und dem italienischen weit ähnlicher.

Anmerkung. Dass in diesem Wörterbucke nirgends von »Ladinisch« (latinisch) die Rede ist, kommt nur daher, dass ich nicht weiss, welcher roman. Dialekt eigentlich darunter verstanden werden soll. Nach einigen freilich der *unterengadinische;* nach andern auch der *oberengadinische* zugleich. Woher aber der grössere Anspruch der engad. Dialekte auf diese Benennung? Entweder der Name war ursprünglich allen roman. Dialekten gemeinsam, oder er dürfte von den Engadinern zur Verherrlichung des ihrigen damals eingeführt worden sein, als sie die oberländischen mit dem Spitznamen »Schalauer« belegten. Gegen beides haben aber die Oberländer immer mit Recht protestirt.

IV.

Meine Hauptmitarbeiter an diesem Wörterbuche waren:
Für das Oberengadinische:
Herr *Johann Sandri*, von Samaden, Pfarrer in Bevers, welcher mit verdankenswerther Mühe und steigender Freudigkeit sich dem übernommenen Geschäfte unterzog, aber nach kaum vollendeter Arbeit und schon vor dem Beginne des Druckes derselben zum bessern Leben abgerufen wurde.

Für das Unterengadinische:

Herr Landammann *J. Ulrich Könz*, von Guarda, der ebenfalls mit unverdrossener Mühe und zuvorkommender Güte den ihm zugewiesenen Theil besorgte.

Sehr verdankenswerthe Beiträge lieferten später für das Oberländische:

Herr Kirchenrath *Fl. Walther*, von Riein, Pfarrer zu Sufers.
Herr Lieutenant *P. Candrian*, Schullehrer in St. Moritz.
Mehrere meiner Schüler an der Kantonsschule.

Für das Oberengadinische:
Herr *Jacob Heinrich*, Pfarrer zu Cellerina.
„ *Zach. Ganzoni*, Direktor der Kantonal-Ersparnisscassa.
„ Landammann *Peter Lorenz*, von Filisur.
„ Landschreiber *U. Gregori*, von Bergün.
„ Alt-Kanzleidirektor *V. von Planta*, der gefälligst auch die Korrektur des Oberengadinischen übernahm.

Für das Münsterthaler'sche:
Herr *J. Bott*, Pfarrer in Igis.
„ *D. Moggi*, Pfarrer im Münsterthal.
Die technischen Ausdrücke für manche Pflanzen verdanke ich Herrn Professor *A. Moritzi*, von Chur.

Indem ich diesen Freunden allen für Ihre diessfällige Mühe den verbindlichsten Dank ausspreche, muss ich ihnen freilich auch die Verantwortlichkeit für etwaige Unrichtigkeiten in ihren Mittheilungen überbinden, da ich namentlich im Engadinischen

Alles auf Treu und Glauben annahm und — mit Ausnahme mannichfacher Umstellung des *lg* und *ng* in *gl* und *gn* — nichts willkürlich an denselben geändert habe. — Zu dieser Bemerkung fühle ich mich aber um so mehr verpflichtet, weil auch im Engadinischen die Bedeutung mancher Wörter nicht überall die gleiche und selbst die Orthographie hin und wieder, wie im Oberländischen, sehr schwankend zu sein scheint. So hatte ich oft Gelegenheit wahrzunehmen, wie mancher Ober- und Unterengadiner mit Entschiedenheit dasjenige tadelte, was Andere ihrer Thalgenossen für das ganz Richtige erklärten. Die Verschiedenheiten zeigen sich indessen hauptsächlich im Gebrauch dieses oder eines andern Vocals; ob z. B. *chanvoul, chanvo* od. *chanvöl? gianascha* od. *gianoascha? läd, led* od. *ledt* zu schreiben sei? und da wird eben auch Jeder das seiner Mundart am meisten Entsprechende für das Richtigere halten.

Der Verfasser schliesst nun mit der Hoffnung, dass wenn sein Lexikon auch so Manches nicht in der wünschbaren Vollständigkeit zu bieten vermag, es wenigstens zur Schärfung des Sinnes für derartige Bestrebungen auch unter den Rhätoromanischen beitragen und sich wirksam erweisen werde. Denn nur in dem Maasse als dieser Sinn allgemeiner unter uns erwacht, werden wir auf einen Verein von gebildeten Männern aus allen Landesgegenden hoffen dürfen, der die Sammlung eigenthümlicher roman. Wörter und Redensarten in allen Dialekten sich zur Aufgabe stelle, die Resultate seiner emsigen, nachhaltigen

Bemühungen zusammentrage, sorgfältig ordne, zu wechselseitigem Austausche an einem geeignetem Orte niederlege und auf diese Weise die Vorarbeiten liefere, die zur Anfertigung eines recht vollkommenen rhätorom. Lexikons unerlässlich sind, und dessen Erscheinung desto bälder herbeiführen werden.

Chur, den 10. Oktober 1848.

Otto Carisch.

Erklärung der Abkürzungszeichen.

1) Die Ziffer 1. nach einem Wort bedeutet: **Oberländisch.**
2) „ „ 2. „ „ „ „ **Unterengadinisch.**
3) „ „ 3. „ „ „ „ **Oberengadinisch.**
4) B. bed. Bergün.
5) B. „ Bünden.
6) Coll. coll. bed. Collectivum, Sammelname.
7) D. bed. Duvin.
8) E. „ Ober- und Unterengadinisch.
9) F. „ Filisur.
10) *f.* „ Fömimin, weiblich.
11) Fr. „ Französisch.
12) Gr. „ Griechisch.
13) H. „ Heinzenberg.
14) It. „ Italienisch.
15) Lat. „ Lateinisch.
16) M. „ Münsterthal.
17) *m.* „ Masculin, männlich.
18) OB. „ Oberland.
19) OE. „ Oberengadinisch.
20) OH. „ Oberhalbstein.
21) *p.* „ Particip der Vergangenheit.
22) *pl.* „ Plural, Mehrzahl.
23) S. „ Schams.
24) UE. „ Unterengadinisch.
25) Die kleine Linie „ - " bezeichnet:
   a) das vorhergehende Wort, mit Ausnahme der Endsylbe, *abinar-er,* für: *abinar, abiner; aigna-mein,* für:

aigna, aignamein; sentiment-aint; für: *sentiment, sentimaint; sensual-el,* für: *sensual, sensuel.*

b) das folgende Wort, mit Ausnahme der Vorsylbe: *aut-otissem,* für: *autissem, otissem; aul-altexia,* für: *aultexia, altexia; ados-aduxamaint,* für: *adoxamaint, aduxamaiut; mi - maschloss,* für: *mischloss, maschloss.*

c) die Auslassung des vorhergehenden, ganzen Wortes: *cuors. - da la vitta,* für: *cuors da la vitta; cuorsa. far inna-,* für: *far inna coursa; cutt. paun-,* für: *paun cutt; fender. sa-,* für: *sa fender; sunar. - la giegia,* für: *sunar la giegia.*

26) Wo keine Ziffer und kein grosser Buchstabe dem Worte folgt, ist dasselbe allen Dialekten gemeinsam, *abolir, accurat.* (Ausgenommen davon sind nur wenige, für die ich das Engadiner Wort nicht kannte und die Beifügung der Ziffer 1. vergessen wurde).

27) Substantiva mit darauf folgendem *m* od. *f*, und Adjectiva mit darauf folgendem *a,* als Zeichen des Weiblichen, sind oberländisch, wenn dem folgenden Worte die Ziffer 2 od. 3. od. E folgt. In lezterm Falle ist das Wort beiden Eng. Dialekten gemeinsam: *anduchiel,* O B. *anduochel,* E. *blutt, a.* O B.

28) Bei Verben mit der Endung *ar - er,* und Adjektiven mit *al - el,* z. B. *blasmar - er, sensual - el,* ist ersteres dem O B. und U E. gemeinsam, lezteres O E.

29) Bei Verben mit der Endung *ar-char-er, complicar-char-er,* ist ersteres O B. das zweite, *complichar,* U E. das dritte *complicher* O E.

A.

A, *m.* a, e, und; vor einem Vokal: ad, el. a, Fallzeichen des Dativs; Präp. auf, bei, zu, nach. Bezeichnung des Futur. und Cond. mit werden.

Abil, *a.* abel, E. geschickt, tüchtig, tauglich. s'abilitar, - er, sich tauglich, geschickt machen.

Abinar, - er, s', E. sich versöhnen, vertragen, in Eintracht leben. abinanza, *f.* E. Einigkeit, Eintracht, *f.*

Abolir, abschaffen, abstellen. aboliziun, *f.* Abschaffung, Abstellung, *f.*

Abominar - er, verabscheuen. abomini, *m.* E. Abscheu, *m.* Greuel, *n.* abominaziun, *f.* Verabscheuung, *f.* Götzendienst, *m.* abomineivel, *a.* - aivel, - abel, E. abscheulich, verabscheuungswürdig.

Absent, *a.* absaint, E. abwesend. absenzia, *f.* absenza, E. Abwesenheit *f.* s'absentar - er, sich entfernen, abtreten.

Absolver, *p.* cu - ieu, absolt., E. absolviren, frei-lossprechen; vollenden. absoluziun, *f.* Frei-Lossprechung, *f.* Absolution, in der Beichte. absolut, *a.* absolut, schlechthinig. absolutamein - maing, durchaus, unbedingt.

absolvibel, *a.* frei-loszusprechen; erlaßbar.

Absurd, *a.* thöricht, ungereimt. absurditad - ed, *f.* Thorheit, Ungereimtheit, Albernheit, *f.*

Abundont - dant, *a.* E. reichlich, im Ueberfluß. abundonza, *f.* abundanza, *f.* Ueberfluß, *m.*

Accla, *f.* Maiensäß, Gut mit Stallung außer dem Dorf. *Ital. maggianco*

Accent, *m.* Accent, *m.* Tonzeichen, *n.* Ton, *m.* accentuar - er, betonen. accentuaziun, *f.* Betonung.

Acceptar - er, annehmen. acceptaziun, *f.* Annahme, *f.* accepteivel, acceptabel, *a.* E. annehmbar. avair per accett, 3. genehmigen, sich gefallen lassen.

Accident, *m.* accidaint, E. Zufall, *m.* Ohnmacht, *f.* accidental - el, *a.* zufällig, absichtslos.

Accurat, *a.* - mein - maing, genau, pünktlich. accuratezia, *f.* accuratezza, E. Genauigkeit, *f.*

Accusar, achüsar - er, beschuldigen, anklagen, verklagen. accusa, *f.* achüsa, E. Anklage, Verklagung, *f. s.* chisa.

Acquistar - er, kaufen, sich erwerben.

acquist. m. Kauf, m. Erwerbung, f. acquiziziun, f. Erwerbung, f. Ankauf, m.

Adaig, 1. Achtung, Acht. dar, far adaig, Acht geben, aufmerken. adaig! Achtung! f. dachlar.

Adampchiar - er, E. vermehren. adamchiamaint, m. Vermehrung, f.

Adattar - er, zurecht machen, anpassen. s'adattar - er, sich darin fügen, schicken. adatteivel - aivel - abel, E. tauglich, passend, geeignet. nunadatteivel, inadattabel, untauglich, ungeeignet. adattaivladad - ed, f. Tauglichkeit, f.

Adequat, a. angemessen, passend.

Aderir, adherir, E. anhängen, zustimmen, zugethan sein. aderent, m. adherent, Anhänger, m. aderenza, f. adherenza, Anhang, m. Partei, Sippschaft, f.

Adjectiv, m. Adjectiv, Eigenschaftswort, n.

Adjutant, m. Adjutant, m.

Adler, m. aquila, aglia, 2. f. aivla, aigla, Adler, m.

Admiral, m. Admiral, Befehlshaber einer Flotte.

Admonir, ermahnen, zusprechen. admoniziun, f. Ermahnung, f. Zuspruch, m.

Adoptar - er, an Kindes Statt annehmen, annehmen. figl adopliv, Adoptivsohn, m.

Adressar - er, richten (durch Ueberschrift) s' adressar - er, sich richten, wenden an Jemanden. adressa, f. Ueberschrift, f.

Adular - er, schmeicheln. adulaziun, f. Schmeichelei, f. adulator, m. Schmeichler, m. Speichellecker, m.

Adulterar - er, verfälschen. adulter, m. E. Ehebrecher, m. adulteri, m. Ehebruch, m.

Adumbatten, 1. vergebens, vergeblich, umsonst. in vaun. E. It. in vano.

Advocat, m. advocat, pistand E. Anwalt, Advokat, Rechtsbeistand, m. advocar, pistantar - er, E. als Anwalt dienen, den Anwalt machen.

Affabel - la - mein - maing, freundlich, leutselig. affabladad, f. affabilitad - ed, E. Freundlichkeit, Leutseligkeit.

Affect, m. Affect, m. Gemüthsbewegung, f. affecziun, f. Zuneigung, f. Wohlwollen, n. Anhänglichkeit, f. s'affecziohar - er, Zuneigung fassen. affectuus, a. - mein - maing, wohlwollend, anhänglich, anschließend. affectar - er, sich stellen, desgleichen thun, sich zieren. affectaziun, f. Ziererei, gezwungenes Wesen.

Affiger, p. eu, ieu, afflict 2. betrüben, bekümmern, s' affliger, sich betrüben. affligent, a. betrübt. affliziun, f. Kummer, m. Betrübniß, f.

aflar, 1. chattar - er, E. finden. Ital. trovare.

Agien, aigna - mein, 1. - aien, 2. egen, egna - maing, 3. eigen, eigenthümlich, sonderbar, eigentlich; It. proprio. aignadad, f. singolaritad - ed, Eigenheit, Eigenthümlichkeit f. agiennizz, m. egoismo, E. Eigennuß, m.

Agil, a. E. behend, gewandt. agilitad - ed, f. Behendigkeit, Gewandtheit, f.

Agir, handeln, verfahren. agent, m. Geschäftsführer, m. acziun, f. Handlung, f. act, m. Handlung, That, f. Akt, m. Werk, n. Aktenstück, n. act

da carezia, - charitad - ed, Liebes=
werk, n. acts, pl. actas, E. Aktenstücke.
activ, a. thätig, aktiv. activitad - ed, f.
Thätigkeit. activar - er, in Thätig=
keit setzen. actuar, m. Aktuar, Schrei=
ber, m. actual, a. actuel - maing,
gegenwärtig, dermalig, in Thätigkeit
seiend, jetzig; dermalen, jetzt. actur,
m. Thäter, Akteur, m. redactur, m.
Verfasser, Redaktor, m. redacziun, f.
Abfassung, Zusammenstellung, f. agi=
taus - tà - ada. 2. agitò - eda, 3.
aufgeregt, bewegt. agitaziun, f. Auf=
regung, Unruhe, f.
Agonia, f. Todeskampf, m. die letzten
Züge. esser en l'agonia, in den letz=
ten Zügen sein. suuar - er, tuccar
d'agonia, die Sterbeglocke läuten.
Agra, f. Hebel, m. Hebelstange, f.
Agradir, gefallen, genehmigen, gut auf=
nehmen. agreabel - la - maing, E.
angenehm, lieblich.
Agrimensur, m. Feldmesser, m. agri-
mensura, Feldmeßkunst, n.
Agur, 1. far - aver agur, Acht geben, auf=
merken. Ital. osservare. catlar ad
agur, merken, beobachten. It. scorgere.
ei era nigion' agur, es war noch al=
les still.
Aigl, m. Knoblauch, m.
Aissa, f. assa, essa E. Brett, Säge=
brett, n. It. asse.
Ala, f. Flügel, m. ala d'igl spieul,
Spuhlenflügel, m. - da la capialla,
Hutkrämpe, f. schar pender las alas,
entmuthigt, verzagt sein; unordentlich,
nachlässig im Anzug sein (von Frauen).
Alber, m. E. Mastbaum, m.
Albierg, m. Herberge, f. Nachtquartier,
n. dar albierg, beherbergen, aufnehmen.

albergatur, m. albergiatur, E. Wirth,
Gastwirth, m.
Alienar, - er, veräußern, verkaufen;
s'alienar - er, sich entfernen, entfrem=
den, fremd werden. alienaziun, f.
Veräußerung, f. alienabel, 2. ver=
kaufbar. alienatur, m. Verkäufer,
Veräußerer, m.
Allèa, f. Allée, f. Weg, mit Bäumen
auf beiden Seiten bepflanzt.
Allegoria, f. Gleichnißrede, f. allego-
ric, a. allegorisch, in Gleichnissen.
Alimentar - er, ernähren. alimenta-
ziun, f. Ernährung, f. aliment, m
alimaint, E. Nahrung, Speise, f.
Allusiun, f. Anspielung, f. allusiv a.,
anspielend, hindeutend.
Almosen, f. Almosen, n. far - dar l'
almosna, Almosen geben, spenden.
Alp, f. Alp, f. cau 1. - chea 2. - cho
d'alp 3. Alpvogt, Hüttenmeister, Alp=
vorsteher, m. cargar d'alp, chargiar
- er alp, die Alp laden; alpar, met-
ter ad alp, 1. alpchar, 2. alpager, 3.
Vieh in die Alp schicken, die Alp be=
nutzen; alpchant, 2. alpaunt, 3. mas-
sèr, migiur, m. 1. Alpgenosse, m.
dschalpchar - er, scargar d'alp, 1.
die Alp entladen. dschelpcna, f. Mol=
ken, m. (Käs, Ziger und Butter).
dscherpchar - er, den Molken aus
der Alp holen.
Altar, m. utèr, E. Altar, m.
Alv, a. alb, a. 2 weiß. alva d'igl
gi - alba del di, E. Morgendämme=
rung, f. Tagesanbruch, m. catschar
l'alva, dämmern, anbrechen des Tages.
Amar - er, E. (taner car.) 1. lieben.
amabel - bla, liebenswürdig. ama=
tur, m. Liebhaber. amatura, f. Lieb=

haberin, *f.* amur, *f.* amur, *m.* E. Liebe, *f.* par - per amur, aus Liebe, wegen. par - per amur da Deus, Dieu, um Gottes willen. par amur da tei, deinetwegen. 1. ir par l'amur Deu - l'amur dieua, 2. betteln. murdeu, *m.* murdieu, E. Bettler, *m.* murar, far l'amur, marusar - er, E. lieben, den Hof machen. muronz, *m.* marus, E. Liebhaber, Liebster, *m.* muronza, *f.* marusa, E. Liebste, *f.* muriera, *f.* 1. verliebtes Geschöpf (inamurada - eda). murimm, *m.* marusaglia, marusada, E. Liebelei, verliebtes Wesen. muriez, *m.* 1. müstad 2. müsted, *f.* 3. Liebschaft, Verlobung, far, fer - sich verloben; dir our - die Verlobung bekannt machen. mureivel, *a.* amuraivel, E. lieblich. mureivladad, *f.* amabiltad - ed, E. Lieblichkeit, Liebenswürdigkeit, *f.* s' inamurar - er, sich verlieben.

Ambanir, in den Bann legen. s. bann.

Ambassadur, *m.* ambaschadur, E. Gesandte, *m.* ambassada, *f.* ambaschada - eda, E. Gesandtschaft, *f.*

Ambir, streben nach etwas, sich um etwas bewerben. ambiziun, *f.* Ehrgeiz, *m.* Ehrbegierde, *f.* ambizius, *a.* ehrgeizig.

Amblidar, invlidar, 2. smanchar - er, vergessen. Ital. *obliare.* amblidonza, *f.* invlidanza, 2. smanchaunza, 3. Vergessenheit, *f.* metter in - in Vergessenheit setzen. ambliduss, *a.* invliduos, 2. smanchuos, 3. vergeßlich. amblideivel, 3. smanchaivel - abel, vergeßlid), vergeßbar.

Ambra, *f.* Bernstein, *m.* Agath, *m.* corda d'ambras, Bernsteinschnur, *f.*

Ambustir, ambastir, 3. mit Faden heften, Stücke, Lappen ansetzen. ambustida, *f.* ambastuda, *f.* 3. das Ansetzen, Anheften von Stücken.

Amig, *m.* 1. ami, 2. amih, 3. Freund, *m.* amichia, *f.* amìa, E. Freundin, *f.* amicizia, *f.* Freundschaft, *f.* anamig, *m.* inimi, 2. inimih, 3. Feind, Gegner, *m.* anamichia, *f.* inimia, E. Feindin, *f.* in - anamicizia, *f.* Feindschaft, *f.* migieivel, *a.* amiaivel, *a.* - maing, E. freundlich. migieivladad, *f.* amiaivlezza, Freundlichkeit, *f.* malmigieivel, *a.* in - malamiaivel, 2. in - melamiaivel, 3. unfreundlich, lieblos.

Ampalar, palar (bos), mnar, 2. mner, 3. ein Gespann Rinder bei der Deichsel führen, leiten. ampaladur, ampalunz, *m.* manisus - schuns, E. Führer, Leiter, *m.* ampaladura, *f.* ampalunza, manisusa - schunza, Führerin, Leiterin.

Ampalm, *m.* Griff, *m.* (am Vieh).

Amparar (dumandar - er, E.) fragen; amp. suenter, nachfragen, sich erkundigen. amparada, *f.* dumonda - manda, *f.* Frage, *f.*

Amparmèr, *a.* 1. der erste, früheste. amparmèrnascheu - ida, primogenit, E. erstgeborne. amparmèrnaschiensha, primogenitura, E. Erstgeburt, *f.* parmer, parmer carstiaun, *m.* prossem, E. Nächster, der Nächste. amparmèrs frigs, las primizias, E. die Erstlinge.

Amparstar 1. imprastar - er, E. leihen. amparstar or daners, Geld ausleihen. far amp. entlehnen. amprest, *m.* imprast, E. Anlehen, *n.* dar ad

- leihen. prender - tour, piglier ad
- entlehnen.

Ampatschar s', s'impachar - er, ſich einlaſſen, - mit etwas befaſſen, - einer Sache annehmen, - unterſtehen, wagen. Ital. impacciarsi. ampaig, m. impach, E. Verlegenheit, f. esser d'ampaig - d'impach, hinderlich, im Weg ſein. esser ampatschaus, - impachà - ò. verlegen, in Verlegenheit ſein.

Ampinar s', ſich gebärden, mit Worten oder Thaten - sco in stuorn, wie ein Narr.

Ampizzar, impizzar, - er, anzünden, igl seug, fō, Feuer.

Ampla, lampa, f. Lampe, f. Oehllicht, n.

Ampunder, impouder 2. impuonder 3. anwenden. It. impiegare.

Amputar - er, abnehmen, abhauen ein Glied des Körpers, Hand, Fuß. amputaziun, f. Abhauen, n. Amputation, f.

Anavont, 1. inavant, 2. inavaunt, 3. vorwärts. It. inavanti. anavos, 1. inavos, 2. inavous, 3. rückwärts. It. indietro. anent, 1. inaint, E. einwärts. anora, 1. inoura, E. auswärts. angiù, 1. ingiò, E. abwärts. ansì, 1. insù, E. aufwärts. annou, 1. innà, 2. innò, 3. herwärts. anvì, invì, E. hinwärts.

Anzacura - as, ùnsacura, E. einmal, ancanuras, bisweilen.

Ancanuscher, kennen. f. canuscher.

Ancarna, f. ancarden, m. incharna, E. Winkel, m.

Ancavrir, 1. einen Baum abſchälen; ancavreu, chivreu, geſchält, ohne Rinde; chivrida, f. ein fauler, noch aufrecht ſtehender Baumſtamm.

Anclinar, inclinar - er, E. Neigung haben. s'ancl. - inc. ſich verbeugen. anclin, m. inclin. E. Verbeugung. far in - anclins, ſich verbeugen, von Frauen.

Ancorscher s', p. ancurscheu, anchiert. s'inacordscher, p. corl. E. merken.

Ancunter, cunter, incunter, E. gegen, entgegen. ancunter sera, gegen Abend. anc. casa - chasa, heimatzu. anc. mei, gegen mich. ancuntrar, scuntrar, incuntrar - er, begegnen vorfallen, ereignen. s'ancuntrar, s'inc. ſich begegnen. f. cuntrari.

Andament, 1. adimaint, E. gnir - in den Sinn kommen, ſich erinnern. far - erinnern. taner, tgnair - im Sinne behalten, nicht vergeſſen. It. tenere a mente.

Andantamein, 1. andantamaing, E. ziemlich, ordentlich.

Andriescher, p. andarscheu, indraschir, nachfragen, forſchen, ſich erkundigen.

Anduchiel, m. anduochel, E. dicke, fette Wurſt, B. Schüpling, m.

Aneg, anetg, anech, anechia - mein; dantett, a - maing, E. plötzlich. murir da la mort nechia, - mort subitauna, plötzlichen Todes ſterben. anadetg, d'anadetg, auf einmal, plötzlich.

Anèr - ir anèr, ir ad aramaint, 2. Irre gehen. It. errare.

Anfarlar, implantar - er, E. pflanzen, zweien. anfiarla, f. Zweig, m. junger Baum.

Anfis, a. ſtüſſi, E. maßleidig, überdrüſſig. gnir auf. überdrüſſig werden. anfisar, ſtüſſchar, E. maßleidig machen, beſchweren. anfisuss, ſtüſſchus, lungurus 2. langweilig. It. noioso.

Angaschar, anghischar, ingaschar - er, anwerben. s'angaschar, s'ing. ſich anwerben laſſen.
Angaldir, entgelten. (partar la paina, balver sü).
Angañar, ingianar-er, betrügen, täuſchen. s'ang. - ing. ſich irren, täuſchen. angoñn - ament, m. ingian, 2. ingianamaint, Betrug, m. Täuſchung, ſ. anganadur - der, ingianadur, E. Betrüger, m. anganeivel, ingianaivel, trüglich, täuſchend.
Angartar 1. chattar, claper sül fatt, auf der That ertappen.
Anglavinar (lignar), ingiavinar, 2. errathen. Ital. indovinare. angiavinada, ſ. (legn), ingiovinèra, E. Räthſel, n. dar si - Räthſel aufgeben.
Angirar, jürar, ſchwören. ſ. girar.
Angular 1. ingular, involar - er, ſtehlen. invöl, m. E. Diebſtahl, m.
Anguilla, ſ. Aal, m.
Anguord, a. inguord, E. gierig, habſüchtig. angurdienscha, ſ. inguordischa 2. inguordía 3. Gierigkeit, ſ. Freßhaftigkeit.
Anguoscha, ſ. anguscha, angoscha 2. anguoschna, 3. Angſt, Begierde, ſ. angu- - goschiar, anguschager 3. ängſtigen, beängſtigen. anguschius, a. 1. angoschius, 2. angoschagins, 3. ängſtlich, furchtſam. anguschieivel, 1. anguschagiaivel, 3. Angſt erregend, beängſtigend. anguschiader, m. anguschagiader - geder, 3. Aengſtiger, Beängſtiger, m.
Anl, m. pl. anials; anè pl. anels, E. Ring, m. It. anello. - da dett, da daint Fingerring. anl d'uroglias 1. urachin 2. orinchin, 3. Ohrenring, m.

Anim, m. Gemüth, n. Muth, m. Herzhaftigkeit, ſ. anima, ſ. E. olma, 1. Seele, ſ. animar - er, ermuthigen, beleben. animus, a. muthig, herzhaft. animosilad - ted, ſ. Bitterkeit, ſ. Groll, m.
Annunziar - er, ankündigen, verkündigen. denunziar - er, angeben, verzeigen. denunzia, ſ. Verklagung, ſ. denunziader, 1. denunziant, E. Angeber, m. pronunziar, ausſprechen. pronunzia, Ausſprache, ſ. nunzi, m. der päbſtliche Geſandte.
Anqurir, tscherchar - er, E. ſuchen.
Antidar, risar, 1. reizen, hetzen, z. B. igl chiaun, den Hund. It. aizzare.
Ansauna, ansouna, ſ. 1. iansauna, 2. gianzauna, 3. Genzian, ſ. rigisch d'- Genzianwurzel; vinars d'- Genzianbranntwein.
Anschadar, 1. far aint l'alvamaint 2. fer il schadamaint, Brodteig mit Hefen oder Sauerteig anmachen. anschadament, 1. alvamaint, 2. schadamaint, 3. Sauerteig, m. It. levame.
Anscheiver, p. anschiett, 1. anfangen. Lat. incipere. anschatta, ſ. anschetta, Anfang, m.
Anscheuder 1. sconscher, E. entzünden, brennen, von Wunden.
Anschiess, antschiess. m. 1. (territori E.) Gebiet, n. sin niess anschiess, auf unſerem Gebiet.
Ansemmen, ansembel - lamein 1. insembel 2. insemmel 3. zuſammen; tuts - , alle zuſammen. It. insieme.
Ansenna, ſ. insaina, segn, E. Zeichen, Kennzeichen, n. Kalenderzeichen, n. Ital. segno.
Ansiel, m. 1. asöl, 2. usöl, 3. männliches Zieglein. ansola, 1. asoula, 2. usola,

3. weibliches Zieglein. asolèr, 2. Zieg: leinhiet, m. suransiel, m. 1. (tschiec) Gerstenkorn, n. Entzündung an der Wimper.

Ansibar cnl. 1. sinar - siner aint, getraut werden, sich trauen lassen. Ital. farsi copolare.

Ansolver, p. anscult. 1. cruschinar - er E. frühstücken. ansolver, m. cruschina, f. Frühstück, n. Lat. solvere. crustulum.

Antalir, p. antilgieu, 1. inclegier, 2. incler, p. ett, verstehen. antaletg, m. intellett, m. E. Verstand, m. antilgienscha, f. intelligenza, f. E. Einsicht, f. Sachkenntniß, f. Einverständniß, n. malantilgienscha, f. malintelligenza, E. Mißverständniß. antilgienteivel, inclegentaivel, E. verständlich. malantilgienteivel, malinclegentaivel, unverständlich. antilgienteivladad, f. inclegentezza, E. Verständlichkeit. surantalir, 1. sorincler, 2. melincler, 3. mißverstehen.

Antardir, 1. verrathen. f. tradir.

Antecedent, a. untecedaint, E. vorhergehend, vorherig. antecessur, m. Vorfahr, Vorgänger, in einem Amt.

Antecipar - er, vorher - voraus - vor der bestimmten Zeit thun, vorgreifen. antecipaziun, f. Voraustbun, n. Vorwegnahme, Vorgreifung, f. antecipadamein - maing, zum Voraus, vorher.

Anteriur, a. - maing, vorig, vorherig, vorher.

Antipatia, f. Antipathie, f. natürlicher Widerwille, Abneigung, f. antipatic, a. widrig, zuwider, antipathisch.

Antir, a. - mein 1. intèr, a. - maing, ganz, unangeschnitten. antir antraig 1. ganz, gänzlich, ganz und gar.

Antischi, m. lentischi, 1. kleiner Heuboden, Abtheilung des Heustalles über dem Viehstall.

Antruvidar, intraguidar - er, unterweisen, belehren, anleiten. antruvidament, m. intraguidamaint, E. Anleitung, Anweisung, f.

Antrocca, 1. fin, infin, E. bis.

Antuorn, anturn, intuorn, E. herum, gegen, ungefähr. antuorn sera, gegen Abend, antuorn dus talers, ungefähr 2 Thaler.

Anuigl, m. aguè, m. E. männliches Lamm. anialla, f. aghella, E. weibliches Lamm. anuigl, 1. greg, 3. Widder, m. der Nolla=Bach bei Thusis.

Anvers, invers, E. gegen. duvers anvers Dieus, Pflichten gegen Gott. f. vers.

Anvl, 1. invl, E. hin, an. da cou - lur anvl; da cò - lò invl, von jetzt - dann an.

Anvidar, invidar - er, E. einladen; anzünden, anvidar cazzola, das Licht anzünden, anbrennen. anvidament, m. invitaziun, f. E. Einladung.

Anzachi, anzichi, 1. insachi, 2. qualchün, 3. jemand, irgend einer. anzichiei, 1. insachè, 2. ünsachè, 3. etwas irgendwas. anzacò 1. insacò, 2. ünsacò, 3. irgend wie, auf irgend eine Weise. anzacons, varsacons 1. invarsaquants, 2. ünza - verza quants, 3. einige, etliche. anzacù - curacuras, 1. insacura, 2. ünzacura, 3. einmal, irgendwann. anzanu - ua, 1. insanua, 2. ünzanua, 3. irgendwo.

Anzardar, fer our chanvoul, das frisch gemähte Heu zetten.

Anzeinsnas, *pl.* ascensiun, *f.* E. Auffahrtsfest, *n.* f. ascender.
Anzerkel, *m.* Dachtramen, *m.*
Apoplexia, *f.* cuolp apoplectic, *m.* Schlag, Schlagfluß, *m.*
Apostat, *m.* Apostat, *m.* ein von seiner Religionspartei, Konfession Abgefallener.
Apostel, *m.* Apostel, *m.* apostolic, *a.* apostolisch.
Apoteca, *f.* Apothek, *f.* apoteker, *m.* Apotheker, *m.*
Applaudir, Beifall klatschen. applaus, applauso, *m.* E. Beifall, *m.*
Appellar - er, appelliren. appellaz, pallazun, 1. appellaziun, E. Appellation, *f.* Weiterzug, *m.* appell, *m.* Namensaufruf, *m.* (besonders bei Soldaten).
Appetit, *m.* Appetit, *m.*
Applicar, applichar - er, anwenden, auflegen, aufmessen. applicaziun, *f.* Anwendung, *f.* Fleiß, *m.* applikeivel, *a.* 1. applicabel, E. anwendbar.
Arar - er, pflügen. arader, krieg, 1. crötsch, 2. cratsch, 3. Pflug, *m.* aradur, 1. arader - eder, Pflüger, *m.* er, *m.* Acker, *m.* aradira, *f.* 1. Pflügen, *n.* Pflügerlohn, *m.* radira, 1. Mammet, 330 Klafter Ackerland. arazun, *m.* E. Pflugzeit.
Arbaga, *f.* 1. arbaja, 2. urbea, 3. Lorbeere, *f.* Frucht des Lorbeerbaums.
Arbitrar - er, willkürlich handeln, — entscheiden. arbitrari, *a.* - maing, willkürlich. arbitri, *m.* Willkür, *f.*
Arblauna, 3. Weißhuhn. *n.*
Arc, arch, artg, *m.* 1. arch, E. Bogen, *m.* arch, 1. arch in tschèl - St. Martin, E. Regenbogen, *m.* archett, *m.* Geigenbogen, *m.* arca, 1. archa da Noé, Noah's Arche, *f.* arveult, *m.* (arc veult) 1. vout, E. Gewölbe, *n.*
Archiv, *m.* tschepp, *m.* 3. Archiv, *n.* archivar. E. Archivar, *m.*
Arder, *p.* ars, brennen, verbrennen. arsira, *f.* 1. ardur, arsur, *m.* 3. große Hitze. arsira, *f.* brennender Durst, Brennen in der Kehle. arsentar - er, verbrennen. arsentimm, *m.* arsentüm, E. Inbrunst, *f.*
Ardir, wagen, sich erkühnen, unterstehen. ardeu - ida. ardit, *a.* E. kühn, muthig. ardiment - maint, *m.* Muth, *m.* Kühnheit, *f.*
Argiavenna, *f.* arsa - ardavenna, 1. giarvenna, 2. arzavenna, 3. Bärenklaue, *f.* Suraceleum sfondilium.
Argient, *m.* Silber, *n.* argient viv, Quecksilber, *n.* argientar, surargientar - er, versilbern, überfilbern. argienteria, 1. argenteria, *f.* E. Silberzeug, *n.* Silberwaaren.
Argumentar - er, folgern, schließen. argument, - maint, *m.* Schluß, *m.* Beweismittel, *n.* argumentazian, *f.* Folgerung, durch Schlüsse.
Aritmetica, *f.* arithmetica, E. Rechenkunst, *f.* Arithmetik, *f.*
Arma, *f.* Waffe, *f.* armar - er, waffnen, bewaffnen. s'armar - er, sich bewaffnen. armada - eda, *f.* Heer, *n.* armadura - düra, *f.* Rüstung, *f.* von Thieren: Hörner, Geweih, *n.* armament - maint, Bewaffnung, *f.* armistizzi, *m.* Waffenstillstand, *m.* disarmar - er, entwaffnen.
Arment, armal, *m.* 1. armaint, E. Rind, *n.* als Schimpfname: Thier. carn d'armantiv, d'armal, Rindfleisch, *n.*

armantiv, a. von Rindern. bieschia armantiva, bovina, 3. Rindvieh, n.

Arpagar, f. archar, 2. arpcher, 3. eggen. erpsch, m. ierpi, 3. Egge, f. Ital. *erpicare*.

Arrestar - er, verhaften, einfangen. f. restar.

Arrogar - ger, s', sich anmaßen. arrogant, a. anmaßend, hochmüthig. arroganza, f. Anmaßung, f.

Arschilla, f. arschiglia, E. Thon, Lehm, m. It. *argilla*. arschiluss, a. arschigliaint, E. lehmicht.

Arschantar, darschantar, 1. ardschantar - er, spühlen, ausspühlen. arschentadiras, 1. ardschaints, 2. arschaintadüras, pl. Spühlwasser, n.

Arsenal, m. Zeughaus, n.

Art, f. E. Handwerk, n. Kunst, f. artist, m. Künstler, m. artisan, m. Handwerker, m. artifizzi, m. Kunstwerk, n. Kunst, List, f. artifizial - el, a. künstlich.

Artar, 1. hertar, 2. erter, 3. erben, beerben. Ital. *ereditare*. artavel, m. 1. hertavel, 2. ertavel, 3. - vla, f. Erbe, m. Erbin, f. cunartavel, Miterbe, m. arteivel - taivel, a. ansteckend, erblich. ierta, 1. f. hierta, E. Erbe, n.

Artikel, m. artichel, E. Artikel, Punkt, m. Geschlechtswort, n.

Artilleria - glieria, f. E. grobes Geschütz. artille - glierist, m. Artillerist, Kanonier, m.

Artuigl, 1. m. obere Seite des Fingergelenks.

Arveigl, - aigl, 3. arbaigl, 2. m. Erbse, f. Coll., arveiglia - vaglia - baiglia. Ital. *pisello*.

Arvel, 1. m. Wendelbaum, m. (am Webstuhl), Achse am Mühlrad, f.

Arver, p. aviert, - iarta, avrir, p. ávert, E. öffnen. aviartamein - avertamaing, öffentlich. avril, m. April, m.

Asc d'chasa, 2. Hausrecht, Recht auf ein Haus. Asc e pasc, Wunn und Weide. Ital. *ascoli e pascoli*.

Ascar, ischiar, 1. aschiar, daschiair, 2. suschiair, 3. p. ò - ieu, dürfen, wagen. Ital. *osare, rischiare*.

Asch, a. esch, 3. sauer. Ital. *acido*. aschira, 1. a - eschezza, 3. große Säure, gewaltig sauer. ischeu, m. aschaid, E. Essig, m. scheula, 1. f. arschücla, 2. uschievla, 3. Sauerampfel, f.

Ascha, f. 2. mondförmige Axt, zum Aushöhlen. It. *ascia*.

Ascher, a. E. unrein. aschria, ascrögn, Unreinigkeit, f. E.

Aschia, also. usche, uschea, E. so, auf die Weise.

Ascender, E. ir ansi, 1. aufsteigen. ascensiun, f. E. anzeinsnas, 1. Auffahrtsfest, n. descender, herabsteigen, abstammen. descensiun, descendenzia - za, Abstammung, Nachkommenschaft. descendent, m. Abkömmling, m.

Asen, m. esan, m. 3. Esel, m. asna, f. Eselin. asnatsch, asnun, m. großer Esel, auch als Schimpfwort gebräuchl.

Aspect, m. aspett, E. Aussehen, n. Anschein, m.

Aspirar - er ad inna caussa, nach etwas streben. f. spirar.

Assa (da fein) Anschrot, m. anscheiver - das Heu von oben anschroten.

Assister, beistehen, unterstützen. assi-
2

stent, m. Gehülfe, m. assistenzia - za, Beistand, m. Hülfe, f.

Asta, f. Stange, f. Stiel, m. - ristl - d'rastè, Rechenstiel, m.

Astrolog, m. Sterndeuter, m. astrologia, Sterndeutung, f

Astronom, m. Sternkundige, m. astronomia, f. Sternkunde, f.

Asyl, m. Freistätte, f. Zufluchtsort, m.

At - athmosfera, f. Dunstkreis, m. Athmosphäre, f.

Atsch, m. (d' fl) E. (Coll. l'atscha) Fadenstrehn, m. Garn, n.

Attaccar - char - er, angreifen, s'att. sich angreifen, handgemein werden, anhänglich sein. attacca, f. Angriff, m. s. taccar.

Attent, a. - mein - maing, aufmerksam. attenziun, f. Aufmerksamkeit, f.

Attestar - er, bezeugen, zeugen. attestat, m. Zeugniß, n. s. testar.

Attribuir, zuschreiben. s. tribuir.

Atunn, m. au - utuon, 2. utuon, 3. Herbst, m. utuoner la muaglia, das Vieh den Herbst über ernähren.

Aua, f. 1. ava, agua, 2. ova, 3. Wasser, n. - conna - d' cour, Herzwasser. - cotschna - forta, Mineralwasser, n. esser tutt en -, ganz im Schweiße sein. sponder -, W. abschlagen. manar l' - sin seu mulin, für seinen Vortheil sorgen. ual, m. 1. aguaigl, 2. ovel, 3. Bach, m. ualett - ovelett, Bächlein, n. ual - agual - ovelatsch, m. großer Bach. schuar, 1. saguar, 2. assaver, 3. wässern. aguazun, m. 2. ovazun, 3. Ueberschwemmung, f. großes Gewässer.

Auca, oca, f. 1. ocha, E. Gans, f.

Aug, m. Barba, E. Oheim, Onkel, m. Titel für ältere Männer.

Augmentar - er, vermehren. augmentaziun, f. Vermehrung, f.

Augurar - er, anwünschen, wünschen. auguri, m. Wunsch, m. Glückwunsch, m. Zeichen, Vorzeichen, n.

Aulscher, p. ulscheu, 1. kalt haben, frieren. Lat. algeo.

Aunc, ounc, 1. amò, auncha, E. noch. auncalura, dennoch.

Ault, òlt, 1. aut, a. 2. òt, a. hoch, vornehm. dad aulta casa, von vornehmem Hause. dad ault, ad aut, dad òt, laut. aulta - auta - otamaing, laut, entschieden, mit Entschiedenheit. ault - aut - otissem, der Höchste. aul - altezia, f. aut - otezza, f. Höhe f. alt, m. Alt, m. altist, m. Altsänger.

Alzar, 1. auzar, duzar, 2. ozer, 3. heben, in die Höhe heben. - la cresta, - ils corns, sich hochmüthig erheben, stolz werden, aufbegehren. alzament, m. aduz - adozamaint, 3. Erhebung, Erhöhung, f. alzada, f. au - duzada, 2. uzeda, 3. das Heben, n. Lupf, m. suralzar, - duzar - uzer, zu Schwerres heben, überlupfen.

Aungel, m. anguel, 2. aungel, 3. Engel. - tutelar. Schutzengel, m.

Aunza, onza, f. anza, 2. aunza, 3. Schlinge, Masche. f.

Aur, òr, m. aur, or, 2. or, 3. Gold, n. similòr, m. Halbgold, falsches Gold. surarar, surdurar, - dorer, vergolden, übergolden.

Aura, òra, f. aura, 2. ora, 3. Wetter, Witterung, f. macort' - pòr - trid' aura - ora, schlimme, schlechte Witterung. malaura. - stamprada, t. strasaura - ora, E. Unwetter, n. Ungewitter. urizzi, m. orizzi, E. Gewitter, n. ſtarker Regen.

Aurora, f. Morgenröthe, f. aururs, cachatschar - er aururs, - l'alba, 2. tagen, Tag anbrechen.

Austra, f. Auſter, f.

Auter, a. oter, H. oter, a. 3. anders. autra - otramaing, anders. autrò, anderswo, an einem andern Ort. alterar - er, verändern, übertreiben, verfälſchen, s' - böſe, zornig werden. alteraziun, f. Uebertreibung, Steigerung, f. alternar - er, abwechſeln, ſich ablöſen. alternativa, f. Wahl, Zwiewahl, f. alternativamein - maing, abwechſelnd, alternirend.

Autur, m. Urheber, Verfaſſer, m. autorisar - zer, bevollmächtigen, berechtigen. autoritad - ted, f. Anſehen, n. Behörde, f. autorisaziun, f. Vollmacht, Bevollmächtigung, f.

Avant, avont, avaunt, vor, früher, vorher. davont - vant - vaunt, vornen. vi davont, vorher. davont vi, vornen hin. anavont, 1. invant, 2. inavaunt, 3. vorwärts! davont davos, verkehrt. milsanavont, plinavont, 1. meglinavant, 2. plünavant - vaunt, ferner, ferners. pardavont - vant vaunt, m. Vorfahr, m.

Avanzar - er, vorrücken, vorſchießen, befördert werden. s' - vorrücken, vorſchlagen, erübrigen. avanzament - maint, m. Vorſchlag, m. Beförderung, f. vanzar - er, übrig -, zurückbleiben. las vanzadiras, vanzaduras, E. Ueberbleibſel, n. Reſt, m.

Avantaig, vantaig, m. avantaig - tach, E. Vortheil, m. van - avantagius, a. - maing, vortheilhaft. disavantagius, a. nachtheilig. dis - svantaig - tach, m. Nachtheil, m. disvantagiar - ger, einbüßen, vom Eigenen zuſetzen. van - avantagiuss, a. ſelbſtſüchtig, eigennützig. aver igl survantaig, den Vortheil haben, auf der beſſern Seite ſein.

Avari, a. avar, avarizius, E. trebel, 1. a. geizig. avarizia, f. treblezia Geiz, m.

Avatt, m. abat, E. Abt, m. avatessa, abadessa, E. Aebtiſſin, f. abazia, f. Abtei, f.

Avdar, abitar - er, evder, 3. wohnen. avdont, m. abitant, E. Einwohner, m. avdonza, f. abitaziun, evdaunza, 3. Wohnung. avdeivel, a. bewohnbar, wohnlich.

Aveina, f. avaina, flöder, m. E. Haber, m It. avena.

Aveina, beſſer: veina, f. vaina, f Ader, f. It. vena. ſ. veina.

Aver. vêr, p. gieu; avair, p. gieu, haben. aver, m. avair, E. Habe, f. Vermögen, Guthaben, n. aver d'aver, avair dad avair, zu gut - zu fordern haken.

Avertir, warnen, aufmerkſam machen. avertiment - maint, Warnung, f.

Aveul, m. 1. aviöl, 2. aviol, 3. Biene, f. It. ape, f. schaum, sem d'av. Bienenſchwarm, m. vischi - vaschè d'av. Bienenſtock, m. Ital. arnia.

Avira, f. 1. Streich, Bubenſtreich, m. far aviras, muthwillige Streiche ſpielen. gir aviras, beſchimpfen.

Avisar, visar - er, anzeigen, warnen, viſiren. sudà avisà es mez defais, ein gewarnter Soldat iſt halb geſichert.

avis, avisament - maint, m. Warnung, Kundmachung, f. Zeichen, n.
Avont f. avant.

Avunda, 1. avonda, 2. avuonda, 3. genug.
Avuost, m. August, m. Calond' avuosta, der erste August.

B.

Bab, m. bap, E. päder, 3. Vater. babsegner, m. E. tatt, 1. Großvater, m. ils habuns, Urgroßväter, Urväter.

Badlini, m. badliner, 2. Betttuch, n. - da sein, blecha, 2. pann da prò, 3. Heutuch, n.

Badaisch, m. E. Streit, Zank, m.

Badill, m. badigl, E. Schaufel, f. Spaten, m. badillada, 1. badigliada - eda, f. eine Schaufel voll, Schaufelladung, f. sbadillar, - gliar - gler, ausschaufeln, - la neiv, den Schnee ausschaufeln.

Baduclas, ir a. b., 2. zu Grunde gehen.

Badugn, m. baduogn, bduoin, 2. vduogn, 3. Birche, f.

Bära, f. 1. großes, starkes zerzaustes Haar, bareu, barida, sbaritscheu, ida, ungekämmt, zerzaust. metter or igl bareu, aufbegehren, die böse Seite hervorkehren.

Baffa, f. F. Speckseite. ischitta, 1. Ital. lardone.

Bagascha, f. Gepäck, Reisegepäck, Gesindel, n.

Bagatella, f. Kleinigkeit, f.

Baghiar - egiar, f. fabrichar - er, E. bauen, erbauen; bagèg, m. edifizi, m. fabrica, f. Gebäude, n. baghicivel - vla, edificant, E. erbaulich.

Baila, f. bèla, E. Säugamme. baila, suga, 1. kurzes, dickes Seil. Strick, m.

Balbiar - egiar, balbutir, barbottar, 2. balbager, 3. stammeln. balbiuss, a. stammelnd, stotternd.

Bagliafar - er, bajar, sbajar, 2. schwatzen, plaudern. bagliaff, m. bajader, 2. bagllaf - uns, 3. Schwätzer, m. star b. als Lügner erscheinen. bagliafiera, f. bajadra, 2. bagliafa - unsa, 3. Schwätzerin, f. bagliaffa, f. bahaida, f. bagliafimm, 1. bajöria, sbaiaria, bajöz, 2. baja, 3. Geschwätz, n. Plauderei, f.

Baguord - ord, a. häßlich. inna baguorda, häßliches schlechtes Weib

Balena, f. balena, pesch, E. Wallfisch, m. iess da - öss pesch, 3. Fischbein, n.

Balester, m. balaister, E. Armbrust, f. balestèr, 1. Armbrustschütze, m. balestrar - er, verwickeln, verwirren. esser ün balaister - strer, 3. unruhig sein (von Kindern).

Ball, m. 1. Ball, Tanz, m. ball, E. Herentanz, m. ballandeda, f. E. Hochzeitsgeschenk an die Jugend.

Balla, f. Balle, f. Ballen, m. - da marcanzia, Waarenballen, m. -, botta da neiv, 1. buora d'naif, 2. buorla, balotta, 3. Schneeballe, f. balla, cola,

13

ballotta, 1. balla da schlupett, E. Schieß=Flintenkugel, f. ballin, m. E. schregs, 1. Schrot, m. ballar il pan - paun, E. das Brod aufmachen. ballottar - er, mit- durch Kugeln wählen. ballotaziun, f. Wahl durch Kugeln, f. amballar, imballar - er, zu Ballen packen.

Balonscha, f. balantscha, f. 2. balauntscha, f. Waage, f. Schaukel, f. Bachstelze, f. maun - füss da la - Waagenstange, f. balonschar, 1. sbalonzchar - cher, schwanken, zweifelhaft sein, erwägen, überlegen. baleina, baleinchia, f. sbalinzcha, f. assa da - Schaukelbrett, n. Schaukelseil, n. far ballabeina, ir a sbalonzchar, 2. sbalonzcher, sich schaukeln.

Balsam, m, Balsam, m. am - imbalsamar - er, einbalsamiren.

Baluord, a. bluord, a. E. albern, tölpelhaft, gehörlos.

Banaigl, m. benna, 2. barella, 3. zweirädriger Mistwagen, m. Benna, f. banitsch, m. 1. vierrädriger Mistwagen, m.

Baun, boun, beun, m. banc, 2. bancha, bauncha, f. 3. Bank, f. - da trer, m. Reifbank, f. - da splanar, Hobelbank, f. Bankier, m. Bankier, m. bancarutt, m. far -, Bankerott machen.

Banda, f. Schaar, f. Bande. - da laders, Räuberbande, f.

Bandelier, m. tschinta, Wehr= Degengehenk, n.

Bandiera, f. bandèra, E. Fahne, f. - da vent, 2. Wetterfahne, f. bandirèla, f. Herrkuh, f.

Bann, m. bando, m. 3. Bann, m. ambanir, tessir, 3. in den Bann legen. nault ambaneu - god tessieu, Bannwald, m. - (scumaudar or) la pastüra, den Weidgang verbieten. baudischar, 1. baudir, sbandager, E. verbannen. bandeu, m. bandì, 2. baudieu, 3. Verbannter. bandit, m. Bandit, Landstreicher, m. Räuber, m.

Bandunar - er, verlassen. sa dar agl bandun - abandun, E. sich gehen lassen, in den Tag hinein leben, dem Laster fröhnen.

Bandus, a. E. sanftmüthig. bandusezza, f. Sanftmuth. It. mansueto.

Bara, f. funeral, m. 2. bela, funerel, 3. Leiche, f. Leichenbegängniß, n. vischi, - vaschè da b. Sarg, m. ponn, pan da b. Leichentuch, n. port - 1. banc da - 2. cadelett, 3. Leichenbare, Tragbare, f. esser bo b - gestorben, auf dem Leichenstuhl sein. ir cun, suenter b., davo da b. - cumpagner la b. - zum Leichenbegängniß gehen, die Leiche begleiten. sbaru, f. 2. Sänfte, f. ir in sbara, 2. sich tragen lassen.

Baracca, f. schlechte, halbzerfallene Hütte, Wohnung. far - ribolla, ribolter. Gelage, Sauferei haben.

Barattar - ter, tauschen, vertauschen. - ora - oura, austauschen, auswechseln. baratt, m. Tausch, m. far b. tauschen.

Barba, f. Bart, m. - far, fer la b., sbarber, sich rasiren, den Bart scheren. - da la clav, Schlüsselbart, m. quei ei inna barba, das ist ein gewaltiger Kerl. barbus, a. bärtig. barbier, m. Bartscherer, Barbier, m.

Barba, m. E. Aug. 1. Oheim, Onkel, m.

Barbar, m. Barbar, m. roher, grausamer Mensch. barbar, a. - maing, roh, grausam, unmenschlich. barbaria, f. Barbarei, f. Rohheit, Grausamkeit, f.

Barbeisch, boisch, m. 1. chastrun, m. greg, m. 3. Widder, Hammel, m. It. ariete.

Barbirola, f. (farisiel, m. 1.) Pfeifenrohr, n. Eng. jede kleine enge Röhre.

Barca, f. barcha, E. Boot, n. Schiff, n. barcharöl, barchiröl, E. Schiffer, Schiffsmann, m. ambarcar, imbarchar - cher, einschiffen. s'amb. - imb. sich einschiffen.

Barcun, m. balcun, E. Fensteröffnung, f. Fensterladen, m.

Bardeigl, m. sua da brüdaigl, - brödaigl, E. Vorspannseil, n. bardeigliar, l. metter a brü-brödaigl, E. vorspannen. It. cavalli di rinforzo.

Bargada, barjada, f. brajada - jeda, E. Gesindel. n. Gesinde, n. Familie, f. mia bargada, meine Familie.

Bargalir, sa, sich erheben; von Haar und Wolken: sich kräuseln. bargalen, ida, spenna, ada, schiavlö, eda, E. ungekämmt, zersaust. It. sbaruffato.

Bargia, f. gedeckter Eingang zu Haus oder Heustall, Holzschopf, m. Heu- und Viehstall auf einem Maiensäß.

Bargun, m. kleiner Heuschopf auf den Heubergen. marangun, 2. margun, bargun, 3. Alphütte, f. piccola stalla di fieno sui monti ; caschina.

Bargiè, m. 1. die stachlichte Blumenkrone der Distel. pannocchia spinosa del cardo.

Bargir, 1. bragir, cridar, 2. sbragir, crider, 3. dar ls, U. weinen. It. piangere. bargialer, a. cridolaint, a. weinerlich, Weiner, m. bargialèra, eine kurze, kleine Flöte von Weidenrinde. bargida, sbragizzi, m. starkes Weinen, Gewinsel, n. bargimm, m. bargizzi, cridöz, m. 2. cridüm, cridaröz, 3. Gewinsel, anhaltendes Weinen, n.

Barhar, brachar - cher (ün er) pflügen, ohne anzusäen, brechen.

Barhar, sgramblar - bler (coniv. lin.) Hanf brechen. braha, f. sgrambla, f. E. Hanfbreche, f. sgrembel, m. ein magerer, schwächlicher junger Mensch. barhaditsch, m. Der Abfall von Stengeln.

Barigl, f. E. brill, f. 1. Lägel, m. Ital. barile.

Barlott, marlott, m. 1. Hexentanz, m.

Barmier, a. (bein miert?) barmör, a. E. selig. It. defunto.

Barnier, m. chavalèr, E. Säumer, m.

Barneu, burneu, m. braschier, chöttel, m. E. Kohlengluth. Ital. brace. esser sco in - glühend heiß sein, im Fieber.

Barriera, f. Schlagbaum, m.

Barsar, 1. brassar, ustrir, 2. brasser, rostrir, 3. braten, rösten. It. rostire. barsau, m. rost, E. Braten, m. bratl 1. schgrau brassò, 3. in Butter gebratener frischer Ziger. brassàr in paing, F. sehr lieb haben.

Burschar, brischar, brüschar - er, brennen, verbrennen Ital. bruciare. ils oegls brischan, die Augen brennen. la caussa gli brischa. fig. empfindlich sein, wurmen. brischament, m. incendi, E. Feuersbrunst.

Barschun, m. braschun, E. Bürste, f. It. spezzola. bar - braschunar - er, bürsten. barschunada, f. braschunada - eda, E. Ausbürstung, f.

Barussa, f. Balgerei, Schlägerei, f. Streit,

15

m. baruſſau - ada, zerzauſt. baruſ-
fant, 2. Schläger, m. Raufbold, Herr-
ochs, m.
Barun, m. Baron, Freiherr, m. ſchlech-
ter Kerl. barunessa, Baronin, f. ba-
runia, Freiherrſchaft, Baronie, f. ba-
runada - eda, f. ſchlechter Streich.
Basall, m. bsall, E. Urgroßvater, m.
It. avo. basalta, bsalta, Urgroß-
mutter, f.
Baschizzi, m. E. Eſel, m.
Baseina, maseina, f. vasche d'aviöls,
2. - d'aviols, langer Bienenſtock. It.
arnia. Oberl. auch: Garnſtrehne, f.
Baseilgia, f. baselgia, E. Kirche. ir en
b. zur Kirche gehen. baseilgiada, f.
baselgiada, E. Kirchgemeinde, f. das
in der Kirche verſammelte Volk.
Basegns, m. bsögn, E. Bedürfniß, n.
Noth, f. esser en -, in Noth ſein.
far ses b., f. Nothdurft verrichten.
basgniar, bsögniar - er, bedürfen, nö-
thig haben. basgnius, a. bsögnus,
a. bedürftig, nöthig, nothwendig.
basgniusadad, f. Dürftigkeit, Noth, f.
Basguel, a. F. ungleich.
Basilisc, m. Baſilisk, m. eine Art gif-
tige Schlange. Nach dem Volksaber-
glauben ein aus dem Ei eines ſieben-
jährigen Hahnes von ihm ausgebrüte-
tes Thier, deſſen Blick tödlich iſt.
Bass, m. Baß, m. bassgiegia, m. glun,
m. E. Baßgeige, f. bassist, m. Baß-
ſänger, m.
Bass, a. chafuol, a. 3. tief, nl. drig. ir
agl bass, verarmen, in den Vermö-
gensumſtänden herunterkommen. bas-
sezia, f. Demuth, f. bassezza, f. E.
Niedrigkeit, Niederträchtigkeit, f. bas-
sar, sbassar - er, niederer machen.

sa bassar, s' abbassar - er, ſich bü-
cken, ſenken, ſich erniedrigen, demü-
thigen.
Bassiar, bassegiar, 1. unruhig ſein, trei-
ben, Eile machen. bassai! mo bassai!
Ausruf des Unwillens, Bedaurens:
nun doch! daß doch!
Bast, m. bastin, E. Saumſattel, m. der
Gurt ihn zu binden.
Bastar - er, genügen, genug, hinläng-
lich ſein. basta! genug! bastont, a.
basteivel, a. baslant, a. - maing,
hinlänglich, zureichend.
Ba-bistard, a. unehlich, unächt. cha-
schöl b. halbfetter Käs. bastardar -
er, verfälſchen, Unächtes dazu thun.
bastardamainta, E. verächtliches Volk,
Lumpengeſindel, n.
Bastun, m. Stock, Prügel, m. bastunar
- er, ſchlagen, prügeln. bastunada
- eda, Stockſchlag, m. Durchprüge-
lung, f.
Batschlauna, f. F. Tannzapfen, m. It.
pina.
Batter, ſchlagen, klopfen, dengeln. - feug,
fö, Feuer ſchlagen. igl da batterfeug,
m. battafö, E. Feuerzeug, n. - la
faulsch - fautsch, - fotsch, dengeln.
igl cor, puls batta, das Herz, der
Puls klopft. battida, f. battüda, E.
Schlagen, n. Schlag, m. Eng. Schaden,
via batti - üda, getretener feſter Weg.
battien, battimm, m. battüm, bat-
löz, E. das beim Dengeln dünn ge-
ſchlagene Stück der Senſe. batter
muneida, Geld prägen. - d'ögl, m.
Augenblick, m. battaigl, m. Schwän-
gel, m. battaglia, f. Schlacht. bat-
tagliun, m. Bataillon, n. Heerhaufen,
m. batterlar, baderlar - er, ſchwa-

ßen, plaudern. batterlier, baderl, -a, Schwätzer, - in. batti - mattitschun, 1. n. Kinn, n. battosla, Schaden, Verlust. Eng. Streit, m. pigliar inna-bedeutenden Schaden leiden. abbatten, abbattü -ieu -ida, niedergeschlagen, betrübt, traurig. cumbatter, kämpfen, bekämpfen. cumbatt - imaint, Kampf, m. d.batt, d:batta, 1. Streitigkeit, Streit, m. s'imbatter, zusammentreffen, sich schicken. rabatter, zurückschlagen, z. B. die Spitze des Nagels; wiederschlagen, beim Kegeln; abschlagen, nachlassen. rabatt, m. Nachlaß, Abschlag, Rabatt, m. sbatter, ausklopfen, - pous, vestimainta, Kleider ausklopfen, - dils peis, zappeln. aver da - in Noth, Elend sein, schwer auskommen. elta sbatta, sie ist halb verrückt.

Battiar - egiar, battager, 3. taufen. battem, m. battaisem, E. Taufe, f. pardichia 1. - perdütta da b. E. Taufzeuge, m.

Bau, m. 1. Collectivname für kleine Käfer oder Insekten. b. d'ureiglia, Ohrenwurm, b. da grascha, Mistkäfer, m. baubau, Schreckwort für kl. Kinder. far -, Mumum, Popo machen.

Bauld, 1. bault, 2. böd, 3. bald, frühe. It. presto. gnir b., bald kommen. esser meignia -, zu früh sein. b. quest, b. tschei, bald dieses, bald jenes.

Bazchiar, 1. dantigliar, 2. zanken, hadern. Ital. litigare.

Bazz, m. Batzen, m. aver -, reich sein. far -, Glück machen, Geld gewinnen.

Bear, biar, 1. blèr, 2. bgèr, viel. It. molto. bearmeins, blermain, vielweniger. bearons, bearpli, 1. blerant, blèrplü, eher, vielmehr. bearezia, bearira, f. blerüra, 2. bgerüra, 3. große Menge, gar viel.

Becc, far -, schlachten, in der Kindersprache. becc fuieu, Lümmel, Schlingel, m.

Beffa, f. Spott, m. beffar, sbeffar, far beffa, 1. beffager, 3. spotten, verspotten. beff, m. Witz, Spott, m. in mager b., ein schaler Witz. beffiader, m. beffadur, E. bös = muthwilliger Spötter. beffun, m. Spaßvogel, m. harmloser Spaßmacher.

Begl, m. bügl, E. Trog, Brunnentrog, m. It. cassa. b. da graun, 1. granèr, archa d.g. E. Korntrog, m. b. da pierch, püerch, Schweinetrog, m. beglbaun. eine Ofenbank mit Kasten.

Begl, m. bögl, E. Darm, m. It. budello. Coll. la beglia - böglia, die Gedärme, das Eingeweide. begl chilà, Mastdarm, m.

Bein, bain, E. wohl, gut. da -, gutmüthig, gutartig. - en villa, kräftig, wohlbeleibt sein. far - ses faigs, gute Geschäfte machen. cumbein, schabein, 1. cumbain, abain, E. obwohl, obschon. star -, sich wohl befinden, wohl anstehen, sich schicken, geziemen. ir bi a bein - bun e bön, gut, ordentlich von Statten gehen. bein m. bain, E. Gut, n. noss -, unsere Güter. - corporals e spirituals, leibliche und geistliche Güter. - cuminavel, das öffentliche Wohl. - da la patria, Vaterlandswohl, n. beinstar, m. Wohlstand, m. beinvuglient, a. wohlwollend. beinvugliencha, f. bainvoglentscha, E. Wohlwollen.

Beiver, p. buveu; baiver, p. bavü, -

ieu, 3. trinken, saufen; baiver tabacc, Tabak rauchen. aver da b. or, oura, entgelten müssen. iuna da beiver - baiver, Trunk, m. buvronda, buonda, f. 1. bavronda, 2. bavranda 3. Getränk, n. buida, 1. bavüda, E. Trunk, m. buader, buvier, m. bavader-eder, Säufer, m. buviera, f. bavadra-edra, Säuferin, f. bueria, f. 1. bavarella, bavaröz, m. 2. bavröz, m. 3. Sauferei, f. buantar, 1. bavrar-er, tränken. surbeiver-aiver, zu viel, zu schnell trinken.

Bena, f. 1. benna, E. Wagen mit Seitenbrettern auf Schleifsohlen. s. banaigl.

Benedir, 1. segnen. ir a sa far b. bildlich: zum Gukuck gehen. benediziun, f. Segen. dar la b. den Segen geben. aua benediba, Weihwasser, n.

Benefizzi, Wohlthat, s. far.

Bergamina, f. Pergament, n. Urkunde, f. suenter las - nach den Urkunden.

Berlina, f. E. Pranger, m.

Bèrt, berat, m. 1. biert, bèrt, 2. biert, 3. Rädling, m. bèradiez, 1. charr davò-davous, Hinterwagen, m.

Be- bischlar, belar, 1. sbeglar, sbeclar, 2. baschler, 3. blöken, von Schafen; meckern, von Ziegen. be- bischlimm, m. sbeglöz, 2. baschlöz, 3. Geblök, Meckern, n.

Bèta, Labet (ein Kartenspiel); giugar la-, L. spielen.

Beulscha, far inna-, den Mund hängen lassen, sauertöpfisch sein.

Biesc, bieschg, m. 1. bestia, 2. beschia, 3. Thier, n. Coll. bieschia, bestiam, E. Vieh, n. - schichia, Schmalvieh, junges Rindvieh. el ei inna beschia, er ist ein böser Kerl; muthwilliger Possenreißer. bischiom, m. große Menge, gar viel Vieh. bestial, a. thierisch, viehisch. bestialitad - ed, rohes, thierisches Wesen, Unsinn, m.

Bi, bial, bell, a, 1. bell, E. schön. Adj. niess bial! niess bialla! Bewillkommnungsgruß für junge unverheirathete Leute: Unser Schöner! Unsre Schöne! oh bialla! bella! Anruf: schön! Poztausend! bi, bell, 1. bi, begl, 2. begl, bell, 3. schön, Adv. (Fast nach griechischer Weise): ei va bi a bein, es geht ordentlich, recht gut. biamaun, m. 1. biman, 2. bümaun, 3. Neujahrstag, m. dar-, zu Neujahr bescheren. Bien gi, bien onn, deit biamaun! (bi a maun) 1. Bun di, bun ann, il biman! 2. Bun di, bun ann de' m da büman! 3. Der Wunsch, den die Kinder bei Anwünschung des guten Jahres den Verwandten und Freunden aussprechen: Einen guten Tag! Ein gutes Jahr! Gebt mir was Schönes in die Hand! bialtezia, bellezzia-zza, Schönheit, f. bialtezia femna, ein gar schönes Weib.

Biadi, m. abiadi, 2. abiedi, 3. Enkel, m. biadia, 1. abiadia, 2. abiedgia, 3. Enkelin, f. It. abiatico.

Bibla, bibgia, f. 3. Bibel, f. biblic, a. biblisch. biblioteca, bibliotheca, f. Bibliothek, f.

Bich, bitg, bichia. H. bucca, 1. brichia, 2. nabricha, 3. nicht, nein. bichia crer, nicht glauben. It. non.

Bichetta, f. Richterstab, m. bachetta E. Stab, Stock, m. rumper la b. den Stab brechen, zum Tod verurtheilen.
Biemal, m. levrüsia, f. E. Aussatz, m.
Bien, 1. bön, m. E. Gut, n. bien a mal, Glück und Unglück. bien par tei, ein Gl. für Dich. nuott da bien, nichts Gutes. bien, hunna, 1. bun, a, E. gut, bien gi, bun di, guten Tag; bien marcau, wohlfeil. prender en bien, wohl aufnehmen, sich genügen lassen. dar igl bien par la pasch, das Gute (Rechte) für den Frieden hingeben — opfern. dn bien cor, gutherzig, gutmüthig, gemüthlich. star cun-cor, ruhig, gefaßt, unverzagt sein. purtar da bien, Gutes brigen, berichten. adinna parèr igl bien, immer als der Gute erscheinen, den Guten spielen wollen. far bien, Gutes erweisen, dagegen far bein, gut anschlagen, gute Geschäfte machen. Als Subst. und Adjekt. herrscht bien vor, als Adverb und in Zusammensetzungen ist nur bein gebräuchlich. s. bein.
Bier, m. bierra, giarvosa, gervosa, Bier, n.
Biergnia, f. bignum, m. 2. töah, 3. Geschwür, m.
Bigiatt, m. biatt, E. Mehlbeutel, m. It. buratello.
Bigiauna, -ouna, f. 1. taja, f. 2. Hülse, f. von Hülsenfrüchten. It. guscio, scorsa. bigiauna, 1. verm del tarader, 2. -tareder, 3. Bohrerspitze, f.
Bigott, a. magliavuts, chiatin, a. 3. abergläubisch, frömmelnd, auf das Aeußere zu viel haltend. Ital. bacchettone. bigotteria, f. Frömmelei, f.
Bibèr, m. bachèr, E. Becher, m. It. caliee.
Binèra, nettia, nopchia, f. gramèr, m. sgramèr, 3. Abrahmlöffel, m.

Birgia, birja, f. Straßenkoth, m. H. auch: Gülle, Jauche, f. pischnatsch, 2. pscbina, 3.
Birlar, buorlar, barlir, 1. sbrügir, E. brüllen, (vom Rindvieh). It. mugolire. birl, buorl, m. scrüch, sbrüg, E. einzelnes Brüllen. birliera, burliera, f. vacha buaditscha, E. Brüllerin, f. burlimm, m. sbrügizzi, E. Gebrüll, n. sbrügizzi, E. Gebrüll, n. Brüllerei, f.
Bisacca, f. bisacha, E. Strohsack, m. f. sacc.
Bischa, bisa, f. büscha, 2. brüscha, 3. Nordwind; m. Schneegestöber, n. kleiner Schnee. bischar, sbischar-er, schneien, mit Nordwind. brisclar, sbriclar; sbriclar da naiv, 2. fein schneien. briscla, f. brüschia, 2. kleiner, feiner Schnee.
Bischel, m. büschen, E. B. Teuchel, hölzerne Röhre einer Wasserleitung.
Bisgiar, 1. zischen, pfeifen, vom Wind. It. fischiare.
Bismir vi, einschlafen, B. einbuseln. It. sonnecchiare.
Bist, 1. büst, E. Leib, m.; Leib an einem Frauenkleid; Stamm, m. b. d'inna plonta, Baumstamm. b. da mumma — mamma, Mutterleib, m.
Bitschar, bitschar-er, küssen. bitsch, m. bipp, bippa, H. bütsch, E. Kuß, m. It. bacio. bitschader, m. blitschaus, 2. bütscheder, 3. Küsser, m. bitschimm, m. Küsserei, f. Geleck, n.
Bittar, büttar-er, Knospen treiben werfen. la pumèra bitta, die Bäume sind im Trieb. bittar cornas, von Schnecken: die Hörner herausstrecken. - vadi, Kalb werfen. sn-, sich schicken, gelegen sein. bottel, m. Knospe.

ramboltel, m. kleiner Knirps, von Menschen und Thieren. Unterenq. auch: Dorfkönig. sbittar - üttar - er, verachten. sbittonza, f. sbüttamaint, E. Verachtung, f. sbittader, m. 1. Verächter, m. sbittcivel, a. verachtungswürdig.

Blagriar, assediar - er, E. belagern. blagriament, m. assedio, Belagerung f.

Blàha, f. blecha, 2. gewichste Wagendecke.

Blaich, blech, a. H. sblach, 2. sblech, 3. bleich, bloß. blihir, blichir, E. bleichen. blihunz, m. blichuns, E. Bleicher, m. blihunza, f. hlichunza, E. Bleicherin, f. blihida, blichida, f. Abbleichung; f. dar inna bl. ein wenig bleichen.

Blasmar - er, tadeln, rügen. blasem, m. blesem, E. Tadel, m. blasmader, m. blasmadur, E. Tadler, Sittenrichter, m. blasmeivel, a. blasmabel, E. tadelns- rügenswürdig. nunblasmeivel, irreprensibel, a. untadelhaft.

Blassar, blessar - er, verwunden. blessura, f. blassada - eda, Wunde, f.

Blastemmar - stmer, fluchen, schwören, lästern. blastemma, f. Verwünschung, f. Fluch, m. Lästerung, f. blastemmader, m. Flucher, Lästerer, m.

Blau, a. blau, 2. blov, 3. blau. blauaint, blovaint, E. bläulicht.

Bletsch, a. 1. naß. bletschantar, 1. sehr naß machen. gnir -, naß werden. Ital. bagnato. bletschimm, sblitschom, m. bletschira, f. 1. bletscharoia, 2. bletschaduoir, m. 3. große Nässe, sehr naß, kothig.

Bleuscha, f. (bigiauna) taja, f. 2. Hülse, f. (der Erbsen ic.) It. guscio.

Bliek, m. Sägeblock, m. Burre, f.

Blocc, m. Teufel, m.

Blutt, a. blott, 2. bluott, 3. nackt, baar, bloß, nur. daner bl., baares Geld. la blutta vardad, die reine Wahrheit. in blutt plaid, nur ein Wort. blutta, f. 1. Glatze, f. blotta, bluota, Eng. auch: große Armuth, Dürftigkeit, f. avair la chüzza - il chüz e la bluota, in großer Noth sein. sbluttar, sblottar - er, abstreifen, nackt machen; aussaugen, abgewinnen, z. B. im Spiel.

Boda, f. peista, 2. pesta, 3. Pest

Bolla, f. so viel man mit beiden gegen einander gewölbten Händen fassen kann. inna bolla nuschs, zwei Hände voll Nüsse. It. due pugni.

Boga, f. bova, 3. archa (palperi) Papierbogen, m.

Bojer, m. Henker, Scharfrichter, m.

Bomba, f. Bombe, f. bombardar - er, bombardiren.

Borca, f. F. barta, H. Fleischart, f.

Borla, f. 1. kleine runde Pflanzenknospe, f. Goldkügelchen, in Korallen- oder Granatschnüren.

Bösch, m. E. Baum, Strauch, m. Coll. la boschia, Gehölz, Gesträuch. It. boscaglia.

Botsch, m. barbeisch, greg, 3. Widder, Hammel, m.

Bott, biet, m. botta, collina, 2. colina, 3. Hügel, m. Anhöhe, f.

Botta, f. boatta, Schlag, m. Beule, f. Scholle, f. b. d' liara, Erdscholle, f.

Bottel, m. Knospe. f. bittar.

Bov, m. bov, bouv, 2. bouv, 3. pl. bos, Ochs m. - da mazz, Mastochs, m. - da trer, Zugochs, m. ils bos, Zugthiere, Rinder. ir cun ils bos, mit dem Zugvieh gehen. ir cun bos, von Kühen: brünstig sein. buatscha, f. buotscha, 2. Rinderkoth, m. buatschar - er, sbuatschar, den Koth fallen lassen. bual, m. Oehmweide, f. drittes Heu. bualar, weiden, abätzen, bes. das dritte Heu. muaglia grossa, 1. muvel bovin, 2. muaglia bovina, 3. Rindvieh, n.

Bova, f. boda, bouda, 2. sbouda, 3. Erdschlüpf, m. Rüfe, f. Ital. frana. ir en bovas, das Erdreich schlüpft hinunter. avair la bova, 2. die Vorhand im Spiel haben.

Brag, brach, E. gebückt, untersetzt, vierschrötig. ir b. gebückt gehen. Ital. curvo.

Braja, 2. Hosenlatz, m. brajessas, kurze Hosen. bragia, 1. das zwischen den Beinen durch die geschlitzten Hosen hervorkommende Hemd bei kleinen Kindern.

Bramar - er, E. wünschen, sich sehnen. brama, f. E. Wunsch, m. Sehnsucht, f.

Branchin, m. brainta, branzin, F starker Dunst, Nebel, m. branzineda, stark bedeckter Himmel, E. tschel tramd.

Bratsch, m. Arm, m. coll. bratscha. - da ponn, Ellbogen, m. dar-, den Arm geben, helfen, unterstützen. ir a bratsch, - bratschas, E. Arm in Arm gehen. far a br. - sa far or - 1. far a lottas, 2. ser a bütter giô, ringen, wettkämpfen. am - abbratschar, umarmen, übernehmen. s'ambr. - abbr. s'branclar intuorn culôz, 2. sich umarmen. ambratschament, m. branclöz, m. 2. branclöz - eda, 3. Umarmung, f. barscheul, m. bratschöl, 2. bratschiol, 3. Tragriemen, m.

Braunca, brounca, f. 1. brancla, 2. brauncha, 3. Handvoll, f. - d' sein, Wisch Heu. ir en brauncas, auf alten Vieren gehen.

Braussa, f. 1. niederes Gebüsch, z. B. Wachholder, Alpenrosen ꝛc.

Brav, a. tapfer, wacker, tüchtig. bravura, f. Tapferkeit, Heldenthat, Prahlerei, f. bravatsch, m. bravun, E. Prahler, Großthuer, m.

Brazzera, f. F. Strick, Holz zu binden.

Breigia, f. sadia, stainta, E. Mühe, Anstrengung, f. It. fatica.

Brenn, m. das dritte, gröbste Mehl.

Brenta, f. dschuff, 2. Tragkübel, Molkenkübel, m

Briek, m. bröch, E. Kübel, m. - da pioun, - paing, Schmalzkübel, m. brocca, 1. kleiner Kübel, Speisen aufs Feld zu tragen. brocha, E. kl. Gefä. burchett, H. cupp, m. bröchett, copp, E. Milchschüffel, kleines Milchgefäß mit Dauben, auf den Bergen und in den Alpen üblich.

Brun, a. brün, E. braun. s'ambrunir - imbrunir, E. sich bräunen.

Brinzla, f. brascla, 1. Funken, m. sbrinzlar - er, flimmern, funkeln.

Brisch, a. 1. eigenthümliche Fäulniß von gewissen Holzarten.

Britt, f. brüll, E. Schwiegertochter, Sohnsfrau, Schnur, f. It. nuora.

Broclas, ir en b. - ir a rudiallas, über eine Halde hinunterpurzeln, rollen.

Bruch, bruig, m. bruoch, 3. Heidenkraut, n. Coll. la bruia.

Brumbel, m. bottel, 2. buttun, 3. Blumenknospe. - da rosas, - neglas, Rosen- Nelkenknospen. It. bocciolo.

Brunz, m. bronz, 2. bruonz, 3. Erz, n.

vanaun - avna - evna da b. Erz=
hofen, m. brunzinna, brunzin, Kuh=
glocke, s. Glockenblume, s. purtar la
brunzinna, die erste sein. la brunza,
das erste Saumroß.
Bruscas, 1. bruschias, bruoschias, E.
Ueberbleibsel von Speisen, von Heu in
der Krippe.
Brutal el, a. roh, grob, hartherzig.
brutalitad - ed, Härte, Rohheit,
Grausamkeit, s.
Bua, s. in der Kindersprache: jedes Weh,
far -, sich wehe thun. bua, s. sadia,
sadigia, s. H. brutlura, E. Gichter,
bei Kindern.
Buah! bah! E. Ausruf der Verwunde=
rung: ach! ach was! jawohl!
Bual, m. Oehmdwesde, s. drittes Heu,
Weide, s. Jtal. terzolo. bualar,
ätzen, aoweiden. s. bov.
Bubriel, m. 1. Nadelhäuschen, n. Jt.
gucciarolo.
Bucc, m. bock, 2. buoch, 3. Bock, Zie=
genbock, m. Jt. becco. Steinbucc,
Stambuoch, m. 3. Steinbock. Jtal.
capricorno.
Bucc, bucca; bilg, bich, bichia. H.
brich, 2. na brich, 3. nicht.
Bucca, s. bocca, 2. buocha, 3. Mund,
m. Maul, n. - d'pignia, Ofenloch,
n. - d'igl magun, soppa, b. del
stomi, E. Magengrube, s. b. malla-
vada - eda, ungewaschenes Maul.
star cun la b. schichia - sülta, leer
ausgehen, nichts bekommen. bucca
schar ord' b., nicht aus dem Munde
lassen. far b. da rir, lächeln. dar
da la bucca - lengia - laungia, schwa=
tzen, unzeitig das Maul brauchen.
stupar la b, das Maul stopfen. schwei=
gen machen. buccada, s. baccun, m.
boccada, baccun, 2. bucheda, 3.
Bissen, m. Mundvoll, n. bucäl, m.
buchèl, 3. Pokal, m. Gefäß von Ma=
julica, das ungefähr eine Maas hält.
- vin, ein Pokal Wein. buccari, m.
kappazaum, 2. Maulkorb, Maulholz,
n. Kappzaum für Ziegen. buccaria
- egia - eglia. muschunn, 2. sca-
rafaggio, 3. Maikäfer, m. s'abuccar,
s'aboccar, s'abocher, sich sprechen.
sbuccar. sboccar, sbocher, Unanstän=
diges reden, schimpfen, fluchen, lästern.
sboccà - ada, 2. Lästerer, m.
Busaig, a. busach, 1. hübsch, freundlich,
sachte. busaig - sin matlett, ein hüb=
scher Knabe. far busaig, freundlich
thun, - behandeln. ir busaig, - bell,
bell, E. sachte gehen. busachiamein,
ziemlich, ordentlich.
Bussar, bossar - er, stark Athem holen,
keuchen, blasen. buff, m. boff, E.
einzelnes Blasen, vom Wind oder mit
dem Mund; Windstoß, m. bossett,
m. 3. soll. sollet, 2. Blasebalg, m.
Bugadar, H. far lischiva, die Haus=
wäsche (mit Lauge) haben. bugada,
Wäsche, s. Jt. bucato.
Buger, bugher, m. bugre, 2. schlechter
Kerl. Franz. bougre.
Bugiend, gugiend, 1. gugend, E. gerne.
Jt. volentieri. far da -, absichtlich
thun.
Bughiar, vughiar, wagen. bughiuss,
bedenklich, gefährlich.
Buglir, sieden; von Jnsekten: wimmeln.
von Metallen: löthen; von Knochen:
sich verbinden. buigl, m. buogl, E.
E. einmaliges Aufsieden. buglieu, m.
der Molken, bevor der Ziger heraus=

genommen ist. bugua, f. buoglia, E. Pappe. buglià d' laig - lat, Milchpappe. -d'pioun, spech, E. Schmalzmuß, n. sbuglianlar, bruar, sböglianter, brühen.
Bugnar, 1. bugniar, 2. bagner, 3. netzen, benetzen, baden. sa -, s' b. sich benetzen, baden. - già, giò calschinna, den Kalk löschen. boign, m. bagn, E. Bad, n. Badeort, m. far boign, baigns, baden. bi - bagnèra, f. bagniadoira, 2. bagnöl, m. 3. großer Waschzuber. bigniel, m. bogniaröl, 2. bagnölin, kleiner Waschzuber.
Buïs, boïs, f. flinta, f. slupett, 2. slupett, 3. Flinte, Büchse, f. - da la roda, Büchse, am Rad. buois, f. 2. eine Art Schloß, mit Holz bedeckt.
Buleu, m. bulai, 2. paonna d'giatt, toffa d'luf, funsch, m. 3. Pilz, m. Erdschwamm. It. fongo.
Bulla, billa, tschitta, f. splèr, molla, safarinna, 2. splèr, chüralla, f. 3. Schmetterling, m. It. farfalla. Name für verschiedene Insekten. bulla da nies Segner, Siebenpünktchen, n.
Bulla, bulla! 1. pulla! Ruf den Hühnern.
Bulla, f. Bulle, f. päbstliches Schreiben, päbstliche Urkunde, f. bullin, m. Oblade, f. bullar, 1. buolar, 2. boller, 3. stempeln. buoll, m. Stempel. m. buola, F. Schwiele, f. Zeichen einer Quetschung.
Buls, a. buss, E. von Pferden: dämpfig. vom Messer: stumpf. It. bolso; ottuso.
Bulscha, f. buscha, E. lederner Reisesack, Mehlsack, m. It. bolgia.
Bunn(bien) a. gut. bunamein - maing, fast, beinahe, alla bunna, einfach, schlichtweg. ir cun las buonas, mit der Güte verfahren. buns sco igl paun - sco 'l bun pan, 2. gutmüthig, ohne Falsch. buns da nuoll - nöglia - d'ünguolla, zu Allem untüchtig, untauglich. esser buns da far, im Stande sein, etwas zu thun. in pauc da bien - bun, 2. poch da bun, schlechter Kerl, Taugenichts, m. bunariamaing, freiwillig, aus freien Stücken. buntad - ed, f. Güte, f. buntadeivel, a. - aivel, gütig, nachsichtig, wohlthätig. buntadeivladad, f. buntadaiylezza, E. Gütigkeit, Wohlthätigkeit, f. bunificar - char - er, verguten, entschädigen. bunificaziun, Entschädigung, Vergutung, f. abunir, abunar - er, verguten. s'abunir - nar - er, sich abboniren.
Buob, m. (matt, E.) Knabe. berchel, 2. m. buoba (matta, f.) kl. Mädchen.
Buora, burra, f. buorra, E. Butter, f. Sägeblock, m. Spielball, m. giugar la b., mit dem Spielball spielen.
Buorch, bavorch (buortg) buorch, 2. vuorch, 3. Knoten an einem Baumstamme, von wo zwei Aeste ausgehen.
Buorchia, f. 1. freier Platz im Dorfe, m. Gasse, f.
Buordi, burdi, m. fasch, E. Bürde, f.
Buorsa, bursa, f. Beutel, Geldseckel, m. Euter, n. au Ochsen: Hodensack, m. am - imbursar - er, einziehen, einsäckeln. ram - rimbursar - er, wiedererstatten, verguten, ausgeben, auszahlen. sbursar - er, ausgeben, auszahlen.
Buoll, butt, f. Faß, n. butschin, m. kleines Faß, n. bullatsch, m. Magen vom Rindvieh; großer Bauch.

bultatschun, m. Schmeerbauch, Dick=
baudi, m. butrig, m. frascun, E.
bauchförmige Feldflasche. butschi=
da, f. batschigl, m. E. Waschbecken
v. Kupfer. bazzida, 2. kupferner Eimer.
ural, m. 1. Oeffnung, Röhre, etwas
herunter, heraus zu lassen.
urgeis, m. cittadin, E. Bürger, m.
cunburgeis - concittadin, Mitbürger
urschl, m. pl. burschals. brusche -
ella, E. Geschwür, n. burschiuna, ll.
scarpitla, 1. plüra, 2. ruogna, 3.
Krätze, f. ll. auch Gesträuch von Wach=
holder oder Alpenrosen.
usarar 1. zu Grunde richten. Ital.
buggerare. buser, Kerl, m. busa-
rau - ada, schlimm, ärgerlich, schreck=
lich. caussa -, ärgerliche Sache. tem-
ma busarunna, schreckliche Furcht. ir
a sa - as far - zum Kucker gehen.

Büschia, f. 1. Geschwür, n. It. *ulcero*.
Busgida, f. zappa da duichs, H. Gra=
benhaue, Grabenhacke, f.
Bulla, f. bullia, f. E. Laden, Kramla=
den, m. metter si - sù b. eine Hand=
lung, Laden errichten.
Bustab, m. custab, 3. Buchstabe, m.
bustiar - giar, 1. bustabgiar, 2. cu-
stabger, 3. buchstabiren.
Butschalla, f. Waizenbrod, das zu Neu=
jahr gebacken wird; kleine Wecken für
die Armen. bütschnella, 3. Osterback=
werk, in großer Brodform. barscha-
della, 2. wohl von *bracciadella*, P.
ringförmiges Brod, das man an den
Arm oder an eine Latte hängen kann,
wie sie in Puschlav und im Oberen=
gadin noch üblich sind.

C.

Ca, 1. cha, E. Conj. daß. Pron. der,
welcher. gir caschl - canun. dir
da schi, da na, E. ja sagen, bejahen,
nein sagen, verneinen.
Ca, cha, E. für casa, chasa, f. Haus,
n. ir a -, nach Hause gehen.
Cabgia, cavgia, f. chabgia, E. Käficht, m.
Cabinett, m. Cabinet, kleines, schönes
Zimmer, n.
Cadaver, m. Leichnahm, m.
Cadeina, f. chadaina, 2. chadagna, 3.
Kette, f. Fessel, f. c. d'aur, goldene
Kette. ancadanar, inchadanar - er,
in Ketten, Fesseln schlagen, fesseln.
scadanar, lärmen, rasseln. schiada-
nar - er, E. von der Kette losbinden
- lassen. esser scadenaus - à - ò,
vi d'.. verhext, verpicht sein auf et=
was. fichiar cadeina, die Kette ein=
schlagen; sich an einem Ort nieder=
lassen, festsetzen. trer -, die Kette
ausreißen. cadenatsch, m. Riegel, m.
Cadisch, m. viertretiges Haustuch.
Caduskel, m. H. Hühnchen, n. Ital.
pulcino.
Caffé, m. Kaffee, m. caffetier, - a, .

Kaffeesieder, - in. caffetiera, f. Kaffee-kanne, f.

Cagar, 1. chigiar, chiar, chajar - er, scheißen, f. Nothdurst verrichten. chie-chien, m. H. kleiner Hosenscheißer. cacc, m. cacca, 2. Roth, Unrath, m. cacca, warnender Ausdruck gegen das Häßliche, für Kinder: wüst, häßlich. chigisch, chüeisch, weibliches junges Schaf.

Caglia, f. bösch, m. E. Staude, f. Strauch, m. caglias, boschiaglia, Gebüsch, Gesträuch, n. - morta, Wasserschwelch, m.

Calar, aufhören. - da plover, zu regnen aufhören. chalar - er, von Münzen: zu leicht sein. igl vin cala - staliva, 2. der Wein geht zurück. - da prezzi, - pretsch, abschlagen. cal, m. callo, E. Abschlag, m. Abnahme, Verdunstung, f.

Calamitad - ed, f. Elend, n. Jammer, m. Erbärmlichkeit, f.

Calamitta, f. magnet, Magnet, m.

Calc, m. 1. Stützpunkt einer Thür.

Calcoign, m. chalchogn - agn, Ferse, f. des Menschen und des Strumpfes. calcagnèra, f. das Hinterleder am Schuh. scalcagniar giu, chalchognar, schialchagner, das Hinterleder niedertreten.

Calcular - er, berechnen. calcul, m. calculaziun, f. Berechnung, f. calculatur, calculant, m. Berechner, Denker, m.

Caldèra, f. chüdera, 2. chüdiroula, 3. großer Kessel. It. caldaia. calderoula, cuderoula, 2.

Calfacter, m. 1. Schmeichler, Schönthuer, m.

Calender, m. chalender, E. Kalender, m.

Calonda, f. chalonda, 2. - anda, 3. der erste jeden Monats. calonda marza, - magia, der erste März, Mai.

Calorgnia, carcalognia, f. crousla -, 2. crös 3. d'lindorna, Schneckenhaus, n. calorgnett, kl. Schneckenhäuschen. It. guscio di chioccola.

Calschiel - eul - ul, (kilschiel) pl. calscheuls, 1. chatschöl, pl. - ous. stinf, ehemals: chotscha, f. 3. Strumpf, m. far - chautscha, 2. schiaigna, 3. stricken.

Calschinna, f. cutschinna, 2. chütschinna, 3. Kalk. m. c. viva, ungelöschter K. calschinatsch, m. cu - chütschinatsch, m. abgelöstes Mörtelstück, n. sa scalschinar, sich ablösen, vom Mörtel. calgèra, kilgèra, f. chalchèra, E. Kalkofen, m.

Calumnia, f. Verläumdung, f. calumniar - er, verläumden. calumniader, calumniadur, m. Verläumder, m. calumnius, a. calumniant, 2. verläumderisch.

Caluu, m. gialun, cossa, 2. chalun, 3. Hüfte, f.

Calur, f. chalur, E. Hitze, f.

Calur, culur, 1. culur, f. E. Farbe, f. da - farbig, von guter Farbe. dar-, tenscher, tainscher, färben.

Caluster, m. caluoster, 2. culuoster, 3. Küster, Siegrist, m. calustria, f. caluostria, E. Küster-Lohn, - Wohnung, - Amt.

Calzèr, m. schiarpa, E. Schuh. - da cavaigl, chüern, Hufe, f. - sculs, unbeschlagen, baarfuß. It. scalzo. calgier, m. chalger, E. Schuster, Schumacher, m.

Camar, chamar - er, vom Vieh, wenn es in der großen Hitze windige oder

schattige Orte sucht. B. hissen. cauma, chiomma, f. 1. dieser windige oder schattige Ort.
Camascha, f. tuchener Halbstiefel.
Camèl, m. chameil, E. Kameel, n. camelhaar, m. Haar der Kameelziege. camelott, m. Zeug von diesem Haar, Camelott, n.
Camiar - egiar, 1. dar chalavernas, 2. straglüschir, 3. blitzen. It. lampeggiare. camèg, m. chalaverna, f. liutscherna, m. E. Blitz, m. camiada, f. straglüsch, m. einmaliges Blitzen. camitsch, m. chiauditsch, schialamanna, 2. schiam, stip, schialmanna, 3. schwül. esser, far -, schwül sein. It. affa.
Camilla, f. chiamanella, E. Kamille, f. flurs da - Kamillenblüthe.
Camin, chiamin. E. Komin, n. Schornstein, m. camisèger, m. spazzachamin, E. Kaminfeger, m. caminada, f. chaminada - eda, Speisekammer, f.
Camischa, f. chamischa, E. Hemd, n. camischola, f. chamischöla, 2. - ola, 3. Kamisol, n. kurzes Kleid für Männer, im Gegensatz von casacca.
Camonna, f. chamonna - anna, E. Hütte, Hirtenhütte, f. camonn, m. (zön) sann, 2. son, Einschlag, m. im Stall für Schafe, Schweine oder kleine Thiere.
Camuotsch, m. chamotsch - muotsch, E. Gemse, f.
Cana, f. chana d' India, E. spanisches Rohr. - da zuccar, Zuckerrohr, n.
Canaglia, f. Gesindel, Hundsgesindel, n. f. chiaun.
Canal, f. chanal - el, Dachrinne, f., gehöhlte Latten, das Wasser zu leiten; Kanal, m.
Canar, schianar - er, stechen, das Blut beim Abschlachten auslassen. canadira, schanadüra, f. Schnitt, m.
Canariu, m. Kanarienvogel, m.
Canaster, m. canastra, f. chanaster, chavagna, E. Korb, m. - da paun, chanastrella, 2. Brodkorb, m. esser ün chanaster, 3. albern sein. canastrèr, 1. chavagnèr, 2. chanastrer, 3. Korbmacher, m.
Candalotsch, m. Kerngehäus, n. It. torsolo.
Candarials, pl. candarels, eine Art Drüsenübel, das das Athmen sehr erschwert und sich am Vorderarm bis zum Handgelenk heraus, besonders bei jüngern Kindern, zeigt. Name und Natur des Uebels scheint nicht allen Bündner Aerzten bekannt zu sein.
Candeila, f. candela, H. chandaila, 2. Talglicht, n. Kerze, f. candelièr, m. chandalèr, E. Kerzenstock, m.
Canella, f. chanella, scorza c. Zimmet, m.
Canèra, f. Lärm, m. Geschrei, Gerücht, n. far c. lärmen. schar or la canera, ein Gerücht verbreiten.
Cani, m. pl. canials, chanè, E. pl. chanella, Klungel, m.
Canin, m. cunigl, E. Kaninchen, n.
Canoni, m. canonic, E. Domherr, m.
Canun, m. chanun, E. Kanone, f. canunar, chanunar - er, kanoniren. canunada, f. chanunada - eda, Kanonade, f. canunier, chanunier, E. Kanonier, m.
Canun, nein. gir canun, nein sagen

Cantar, chantar - er, fingen, krähen. igl chied, gial -, der Hahn kräht. cont, m. cant, chaut, E. Gesang, m. cantadur - ura, chantadur - a, Sänger - gerin. canzun, f. chanzun, E. Lied, n. - d'igl mund, weltliches L - spirituala, geistliches Lied. - da malacurada - läd, Trauerlied, n. surcantar, zu viel -, falsch singen. - chantar - er fos, falsch singen.

Cantun, m. chantun, E. Ecke, Kante, f. Kanton, m. cantunada, chantunada - eda, Ecke eines Gebäudes, f.

Canuscher, ancanuscher, p. aucunischeu. cognoscher, 2. cognuoscher, p. contschieu, 3. kennen, erkennen. cunischent, a. conschaint, 2. contschaint, 3. bekannt, Bekannter, m. nuncunischent, a. inconschaint, incontschaint, a. unbekannt. cunischeivel, a. cognuschabel - aivel, 3. erkennbar. cunischienscha, f. cognoschenza, 2. cognuschenscha, 3. Bekanntschaft, Kenntniß, f. racanuscher, recognoscher, 2. recognuoscher, arcognoscher, 3. an -, wieder erkennen, erkenntlich sein. racunischent, recognoschaint, 2. arcontschaint, 3. erkenntlich, dankbar. racunaschienscha, f. recognoschenza, 2. arcontschenscha, 3. Erkenntlichkeit, f. malracunischent, a. malrecognoschaint, inarcontschaint, 3. undankbar. malracunaschienscha, f. malrecognoschenza, inarcontschenscha, Undankbarkeit, f. scanuscher, scognoscher, 2. soognuoscher, 3. verkennen, mißkennen.

Canval, m. chanval, 2. von coniv. Hanfacker, m. canvegen, 1. canvitsch, H. Hanfstengel, m.

Canvau, chianvò, H. m. chanval, 2. chanvoul, 3. Schwaden, m.

Can - chanvialla - ella, Coll. Handgelenk, n. It. i polsi della mano.

Capara, f. chapara, 2. Capare, f. Pfandgeld, n.

Capialla, chiapella, f. chapè, E. Hut, m. - da treis cantuns - pizz, aufgestürmter Hut. - d'igl camin, Rauchfang, m. capalèr, m. chapellèr, E. Hutmacher, m. capl, m. pl. ials, chapè d'stram, E. Strohhut, m. capatisli, m. altmodische Mädchenhaube, die nur den obern Theil des Kopfes bedeckt und in der Mitte eine runde Oeffnung hat, um die Zöpfe durchzuziehen, die dann an einer großen pfeilartigen silbernen Nadel befestigt werden. capitscha, f. Mütze, Haube, f. capitsch, Mütze, f.; der obere augenreiche Theil an den Kartoffeln. capalina, f. chapliona, E. Helm, m. Sturmhaube, f. caplutta, f. chapella, chapluotta, Kapelle, f.

Capiergnia, f. carognia, 2. chastör, m. Aas, n. fauler Mensch, schlechtes Weib. esser ün chastör, 3. ein schwächlicher, kränklicher M. sein.

Capir, chapir, E. verstehen. capavel, a. capabel, fähig, tüchtig. capacitad - ted, f. Fähigkeit, Tüchtigkeit, f.

Capital, m. chapital - el, Kapital, n. Summe, f. ca - chapitalisar - er, kapitalisiren, die Zinsen zum K. schlagen. capitalmein - maing, ganz und gar.

Capitani, m. chapitauni, 3. Hauptmann, m.

Capitel, m. chapitel, E. Kapitel, n. Punkt, m. Abtheilung eines Buchs; Versammlung der Geistlichkeit eines

Bezirks, Synode, f. capitular, m. Capitular, Mitglied eines Capitels. Capitular - er, kapitullten, einen Vergleich eingehen, sich ergeben. capitulaziun, f. Vergleich, m. militärischer Vertrag, m.

Caprizzi, m. chaprizzi, E. Eigensinn, m. chi ca viva da caprizzi, paga da buorsa, wer eigensinnig ist, hat es am Beutel zu entgelten. ca - chaprizius, eigensinnig. capriziusadad, Eigensinnigkeit, Hartnäckigkeit, f.

Ca - chapun, Kapaun, m. ca - chapun, plain, 2. dicker Teigkloß. cachapunar - er, treten, von Hähnen; die jungen Hähne entmannen. capunèra, f. maschun, f. 2. Hühnerstall, m.

Capult, m. caput, E. Ueberrock, Mantel, m. far -, Garaus machen; im Spiel: keinen Stich machen lassen.

Car, a. -meiu, char, cher, a. -maing, theuer, kostbar. carischia, f. charesüa, E. Theurung, f.

Car, a. char, cher, a. lieb, werth, theuer. far a da - zu lieb thun, gefällig sein. carezia, f. charitad - ed, Liebe, f. carsinnar, ca - charezzar - er, Liebkosen, streicheln. ca - charin, a. lieblich, liebreich. ca - charinnamaing, ordentlich, ziemlich gut. carinnadad, f. Freundlichkeit, Leutseligkeit, f. caritateivel, a. charitataivel, wohlthätig, freigebig.

Cardun, m. chardon, E. Distel, f.

Cargar, carjar, chargiar - ger, laden. - in lisi, - la fliula, ein Gewehr. scargar, schiargiar - er, abladen, entladen. carga, f carja, II. chargia, E. Ladung, f. Fuder, n. cargader, m. chiargiuns, E. Auflader. scargader, m schiargiuns, Ablader. surcargar, surchiargiar - ger, zu viel laden, überladen. cargaus da deivets - debits, voll Schulden. Carmalar, 1. entlocken, verlocken. carmalar giù, 1. cla - zavigliar, clavigler giò, ablocken, abschwatzen.

Carmun, m. müstaila, f. E. Wiesel, Hermelin, m.

Carn, f. charn, E. Fleisch, n. -c. d'armantiv, 1. - da bouv, 2. - d'armaint gross, 3. Rindfleisch. c. pierch, - püerch, Speck, m. carnus, a. 1. chiarnitsch, chiarnieu, ida, E. fleischicht, viel Fleisch habend. carnal, a. charnal - el, fleischlich, sinnlich. puccaus -, puchats -, pchos -, fleischliche Sünden. car - charnalitad - ed. Fleischlichkeit, Sinnlichkeit, f. ancarnau, incarnà, - ada, eingefleischt.

Carnaval, scheiver, m. Faßnacht, f.

Carpar, 1. crapar - er, bersten; von Thieren: verderben. - da rir, vor Lachen bersten, gewaltig lachen.

Carpialla - ella, f. Faßeisen. f. crap.

Carpien, m.1. Schlitten, um Molken aus der Alp zu führen. carpiens, Feldgeräthschaften. schierpa.

Carpir, scarpiglir, H. schiarpigler, 3. zupfen. - launa, Wolle -.

Carpisch, m. pultron, E. fauler Bengel, Faullenzer, m.

Carpun, m. craspun, E. zweltretiges Haustuch.

Carr, m. charr, E. Wagen. carradira, f. rodèra, E (schlerna) Wagengeleise. n. carrett, m. charetta, f. E. kleiner Wagen, Himmelswagen. ca-charrotscha, Kutsche, f.

Car - caschlett, kischlett, m. 1. Biere.

in c. primma, - nuschs, vier Pflaumen, - Nüsse, die die Fruchthändlerinnen auf einmal herausgeben.

Car - craschun, m. craschun, E. Kressig, m.

Carstiaun, m. (carschiaun), crastian, 2. crastiaun, 3. Mensch, m. far da c. sich menschlich betragen, vernünftig sein. carstiaunadad, f. umanitad - ed, E. Menschheit, f.

Carta, f. charta, Landkarte, Spielkarte, E. Papier, n. cartun, m. chartun, E. Karton, Pappendeckel, m. scartar, ausmerzen, zurücklegen. scart, m. das Ausgeschiedene, Verworfene. carjentas, das schlechte Korn, das beim Sieben und Wannen zurückbleibt.

Carugna, f. carogna, 3. Aas, n. schlechtes Weib.

Casa, f. (chiè, II.) chasa, 2. chesa, 3. Haus, n. Familie, f. Geschlecht, n. da bunna c., von guter Familie. da gronda casa a pign clavau, vornehm und arm. taner casa, m. Haushaltung, f. metter casa, eigene H. einrichten. resti da casa, gut haushalten. mobiglias, Hausgeräthschaften. caseita, chaseita, f. Häuschen, n. casament, m. chasamaint, E. großes Haus. casada, f. chasada - eda, Familie, die Hausgenossen. casarin, a. chia - chesarin, haushälterisch. chasan, 2. da casa, 1. im Hause gemacht. ponn -, Haustuch, n. caserna, Kaserne, f. f. ca.

Casacca, f. großer Frack, offener Männerrock.

Caschar (kischar) chaschar - er, käsen. ca - chaschada eda, f. die Milch, der Molken von einmal Käsen. caschader, m. chaschader - eder, chaschuns, Käser, m. caschiel, m. kischiel, chaschöl, E. Käse, m. cascharia, chascharia, E. Sennerei, f.

Caschun, f. raschun, E. Grund, m. Ursache, f. caschunar, cagionar - er, verursachen. cass, m. càs, E. Fall, Zufall, m. en - dont igl - falls, im Falle. far -, sich viel daraus machen. nuncass, vorbehalten, es geschähe denn.

casual, a. - mein - maing, zufällig, durch Zufall.

Cassa, f. chascha, E. Kiste, Kasse, f. - d'iral, die Seitenwand der Tenne. cassett, m. chaschett, 2. chaschuott, 3. Schubkästchen einer Komode; Nebenkästchen in einer Kiste. cassier, m. Kassier, m. incassar, inchaschar - er, einkassiren.

Cassar, chassar - er, ausstreichen, des Amts entsetzen. - la sentenzia, das Urtheil aufheben. cassaziun, f. Streichung, Aufhebung, f.

Cust, a. - mein - maing, züchtig, keusch, rein. casladad, f. castitad - ed, Keuschheit, f. nun - incast, a. E. unkeusch, unzüchtig. nun - malcastadad, f. incastitad - ed, Unkeuschheit, Unzucht, f.

Castì, m. pl. - ials, chastè, pl. - els, Schloß, n. Burg, f. castellan, m. chastlan, 2. - aun, 3. Schloßvogt, Castellan, m.

Castiar - igiar, chastiar - er, strafen, züchtigen; büßen, in Buße fällen. castig, m. chasti - amaint, 2. chastih, 3. Strafe, Buße, f. castigader, m. chastiadur - ieder, Bestrafer, m.

Castognia, f. chastogna - agna, Kastanie, f. castognèr, m. chastog - agnèr, Kastanienbaum, m.

Castrar, chastrar - er (saner) entmannen, verschneiden (B. hellen). castradira, f. chastradūra, 2. Verschneidung, f. castrader - dur, m. Verschneider, m. castrau, m. chastrà, chastrun, Hammel, m. ancastrar, inchastrar - er, einfügen, in die Fuge bringen. ancastradira, f. inchastradūra, Einfügung, Fuge, f.

Catalāner, m. H. ein kleiner, winziger Knirps (von Menschen und Thieren).

Catalog, m. Catalog, m. Verzeichniß, n.

Catechisar - er, katechisiren. catechismus, m. Katechismus, m. catechumèn, m. catecumèn, E. Unterweisungskind, n.

Catschar, chatschar - er, jagen, treiben. catscha, f. chatscha, E. Jagd, f. catschada, f. chatschada - eda, Trieb, Stoß, m. catschadur, m. chatschader - oder, Jäger, m. scatschar, schiatschar - er, vertreiben, wegjagen. sur - ca - chatschar - er, zu sehr treiben; von Alpen: überladen. parcatschinn, a. parchatschinn, 2. perchatschaint, 3. eigennützig, meistergschäftig, zutäppisch.

Cattar, H. chattar - er, finden. Oberl. gewinnen. catt, m. chatt, E. Fund, Gewinn, m. (im Spiel). dar par cattau, gewonnen geben. dar da catt - chal, Finderlohn geben.

Cattar, gattar, m. cattar, 2. chattar, 3. Katharr, m. Schleimauswurf, m.

Cau, m. Haupt, n. Vorsteher, m. ils treis caus, die drei Bundeshäupter.

Nur noch in Zusammensetzungen üblich. cau d'alp - legia, m. Alp=, Hütten=meister. cuvig, m. (cau vici), Dorfmeister, m.

Cauld, a. chaud, 2. chod, 3. warm, heiß. far -, heiß sein. calīra, f. chalur, f. E. große Hitze. caliraus, - ada, chaluri, achodà - dò, erhitzt. calurus. a. chalurus, E. erhitzend, heiß. scaldar, schiodar - er, heizen. - la pigna, den Ofen heizen.

Caulscha, f. cholscha, H. chautscha, 2. chotscha, Hose, f. Strumpf, m. 3. aver si, en las c., die Hosen tragen; herrschen. far giù -, seine Nothdurft verrichten.

Caum, m. 1. Abtheilung eines Kornkasteus. Maas von 5 Krinnen Milch, 20 Kr. Butter und Käse

Caura, f. chiora, H. chavra, 2. chevra, 3. Ziege, f. pumma d'caura, Vogelbeeren; alle giftigen, nicht eßbaren Beeren. chia - chirlauna, f. chiaclanna, 2. chiavuligna, 3. Ziegenleber, f. B. Gackel. cavrèr, m. chavrer, E. Ziegenhirt, m. cavrèr salvadi, cavriel, favriel, m. chavriöl, eine Eulenart. B. wilder Geißler.

Causa, f. Ursache, f. Rechtsstreit, m. causar - er, verursachen. causator, m. E. Urheber, Verursacher, m.

Caussa, f. chaussa, 2. chosa, 3. Sache, f. Ding, n. mo caussas! Ausruf: Was du sagst! caussas da rir, lächerlich, zum Lachen.

Cautar - er, sichern, Pfand geben. cauziun, f. Bürgschaft, f. precauziun, f. Vorsicht, f.

Cavar. chavar - er, graben. cava, f.

chava, 2. cheva, 3. Grube, f. cavarla fossa, ein Grab machen. cavadi, m. 1. pl. -ials, Brustwarze, f. scavar, schiavar - er, ausgraben, graben, haspeln. scav, m. schiav, 2. schiev, 3. Ausgrabung, Grube, f. Haspel, m. cavascazzis, m. Schatzgräber, m. cavierg -org, - üerg, 3. ausgehöhlt, hohl. cavorgia, f. chavorgia, 2. chiavorgia, 3. Höhle, f. cuvel, m. Höhle, Grotte, f. recavar, davon lösen. recavi, m. Erlös, m.

Cavaigl, m. chavaigl, E. Pferd, Roß, n. - da sauma, - samma - soma, Saumpferd, n. - da sialla, - sella, Reitpferd, n. ir a cavaigl, reiten. esser a -, rittlings stehen; fett, in guten Umständen sein. cavallett, m. chavalott - ett, Sägebock, m. Schubdamm, m. cavalier, m. Ritter, m. chavalèr, m. E. barnier, 1. Säumer, m. cavallèr, m. chavalèr, E. Pferdehirt, m. cavallerist, m. Reiter, m. cavalleria, f. Reiterei, f. ca - chavalgiar - er, von Thieren: auf einander reiten.

Cavazza, f. chavazza, Schädel, m. Kabiskopf, m. scavazzar - er, enthaupten, brechen; zu Grunde richten, zertreten in weichem, sumpfigem Boden scavazz, Spur, Fußtritt in solchem Boden. chavazzaiglia, 2. Anger, Rain, m.

Cavell, m. chavè, pl. -els, E. Haar, n. far a cavell, die Sachen genau, reinlich machen. trer p' ils cavels, bei den Haaren ziehen, rupfen. chiavlò, 3. gestrichen, gekämmt. sciavlò, 3. zerzaust. cavallèra, f. chavlèra, 3. chavladüra, langes, starkes Haar.

Cavester, m. chavaister, chavezzaina, E. Halfter, f. der Bindfaden um eine Garnstrehne.

Cazza, f. cazz, m. chaz, E. Schöpfkelle, f. B. Käzi. cazzetta, f. chazzetta, 2. padella, 3. Pfanne, f. la c. scarvuuna bucca igl parlett, die Pfanne schwärzet nicht den Kessel. cazz schleusa, Schlittenhorn, n. cazzola, f Lichtstock, m. glüm, glüsch, E. chazzöla - ola, E. Maurerkelle, f.

Cèder, m. Ceder, f.

Ceder, nachgeben, nachlassen, aufhören. il scort oeda, 2. der Gescheidte gibt nach. cessiun, f. Abtretung, f. von Eigenthum oder Rechten. conceder, p. eu - ess, gestatten, erlauben. concessiun, f. Erlaubniß, f. concessur, m. der Erlaubende, m. deceder, - ider, - is, E. entscheiden. decess, 2. gestorben. decis, a. - mein - maing, entschieden, entschlossen. indecis, a. unentschlossen, unentschieden. decisiun, f. Entscheidung, f. excess, m. Uebermaß, n. Uebertreibung, f. excessiv, a. - mein, - maing, übermäßig. preceder, voran-, vorhergehen. precedent, - aint, a. vorherig, vorhergehend. precedenzia, f. - za, E. Vorgang, m. Vorhergegangene, n. proceder, verfahren. procedura, f. Verfahrungsweise.

Celebrar - er, feiern. celebraziun, f. Feier, f

Celibat, m. ehelofer Stand, Cölibat, u.

Censurar - er, tadeln, rügen. censura, f. Censur, Rüge, f. censureivel - abel, a. tadelnswürdig, rügenswerth.

Chafnoll, a. E. tief, vom Waſſer. chafnollezza, f. Tiefe, f.

Chi, ohei, 1. chi, che, E. wer? was? anzichi - iei, ùnsachi - è, E. jemand, etwas.

Chiamun, m. timun, E. Deichſel, f. Steuerruder, n.

Chiapifchacla, P. tschitla baditsch - bigitt, 1. far - blinde Kuh ſpielen.

Chiastrett, m. P. cagliastrelg, Weißborn, m. chiagiastrelg, m. Weißdornbeere, f.

Chiau, m. cheu, 2. chò, 3. Kopf, m Haupt, n. - da la ligia, Bundeshaupt. - stuorn, eigenſinnig, halsſtarrig. mal igl -, Kopfweh, n. tons chiaus, tons sens, ſo viel Köpfe, ſo viel Sinne. far chiambroclas, Purzelbäume machen. f. cau.

Chiaun, chioun, m. chan, chaun, 2. chaun, 3. Hund, m. chiular, 1. ſchreien von Hunden. cognia, f. chognia, 2. chagna, f. 3. Hündin, f. ſchlechtes Weib; Schraubſtock, m. cagnul, kignel, m. chagnöl, Hündchen. cagnimm, 1. m. Hundegeheul, n. Menge Hunde. chiendel, m. Spur, f. (vom Geruch: vom Fußtritt: faſtizzi, stizzi.) canaglia, Hundegeſindel. canèra, Hundegeſchrei, n. Lärm, m.

Chied, m. cad, H. giall, 2. chöd, 3. Hahn, m. - salvadi, Auerhahn, m. Lat. urogallus. crestas chied (fluors da god, 3.) Alpenroſen. far zuppa chied, Verſteck ſpielen.

Chiembel, m. cumbel, gehäuft, von Maß. a chiembel, gehäuftes M.

Chierl, m. chüerl, E. Folterbank, f. chirlar, chörlar - er, foltern.

Chiern, m. pl. corns, Horn, n. f. corn.

Chierp, corp, m. pl. corps, corp, 2. chüerp, 3. Körper, Leib, m. corporal - el, a. leiblich; corporatura, f. Körperbau, m. corporaziun, f. Körperſchaft, f. incorporar - er, einverleiben.

Chierv, m. corv, m. E. Rabe, m.

Chil, m. chül, E. Hinter, Arſch, m. vista -, fatscha d -, chülatta, E. Arſchbacken, m. smanar igl -, ſtolz einhergehen. dar -, der peis egl -, Fußtritte geben.

Chinna, ninna, f. chünna, E. Wiege. uffond da -, Wiegenkind, n. ninnar, dittar, 2. wiegen.

Chip, m. Pudendum viri, beſonders von Kindern gebraucht.

Chir, m. 1. chör, E. Rindshaut. f. curom.

Chira, f. chüra, E. Sorge, Sorgfalt, f. Schutz, m. Hut, f. aver -, avair -. chürar - er, Sorge tragen. parchirar - chürer, hüten, bewahren. parchirader - ürader, m. Hüter, m.

Chisar - chüsar, achüsar - er, verklagen, anſchuldigen, angeben. chisa, f. ehüsa, achüsa, E. Anklage, Klage, f. chisader, m. chü - achüsadur, E. Ankläger, Verkläger, m. schusar, schüsar - er, entſchuldigen. schiscivel, a. sohüsabel, - aivel, entſchuldbar. nunschiseivel, nunschüsabel, a. nicht zu entſchuldigen, unentſchuldbar. f. acousar.

Chiunsoh, 1. chöntsch - amaing, leicht, auf leichte Weiſe. It. facilmente.

Chiutg, chiuch, m. 1. Tölpel, m. It. imbecille.

Chor, m. der, das Chor; der innere Theil der Kirche. Sängerchor, m. choral, m. Choral, m.
Circa, ancirca, 1. incirca, E. ungefähr.
Circuitt, m. Umkreis, m. Grenzen einer Gegend, Umgegend, f.
Cirkel, m. Zirkel, Kreis, m. circular, a. kreisförmig. circulara, f. Kreisschreiben, n.
Cisterna, f. Cisterne, f. Ziehbrunnen, m.
Citadella, f. Citadelle, f. Festung einer Stadt.
Citar - er, gerichtlich vorladen, vorbescheiden, anführen. citaziun, f. Vorladung, f. Anführung v. Beweisstellen.
Citrona, f. citrun, m. 2. Zitrone, f.
Civil, a. bürgerlich, artig, höflich. caussas civilas, bürgerliche Angelegenheiten. civilmein - maing, höflich, anständig. civiltad - ed, f. Artigkeit, Höflichkeit, f. civilisar - er, zivilisiren; aus dem Naturzustand zum bürgerlichen erheben. civilisazian, f. Civilisation, Bildung, Civilisirung, f.
Clamar - er, rufen, schreien, lauten. schar clamar or, sich verkünden lassen. la bergamina clomma, die Urkunde lautet. clomm, m. clamm, E. Ruf, m. das Rufen. dar ün -, einem rufen. olu - clamada - eda, Beruf, m. declamar - er, deklamiren, feierlich vortragen. declamaziun, f. Deklamation. exclamar, ausrufen. exclamaziun, Ausrufung. proclamar - er, bekannt machen, verkündigen, ausrufen. proclama, f. obrigkeitliche Bekanntmachung. reclamar - er, zurückfordern, Einsprache thun. reclamaziun, f. Einsprache, Rückforderung, f.

sclumar, 1. fluchen, lüstern. sclomm, Fluch, m. Lästerung, f.
Clar, a. cler - maing, klar, deutlich. far clar, leuchten, erklären. clarezia ezza, E. Helle, Deutlichkeit, Klarheit, f. besonders in geistigen Dingen. claritad, clerezza, f. Helle, Klarheit, vom natürlichen Licht. clar d'iev, m. cler d'öv, das Weiße vom Ei. sclarir, erläutern, erklären sa - sich aufhellen, aufheitern. sclariment - maint, m. Aufschluß, m. Auskunft, f. clarificar - char - er, hell, klar machen. declarar - er, erklären, erläutern. declaraziun, declaronza, f. declaraunza, 3. Erklärung, Erläuterung, f.
Classa, f. Klasse, f. classificar-char-er, in Klassen theilen, klassifiziren.
Clauder, p. claus, 1. schließen, zäunen. - ent, einschließen, einzäunen. claus, m. Schafhürde, f. clausira, Einfang, m. Gehege, n. olts, m. H. clüs, brögl, 2. curtin, 3. Einfang, Baumgarten, m. clauter, m. clóter, Falle, f. - da meura, platèra, 2. Mäusefalle, f. claustra, f. clostra, convent, 3. Kloster, n. excluder, sclauder or, 1. excluder, p. l - ieu, ausschließen. exclusiun, f. Ausschließung, f. exclusiv, a. - maing, ausschließlich. conclauder, concluder, p. - eu - l - ieu, schließen, folgern, entnehmen. conclusiun, f. Schluß, Beschluß, m. Ende, n.
Clav, f. clev, 3. Schlüssel, m. clavau, m. talvò, 2. talvó, 3. Heustall, Stall, m. clamagnun, m. havun, 2. Eingangsöffnung in die Güter. clavilla, f. claviglia, E. hölzerner Nagel, Pflock,

m. - da carr, sturèra, 1. Rüstuaꝛ
gel, *m.*
Clavier, *m.* clavaziu, E. Klavier, *n.*
Client, *m.* Schutzbefohlener, Klient, *m.*
Clima, *m.* Klima, *n.* Himmelsstrich, *m.*
Clukèr, cuclèr, *m.* cluchèr, E. Glockenthurm. It. *campanile.*
Clutscha, *f.* clo - cluotscha, E. Gluckhenne, *f.* clu - clotschar, clutschir, glucken; Fig. jammern, stöhnen.
Co, wie. anzaco, 1. irgendwie.
Cocc, *m.* kik, in der Kindersprache: Ei, *n.*
Cocc, lamizzi, *m.* minz, minzin, E. Obstkern, *m.*
Cocca, *f.* H. veschla, vaischla, E. in Butter gebackene Kuchen. coccas d' meila, - paun, Apfel-, Brodküchlein, *n.*
Cochiel, *m.* charbun, 2. cravun, 3. Kohle, *f.* Coll. coichla. Coichlèra, 1. carbunèra, 2. cravunèra, Meiler, *m.* scurvanar, scarbunar, scravaner, berußen, mit Kohlen schwärzen.
Codix, *m.* Fingerhut, *m.* (Giftpflanze.)
Coffra, *f.* sfurzer, *m.* E. Koffer, *m.*
Coga, *f.* Aas, *n.* fauler Mensch.
Cola, *f.* colla, 2. coala, 3. Leim, Kleister, *m.* ancular, incollar - er, leimen, kleistern, löthen. anculadira, incolladûra, *f.* Zusammenleimung, *f.* discolar, scollar - er, sich auflösen, vom Leim. *f.* cular, fließen.
Coller, *m.* Haselstaude, *f.* It. *avellana.*
Comba, *f.* chomma, 2. chamma, 3 Bein, *n.* von Thieren und Menschen. It. *gamba.* dar comba, stärken, kräftigen; im Ringen: ein Bein unterschlagen. comba, sembla, 1. chauva,

E. ein Reif, um Kälber und Ziegen an die Krippe zu binden. comba targliun, - tragliun, Sohle am Schleifwagen. gambilscha, 1. starke Füße, vom Rindvieh.
Combinar - er, zusammensetzen, ordnen, vereinbaren. combinaziun, *f.* Zusammentreffen, Anordnung, *f.*
Combra, *f.* chambra, E. Kammer. It. *camera.* auch: Klammer, Bundhacken. Ital. *spranga.* fermar cun -, mit Klammern befestigen. surcombras, *m.* 1. Estrich, *m.* ca - cumeral, *m.* cumaral, 2. camerad, 3. Kammergenosse, Freund, *m.* cambrèr, chombrer, 2. chambrer, 3. cham - om - cambrèra, *f.* Hochzeitsgast, zur Hochzeit geladen.
Comedia, *f.* comedgia, 3. Komödie, *f.* Schauspiel, *n.* far comedias, sich unsinnig geberden comediant, *m.* Schauspieler, *m.*
Comet, *m.* Komet, Wandelstern, *m.*
Commi, *m.* chambi, E. Aufgeld, *n.* Tausch, *m.* far -, tauschen. dar ancunter commi, dafür, dagegen geben. surcommi, *m.* Aufgeld, *n.* dar - giungia - jütta, darauf geben.
Comod, *a.* bequem, gemächlich, gelegen. mal -, incomod, *a.* unbequem, ungelegen. comoda, *f.* Komode, *f.* comed, *m.* comoditad - ed, *f.* Bequemlichkeit, *f.* Abtritt, *m.* aver -, Gelegenheit haben. discomed, Unbequemlichkeit, *f.* dar -, incomodar - er, Mühe, Ungelegenheit machen. incomodaus - à - d, unpäßlich, cumadar - er, ausbessern, zurecht machen. cumadira, *f.* comodadüra, 2. cumadauda, 3. Ausbesserung, *f.*

Comp (in der Bibel): lèger, m.) champ, E. Lager, n. Armeelager. Eng. auch: Acker s'accampar - achampar - er, sich lagern. scampar, schiampar - er, sich davon machen, davon kommen, genesen. campogna, f. champogna, champagna, 3. Feld, Gefilde, n.

Complicar - char - er, verwickeln. complicaziun, f. Verwickelung, f. complicaus - chà - chò, verwickelt, betheiligt. complizzi, a. E. betheiligt, mitschuldig.

Componer, p. eu - i - ieu - ost. ein Musikstück komponiren, anfertigen, zusammenstellen; Aufsatz machen. composiziun, f. Komposition, Zusammensetzung, f. Aufsatz, m. componist, Tonsetzer, Komponist, m. f. poner.

Concertar - er, verabreden, sich einverstehen, anordnen. concert, m. Konzert, n. Verabredung, f. esser da -, einverstanden sein. far da c., in Uebereinstimmung handeln.

Concubina f. Kebsweib, n. concubinat, m. wilde Ehe.

Condiziun, f. Bedingung, f a condiziun, unter Bedingung. far -, condizionar - er, E. sich ausbedingen. condizionadamein - maing, ausbedungen, vorbehalten.

Confuu - on - uonder, verwechseln, verwirren. sa - us c. sich irren, verwirren. confus, a. verworren. confusiun, f. Verwirrung, Verworrenheit, f.

Coniv, m. coven, H. chouf, 2. chanf, 3. Hanf, m. sem d' -, Hanfsaamen. canval, m. 1. Hanfacker, m. canvegen, m. canvitsch, Hanfstengel, m. chanvaglia, 2. Abfall der Stengelstücke.

Consacrar - secrar - er, weihen. consecraziun, f. Einweihung, Weihe, f.

Conspirar - er, sich verschwören. f. spirar.

Consternar - er, niederschlagen, tief betrüben. consternaziun, f. Niedergeschlagenheit, f.

Construir, bauen, aufbauen, bilden. construcziun, f. Erbauung, Bildung, f. Satzbau, m.

Consultar - er, berathen, um Rath fragen. consulta, f. Berathung, Consulte, Berathschlagung, f. consulent, m. Rathgeber, Beistand, m.

Consumar, consümar - er, verzehren, aufzehren, verbrauchen. consum, m. E. Verbrauch, m.

Contagius, a. ansteckend.

Contemplar - er, betrachten. contemplatur, m. Betrachter, m. contemplaziun, f. Betrachtung, f.

Contingent, m. Contingent n. Zutreffender Beitrag an Mannschaft oder Geld.

Continuar - er, fortfahren - dauern - lassen. continuaziun, f. Fortsetzung, f. continueivel - aivel, fortdauernd.

Contribuir, beitragen. f. tribuir.

Contusiun, smardigliada, f. Quetschung.

Convocar, berufen, zusammenrufen. sa - as -, sich versammeln. convocaziun, f. Zusammenberufung, Versammlung, f.

Convulsiun, f. Zuckung, f. Krampf, m.

Cooperar - er, mitwirken. f. ovra.

Copular - er, trauen, antrauen, copuliren, zweien. copulaziun, f. Trauung, f.

Cor, cour, 2 Herz, Gemüth, n. aver da far, Herz haben, etwas zu thun. lender, rumper igl -, das Herz brechen. gnir egl, - adimaint, in den

Sinn kommen. hum da - gemüthlicher Mann. mal igl cor, Herzweh. prender, tour a - zu Herzen nehmen, schar or d'igl -, aus dem Sinn schlagen. incoar ilg -, rühren, bewegen, zu Herzen geben. cordial - el, herzlich, gemüthlich. cordialitad - ed, Herzlichkeit, Gemüthlichkeit, f. curaschus, a. herzhaft, muthig. curascha, f. Muth, m. Herzhaftigkeit, f. coraglia, curaglia, E. Kranz, m. Getröse, n. concordar - er, übereinstimmen. concordia, Eintracht, f. discordar - er, verstimmen. discordia, Zwietracht, Uneinigkeit, f. ragurdar, recordar - er, erinnern. sa -, as -, sich erinnern. ragurdonza, recordauza, E. Erinnerung, f. Andenken, n. da meu ragord, aus meiner Erinnerung. ragurdeivel, a. erinnerlich. scurdar, vergessen. scurdeivel, a. vergeßlich, vergeßbar. scurdonza, Vergessenheit, Vergeßlichkeit, f.

Corda, f. Saite, f. accordar - er, stimmen, durch Vertrag festsetzen, akkordiren. s'accordar, sich gut vertragen, in Eintracht leben, sich verdingen. accord, m. Akkord, Vertrag. scurdaus - ada, verstimmt, von Musikinstrumenten.

Coriandel, n. Coriander, m.

Corn, chiern, m. chuern, Horn, n. Bergspitze, f. corna, Fels, m. chiern d'aua, Brunnenrohr, n. Wasserstrahl, m. - da puolvra, Pulverhorn, n. chiern, Alpenhorn. squrnar, scornar - er, ein Horn abstoßen. prender sin las cornas, auf die Hörner nehmen, zu beleidigen, weh zu thun suchen.

Corrogier, corrigir, E. korrigiren, verbessern. correcziun, f. correctura, Verbesserung, Correctur, f. correctur, m. Verbesserer, m. s. regier.

Curv, chiery, m. corf, 2. Robe.

Coss, m. 1. Engerling. It. assillo. an - cussau, aufgewühlt - gelockert von den Engerlingen.

Cost, chiest, m. 1. Krautstrunk, Krautstengel, m.

Costa, f. Rippe, Seite, Halde; f. Abhang, m. mal costas, 1. puoncha, 3. Seitenstich, m. costiv, a. abhängig, holdig. s'accostar - er, sich nähern.

Costumar - er, pflegen, gewohnt sein. costümi, m. Gebrauch, m. Sitte, f. custimonza, f. 1. Gewohnheit.

Cotschen, coatschen, 3. roth. Lat. coccinus. malcotschen -, fluss da saung, 3. Ruhr, f.

Crap, m. sass, peidra, E. Stein, m. Coll. crapa, Steine. - da feug, - sö, Feuerstein. - tagliada, gehauene St. prei crap, 1. parait - ai da spelm. E. Felsenwand, f. carpaigl, m. kl Stein; der weiße Staub auf dem Kopf. carpuu - uigl, 1. crapuu, E. großer Stein. crapell, fl. Stein. carpus, a. crapus, E. steinicht. ancarpar, accrapar - er. steinigen. carpialla - ella, Fußeisen, n. carplutta, 1. kleineres Fußeisen.

Craun, croun, m. cran, 2. crauuz, 3. Rank, m. cun lists a - stortas, mit Listen und Ränken. via cun c., ein Weg mit Ränken, im Zickzack.

Creanza, creauuza, 3. Anstand, m. Bescheidenheit, Erkenntlichkeit, f. creanzaivel, n. anständig, bescheiden in -

melcreanzaivel, unbescheiden, unverschämt.

Crer, p. carten, crair, p. crett, E. glauben, meinen. dar da -, weiß machen. cartent, a. cretaivel, E. gläubig, der Gläubige. nuncartent, a. incretaivel, E. ungläubig, der Ungläubige. carteivel, a. credibel, E. glaublich. nuncarteivel, incredibel, unglaublich. carteivladad, f. credibilitad - ed, f. Glaublichkeit. credul, a. E. leichtgläubig. credulitad - ed, f. Leichtgläubigkeit, f. cardienscha, cretta, f. credenscha, E. Glaube, m. far cretta, dar ad incretta, auf Kredit geben. nuncardienscha, incredulitad - ed, f. Unglaube, m. credit, m. Kredit, m. Vertrauen, n. aver, avair -, Kr. haben, Vertrauen genießen. creditur, m. crededer, 3. Gläubiger, m. accreditar - er, in der Rechnung gut schreiben. hum creditaus - là, accreditò, M. von Ansehen angesehen. discreditar - er, in übeln Ruf bringen. discredit, m. Mißkredit, Verruf, m. crett, a. 1. prus, E. gutmüthig, geduldig. crettadad, f. prusdad - ded, Gutmüthigkeit, f.

Crescher, p. carscheu, creschü - ieu, wachsen, gedeihen, zunehmen. carschent, m. creschaint, craschaint, 3. E. wachsender Mond. donn -, dann carschent, - creschout - aint, wachsender Schaden. carschentar, creschantar - er, vermehren, gedeihen lassen. Dieus carschentig - benedescha, E. Wunsch, nach Bestellung eines Ackers oder Besuch eines Stalles: Gott segne! lasse es gedeihen! carschienscha, f.

carschentscha, carschida - ida, Wachsen, Wachsthum, n. Aufwachs, m an - increscher, verdrießen, Leid thun. sohar, s'laschar -, verdrießen, Heimweh haben. carschadigna, f. increschantüm, m. Verdruß, Kummer, m. Heimweh, n.

Cressi, m. creschun, E. Kressig, Brunnenkressig, m.

Crest, m. craista, coligna, E. Hügel, m. Anhöhe, f. cresta -, craista, Hühnerkamm, m. Hügel. alzar la -, sich erheben, stolz werden. avair la -, coatschna, 3. gut aussehen. crestas cod - chied, fluors d'god, 3. Alpenrosen.

Creü, a. crü, E. roh, hartherzig. It. crudo. carn -, gesalzenes, ungesottenes Fleisch. hum -, roher, harter Mann. creuadad, f. crudezza, E. Rohheit, Hartherzigkeit, f.

Criminal - el, a. peinlich, kriminal. darchira, drett -, Kriminalgericht, n. caussa -, Kriminalsache. ca - chastiar - er criminalmaing, peinlich abstrafen.

Crisam, crisem, m. Salböl, n. Krisam, m. Firmelung, f. crismar - er, firmeln.

Cristiaun, a. cristian, 2. cristiaun, 3. christlich, der Christ. far da -, sich christlich betragen. cristianeivel - aivel, a. christlich. nuncristianeivel, unchristlich. cristiaunadad, f. cristiandad - ed, Christenheit, f.

Critic, a. kritisch, gefährlich. critica, f. Kritik, f. Tadel, m. criticar - cher, tadeln, kritisiren. criticuss - chuoss, a. tadelsüchtig.

Crivel, m. cribel, E. feines Sieb, n.

37

Hecker, m. crivlar - er. criblar, 2. sieben, durch's Sieb schlagen.
Crocodil, m. Krokodil.
Crodel, a. - maing, grausam. crudeivladad, crudeltad - ed, Grausamkeit, f.
Crunna, curunna, E. Krone, f. Gesimse, n. - da cudischs, Büchergesimse - Gestell.
Crusar, liebkosen, sich anschmiegen. crusar igl tschutt, das Lamm lecken, vom Schaf.
Crusch, f. Kreuz, n. Trübsal, f. far soinchia -, das Kreuz schlagen. dàr, der -, Verdruß, Mühe machen. cruschun. m. E. Kreuzthaler, m. an - incruschar - er, die Hände kreuzweise über einander schlagen. crazifichar - er, kreuzigen, crucifix, m. Kreuzifix, n. crucificaziun, f. Kreuzigung, f.
Crusta, f. crnosta, E. Rinde, f. far giu la -, abschälen. sa sorustar, as scrnaster, sich schälen, ablösen, vom Mörtel.
Crutsch, a. crotsch, 2. croatsch, 3. gebogen, gebeugt. ir -, sdrinà - ò, gebogen, krumm gehen. crutsch, m. croetsch, 2. cröch, 3. Haken, m. Handhabe am Pflug, 1. crutscha, f. crotscha - mongin, 2. croatscha, 3. Krücke, f. ir cun -, an der K. gehen,
Cua, f. Schwanz, Schweif, m. Schmutz am Saum von Frauenkleidern. manar, dar da la -, schwänzeln, wedeln. cuas gatt, Scheuerkraut, n. B. Katzenschwänze.
Cucarda, cocarda, E. f. Kokarde, f.
Cucc, m. Stein, m. (veraltet) Tölpel, m. vegls sco igl cucc, steinalt.

Cuchia, 1. cucha, 2. cudgia, 3. Schwarte, f. It. colenna. - da carn püerch, Speckschwarte. - d' aissas, Brettschwarte.
Cucù, m. Kukuk. paun -, Sauerklee, m. caschiel -, Sauerkleeblüthe, f. cucurì, m. cucurè, E. Dummkopf, m.
Cucun, cuclun, m. Stöpsel, Zapfen, m. cucunnar - er, E. den Stöpsel aufsetzen.
Cudèra, f. Verhärtung, Schwiele, Narbe, f. E. Halsdrüse, Mandel, f.
Cudètscha, f. scudetscha, 2. percha, 3. Flechtruthe, f. scudichar, peitschen, mit Ruthen schlagen.
Cudisch, 1. cudesch, 2. cudasch, 3. m. Buch, n. Ital. libro.
Cugn, m. cuoign, E. Keil. Tölpel, m. ancugnar - er, zcuogniar, 2. Keile einschlagen. cugnada, f. sgür, E. Axt, f.
Cüglium, m. Hode, f. einfältiger, schlechter Mensch. cuglianar - er, zum Besten haben, verspotten, betrügen. far da -, sich schlecht, niederträchtig betragen. star, ster -, als schlecht erscheinen.
Cula, cucla, f. balla, 3. Kugel, f.
Cular - er, seigen, rinnen, gießen, schmelzen, sieben. - plum, Blei schmelzen - piaoun, paing, Schmalz sieden. culada - eda, f. das auf einmal Geschmolzene, Gesottene. scular - er, fließen, abfließen. sculadüra, E. Abflußwasser. cul, m. Milchdurchschlag, von Holz, mit Stroh in der Oeffnung. culimm, 1. filtrin, m. 3. Seiglappen: Durchschlag von Leinen.
Culeischen, m. culaischen, E. Vogelbeerbaum, m. It. sorbo.

Culier, m. culèr, culeriu, E. Kragen, Hemdskragen, m.

Culiez, m. culöz, E. Hals. pigliar antuorn – branclar – er, umhalsen, umarmen.

Culmar, m. clomèra, 2. culmaina del tett, 3. Girbel, Dachgiebel, m.

Culter. m. (spada via 'l erötsch, 2.) Pflugmesser. cultrar, den Keil links oder rechts des P. einstecken.

Cultivar – er, anbauen – pflanzen, pflügen, besorgen. cultira – ŭra, f. Ackerfeld, n. cultivaziun, Bebauung, Anpflanzung, f. cultivatur, m. Bebauer, Pflanzer, m. cultium, m. 1. aldüm, biai, 2. biag, 3. Dünger, m. Feldspeise, f.

Cumach, m. giauden, 2. gioden, 3. Gemach, Zimmer, n. It. stanza.

Cumandar – er, befehlen, gebieten. cumond – and, Befehl, m. far par – gehorchen, folgen. cumondament – uint, m. Gebot, n. cumandant, m. Befehlshaber, m.; unbefugter Meister. ra – recumandar – er, empfehlen. sa – as –, sich empf. ra – recumandaziun, f. Empfehlung, f. Empfehlungsbrief. racumandaivel, a. recumandaivel – abel, empfehlungswerth, - würdig. scumandar – er, verbieten, untersagen. scumandada, gerichtliches Verbot.

Cumar, f. comer, 3. Gevatterin, f.

Cumbel, - et, m. chiandun, 2. cundun, 3. Ellbogen, m. Krümmung, Ecke, f.

Cumber, m. Kummer. cumbriar, sa – kümmern, sich bekümmern, betrüben. cumbriaus – ada, betrübt, bekümmert. conturblà - ò.

Cumgniau - già, 2. cumiò, 3. m. Abschied, m. dar - tour - prender -, Abschied geben, nehmen. It. comiato.

Cumin - ün, a. cumön, a. - maing, gemein, gewöhnlich, von mittlerer Art. lavur -, Gemeinwerk, n. cumin - ün - cumön, 3. m. Gemeinde, Landsgemeinde, f. Gericht, n. - grond, - grand, Hochgericht, n. salvar -, Landsgemeinde halten. cuminavel – hnavel - evel, das Gemeinsame, Oeffentliche; Allmende, f. cuminonza, Gemeinschaft, - carnala, fleischlicher Umgang, comunitad - ed, Gericht, n. Gemeinde, Gemeinsamkeit, f. cuminar – er, E. paarweise stellen, paaren.

Cummel, m. commal, E. Kummet, m.

Cumpagnar – er, begleiten, ähnlich sein, ein Paar bilden. com – cumpagnia, f. Gesellschaft, f. Verein, m. cumpoign – ia, cumpagn – a, E. junger Mensch, Mädchen; Gefährte, m. spechti -, wart Kerl! cumpagniun, associo, 3. Associirter, Handelsgenosse, m.

Cumpar, comper, m. Gevatter, m.

Cumparir, erscheinen. s. parer.

Cumplanir, erfüllen. s. plein.

Cumplicar – char - cher, verwickeln, betheiligen. complicaziun, Verwickelung, Betheiligung, f.

Cumplir, complir, E. zuträglich sein, sich geziemen, erfüllen. cumpliment - aint, Kompliment, n. Verbeugung, Artigkeit, Höflichkeit, f. cum - complimentar – er, begrüßen, bewillkommnen (hohe Personen). cum – complimentus, a. der aus Höflichkeit viele Umstände macht, höflich.

Cumplott, m. complott, E. Komplott, n.

39

geheime Verbindung zum Bösen. cum - complottar - er. sich zum Bösen verbinden, Böses anzetteln.

Cumprar, comprar, kaufen, ankaufen. - a spechia, - ad in cretta, auf Credo kaufen. cumpra, f. compra, 3. Kauf, m. cumpradur, m. cumprader - eder, Käufer, m.

Cun, mit, sammt. cunbein, cumbain, E. obschon, obwohl. cuntutt - tot - tout, da, obwohl. cunzund, pustüt, E. besonders da.

Cun - confessar - er, bekennen. sa - as e. beichten. cun - confession, f. Bekenntniß, n. Beichte, f. cun - confess, m. Bescheinigung, f. Empfangschein, m. convict e confess, E. kanntlich und überwiesen. cun - confessader, m. Bekenner, m. cun - confessur, Beichtvater, m.

Cunflar, cuflar, sbischar - er, stöbern, mit kaltem Wind schneien. cunflau, m. scuslà - ò, zusammengewehter, angehäufter Schneehaufen

Cunfortar - cusfortar - er, trösten, ermuntern, stärken. cunforteivel, a. cusfortaivel, 2. confortus, tröstlich. cunfiert, m. cusfort - üert, Trost. m. scunfortar, scusfortar, 2. sconforter, 3. betrüben, entmuthigen. scunforteivel - aivel, sconfortus, 3. abschreckend, entmuthigend. scuusfiert, m. scusfort - üert, Kummer, m. Betrübniß, f. consfortader, m. cusfortadur, confortadur, 3. Tröster.

Cungir, condir, E. würzen. cungiment - aint, Mischung von Unschlitt und Schmeer.

Cunschar. chöntscher, 3. pezzar, 2. flicken, ausbessern, c. caizers, Schuhe flicken. cunschadira, chöntsch düra, 3. pezzadüra, Flickerei, Ausbesserung, f. Narbe, 1. cunschar giù, 1. chöntschar - er, würzen, beizen. cunscha, f. chöntscha, E. Würze, Beize, f. cunschar, clocar oura la terra, 2. ir sleva suoigl, 3. hacken, beim Pflügen. cunschadur - er, cunschans, a. chöntschadur, 3. Flicker, Hacker, m.

Cun - cussigliar, cussgliar - er, rathen, anrathen. sa - as - c. sich berathen. cun - cusseigl, m. cussaigl - egl, E. Rath. - grond, pign, - grand, pitschen, Kleiner, Großer Rath. - baseilgia, consistori, E. Kirchenrath. cussiglier, m. cussglier - er, Rathsherr, m. cussigliader, m. cussgliader - eder, Rathgeber, m. cunsiglievel, a. cussgliabel, räthlich, rathsam. scunsigliar, scussgliar - er, abrathen.

Content, a. containt, E. zufrieden. cuntentar, contentar - er, befriedigen. cuntentienscha, f. contentezza, E. Zufriedenheit, f. malcuntent, malmelcontaint, unzufrieden. malcuntentienscha - tentezza, f. Unzufriedenheit. cuntenteivel - aivel, a. genügsam. malcunteinteivel - aivel, ungenügsam.

Cunti, m. pl. - ials curtè, pl. - els Messer, n. - da barba, rasuoir, 2. rasaduir, 3. Rasirmesser. - da plimmas, temprin, E. Federmesser.

Cun - contrari, a. entgegen, zuwider, feindselig. tutt igl -, ganz verkehrt. contrarietad - ed, f. Widerwärtigkeit, Unglück, n. Unglücksfall, m. contrast, m. Streit, Zwiespalt, Unglücksfall, m.

cuu - contrariar - er, einem entgegen sein, handeln, widerstreben. f. aucunter.

Cuol, m. cuols, E. Biestmilch. (uorta da -, Biestmilch=Torte, f.

Cuolm (culm, H.) Berg. passar ün -, ir sur -, über einen Berg gehen. ir a sulla montagna, auf den Berg gehen.

Cuolp, m. (culp, H.) Schlag, Knall, Schuß, m. apopletic, Schlag, m.

Cuolpa, f. (culpa, H.) Schuld, Ursache, f. culpeivel - abel, a. E. schuldig, zurechnungsfähig. nunculpeivel, inculpabel, schuldlos. culpont, a. culpaunt, 3. schuldig, Schuldner. an - inculpar - er, beschuldigen, zeihen. disculpar - er, entschuldigen. sa - a- -, sich entschuldigen.

Cuorer (currer, curir), p. cureu, cuors, cuorrer, E. laufen. daner current, geläufiges Geld. cuors, m. Lauf, Curs, m. - da la villa, Lebenslauf, m. cuorsa, far inna -, einen Gang machen. currida, f. Lauf, m. concuorer, beitreten, theilnehmen, sich bewerben, zusammenlaufen, beitragen. concuors, m. Zulauf, Zuspruch, Concurs, m. discuorer, sprechen, sich unterhalten. discuors, m. Gespräch, n. Rede, Unterhaltung, f. occuorer, begegnen, sich zutragen, nöthig sein. occorrenza, f. Noth, f. Nothfall, m. Gelegenheit, Anlaß, m. succuorer, helfen, unterstützen. succuors, m. Beistand, m. Unterstützung, f. scuorer, hin und her laufen. scurriera, f. Läuferin, f.

Cuort, a. - maing, kurz, bald. far -, kurz machen, bald kommen. da cuort, kürzlich. da cuorta vasida - vista, E. kurzsichtig. cuorts da daners, nicht bei Geld. sumigliar -, kurzweilig sein. avair curturella - ialla, Kurzweil haben. trer, trar la cuoria, den Kürzern ziehen, unterliegen, auf der schlimmern Seite sein. cuortadad, - ezia, - ezza, E. Kürze, f. scurtar, abkürzen, verkürzen. scurzanir - znir la villa, das Leben verkürzen. curtaun, - oun, 1. kurzer Holzschlitten.

Cuori, f. Hof, m. - da lenna, Holzschopf, m. giun, giu en, giò'n -, unten im Hof. - d' igl reg, der königliche Hof. curteis - taseivel - aivel, curtais, E. höflich, freundlich, freigebig. curtisan, m. Höfling, Hofmann, m. curtesia, curteschia, E. Höflichkeit, Freundlichkeit, Freigebigkeit, f.

Cuosp, m. cuosps, E. Holzschuh, m.

Cupichiar, einstürzen. f. pichia.

Cupidar - er, vor Schlaf den Kopf sinken lassen. cupiduss, a. somnolent, E. schläfrig.

Cupp, m. coppa, Napf, m. Bergschüssel. far pizz a cupp, putschen (Spiel mit Eiern). cupaigl, m. cuppa, copp, 2. Butterschachtel, f.

Cur, cura, wann, wenn. anzacura, ünzacura, einmal.

Cura, chira, f. chüra, E. Sorge, Sorgfalt, f. cureivel, a. chüraivel, 2. sorgsam, sorgfältig. malcureivel, a. sorglos, nachlässig, häßlich. ti - ufsont, du häßliches Kind. curatur, m. Vormund, Vogt, m. procurar - er, suchen, sich Mühe geben, verschaffen. procuratur, m. Advokat, Rechtsbeistand. procura, f. Auftrag, m. Besorgung, Geschäftsführung, f.

Cura, f. Cur, Heilcur. far la -, die

41

ʃur machen. curabel, *a.* heilbar in - uuncurabel, *a.* unheilbar.

Curall, *m.* coraigl, 3. Koralle, *f.* corda d' -, Korallenſchnur, *f.*

Curchiu, *m.* Baumgarten, *m.* f. cuort.

Curclar, cuvernar - ir, E. decken. scurclar, scuvernar - ir, E. abdecken. f. cuvrir.

Curdar, crudar - er, scrudar - er, fallen, verfallen. - tscheins, Zins -. mal da - vi, mel trit, Faulſucht, Epilepſie. curdada, *f.* crudada, E. Fall , *m.* Zinsfall, Fallen, *n.* surcurdar - crudar - er, überfallen.

Cureg, puleg - ig, *m.* pulè, sem d'pulè, Kümmel, *m.*

Curius, *a.* bondrios, buondragiuos, *a.* buonder, *m.* neugierig, ſonderbar. curiusadad, curiusitad - ed, Neugierde, Sonderbarkeit, *f.* par, per -, aus Neugierde.

Curnaigl, *m.* curniglia, E. Krähe, *f.*

Curnal, *m.* wilde Kornelkirſche.

Curnisch, cornisch, E. Rahmen, Fries, *m.* Geſimſe, *n.* Teuchel, *m.*

Curom, *m.* churom - am, E. Leder, *n.* chir, *m.* Rindshaut , *f.* curègia, *f.* curaja - agia, lederner Riemen. tagliar euregias d'igl curom dad auters, von fremdem Leder Riemen ſchneiden.

Curtè, curter, *m.* sanaun, S. muotta, E. Gebſe , *f.* curtriel, *m.* sanetta , *f.* brocla, 2. broacha, 3. kleine Gebſe.

Curvla, *f.* 1. Schlittenſpanne, *f.*

Curvien, *m.* 1. Verwunderung. far -, ſich verwundern. Jt. *meraviglia.*

Cusch, *m.* cuscha, *f.* 1. tschuchia, E. Stock (eines gefällten Baumes) Tölpel, *m.* star sco in -, wie ein Stock bleiben.

Cuschinar, cuschinar - er, kochen, verdauen. cu - cuschiuna, cha da fö, E. Küche, *f.* cuschinier - unz, Koch, *m.* cuschiniera - unza, Köchin, *f.* igl magun cuschiuna bein, der Magen verdaut gut.

Cuser, cusir, nähen. cusiera, *f.* eusuuza, E. Näherin, Nähterin, *f.* cusida, *f.* cusanda, 3. Näherei, *f.* Nähen, Genähte, *n.* cusadira, eusdüra, E. Naht. cussin, *m.* cuschin , E. Nähkiſſen, *n.* scuser, scusir, austrennen, die Naht auflöſen. surcuser - ir, rachamar - er, E. ſticken.

Cusescher, *p.* cusischeu, 1. adüsar - er, gewöhnen. cuseida, *f.* adüs, E. Gewohnheit. Jt. *assuefare.*

Cusrin - a, cusdrin - a, E. Geſchwiſterkind, - Vetter, - Baſe, *f.* Jt. *cugino - a.* ousdrinada, E. Vetterſchaft, *f.*

Cussinar, cusnar - er, erſtatten, zurückſtellen. Jt. *consegnare.*

Cuostar, oostar - er, koſten. - car, char, cher, theuer ſein. cuost, *m.* Unkoſten. a tutt -, um jeden Preis. custeivel - aivel, *a.* koſtbar.

Cutsch, *m.* schinter, 2. scorchett, 3. Schinder, Abdecker, *m.* cutschiar, schintrar, 2. scorcher, 3. ſchinden, im Schlachten ſchlecht arbeiten. cutschimm, *m.* schintraria, 2. scorchettaria, 3. Schinderei, *f.*

Cutt, *f.* Wetzſtein, *m.* cuzzè, cuzzèr, Wetzſteinfaß.

Cutt, *a.* nicht durchgebacken, ſchliefig. paun -, ſchliefiges Brod. Jt. *crudo.*

Cutla, Coll. Kuttel, *f.*

Cuvar - er, brüten. - inna malsoigua, eine Krankheit brüten. cuvi, *m.* cuf,

6

E. Brut, f. cuvill, cuvadeigl, 1. Bienen = Insektenbrut. cuvient (roscha, rotscha) da femnas, eine Schaar Weiber. cuvel, m. Höhle, f.

Cuvir, 1. gönnen. scuvir, mißgönnen. scuviduss - a, scuveu - ida, neidisch. scuvidonza - aunza, f. Neid, m. It. *invidiare*.

Cuvrir (cuvierer), p. cuvert - iert, decken. cuvierkel, uvierkel, m. vierohel, E. Deckel, m. esser a cuviert - a sust, 1. unter Dach sein. cuviarta, cuvria, f. cuverta, cultra, E. Decke, Bettdecke, f. scuvrir, scuprir, ab - entdecken. scuviarta, f. scuverta, E. Entdeckung, f. f. curclar.

Cuzlar (ruclar, rudlar), rollen.

Cuzzar, dürar - er, dauern. cuzzada, f. Dauer, f. rauba angulada ha pauca cuzzada, ungerecht Gut gedeiht nicht. cuzzeivel, a. dauerhaft.

D.

Da, 1. de, von. Fallzeichen des Gen. und des Abl. Ol. da bein, bain, E. gutmüthig. dabott, schnell, geschwind. dadens, dadaint, dadains, innerhalb, drinnen. dadens, m. Eingeweide, n. damai, dameina, dimena, da, weil, sintemal. da meins - main, weniger. da pli - plü - pü, mehr. dadora, dafora, dadoura, ausserhalb, draußen. da pei - pè, wieder. da ver, - vair, wirklich, in der That.

Daghirar, digrar, 1. tröpfeln, tropfenweise rinnen. It. *gocciolare*.

Daguott, m. Tropfen, m. daguotta, f. guotta, E. Schlag, Schlagfluß, m. daguott a daguott fa mignucc. Tropfen auf Tropfen macht einen Käs. daguttar, gottar, 2. guotter, 3. tröpfeln.

Dalechiar, daleciar, dalettar - er, erfreuen, Vergnügen machen. sa - as -, sich vergnügen. daleig, m. dalett, E. Vergnügen, n. Freude, f, dalichieivel, a. dalettaivel, E. lieblich, erfreulich. dilettant, m. Liebhaber, m.

Dama, f. Frauenzimmer, n. vornehme Frau.

Damaun - oun, doman, 2. Morgen, m. morgen. - sera - a saira, morgen Abends. pischmaun, pasohman - maun, übermorgen. sur -, nach drei Tagen.

Damchiar si, s'immaginar - er, erdichten, sich einbilden, ersinnen.

Damuni, m. dimuni, E. Teufel, m. pfiffiger böser Kerl. andimuniaus - ada, indimunia - ò - ada - eda, besessen.

Danèr, m. Geld, Geldstück, n. - blutt - blott, bluot, baares Geld.

Dar, der, 3. geben, schenken, schlagen. sa - as dar - der, sich schlagen. sa dar agl beiver, sich dem Trunk er-

43

geben. - an - iucunter, widerspre-
chen, ungehorsam sein. - da far,
fer, Mühe haben. dar or in cudlsch,
ein Buch herausgeben, drucken lassen.
dar is, 1. H. weinen. - pauc, quin-
tar pac, 2. wenig darauf halten. -
plaid, - pled, antworten, den Gruß
bieten, erwiedern. - dalla bucca,
schwatzen, schimpfen. - digl nas en
tutt, überall die Nase einstecken. dar
giù, - si igl prezzi, - da pretsch,
im Preise fallen - steigen. der sü, 3.
auf- verloren geben, ün do sü, ein ver-
lorner Mensch, Taugenichts. - sucu-
ter, nachgeben. - tetta, säugen. -
ureiglia, Ohr leihen, hören, gehorchen.
circumdar - er, umgeben - zingeln.
surdar, dar sura, übergeben - tragen.
surdaus agl vin, dem Wein, Trunk
ergeben. datar-er, datiren. datum,
m. Datum (Angabe von Ort, Tag
und Jahr.) dativ, m. Dativ, m.

Darcar, dracar, 1. rachiar, 2. stark regnen.
dracca, daracca, 1. Platzregen, m.

Darchiar, 1. prozessiren. s. derscher.

Darschun, m. (B. Dübel) ein an bei-
den Enden zugespitzter Pflock, zwei
Tramen zu verbinden; Bandnagel, m.

Dascha - escha, s. Tannenäste - reis.
daschin, m. Nadel, vom Nadelholz.
daschinna, discharinna. Coll. arögu.
m. 3. Holznadeln.

Dascus, a. adascus, a. E. heimlich, im
Geheim.

Davantar - er, werden, geschehen.

Davont, vornen. s. avont.

Davos - vous - ò, hinten. anavos, rück-
wärts. davos vi, 1. hinten herum, hin-
terrücks.

Dazzi, m. Zoll, m. pagar, pajar -
er -, zollen, verzollen. dazier, m. Zöll-
ner, m.

Daceder, entscheiden. s. ceder.

Decipar, dacipar - er, verderben, ver-
schwenden.

Declinar - er, sich neigen, bei Krankhei-
ten: abnehmen; abstehen von einer An-
sicht, decliniren. declinaziun, f. De-
clination, Beugung, f. declinabel, a.
declinirbar.

Decorar - er, schmücken, ein Ehrenkreuz
geben.

Decretar - er, beschließen, verordnen.
decret, m. Beschluß, m. Dekret, n.

Dedicar, dedichar - er, widmen, zueig-
nen. dedicaziun, Zueignung, f.

Defect, m. defett, E. Fehler, Mangel.
defectus - ettus, a. fehlerhaft, gebrech-
lich, unvollständig.

Defender, vertheidigen. s. fender.

Deferir, verschieben.

Deg, dich, E. recht. - avunda, recht genug.

Degn, a. E. würdig. indegn, a. unwürdig.
mal - meldegn, a. E. unwerth. sdegn,
m. Unwille, m. Entrüstung, f. sa de-
gnar - as adegnar - er, sich würdi-
gen. sdegnar - er, verachten, verschmä-
hen. dignitad - ed, f. Würde, f. a-
degnaivel, a. höflich, leutselig.

Delatur, m. Angeber, m.

Delinquent, m. Missethäter, Verbrecher,
m. delict, m. Verbrechen, n. Frevel, m.

Delizia, f. Annehmlichkeit, f. delizius,
a. sehr angenehm. delicat, a. wohl-
schmeckend, delikat, zartfühlend. de-
licatezza, f. eine seltene, höchst wohl-
schmeckende Speise, Frucht; Zartge-
fühl, n.

Democrazia, f. Demokratie, Volksherrschaft, f. democratie, a. demokratisch, Regierung, woran das Volk Theil hat. demagog, m. Volksverführer, Wühler, m.
Demolir, zerstören, niederreißen. demoliziun, f. Zerstörung, f. Niederreißen, n.
Dent, denn, m. Zahn m. daint, E. Zahn, Finger, m. - da laig, - latt, Milchzahn. - ca - chanin, Hauzahn. - da pechien, petten, Kammzahn. - ögler, 3. Augenzahn. - da reisgia, Sägezahn. dent badent, badaint, E. Doppelzahn. far-, zahnen. trer or, trar oura -, Zähne ausziehen. mal - mel ils -, Zahnweh, n: senza, sainza - zahnlos. tardenu, 1. m. fuorchia, 2. triaunza, 3. Mistgabel. daintadüra, f. E. Zahnwerk, Gezähn, n.
Denter, tenter, traunter, unter. mit, zwischen. - auter, unter Anderm. denter, m. 1. Scheidebrett in der Krippe. far denter, unterschlagen.
Depender, abhängen. f. pender.
Deplorar - er, bedauern, beklagen. deploreivel - abel, E. bedauernswürdig, - werth. implorar - er, flehen, ersuchen, bitten.
Depouer, ablegen. f. pouer.
Deputar - er, abordnen, bestimmen. deputau, m. deputà - ò, Abgeordneter. deputaziun, f. Gesandtschaft, Versammlung von Abg.
Derivar - er, herrühren. f riva.
Derscher, p. diert, dert, 1. jüdichar, 2. giüdicher, rechten, rechtsprechen. - si, ora, auf - ausrichten. derschader, m. jü - güdisch, E. Richter. dretg, m. drett. E. Recht, n. ir avont -, vor Gericht gehen. darchiar, drettar, 2. dracher, 3. rechten, prozessiren. darchira, f. drettüra, Gericht, n. Gerichtsversammlung. gi da -, Rechtstag, m. dretg, drech - ia, recht, richtig. bucca ir cun drechias caussas, nicht natürlich zugehen. la drechia, dretta, E. die Rechte. tener la -, sich rechts halten. drechia, f. 1. adom, H. adam, 3. Befestigungsring an den Schlittenlatten. andretg, indrett, recht. far -, recht thun. igl ei -, es ist richtig.
Descender, absteigen. f. ascender.
Descher, deschair, E. wohlanstehen, sich geziemen, gebühren. deschent, a. decent, 'a - maing, anständig, bescheiden. descheutadad, f. decenza, E. Anstand, m. Anständigkeit, f. maldeschent, a. indecent, E. unanständig. maldeschentadad, f. indecenza, E. Unanständigkeit.
Desertar - er, ausreißen, desertiren. desertur, m. Ausreißer, m. desiert, m. desert, E. Wüste, Einöde, f. sert, a. 1. zert, E. entblößt von Vermögen. sertar, zertar - er, um das Seinige bringen, aussaugen, ausfressen, z. B. im Spiel. sertun, m. zertun, E. Verschwender, Lump, Habenichts, m.
Desiderar - er, wünschen, sich sehnen. desiderus, a. sehnlich, begierig. desidereivel - abel, a. wünschbar, wünschenswerth. desideri, m. Wunsch, m. Verlangen, n. Sehnsucht, f.
Destinar - er, bestimmen. destin, destinaziun, f. Bestimmung, f. Zweck, m. Verhängniß, Schicksal, n. predestinar - er, vorherbestimmen; im Religio-

sen: erwählen. predestinaziun, f. Vorherbestimmung, Erwählung, f.

Dett, m. daint, E. Finger, Zehe, m. E. auch Zahn la detta d'pei - dainta, die Zehen. saver si par la -, genau wissen. mirar, guardar tras la -, durch die Finger sehen, nachsichtig sein, ungestraft hingehen lassen. dan-clèr, Fingerhut, m.

Devozius, a. devot, a. -maing, andächtig. devoziun, f. Andacht, f. far -, andächtig sein, beten.

Dialog, m. Gespräch, n. Dialog, m.

Diamant, m. Diamant, m.

Dianser, gianser, m. gemäßigter Name für den Bösen. Kuder!

Diaun, m. E. Ehegericht, n.

Diotar - er, diftiren, zum Schreiben vorsagen. dictamen, m. E. Gebot, Gebeiß, n. - da la coscienza.

Diervel, m. dert, E. Hautflechte, f.

Diesch, desch, E. zehn. dieschma, f. deschma, E. der Zehnde. dar, pajar la -, den Zehnden bezahlen. discheina, f. Anzahl von zehn. - da monnas, poppas, zehn Garben, - Kauten.

Di - dachiar, 1. achten. aultdichian - ada, hochgeachtet. nundichiond, ungeachtet. adaig, Achtung.

Diess, m. döss, rain, E. Rücken, m crusch d'igl - della rain, 2. - dellas rains, 3. Rückgrat, m. mal, mel igl -, in la rain, 2. sdriuerà, 3. Rückenweh, n. - ault, - arduond, 3. gebogener Rücken. dar a -, auf einen loszielen, mit Worten oder Schlägen. gnir a -, auf den Hals kommen. aver, avair a -, am Leibe haben. davos -, hinterrucks. purtar saccados - sölla cufalèra, einen auf dem Rücken tragen. adossar - er, aufbürden, auferlegen.

Dicta, f. Diät, f. Mäßigkeit im Essen und Trinken. Bundstag, m. Tagsatzung, f. Taggeld, n.

Dietrich, m. truchuoir, E. Nachschlüssel, Dietrich, m.

Dieus, Deus, Diu, m. Dieu, E. Gott. tener mauns a -, die Hände falten. Dieu's allegra, E. Gott erfreue Euch. (gewöhnl. Begrüßg). stat cun -, a Dieu, - a mau da -, 2. in maun da -, 3. Gott behüte Euch! E. in Gottes Namen. ans lasch cun Dieu, Gruß, beim Weggehen: ich laß Euch mit Gott! Gottbefohlen! dieua, f. deossa, E. Göttin, f. divin, a. göttlich. divinitad - ed, Gottheit, f. atheisl, m. Gotteslängner, m.

Differir, verschieden sein, sich unterscheiden. different, a. - maing, verschieden, auf verschiedene Weise. differenzia - za, f. E. Verschiedenheit, f. Unterschied, Span, m. indifferent, a. gleichgültig. indifferenzia - za, f. Gleichgültigkeit, f. disfranziar, disferenzar, - zcher, 3. unterscheiden.

Diligent - iaint, a. fleißig. diligenza, f. Fleiß, m. Sorgfalt, f.

Dimm, a. Superlativendung, nur in Zusammensetzungen gebräuchl. (Lat. imus) giudimm, giodimm a sisum, zu unterst und zu oberst. entadimm, zu innerst. oradimm, zu äußerst. noudimm a vidimm, vornen und hinten. la pli giudimma, die unterste.

Dir, a. dür, E. hart, roh. - da bucca, bocca, hartmäulig. - da cor, hartherzaig. - d'udida, uraiglia, harthörig. tanor, ignair -, fest bleiben, dabei beharren. dirar, dürar - er, dauern. direzia, dürezza, Härte, f. andirar, indürar - er, leiden. andirir, indürir, verhärten, verstocken. - igl cor, das Herz v. audirament, indüramaint, E. Verhärtung, Verstockung, f. andiritscha, f. Verhärtung, von der Arbeit. andireu-ida, düritsch, zäh, der viel ertragen kann. dürada-eda, E. Dauer, f. dir - darschuu, 1. Verhärtnng am Euter; Pflock, zwei auf einander liegende Hölzer zu verbinden.

Dir, m. nirom, 2. fio, 3. Leber, f.

Disar, adüsar - er, gewöhnen. sa -, sich gewöhnen. disa, f. adüs, m. E. Gewohnheit. isonza, f. üsanza, Sitte, f. Gebrauch, m. f. üsar.

Discerner, unterscheiden, mit den Augen und mit dem Verstand. discerniment - aint, Einsicht, Urtheilskraft, f.

Dischiett, m. padlauna, paclauna, E. Art feiner Pfannkuchen, von hartem Teig.

Disciplina, f. Zucht, Mannszucht, Disziplin, f. disciplinaus - à - ò, ordentlich, geregelt, fügsam.

Discret, a. - mein - maing, ordentlich, ziemlich, erträglich, billig. discreziun, discretezia - zza, Billigkeit, Anständigkeit, Berücksichtigung, f. indiscret, a. unbescheiden, unverschämt: indiscrezian, f. Unbescheidenheit, Rücksichtslosigkeit, f.

Disniesch, 1. ungewohnt, neu. quei mi ci -, das habe ich selten, ist mir ungewohnt.

Discussiun, f. Verhandlung, Unterredung.

Dispensar - er, frei - lossprechen, erlassen; austheilen, spenden. dispensa, Erlassung, f. dispensaziun, Ertheilung, f. dispensatur, Spender, m. Geber, m.

Dispittar, dispülar-er, streiten, zanken. dispitta, dispülta, E. Streit, Zank, m. dispittus - üttus, a. zänkisch, streitsüchtig, streitig. dispitteivel - üttabel, E. streitig. nundispitteivel, indispütlabel, a. ausgemacht. unstreitig.

Disponer, verfügen. f. poner.

Distinguer-ir, unterscheiden. sa - as -, sich auszeichnen. distincziun, f. Unterscheidung, Auszeichnung, f. distinct, a. unterschieden, ausgezeichnet.

Divers, a. - mein, verschieden, mehrere, anders. - humens, mehrere Männer. diversitad - ed, Verschiedenheit, f.

Divertir, unterhalten, belustigen. sa - as -, sich vergnügen, - unterhalten. diverliment - aint, m. Unterhaltung, Vergnügung, Belustigung, f.

Divider - dir, dividiren, theilen. divisiun, Theilung, Division, f.

Dochter, 1. ductur, 2. duttur, 3. Aezt, m. dochtriar, dullurer, 3. doktern.

Doctrina, f. Lehre, f.

Document - aint, m. Dokument, Aktenstück, Belege, n. documentar - er, durch Aktenstücke belegen, beweisen.

Donn, m. dann, E. Schaden, Nachtheil, m. far -, danniar, dannizar, 2. adaner, 3. schaden, benachtheiligen. ir cun -, Schaden leiden, übervortheilt werden. purtar -, Schaden verursachen. dònn par, per el! Schade um ihn! It. peccato! dannus, a. danneivel - aivel, a. da donn, (schädlich). star cun -, Schaden, Nachtheil haben. star

47

avont -, gegen Schaden sichern. indemnizzar - er, entschädigen. indemnisaziun, f. Entschädigung, f.
Drach, m. dragun, E. Drache, m.
Draig, m. rai, 2. drèg, weites Sieb. dargiar, rajar, 2. durchs Sieb schlagen. dargiaditsch, m. dargiadiras, rajadūras, 2. die grobe, durchs Sieb zu schlagende Spreu. carjentas, 1. griaintas, E. das beim Wannen abgenommene schlechtere Korn.
Draussa, drossa, 1. Coll. Bergerle, niederes Erlengebüsch.
Drei, a. H. träge. chastör, pultrun, E. faul.
Dretg, Recht. f. derscher.
Drizzar - er, richten, gerade - zurecht machen. - ent - ora - si - vi, ein - aus - auf - bei Seite richten. - la carga suenter la via, die Ladung nach dem Wege richten. an - cundrizzar - er, zu -, einrichten. an - cundrizz, m. Einrichtung, Zurichtung, f. dar -, besorgen, Anstalt machen. andrizzament, m. indrizz - amaint, E. Einrichtung, f. scundrizzar, in Unordnung bringen, verstören. scundrizz, Unordnung, Verwirrung, f.
Dscholl, m. 3. brenta, f. Milchkübel, m.
Dubel, doppelt. f. dus.
Dubitar - er, zweifeln, Bedenken haben. dubi, m. Zweifel, m. Bedenken, n. dubius, a. dubiteivel - abel, E. zweifelhaft. dubiusadad, f. dubiusilad - ed, Zweifelhaftigkeit, Ungewißheit, f. nundubiteivel, indubitabel, a. unzweifelhaft. dubitonza, f. dubitanza - aunza, E. Zweifel, m.
Duglia, f. Haus; d.h. die Oeffnung, um den Stiel in die Axt, Haue ꝛc. zu treiben.

Duler, dolair, E. weh thun, schmerzen, leiden. - igl chiau, Kopfweh haben. sa -, as -, sich beklagen, beschweren. dulentaus - ada, döglianto - eda, indolentà, 2. Schmerzen, Nachwehen empfindend. indolent - aint, a. gleichgültig. indolenzia - za, Gleichgültigkeit, Apathie, f. dalur, f. dolur, E. Schmerz, m. dolorus, a. schmerzlich - haft. deglia, döglias, E. Geburtswehen - Schmerzen. - da butalsch, 2. Grimmen, n. conduler, condolair, Leid klagen, Beileid bezeugen. sa, as -, sich beschweren, klagen. condolenza, condolaziun, f. Beileid, Leidklagen, n.
Dulsch, a. dutsch, E. süß, theuer. dulsch uffont, theures Kind. - da cor, sanftmüthig. - da sal, einfältig. far -, andulschir, 1. indutschir, E. versüßen. lenn, lain -, süßes, weiches Holz. ragisch -, Süßwurzel, f. dulschin, dutschin, a. süßlicht. dulschezia, f. dutschezza, Süßigkeit, Annehmlichkeit, f.
Dumandar - er, fragen, fordern. dumonda, dumandada, 1. dumanda, E. Frage, Forderung, f. surdumandar - er, überfordern.
Dumbrar, nombrar, 2. luumbrer, 3. zählen. diember, m. nomber, 2. numer, 3. Zahl, Anzahl, f. dumbreivel, a. numerabel, E. zählbar. nundumbreivel, innumerabel, unzählbar. surdiember, m. surnomber - mer, Ueberzahl, f. Ueberschuß, m. surdumbrar, im Zählen fehlen. surnumerari, a. überzählig.
Dumeingia, dumengia, E. Sonntag, m. an -, letzten Sonntag.

Dumieg, m. hüerdi, 2. grauu, 3. Gerſte, f.
Dumiesti, a. domeisti, 2. domestic, 3. einheimiſch, warm, zahm. iesters a dumiestis - eisters e terrèrs, E. Einheimiſche und Fremde. domestiar-er, E. zähmen. biesca dumiestia, zahmes Vieh.
Dumignar, 1. im Ringen beſiegen, bemeiſtern, im Zaum halten. far da -, ringen. dominar - er, herrſchen, E. dominuos, a. E. herrſchſüchtig. domini, m. Herrſchaft, f.
Dunna, f. duonna, 2. donna, 3. Frau, f. dunaun, 1. iſt im Sing. veraltet, aber gewöhnlich im Plur. dunauns, Weiber, Frauen. nossa dunna, dunaun, hl. Maria. fiasta da nossa -, Mariafeſt, n. dunschella, f. signora, E. adeliches Fräulein.
Durlar, 1. murren, unzufrieden ſein.
Durmir, dormir, E. ſchlafen. durmida, ein langes Schlafen. durmalent, a. 1. durmenzà, rumenzà, 1. somnolent, 3. ſchläfrig. an - durmentar, indurmenzar - er, einſchläfern. sa, as -, einſchlafen.
Dus, duas, duos, E. zwei. amis - omnis - damis - domisdus, 1. amenduos, E. beide. duell, m. Zweikampf, m. Duell, n. sa duellar - er, duelliren. ir a dugadas, II. in die Alp, zum Wechſelmelchen gehen. dubel, a. dobel, a. doppelt, zwiefach, falſch. dubliar, radublar, 1. ra - doblar - er, verdoppeln. schilti -, schilta dobla, Louisd'or.

Dustar, duster, 3. abwehren, abhalten, ſtellen. - la fomm, seit, Hunger, Durſt ſtillen. - or las nuorsas, die Schafe, z. B. aus den Wiefen halten. - navend, weglegen. - giù, abwehren, zurückhalten. sa - s' -, ſich wehren, vertheidigen. dustonza, ustonza, f. Burg, Feſtung, m.
Dutg, duch, m. duoch, E. Graben zum Wäſſern. Dante. doccia. - d'aua, Waſſer graben.
Duva, f. Daube, Faßdaube, f.
Duver, dovair, E. follen, ſchuldig ſein. duver, m. dovair, E. Pflicht, Schuld. far seu -, ſeine P. erfüllen. star a -, zu Rechnung ſtehen, ſeine Pfl. erfüllen. duvcrus, duveivel, a. pflichtig, pflichtgemäß. deivet, m. debit, dbit, E. Schuld. debitur, m. Schuldner. indebità - ò, en deivets, 1. verſchuldet. debitamaing, pflichtgemäß, auf gebührende Weiſe.
Duvrar, druver, 3. brauchen, gebrauchen, nöthig haben. sa -, ſich anſtrengen, bemühen. diever, m. adöver, E. Benutzung, f. Gebrauch, m. lenna da -, laina da zember, Bauholz, Holz zu Geräthſchaften. vischalla da -, utensilias, Geräthſchaften, die man im Gebrauch hat. surduvrar, - druver, E. mißbrauchen. surdiever, m. suradöver, m. Mißbrauch, m.

E.

Eccellent, a. - mein, - maing, vortrefflich. eccellenza, f. Vortrefflichkeit, Erzellenz, f.

Ecclesiastic, a. geistlich, kirchlich.

Econom, a. chasarin, E. haushälterisch, sparsam. econom, m. Landwirth. economia, f. Haushaltung, Landwirthschaft, f. economisar = zar - er, verständig, mit Sparsamkeit haushalten, verwalten.

Edificar - char - er, erbauen, bauen. edificaziun, Erbauung, f. edifikeivel - cont - cabel - cant, a. erbaulich. edifizzi, Gebäude, n. Gebäulichkeit, f.

Ediziun, f. Ausgabe, Auflage, f.

Educar - cher, 3. erziehen. educaziun, f. Erziehun, f. senza niginna -, ohne alle Erziehung. educatur, m. Erzieher, m.

Effect, m. (v. far) effett, E. Wirkung, f. Gut, n. Gegenstand, m. far -, effectuar, wirken, bewirken, Wirkung thun. effectiv - a - mein - maing, wirklich. daner -, baar Geld.

Egoist, m. Egoist, Selbstsüchtiger, Eigennütziger. egoism, m. Selbstsucht, f. Eigennutz, m.

Eho, m. ra - ribomb, E. Echo, n. Wiederhall, m.

Ei, 1. i, id, ed, 2. i, a, que, 3. es, man, Fürw. ei, i tunna, es donnert. ei gin, man sagt.

Ei, ehi! Ausruf der Verwunderung. Ei.

Eiver, a. 1. aiver, E. betrunken. eivrer, m. avriard, E. Trunkenbold, Säufer, m. eivradad, f. avrianza - aunza, E. Trunkenheit. s'anivrar, 1. s'inavriar - er, (sich) betrinken.

El, ella, er, sie. pl. ols, ellas.

Electrisar - er, elektrisiren. electricitad - ed, Elektrizität, f.

Elefant, m. Elephant, m. elfabein, öss, oss d -, Elfenbein, n.

Elegant, a. schön, zierlich, geschmackvoll, elegant. eleganza, f. Schönheit, Zierlichkeit, Eleganz, f.

Element - aint, m. Element, n. Grundstoff, Urstoff, m. ils - dall' aritmetica, die Anfangsgründe der Arithmetik. elementar, a. elementarisch. scolas elementaras, die Elementarschulen, in denen die Elemente des Wissens gelehrt werden.

Elevar - er, erheben, erhöhen. elevaziun, Erhöhung, f.

Eloquent, a. beredt. eloquenzia - za, f. Beredtsamkeit, f.

Emda, eivna, E. Woche, f. s. iamma.

Emigrar - er, auswandern. emigrant, m. Auswanderer, m. emigraziun, f. Auswanderung.

Emular - er, nacheifern. emulaziun, f. Nacheiferung, f.

En, ent, enten, 1. aint, in, in, drin, darin. - dadens, dadains - aint, im Innern, drinnen. enteifer, infra, innerhalb, binnen. en tont, in tant, in taunt, unterdessen.

Endi, endig, m. Indigo, m.

Enis, pl. anisch, sem d' -, 2. anascria, 3. Anis, m.

Ensch, m. zens, E. Ingwer. risch da -, Ingwerwurzel, f.

Enta, f. anda, 3. Ente, f.

Entrar - er, eingehen, eintreten, einkommen. entrada, f. die Einkünfte.

Epidomia, Epidemie, ansteckende, herrschende Krankheit. epidemic, a. epidemisch, herrschend.

Epistla, f. epistola, E. Epistel, f.

Equilibri, m. equiliber, 3. Gleichgewicht, n. tauer, ignair l' -, das Gleichgewicht halten.

Er, era, 1. eir, E. Conj. auch, noch.

Er, m. eir, E. Acker, m. f. arar.

Era, f. Gartenbeet, n. die auf einmal auf die Tenne gebrachten und gedroschenen Garben. iral, m. irel, 3. Tenne, f.

Eremit, m. Einsiedler, Waldbruder, m.

Eri, a. airi, E. steif, starr, ruhig. esser -, steif sein. star -, ruhig sein.

Erpi, m. erbst, 2. ierpi, 3. Egge. arpagar, arpchar, erpcher, eggen.

Errur, m. Fehler, m. Versehen, n. Irrthum, m. ir ad -, s' anerrar, 1. ir ad aramaints, E. sich irren, sich täuschen. ir anèr, 1. sich verirren, irre gehen.

Erli, a. 1. attent, 3. E. wach, aufmerksam, gewandt. star all' erta, auf der Hut sein.

Erva, iarva, f. erba, 2. earva, 3. Gras, n. - d'alp, Weid - Alprecht, n. arvadi, Alplohn, m. - perdounca, hartes, zurückgelassenes Gras. - brinnas, Braunkraut, n. - tschuoras, Krausemünze.

Esca, f. praja, preja, Köder, m. Lockspeise, f. eschia, aschia, E. Feuerschwamm, Zunder, m.

Esser, p. staus - stat - sto, sein. esser, m. Wesen. It. ente. - suprem, das höchste Wesen. essenzia - zu, das Wesentlichste, Hauptsache, Essenz, f. -, spiert de vin, Weingeist. essenzial - el, a. wesentlich. siond, siand, sintemal. It. sendoehè.

Esitar - er, absetzen, verkaufen. esit, m. Absatz, Abgang, m.

Ester, iester, iaster, 1. cister, fremd.

Etern, a. - maing, E. perpetten, 1. ewig. eternitad - ed, f. Ewigkeit.

Eua, f. üa, E. Weintraube, Beere, f. - spina, Stachelbeere, f. euetta, f. üetta, E. Rosine, f.

Evangeli, m. Evangelium, n. frohe Botschaft. evangelic, a. evangelisch. evangelist, m. Evangelist.

Evident, a. klar, augenscheinlich. evidenza, f. E. Klarheit.

Exact, a. - mein, - maing, genau, pünktlich. exactadad - ezza, f. Genauigkeit, Pünktlichkeit, Strenge, f.

Examinar - er, prüfen, untersuchen, verhören. examen, m. Prüfung, f. examinatur, m. Prüfer, Examinator, m.

Excipir, sich vorbehalten, ausschließen, ausnehmen. excepziun, f. Ausnahme.

Exempel, m. Beispiel, Exempel, n. exemplar, a. exemplarisch, warnend, abschreckend. exemplar, m. Exemplar, n.

Exequir, ausführen, vollstrecken. execuziun, f. Vollführung, Vollziehung, f. executur, m. Vollzieher, m.

Exercitar - er, üben, einüben. s' - as' -, sich üben. exercizi, m. Uebung, f. militärische Uebung. far igl -, exerziren.

Exhibir, anbieten. exhibiziun, Aner=
bietung, f.
Exil, m. Exil, n. Verbannung, f. exi-
lar-er, verbannen, ins Exil schicken.
Exister, sein, vorhanden, da sein. exi-
stenzia-za, f. Dasein, Vorhanden=
sein, n. Existenz, f.
Exordi, m. Eingang, m. Einleitung. -
d'in priedi, Eingang der Predigt.
Exortar, exhortar-er, ermahnen. exor-
hortaziun, f. Ermahnung, f. Zu=
spruch, m.
Experimentar-er, erfahren, den Ver=
such machen. expert, a. kundig, erfah=
ren, des Faches. experienza, f. Er=
fahrung, f. experiment-aint, Ver=
such, m.
Explicar-char-er, aus einander setzen,
erklären. explicaziun, f. Erklärung,
Erläuterung, f.

Explorar-er, ausforschen, auskundschaf=
ten. explorator, m. Kundschafter, m.
Exprimer, p. - eu - press, ausdrücken,
aussprechen. s'-, sich-. express, a.
- mein, ausdrücklich, absichtlich. ex-
press, m. Expresser, m. eigens dazu
bestellt. expressiun, f. Ausdruck, m.
exter, a. 1. ungewöhnlich, vorzüglich.
exter bien, ausserordentlich gut. ex-
tra, Besonderes, ausser dem Gewöhn=
lichen. extraordinari, a. ungewöhn=
lich, ausserordentlich.
Exteriur, a. äusserlich, das Aeusserliche.
extern, a. äusserer, das Aeussere.
Extrem, m. Aeusserste, Extrem, n. ir
agl -, auf's - gehen. extremitad -
ed, f. Extremität, f. die äussersten
Theile des Körpers, z. B. Finger und
Zehen.

F.

Fabla, favla, f. 1. Mährchen, n. Fabel,
f. quintar - er -, Fabeln erzählen.
fabulus, a. fabelhaft.
Fabricar - char - cher, bauen, erbauen.
fabrica, f. Gebäude, n. fabricca, f.
Fabrik. fabricant, m. Fabrikant, m.
fabricaziun, f. Verfertigung in e. F.
Facil, leicht. f. far.
Facla, f. Fackel, f.
Fadiar-igiar, sa, 1. as sfadiar-er, sich
Mühe geben, bemühen. sadia, sadi-
gia, f. Mühe, Beschwerde, f. Sichter.
senza sadigia, naginna gudida, ohne

Mühe, kein Genuß. sadigius, a. müh=
sam, beschwerlich. mi - mütschafadias,
sparguafadias, Arbeitsscheuer, Faul=
lenzer, m.
Fadigna, f. frousla, 2. fruonzla, mau-
zigna, 3. Zweig, m. Reis, n.
Fagott, m. Fagott, n. (Blasinstrument),
Pack, Bündel, m.
Fulc, a. H. weißgrau.
Falcun, m. Falken, m. (Vogel).
Falisella, Filisell. f. fil.
Fall, m. cass, cas, Fall, m. salla, f.
Falle, Thürklinke. nadiglia, 2.

Eallir, falar-er, fehlen. Ob. bef.: (sich) fleischlich vergehen, Bankerott machen. fall, m. Fehler, m. Versehen, n. fallament-imaint, m. Vergehen, n. Bankerott. falla, fallonza, f. Buße, Strafe. meller si, sü-, Str. auflegen. curdar en-, in Buße verfallen. fallibel-eivel, a. fehlbar. falli-atschus, a. ungeräthig, von Gütern und Bäumen. infallibladad-ibilitad-ed, Unfehlbarkeit. infallibel, a. unfehlbar. falitt, m. Fallit, der Bankrott gemacht hat. falleu-ün do sü, Taugenichts, m. fallomber, dünn, schwächlich, ausgedörrt.

Fama, f. Ruf, Leumund, m. Gerücht, n. da bunna-, von gutem Ruf. famus, a. berühmt, berüchtigt. infam, a. ruchlos, niederträchtig. infamar-er, sfa-disfamar-er, beschimpfen, schänden. infamia, f. Schande, f. Schimpf, m. Infamie. infamitad-ed, f. Schande, Ruchlosigkeit, f. disfamant-madur, m. 2. Verläumder, m.

Famau, m. 1. Weichgegend, über der Hüfte.

Famiglia, f. Familie, f. Haus, n. Abstammung. da bunna-, von gutem Haus. fumeigl, 1. famaigl, E. Knecht, Alpknecht, m. - da fier, Bundhacken, m. fumichiasa, f. fantschella, Magd, f. familiar, a. vertraut, vertraulich. familiaritad-ed, f. Vertraulichkeit, f. sa-as familiarizar-or, sich vertraut machen.

Fanatic, a. schwärmerisch, fanatisch. fanatizar-er, fanatisiren. fanatismus, m. Fanatismus, m. Schwärmerei, f.

Fundra, f. lavander-da, Lavendel, m. flurs-, L.Blumen.

Fausegnia, f. 1. kindisches Wesen. ir en-, kindisch werden, von alten L. f. uffont:

Fantasia, f. Einbildungskraft, Einbildung, Fantasie, f. fantast, m. Fantast, Schwärmer, m. fantastic, a. fantastisch.

Fantauna-ouna, f. funtauna, E. Quelle, f. Brunnen, m. - d'igl chiau, Fontanelle, f. funtanialla-ella, Fontanelle.

Fantschalla-ella, f. Magd. It. santicella.

Far, p. faig. far, fer, p. fatt, machen, thun, lassen, werfen, jüngeln. si, sü-giù, gid-eul, aint-ora, our, auf-ab-ein-ausmachen. - si, sü, vermachen, legiren. - d'igl bein, Gutes thun. - bien, gut behandeln. - cornas, mit ausgestrecktem Zeigefinger und kl. Fing. spotten. - fers, 1. toben, wüthen, sich unsinnig gebärden. - a frusta, 1. zu Grunde richten. - gis, dì, tagen. - dad hum, sich als Mann betragen, rechtschaffen handeln. - da narr, sich wie ein Narr betragen. - igl narr, spassen, scherzen. - da las sias, Streiche spielen. - vess, ungerne thun. - viers, schreien, heulen. - vadl, kälbern. - par forza, gezwungen thun. quei fa par mei, das frommt, nützt mir. far far calzers, sich Schuhe machen lassen. sa far, 1. gedeihen, fett werden. - ora-á lottas-a bütter giò, ringen, im Ringen wettkämpfen.

faig, m. fatt, E. That, f. Geschäft, Vermögen, n. bien-, ein hübsches Verin. far seu-, f. Geschäfte verrichten. far bein ses faigs, gute Geschäfte machen. ir par seu-, weg-seines Weges gehen. dar plaid a faig, Red und Antwort geben, Schulden bezah-

53

len. dar bien plaid a faig, freundlich grüßen. beinfaig, a. bainfatt, E. wohlgethan. malfaig, a. mal - melfatt, übelgethan, Uebelthat, f. sfarfaig - all, muthwillig, ausgelassen. sfarfachiadad, f. Ausgelassenheit, f. bgler pleds e poichs fats, viele Worte und wenig Thaten.

facil, a. - maing, E. leicht, thunlich. difficil, a. E. schwer. facilitar - er, erleichtern. facilitad - ed, f. Leichtigkeit. facultad - ed, Vermögen, n. Vollmacht, f. difficultad - ed, Schwierigkeit, f. difficultar - er, erschweren. difficultus, a. schwierig.

factur, m. Thäter, Verwalter, m. benefactur, Wohlthäter, m. benefizzi, m. Wohlthat, f. malfactur, Uebelthäter, Verbrecher, Frevler, m. malefizzi, m. Verbrechen. n.

fatschenda, f. Geschäft, n. fatschentaus - dä - dò, beschäftigt, geschäftig. sa fatschentar - dar - er, sich beschäftigen. fatschögu, E. Geschäftigkeit, f.

affari, m. affar, 2. affer, 3. Geschäft, n. cunterfar, cuntrafar - fer, konterfeien, abzeichnen, malen. ounterfet, ountrafet, E. Bild, Porträt, n.

disfar, sfar - er, austrennen, abbrechen, verschwenden. - igl seu, - la rauba, das Vermögen verprassen. sa sfar da luvrar, sich mit Arbeiten tödten.

ratificar, genehmigen, gutheißen. ratificaziun, f. Genehmigung, Gutheißung, f.

refar, wiederherstellen. sa -, die Umstände verbessern.

satisfar - er, genug thun, befriedigen. satisfacziun, Genugthuung, f.

Farcaigl, m. vdaigl, 2. geschleizter Hanfstengel. Coll. la farcaglia.

Fardar, 1. udurar, savurar, 2. odorer, 3. riechen, duften, wittern. dar da -, zu riechen geben, anspielen auf etwas. fried, m. savur, u - odur, Geruch, Duft, m. da bien -, wohlriechend.

Farein, frein, m. Zügel, m. frenar - er, zügeln. sfrenaus, ada, zügellos.

Farfugliar, sfarfugliar, barbottar - er, stottern, stammeln. farfuigl, m. Stotterer, m. farfuglimm - iada, 1. verworrenes Geschwätz.

Farina, f. frinna, Mehl, n. farinarsa, Mehlsuppe, f. spisa da -, Mehlspeise, f.

Farisiel, m. H. bibirola, barbiroula, E. Pfeifenrohr, n.

Farnies, m. vernisch, E. Firniß, Lack, m. It. vernice. farnisar, vernischar - er, lakiren, Firniß geben.

Farsa, f. Farfe, f. Spaß, Scherz, m.

Farvun, m. fraja, 2. freia, 3. Erdbeere, f.

Faschar - er, wickeln, umbinden, fasch, m. Bürde, f. Bündel, m. fascha, Wickelschnur, f. Binde. B. Fäsche. uffont da -, Wickelkind. faschinna, f. Reisbündel, m. Faschine, f.

Faschinar, festinar - er, eilen, schnell machen. faschinaus, ada, pressà - ò, E. eilig, beeilt.

Fassiar ent, einfassen.

Fassui, m. zappa, Hacke, Haue, f.

Fastidi, m. Sorge, f. Verdruß, Kummer, m. far, dar -, Sorge, V. machen. fastidius, a. verdrießlich, langweilig. sa fastidiar - er, preuder - tour -, sich Sorge, K. machen.

Fastig, m. fastü, E. Grashalm, m.

Fastig, fastizzi, E. Spur, f. Fußtritt, m. Tobel. fastisar, ir suenterdavo - zieva -, der Spur nachgehen.

Fatal, *a.* unglücklich, ärgerlich. fatalitad - ed, Unglück, *m.* unglücklicher Zufall.

Falscha, *f.* Gesicht, Angesicht, *n.* mirar en -, ins Gesicht schauen. sfatschau - à - ò, unverschämt.

Fau, *m.* fo, 3. buoh, 2. Buche, *f.* lenn -, Buchenholz, *n.* auschs -, nuschels de -, Buchnuß, *f.*

Faulda, *f.* fauda, 2. foda, 3. Falte. far -, falten, Falten machen.

Fauls, *a.* - mein, faus, 2. fòs, 3. falsch. faulsadad, *f.* fausdad, fosded, Falschheit. falsificar - char - cher, verfälschen. falsificaziun, *f.* Verfälschung. fulsificatur, 1. faussiader, 2. Verfälscher. falsari, *m.* Verfälscher, Falsar, *m.*

Fav, fev, *m. pl.* fava, Bohne; auch: Giftpflanzen in den Alpen. fava da prers, kleine, in Butter gebackene Teigwürfel. fischèla, *f.* fadschöl, 2. faschöl, 3. It. *faggiuolo.* ital. Bohnen.

Favlar - er, E. sprechen, reden. favella, *f.* Sprache, *f.* Sprachvermögen, *n.* perder la -, die Sprache verlieren.

Favrèr, *m.* februar, Februar, Hornung, *m.*

Favugn, fagugn, *m.* favuogn, 2. fuogn, 3. Südwind, *m.* Felsberg, Dorf bei Chur. favugnar, wehen des Südwinds. dar, esser, trer -, Südwind sein, wehen.

Favurir, favorir, E. begünstigen, Gunst erweisen, geneigt sein. favur, *m.* Gunst, Gefälligkeit, Gewogenheit, *f.* fautur, *m.* Gönner, Beschützer, *m.*

favorit, *a.* vor andern lieb, angenehm; Günstling, Liebling. spisa, spaisa -, Lieblingsessen, *n.* favureivel - aivel, *a.* günstig, gewogen, geneigt. disfavureivel - aivel, ungünstig, abgeneigt. disfavur, *m.* Ungunst, *f.*

Fazzalett, fazzöl, E. Tuch, *n.* - da nas - nes, Sacktuch. - da cullez - calöz, Halstuch, *n.* - da seida, - d'saida, seidenes Tuch.

Fecht, *m.* H. Lust, Neigung. ver fecht, Lust, Anfechtung zu etwas haben.

Fegl, *m.* Coll. feglia; fögl, E. Blatt, *n.* (von Papier und Bäumen). sfegliar, sföglar - er, blättern. sa -, sich entblättern. sfögliada, *f.* Blätterteig. tschenfegl, Vielfacher, Rindermagen.

Fei, fe, *f.* Treue. *f.* fidar.

Feila, *f.* vigliauns, Satz b. Schmalzsieden.

Fein, *m.* fain, E. Heu, *n.* far, fer -, heuen. fanada, *f.* fainada, 2. fneda, 3. viel Heu. fanèr, fanill, *m.* Heuboden, *m.* Fanille, *f.* fainèra, 2. faguèra, 3. Raufe, *f.* im Kuhstall.

Feist, fa, 2. fest. - inimi, erklärter Feind.

Fèl, *m.* feil, E. Galle, *f.* Zorn, *m.* senza -, gutmüthig, sanft. felus, *a.* filanta - ò, E. gallicht, zornig, erzürnt. falèra, *f.* flera, E. Gallensucht, *f.* - dad or, iflèra, 3. zeigt sich in Aufschwellen des Rindviehes. - dadens, Brand in Mastdarm und Eingeweiden.

Feld, *m.* champogna - agna, *f.* Feld, *n.*

Felisch, *m. pl.* la flechia, filisch, *f.* erba d' -, Farrenkraut, *n.*

Femna, femina, *f.* femna, E. Weib, *n.* da -, weibisch, Weiberfreund. feminin, *a.* weiblich. femnialla, *f.* fem-

uella, E. die feinern samenlosen Hanf-
stengel. B. Fimel, f.
Fender, sfender, p. eu, fess, spalten.
sa -, sich spalten. sender lenna,
laina, Holz spalten, - hacken. fessa,
fessadira - ūra, sfessa - dūra, 3. Ritze,
Spalte, f. sfendigliau, sfessiglià, 2.
rissig, das Spalten hat. sfendaglia,
f. sfessa, E. Riß, m. Spalte, f. fes-
sel, m. 3. Scheit, m. pei, pè fess,
gespaltene Hufe. defender, p. eu
- ū - ieu - ais, vertheidigen, beschützen.
sa - as -, sich verth. defensiun, f.
defaisa, E. Vertheidigung, f. as met-
ter in -, sich in Vertheidigungsstand
setzen. defendider, defensur, m. Ver-
theidiger. offender, beleidigen, ver-
letzen. offensiun, f. offaisa, E. Belei-
digung, f. offensur, m. Beleidiger, m.
guerra offensiva e defensiva, An-
griffs = und Vertoeidigungskrieg, m.
Fenestra, figniastra, f. fnei - fnestra,
E. Fenster, n. fenestrill, m. fanestrigl,
2. Fensterläufer, m. roms - rams d'-
der Fensterrahmen. star sin, sün -,
am Fenster sein, stehen.
Feoli, m. banderöl, E. Fähnlein, a. feo-
dri, m. bandirel, Fähnrich, Fahnen-
träger, m.
Ferir, E. verwunden. ferita, f. E. Wunde.
frida, f. 1. Schlag, Streich, m.
Ferm, a. - mein, fest, stark, sicher. fer-
mar - er, anhalten, festmachen schlies-
sen. fermezia - zza, f. Stärke, f.
fermonza - an - aunza, f. Haft, f.
Arrest, m. metter en -, verhaften,
ins Gefängniß setzen. malferm, a.
unfest, unsicher. cunfermar, confir-
mar - er, bestätigen, bekräftigen, be-

jahen. cunfirmaziun, f. Bestäti-
gung, Konfirmation, f. infermilad, f.
Schwäche, Altersschwäche, Unpäßlich-
keit, f. firmar - er, segnar, unter-
zeichnen, unterschreiben. firma, f. Un-
terschrift, Handlungsunterschrift, f.
firmament - aint, m. Firmament, n.
Fermentar - er, gähren, in Gährung
übergehen. fermentaziun, f. Gäh-
rung, f.
Fers, l. far fers, toben, wüthen, sich
unsinnig gebärden.
Fetscha, f. Hefen, m. Niederschlag von
Unreinlichkeiten.
Feug, m. fö, E. Feuer, n. Hitze, f.
far -, feuern, Feuer anzünden. Fig.
reizen. dar, der -, incendier, Feuer
anlegen, feuern, losschießen. fueina,
platta da -, platta, 2. platta da chadafö,
3. Feuerheerd, früher: Feuerloch. bat-
ter -, Feuer schlagen. battafeug, m.
Feuerzeug, n. ballafö, 2. Feuerstahl.
bucca ver nè feug nè feug, ni lö
ni fö, blutarm, auf den Bettel gekom-
men sein. ir da platta in fö, E. vom
Regen in die Traufe kommen.
Fevra, f. feivra, E. Fieber, n. da -,
fieberhaft.
Fiasta, festa, f. feista, E. Fest, n. Feier-
tag. di - gi da -, firà, firö, Fest-
tag, Feiertag, m. far -, firar - er,
feiern, nichts arbeiten. festiv, a. fe-
stal, 2. festlich. festivilad - ed, Fest-
lichkeit, Feierlichkeit, f.
Fibla, rinchia, f. fubla, 2. fivla, 3.
Schnalle, f. anfiblar, far en la -,
einschnallen, zuschnallen.
Ficc, m. fix, E. Felge, f. figuèr, m. fi-
gier, 2. figer 3. Feigenbaum, m.

Fichiar, einschlagen. fichar - er, E. stoßen. si - en -, auf - anheften. sa - star rafflebà, darauf bestehen, hartnäckig sein. - pei, pè, Fuß fassen, sich anstemmen. - egl chiau, in den Kopf setzen. fichia, f. issich, 3. Stich, Schauer. ir fichias, ad isich, geistig: durchs Herz gehen; leiblich: schauern. It. *abbrividire*.

Fidar - er, trauen. sa - as -, vertrauen, sich verlassen. fideivel, - vla, fidel, a. E. treu, getreu. fideivladad, f. fideltad - ed, E. Treue, Rechtschaffenheit, f. fidonza - anza - aunza, f. Vertrauen, n. malfideivel - vla, malfidel, infidel, E. untreu, unzuverläßig. malfideivladad, f. infideltad - ed, Untreue, f. difidonza - anza - aunza, f. Mißtrauen, n. Argwohn, m. difident, a. dissident, mißtrauisch, argwöhnisch. confidar - er, anvertrauen, sich darauf verlassen. cunfidonza, f. confidenza, E. Zutrauen, n. Zutraulichkeit, f. confident, m. der Vertraute; in Rechtssachen: Confident, m. rasidar, rasüdar - er, E. ablegen, nicht mehr brauchen; tragen. confederaus - à - ò, Eidgenosse, m. confederaziun, f. Eidgenossenschaft, f. sfidar, ravidar ora, disfidar - er, herausfordern, zum Zweikampf herausfordern. disfida, f. Herausforderung, f. fei, f. fai. feda, 2. fè, 3. Glaube, m. Treue, f. hum da -, zuverläßiger, treuer M. a bunna -, ungefähr, auf Treu und Glauben. da mala -, unzuverläßig, betrügerisch.

Fideli, fideliu, E. Fadennudel, m.

Fiecht, muost, a. ümid, E. feucht. fiechtadad. ümiditad - ed, Feuchtigkeit, f.

Fier, m. Eisen, n. da -, eisern. - da cavaigl, Hufeisen. - cazzetta, trapè, E. Pfannenknecht, Dreifuß, m. - creu, crü, rohes Eisen. - da fein, Schroteisen, n. - da schnadrionas, schneder, 3. Bügeleisen. strada da -, Eisenbahn, f. tscheins fier, Bodenzins, m. fiergna, fiergia, 3. dicke Eisenkette; Hemmkette am Schlitten. ferramenta - ainta, Eisenwerk, n. Beschläge. Fravi, m. farèr, E. Schmied, m. fravgia, fudschinna, fabgia, E. Schmiede. farvagar, fudschinar, 2. schmieden. anferar, inferar - er, beschlagen. - cavals, Pferde -. porcs, metter anc, E. die Schweine ringeln. anferradira, f. ferradüra, Beschläge, Ringe, n.

Fiera, f. faira, E. Markt, m. ir a -, auf den Markt gehen. far bunna -, gute Geschäfte auf dem Markt machen. fer üna trida - cun ün, einen schlecht behandeln.

Fierer, p. freu, fiers, büttar - er, werfen, schmeißen. - avont, vorwerfen, Vorwürfe machen. - vadl, guaster, 3. Kalb verwerfen. - or dad isch, zur Thür hinausschmeißen. rasierer, verwerfen, verschieben. sfierer or, ausschlagen, Hautschärfe. fiersa, f. Wurf, m. surfierer, surtrar - er, verschieben, zögern. Ob. überwerfen, uneins werden.

Fignicler, m. surretschèr, H. Mehlbeerbaum, m. fignicla, f. surretscha, die Frucht des Mehlbeerbaums.

Fig, fich, E. sehr. fig fig, ficham, gar sehr.

Figl, m. Sohn, m. figlia, f. Tochter, f.

figliol, m. figlioul, E. Pathe, m. Taufpathe. figliola, f. figlioula, E. Pathin, f. figliaster, m. Stiefsohn, m. figliastra, f. Stieftochter, f. figlialonza, figliolanza - aunza, die Kinder derselben Eltern. filial - el, a. kindlich.

Figura, f. figüra, E. Gestalt, Rolle, f. far schlialta, trida -, sich übel ausnehmen, schlechte Rolle spielen. sa figurar, s' figürar - er, sich vorstellen, einbilden. la figuri, l'immagina, t'impaissa, stell' dir vor! sfigurar, sfigürar - er, entstellen.

Filar - . er, spinnen. fil, m. Faden, m. Schärfe, f. - d'igl cuolm, spih, Bergspitze, Bergrücken. - d'igl diess, - della rain -, dellas rains, Rückgrat, m. - d'irom, d'fier, E. Eisendraht, m. - siarp, Fadennatter, f. filada, f. 1. Ansteigen einer Halde. ir filau, sanft ansteigen. fili - falisella, f. filischè, E. Filisell, n. filien, m. araigu, 2 aragnun, 3. Spinne, f. nauschs sco in -, spinnebös. teilas filien, Spinnewebe, f. filier, filunz, Spinner, m. filiera - unza, Spinnerin, f. filonda, filischun, f. filanda, 3. Gespinst, n. sa sfilar - er, sich ausfädeln. sfiladira, f. filappa, 2. filaps, 3. ausgerupfte Fäden, Charpie, f. H. schlechter Kerl. filistoclas - uclas, filistocas - ochas, E. Alfanserei, dummes Zeug. It. filastrocca.

Fimm, m. füm, E. Rauch, m. sentir, savair da -, räucheln, Rauchgeschmack haben. metter a -, fümentar - er, räuchern, an den Rauch hängen. ir en, a, in -, in Rauch aufgehen, nichts daraus werden. ir si igl - ir in füm,

3. böse, zornig werden. pli finim ca carn, rost, mehr Schein als Sein. fimar, fümar - er, rauchen. Fig. empfindlich sein. fimar -, baiver tabac, Tabak rauchen. quei gli fimma oung, amo, es verdrießt ihn, raucht ihm noch. fimient, m. füment - maint, Räucherung, f. parfimar - ümar - er, parfümiren, Wohlgeruch geben. parfimm, parfüm, E. Wohlgeruch, m.

Fin, a. fein, zart, höflich, gescheidt, klug, schlau. finezia - ezza, E. Feinheit, Klugheit, f. rafinar - er, verfeinern.

Fin, f. Ende, n. Schluß, Zweck, m. Absicht, f. fin, infin, E. bis. a bienbunna fin, in guter Absicht. alla fin, finalmein - maing, endlich, zuletzt, cunfin, m. confin, E. Grenze cunconfinar - er, angrenzen, eingrenzen. confinada - eda, E. Eingrenzung, Absperrung, f. finir, endigen, beendigen. definir, erklären, bestimmen, definiren, definiziun, f. Erklärung, Beschreibung, f. infinit, a. unendlich. infinitad - ed, Unendlichkeit, f. finanza - aunza; f. Grenze, f. Mauthamt an der Grenze, Vermögensstand, m.

Fiuta, f. Schein, m. Blendwerk, n. Erdichtung, f. It. fingere. far finta, sich stellen, desgleichen thun, als wenn.

Fiousser, m. Alpvogt, m. M.

Firmar, unterzeichnen. s. ferm.

Fisch, m. E. Beschläge an Thüren, Fenstern. Fischbänder

Fischalla, f. Fackel, f. (veraltet, aber öfters in der Bibel).

Fisi, m. 1. flinta, 2. slupell, schiopina, 3. Flinte, f. Gewehr, n. - traichtratta, gezogene Büchse, f. Stutzer, m. colba, calzo d' -, Flintenkolben,

m. It. *calcio*. lenn, lain l'-, Flinten=
schaft, m. far sisis - sisas, E. ein ge=
wisser Einsatz im Trischakspiel.
Fisierli, 1. lustig, drollig. hum -, ein
drolliger M.
Fisonomia, f. Gesichtsbildung, f.
Fist, m. 1. Stab, Stecken, m
Fistaig, sistagen, 1. sastenn, 2. srastegen,
3. Tobel, Holzbahn über steile Hal=
den, Holzstämme herunter zu treiben.
(B. Ries.) sistagiar, far giu, cha-
tschar laina, Holz riesen.
Fittar, insitter, 3. schmücken, zieren, pach=
ten. sa, as -, sich schmücken. sittar
- er vi, verpachten. sittament - aint,
Ausschmückung, Zierrath, f. Schmuck,
m. sittadin, Pächter, m. sittanza -
aunza, f. E. Pacht, f. Güterpacht, f.
sitt, m. E. Zins, m.
Fix, a. fest, starr. steila, staila -, Fir=
stern, m. sixar - er, bestimmen, fest=
setzen, steif anschauen. sa, as sixar
sin la sia, auf seinem Kopf bestehen,
hartnäckig darauf bestehen. fixaziun,
f. Bestimmung, Feststellung, f.
Flad, flò, H. m. flà, flad, 2. sled, 3.
Athem, m. Luft, f. dar -, artezza,
heimlich unterstützen, Parthei nehmen.
sladar, 2. wehen, von kaltem Winde.
Fladen, lenn da -, m. puxpan, mar-
tell, 2. marlè, lain d -, 3. Buchs, m.
Flanella, f. Flanell, m.
Flanziar, implantar - er, pflanzen.
slanzen, far il slanzer, 2. ein Stück
Vieh für den Markt mästen.
Flaster, m. Pflaster, n.
Flausra, slausa, f. Scherz, m. Spaß,
unzeitige Umstände. far slausas, spas=
sen, Spässe, Umstände machen.
Flech, m. Coll. slechia, Farrenkraut, n.

Fledra, f. flöder, m. E. Haber, m. Pfer=
defutter, n.
Flegma, m. Phlegma, n. Kaltblütigkeit,
f. slegmatic, a. phlegmatisch, kalt,
gleichgültig.
Fleivel, vla, slaivel, E. schwach, kraft=
los. It. *fievole*. sleivlezia, sleivla-
dad, f. slaivlezza, E. Schwäche, kör=
perliche und sittliche.
Flescha, f. slosch, 2. m. slaisoh, 3. Feld=
flasche, f.
Fleua, slauna, f. sliauna, sliana, 2. slü=
ja, 3. Hinterpflug, m. (mit schaufelarti=
gem Eisen, die Erde herauszuheben
und umzuwenden.)
Fligi, sugi, pl. ials, scarsui, H. scras-
suoir, 2. scassuoir, 3. m. Dreschfle=
gel, m.
Flinch, a. 2. blöde. slinchdad, f. Blödig=
keit, f.
Füs, m. diligenza, f. E. Fleiß, m. slissi,
a. diligiaint, a. E. fleißig, emsig, thä=
tig. slissiar, sa, s' slissiar - ager, 3.
sich befleißigen, Mühe geben, bemühen.
slissiadad, f. diligenza, E. Fleiß, m.
malslissi, a. indiligiaint, unfleißig, un=
thätig.
Flitla, f. schiblot, m. Nöta, Flöte, aus
Weidenrinde, Schilfrohr.
Floccar, natver, 3. in Flocken schneien.
Flodru, f. sletter, m. sloudra, 2. isloud=
dra, 3. Futter, n. slodrar, sloder=
giar, 1. inslodrar, islodrer, 3. füttern.
sutoral, m. Futteral, n.
Flomma, f. slum, m. slamma, 3.
Flamme, f. Flaum, m. tapett cun -,
eine Flaumdecke, Deckbett, n. s' anfla=
mar, s' inflamar - er, sich entzünden.
an - inflamaziun, f. Entzündung, f.
Flor, m. Flor, Trauerflor, Kreppflor, m.

Fluoch, a. E. pfiffig.
Flurir, blühen. flur, f. fluor, Blume, Blüthe, f. Eng. auch Rahm, m. flureu, m. influri, 2. der Molken, bevor der Ziger herausgenommen ist. sflurir, abblühen, verblühen. flurtschitsch, 1. Steinnelke, f.
Fluss, m. flüm, E. Fluß, Strom, m. Krankheit, f. Eng. Ruhr, f. flussiar, flüssiar, fließen; vom Papier: durchschlagen. fluxiun, f. Fluß, m. (Krankheit). flöz, m. flöz, E. Floß, m. flöziar, flözzar - er, flößen. fluss e reflufs, Ebbe und Fluth. influir, Einfluß haben. influenzia - za, f. Einfluß, m. influenzar - er, Einfluß haben - üben.
Flux, flùs, 2. Heublumen. far -, das Bergheu zur Mast der Schweine dörren und fein machen.
Foia, fuia, f. 1. Trieb, m. Lust, Eile, f.
Foll, m. Balg, m. Blasebalg. sfollar la vuolp, 2. einen Rausch ausschlafen.
Fomm, f. fam, 3. Hunger, m. - da luf - naira, Heißhunger, m. murir da -, Hungers sterben. affamaus, fomentaus - à - ò, hungrig. fumazz, m. famina, E. Hungersnoth, f.
Fop, a. E. tief. fop da grascha, Mistgrube, f.
Foppa, f. Grube, Vertiefung, f. die Gegend um Ilanz. - d' cor, Magengrube. foppas virola, nattas da v., Blatternarben.
Fora, da fora, or da fora, H. oura, dadoura, 2. heraus, draußen, außerhalb.
Fora, f. Loch). f. furar.
Forestier, a. forest, a. forester, E. fremd.

Formar - er, bilden, formen. forma, fuorma, f. Form, f. Modell, n. or - our d' -, ungewöhnlich, übermäßig. par, in -, förmlich, auf die rechte Weise. formal - el, formalmein, förmlich, Form gemäß. formalitad - ed, Formalität, Förmlichkeit, f. format, n. Format, n. Form, f. formular, m. Formular, m. sa conformar, uniformar - er, sich darnach richten. confuorm, a. conform, E. gemäß. - a seu duver, seiner Pflicht gemäß. defuorm, deform, a. unförmlich. deformitad - ed, Unförmlichkeit, Häßlichkeit, f. informar - er, berichten. s' informar - er, prender informaziun, sich erkundigen, nachfragen. informaziun, f. Bericht, Unterricht, m. reformar - er, wiederherstellen, die ursprüngliche Form geben, reformiren. reformaziun, refuorma, f. Reformation, Kirchenverbesserung, f. reformatur, m. Reformator, Kirchenverbesserer, m. ils reformai - mats - mos, die (religiös) Reformirten.
Forsa, Adv. vielleicht.
Forsch, f. Scheere, f. - da tander - tuonder, Schaffscheere, f. - da carr - charr, Deichselscheere, f.
Fort, fors, a. scharf, beißend. Eng. auch: stark. aua, ova forta, Mineralwasser, n. fortezia - ezza, f. Festung, Burg, f. fortificar - char - er, stärken, befestigen. fortificaziun, f. Befestigung, f. cunfortar. forza, f. Kraft, Stärke, Anstrengung, f. par forza, gezwungen, unfreiwillig. roba par forza nun vala üna scorza, Erzwungenes taugt nichts, hat keinen Segen. sur forza, über Vermögen. rinfor-

zar, verstärken. rinforz - amaint, m. Verstärkung, f. sforzar - er, zwingen, nothzüchtigen. sforz, m. große Anstrengung. sforzaus - à - ò, gezwungen. sforzadamaing, gezwungener Weise.

Fortana, f. fortüna, E. Glück, Schicksal, n. fortunaus, ada, fortünà - ò, eda, glücklich. fortunadamein - maing, glücklicher Weise. disfortuna - tüna, f. Unglück, Unheil, n. disfortunaus - à - ò, unglücklich. disfortunadamein, unglücklicher Weise. furtinna, f. furtüna, E. Eile, Angst, f. Begierde nach etwas. esser en -, in Angst sein. gnir cun -, mit Aengstlichkeit kommen. ver furtinnas par quei, höchst begierig, sehnsüchtig darnach sein, es im höchsten Grade lieben. furtüna da Dieu! E. Ausruf des Schreckens: ach Gott! Herr Jesus! furtinuss, a. ängstlich, überspannt.

Foss, m. fossal, 2. fossel, fuoss, 3. Graben, m. fossa, f. foassa, 3. Grab, n. fussau, m. fouza da grascha, 2. soacha, 3. der Mistgraben (im Viehstall).

Fracass, farcass, fracasch, E. m. Lärm, m. Geräusch, Gepolter. far -, poltern fracaschar - er, E. zermalmen, poltern. frantur, f. Lärm, m. Gepolter, Geschrei, n. far, fer -, lärmen, rumpeln. It. frangere.

Frachias, pl. sar frachias, - frattas, bei Hochzeiten eine Ehrenpforte, Ehrensperre mit Tüchern und Bändern errichten.

Fraissen, m. 1. Esche, f.

Franc, a. - mein, frisch, gesund, offen, freimüthig, sicher, gewiß. francar - cher, frei machen, franfiren. fran-

kezza - chezza, E. Offenheit, Freimüthigkeit, f.

Franguella, f. E. Umlauf, m. (an einem Finger).

Franzla, f. Franze, Quaste, f.

Franzos, a. franzès, E. französisch, Franzos - ösin, m. Fronscha, Franscha, Frauntscha, f. Frankreich, n.

Frar, m. frer, 3. Bruder, m. - d'inna vart, mez frar, frer, Halbbruder, Stiefbruder, m. cunfrar - er, m. Mitbruder. fratern, a. -maing, brüderlich. sa, s'fraternisar - er, Bruderschaft machen. fradagliuus, pl. fradgluns, Geschwister, pl. sardaglionza, f. fradgliauza, 2. fradlaunza, 3. Geschwisterschaft, f.

Frasca, f. Zweig, m. frascaria, E. Bubenstreich, m.

Fraud, m. frod, 3. Betrug, m. Betrügerei, f. far -, fraudar, froder, Unrecht thun, betrügen. senza, sainza -, unabsichtlich, zufällig. senza frau, senza puccau, ohne Wissen, keine Sünde. fraudolent, a. betrügerisch. fraudolenza, f. Betrügerei, Sucht zu betrügen.

Frausla, frosla, frogla, f. 1. frousla, E. Hagebutte. bucca valer inna frogla, keinen Heller werth sein.

Frech, a. sfrontà - ò, eda, frech. frechadad, f. sfrontatezza, E. Frechheit, f.

Fregar, p. ir a frega, cuorrer, currir, E. laichen (von den Fischen). frega, f. il cuorrer, currir, das Laichen.

Freid, a. fraid, E. kalt, unempfindlich. tremblar - er d'igl -, vor Kälte zittern. sfardar, sfradir, E. abkühlen. sardaglia, fradüra f. E. große Kälte. sfardantar, abkühlen. arfradar 2. ar-

61

fraidir 3. ſich erkälten. sfardament, sfradimaint E. der Zuguß von kalter Milch, um den Ziger auszuſcheiden.
Frequent, a. häufig. frequentar - er, beſuchen, mit Leuten umgehen. frequenza, f. Zulauf, m. Menge, f.
Fresc, a. fraisch, E. friſch, kühl. star -, übel daran ſein. frescantar, refraischar - er, erfriſchen. sa -, ſich abkühlen, erfriſchen, eine Erfriſchung nehmen. rafresc, m. rinfraisch, 2. refraisch 3. Erfriſchung, f.
Fri, a. 1. carius, E. ſonderbar, eigen. in tri hum, ein ſonderbarer Mann.
Frieni, m. Pfriemen, m.
Frig, fritg, m. frütt, E. Frucht, f. Erfolg m. ils fritgs, la früa, E. die Saatfrüchte, Erndte. la frichia, la frütta E. die Baumfrüchte. far frigs, fruar, sflujer, erndten. frichiar, früttar - er, Frucht bringen, fruchtbar ſein. fricheivel, vla, früttaivel, vla, E. fruchtbar. fricheivladad, f. früttaivlezza, E. Fruchtbarkeit, f. naufricheivel, vla, infrüttaivel, E. unfruchtbar. naufricheivladad, infrüttaivlezza, E. Unfruchtbarkeit, f. fructificar, fructifichar - er, befruchten.
Frili, sgür, E. freilich.
Frizza, f. E. Pfeil m.
Frunt, m. Stirne f. far - widerſtehen, die Stirne bieten, Front machen. affruntar - er, beleidigen, beſchimpfen. affrunt, m. Beleidigung, Beſchimpfung f. sfruntaus, ada, sfrunta - ò, unverſchämt, ſchamlos. confrontar - er, gegeneinanderhalten, vergleichen. confrunt m. Gegeneinanderhalten, Confront m.

Fruoschias 2, dürre Holzreiſer. bruosch e fruosch (veraltet), Wunn und Weide.
Frust, m. fruost 3, Stück, Grundſtück n. iu frust - toce paun, ein Stück Brod. metter a frusta, verderben, zu Grunde richten. ir a - zu Grunde gehen. sa metter - ſich zu Grunde richten.
Fuchiè, tarmenigl, m. 1, Zigerkübel, m.
Fudi! Fui! E. Pfui! ſchäme dich!
Füs m. E. spieul m. die Spule f. It. fuso. fer gio il füs, abſpulen; im Vermögen zurückkommen.
Fugir, fliehen. fugia f. fugia, E. Flucht, f. fugitiv, a. fugitiv, E. flüchtig. fugiantar, fugiantar - er, in die Flucht ſchlagen. sa refugir, as refugier, ſich flüchten, ſeine Zuflucht nehmen. refugi, m. Zuflucht f. Zuflucht$ort, m.
Fuira, f. 1, dünner Menſchenkoth, vom Durchlauf. ver la - den Durchlauf haben.
Fulin, fulia 2, Ruß, m. far giu igl ohamin, den Schornſtein fegen.
Fullar - er, walken, ſtampfen. fulla, fuolla, f. Walkſtein m. Stampfe, f. fullun, Walkmühle.
Fulscher en 1, Elaſtiſches mit Gewalt einſtoßen. fulschimm m. Gedränge, ſich ſtoßen. sa sfulschar en, as sfuschinar 2, sfulscher aint 3, ſich eindrängen, einſchlüpfen.
Fumeigl, m. Knecht, f. famiglia.
Funcziun f. Amtsverrichtung, beſonders gottesdienſtliche. funczionar - er, Amtshandlungen verrichten.
Fundar, fondar - er, gründen, unterſinken. sa, as -, ſich ſtützen, gründen, beziehen auf Etwas. funs m. fond 2, fuous 3, Boden m. Grundſtücke, lie

geude Güter. - dalla bignèra - del bagnöl, der Boden des Waschzubers. bl, bel -, schöne Güter. ir a -, untersinken. fundament – aint m. Grund, m. Fundament n. gir caussas senza -, ohne Verstand reden. carstiaun senza -, ein Mensch ohne Verstand. fun - fondamentar - er, begründen. malfundau, ada, mal - melfondà - ò, unbegründet, grundlos. profund, a. tief. sfundrar - er, einsinken, in Sumpf oder Schnee.

Fuorchia, fuorcha E. Gabel f. Galgen m. fuorchin m. fuorchetta, fuorchin d'fier, kleine zweizackige Heugabel.

Fuorn m. Backofen m. furnada - eda, Schuß Brod m. furnadi - edi m. Bäckerlohn m. furnèr, pastrinèr 3. Bäcker, m. furniera f. furnèra E. Bäckerin, an - infurnar - er, das Brod in den Backofen thun, sfurnar - er, das Brod aus dem Ofen nehmen.

Furar - er, bohren, durchstechen. Eng. auch: davon laufen. furichiar, einstechen, Spitziges einstechen. sa -, sich eindrängen, in die Menge einwühlen. fora f. foura E. Loch) n.

Furbazz m. furbazza f. E. Schlingel, Spitzbub m. furbazzamainta f. Lumpengesindel n. furbazzeria f. Spitzbüberei f. furbazzottel, furlan, 2. Spitzbübchen n.

Furcletta f. fuorcla E. Lücke f. Bahn an einem Messer, Hauszeichen, Ausschnitt am Ohr von Thieren, Bergjoch, Bergsattel. sfurclar - er, über das Joch kommen, durch den Schnee watten.

Furia f. Wuth, Eilfertigkeit f. Heftigkeit, Furie. furius a. wüthend, rasend, heftig, jähzornig.

Furmicla f. furmia E. Ameise f. furmiclèr m. furmièr E. Ameisenhaufen m. furmiclar, sfurmiclar, von der Haut: jucken; von Insekten: wimmeln.

Furnir, ausstatten, versehen, liefern.

Furschalla f. Schnepfer m. (dreieckige Oeffnung an Kannen und Eimern). B. Gauchel f.

Furschar, sfruschar - er, struschar 2. reiben, reinigen, scheuern. It. forbire. - la vaschella, das Geschirr, das Küchengeräth reinigen. furschar giu, abwischen, abputzen, - igl nas, die Nase putzen. fruscha - struscha f. kleiner Besen von geschälten Lärchenzweigen, Quirl m. furschett, fruschetta, souell 2. kleiner Quirl.

Futter m. schanfuller, Nichtsnutziger, Lump m. futteu, futtü 2. futtieu - ida 3. nichtsnutzig. ti buob -, du Schlingel. futtir il chan E. ausreißen, auf und davon laufen.

Futur a. (a vegnir), zukünftig.

G.

Gabuoss, baguoss m. giabus, jabus 2. giabüsch 3. Kabis m.

Gada f. ginda, jada f. 2. geda f. 3. Mal n. dus ga dus, zweimal zwei.

Gagia, sgagia f. 1. giazza 3. Krähe f.
Gagliard a. glagliard E. kräftig, kraftvoll, muthig. gagliardienscha - ezza, Muth m. Tapferkeit f.
Gaglina f. giallina E. Henne f. -, salvadia, ragolauna E. Weißhuhn n. las ga - gialinas, die Hühner. -, pels, pais - Hahnenfuß m. (ein Kraut). galinèr m. madschun m. maschunèra f. Hühnersedel m. giall, m. 2. chied 1. chöd 3. Hahn m.
Gaigl a. giaigl a. jaigl, scheck, scriflà 2. sgiaglio 3. bunt, schedicht. soinch Gaigl, St. Galla E. St. Gallen.
Galant a. artig, höflich, manierlich. galanthum m. galanthom E. Ehrenmann, rechtschaffener Mann.
Galeida f. gialaida 2. Säugeimer für Kälber; Weineimer m.
Galia f. galèra, gialia 2. gialèra 3. Galeere f. Verbrecherschiff n. galiot m. zur Galeere Verurtheilter; schlechter Mensch.
Galoppar - er, galoppiren. galopp m. Galopp m.
Ganascha f. gianascha E. Kinnbacken m, Kinnlade f.
Ganella f. gestrickter Wollenwammns, B. Tschopen m.
Garant, a. star -, dafür stehen, bürgen. garantir, verbürgen; Gewähr leisten. garanzia f. Bürgschaft f.
Garbugliar, angarbugliar 1. inbarbügliar 2. ingurbigler 3. verwirren, verwickeln. garbuigl, barbägl 2. ingurbigliadūra f. 3. Verwicklung, Verwirrung f.
Garflauna, girflauna f. graflanna 3. graflas 3. B. Grübe f. Talgsatz m.

Gargatta f. giarglatta E. Gurgel f. sgargattar, sgiarglattar - er, gurgeln.
Gargieivel, vla 1. verträglich; friedlich. malgargieivel, unverträglich; zanksüchtig; streitsüchtig. gargieivladad f. Verträglichkeit f. malgargieivladad f. Unverträglichkeit f.
Gariar - egiar, agrajar 2. begehren, sich sehnen, gelüsten. griament m. 1. cupidited 3. Begierde, f. -, da la carn, Fleischeslust, Sinnlichkeit f.
Garir, givlar H. jüblar 2. jüvler 3. jauchzen, muthwillig schreien. garimm, jüvlöz m. Jauchzen, Geschrei n. garida f. jüvel m. 2. güvel 3. ein einzelnes Jauchzen, Gejauchz. dar inna, - jauchzen.
Garmadi a. grondèr, grandèr, stolz, hochmüthig. garmaschia f. grond - grandaschia E. Stolz, Hochmuth m.
Garnialla f. tampeista, kleine Hagelschlossen, Butterkörner. f. graun.
Garnidel m. gilūdras, giglūdras, Preißelbeere f.
Garnir, besetzen, schmücken, zieren. garnitura - izian f. Ausstattung, Ausschmückung f. ghirlanda f. püschel, kranz 2. Kranz m. garnischun f. Garnison, Militätbesatzung.
Garnuigl a. 1. gebückt, zusammengebückt. ir - gedukt gehen. gar - angarnugliar, verwickeln.
Gartar, kratzen. sgartar, sgrattar - er, reiben, schaben. -, cashiel, Käse reiben. -, igl chiau, in den Haaren kratzen; in Sorgen sein. gartirola f. grattadūra E. Reibeisen n.
Gartiar - egiar, gratiar 2. grattager 3. gerathen, gelingen. gartèg m.

gratai 2. grattaig 3. Gelingen n. Glück. par -, a bun -, auf gut Glück.

Gassa m. giassa E. Gasse f.

Gast m. giast E. Gast m. gastar, trattar - er, gastiren, ein großes Mahl geben. gasteria f. past E. Mahlzeit f. Gastmahl n.

Gatt m. galla, giatt m. giatta E. Katze f. gatteigl m. giattè 2. giattin 3. junges Kätzchen. gattun, gattin m. giattun - in E. große - kleine Katze. gnaular, far gniau, miauen (von Katzen.)

Gattri, m. giatter E. ferriada f. Gitter; Fenstergitter; Thorgitter n.

Gaulta f. (in der Bibel öfters) Backen m. Gewalt f.

Gaveigl, coll. gaveiglia, Speiche f. am Rad.

Gavun, givun m. eiserne Klammer, Haken, die Dachrinne zu tragen.

Geisla f. jai - giaischla 2. f. geschla 3. Geißel, Peitsche f. gastiar, giaschliar 2. geschler 3. geißeln, peitschen. gislar, H. schlagen, bes. Menschen. sa - sich schlagen.

General - el, a - maing, allgemein. general - el m. General m. generalisar - er verallgemeinern.

Generar - er, genuir 2. erzeugen, hervorbringen. generaziun f. Erzeugung f. Geschlecht n. genitur m. Erzeuger, Vater m. ils geniturs, genituors E. die Eltern. genuin a. ächt. generus a. großmüthig, freigebig. generusadad f. generusitad - ed E. Großmuth f. Freigebigkeit f. degenerar - er, entarten, ausarten. degeneraziun f. Ausartung, Entartung f. primogenit, a. erstgeborner.

Gerber m. jerber 2. Gerber. gerbiar, chönschar 2. chöntscher 3. gerben (conciar pelli). gerberia, gerbraria E. Gerberei.

Gerla f. B. Horn. dar la - Hornspielen. Ein schönes Jugendspiel, bei welchem ein Hölzchen auf einen schiefstehenden Pfahl gelegt und mit einem Stock in die Luft geschlagen wird. Die Gegenpart soll dasselbe mit hölzernen Schaufeln aus Scindeln auffangen, oder, wenn es nicht geschieht, zum Pfahl so nahe als möglich zurückwerfen. Die Entfernung wird dann nach Ellen gemessen.

Gest m. Gest m. Gebärde f. gesticular - er, gestikuliren.

Ghittinar, H. sa - zanken, streiten. ghittignim m. kleinliche Zänkerei.

Gi m. dì E. Tag m. gi adessa - del güdizzi, der jüngste Tag. da gi en gi, von Tag zu Tag. - da fiasta - feista, Feiertag. - da mager, maier, meger, Fasttag. - da luvur, luverdis, lavurdì m. E. Werktag. - d'ozz, hozz, oazz, heutig, heut zu Tag. dar bien - den guten Tag wünschen. da radiend - bei Tagesanbruch. far, romper - tagen, T. anbrechen. miezgi, mezdì, Mittag. avont, avant, aunz - Vormittag. suenter, dopo, zieva - Nachmittag. vi pigl, pel -, bei vorgerücktem Tag. tumpergi, den Tag über. minchiagi, iminchiadì, täglich, alle Tage. tugi, totta, tuotta dì, den ganzen Tag. lindischgis, lündasdì, Montag. marsgis, mardì, Dienstag. vendergis, venderdì, Freitag.

Giacoun n. luoza 3. weiße Wegebreitwurzel f., die sich beim Pflügen häufig findet.

Gianeiver m. 1. ginaiver, E. Reckholderstaude f. pumma -, ginaiver 2. parmuoglias 3. Reckholderbeere, f. giub, m. giotta 2. giob 3. Reckholderzweige - Reis.
Gianira, f. ginūra, 2. gianūra 3 Gesindel; schlechtes Volk; Kinder. cou ei mia gianira, bargada, da sind meine Kinder, Gesinde.
Gianitscha, trimma, E. Zeitkuh, dreijähriges weibl. Rind. gianitscha veglia, quatrimma E. vierjährige Zeitkuh.
Giantar - er, jentar 2. zu Mittag essen. giantar - er m. das Mittagessen n. Mittagsmahlzeit.
Gianter, dianser E. gemilderter Ausdruck für Teufel.
Giappar, latrar 2. üerler 3. bellen, von Hunden. giapp m. sbrai m. üerl, ein Bellen, Schrei n.
Giasohigler, m. 3. Tramen zum Heuboden.
Giauden 2. gioden, gieden, gieben 3. m. 3. Gemach, Zimmer n.
Giavel m. diavel E. Teufel, m.
Giavl, giuvl, schuvl m. coll. givialla. givè 2. güvè 3. coll. güvella, Schulter f. purtar sin -, auf der Schulter tragen. Gavegl, givegl da roda, gaveglia, Speiche f. (am Rad).
Giavischar, p. giavüschar - er, wünschen, verlangen. giavischament, giavisch, m. giavüschamaint, E. Wunsch m.
Gidar, jüdar, gūdar, helfen. f. agid.
Giè, je, schè, èa, 1. sohl, ei, ai, 2. schi 3. ja.
Giegia f. gija, geja 2. gla 3. Geige f. bassgegia m. giun, Baßgeige f. sunar la - die Geige spielen. gieger, m.

sunadur, sunader - eder, Geiger; Violinist, m.
Gieina f. genna E. Gatterthür, f.
Gig, gilg, löng, lange. da gig, da lòng innan - ò E. seit langem. star -, lange bleiben.
Giginn, a. jejūn, a. E. nüchtern. giginar, jejūnar - er, fasten. giginna, temps da la - jejūna f. E. Fastenzeit f. rumper la giginna, sgiginar, sjajūnar - er, E. früh etwas Weniges essen.
Gilgia, Lilie, f.
Giplar, pipfen (von jungen Hühnern).
Gippa, f. H. schoacha 3. Weiberrock ohne Leib m.
Gips, m. gip 2. giss 3. Gips, m.
Gir p. gig, dir p. dett, sagen, sprechen. - aviras, injūriar, schimpfen, beschimpfen. ei gin, i dischen, man sagt. gir mal, fluchen, lästern, afterreden. maldicenza, Afterreden. gigs e saigs, dets e fats, Worte und Thaten. benedir, segnen. benediziun f. Segen m. cuntergir, contradir, widersprechen. oontradiziun f. Widerspruch m. disgir, desdir, läugnen. edict m. Verordnung f. Edikt n. nungir, geschweige. indicibel E. nunschent, unsäglich. smaladir, fluchen, lästern. malediziun f. Fluch n. surgir, surdir, mißreden, verwechseln. dita f. Name einer Handlung.
Girar, angirar, gūrar 2. gūrer 3. schwören. girau, giarau, m. jū - gūrader - eder, Geschworne m. girament, sarament m. jū - gūramaint m. Schwur, Eid m. scungirar, soongūrar - er, beschwören. scungirament m. sconjū - gūramaint m. Beschwö-

rung f. scungirader m. scongüradur E. Beschwörer m.

Girar, ir antuorn, herumgehen. gir m. cuorsa f. Reise. far in -, einen Gang, eine Reise machen.

Girar ora H. rèr, runcar or - oura 2. stirper 3. ausreuten. giraglia, das ausgereutete Land. gir, giraun, gir nui, nuveliv m. èr girang, die Wiese, die im vorhergegangenen Jahr Acker war; Neuwiese. giraun m. giraunch 3. das erste Heu: far giraun, heuen, das erste Heu ernöten. laschar ir girang 2. das Feld schlecht bebauen. grossèrs pl. 2. giraunch 3. das Gras am Rand eines Ackers, grobes Gras.

Gist, a. just 2. güst, 3. gerecht, rechtschaffen, redlich, billig. gislia f. jüstia 2. güstia 3. Gerechtigkeit, Rechtschaffenheit, Billigkeit f. malgist, injust, ingüst, ungerecht, unredlich, unbillig. malgistia f. injüstia, ingüstia, Ungerechtigkeit, Unbilligkeit. gistar ora, jüstar, güster, ausgleichen, rechtmachen. sa - as - sich vergleichen, abfinden. agistament, ajü - agüstamaint m. Vergleich m. Ausgleichung f. jüstiar 2. agüster 3. gerade machen (z. B. einen Stock). giustificar, jüstifichar - cher, - rechtfertigen. as güstificher, - sich r. giustificaziun f. jü - güstificaziun, Rechtfertigung f. giustiziar, jüstiziar, güstizcher, hinrichten, enthaupten, hängen.

Gitt, a. spitzig. f. gizzar.

Gittl, a. (rebel, avar, avarizius, a. E. geizig, habsüchtig. gittigouza f. avarizia - ezza, Geiz m.

Giù, giò E. ab, unten. giudimun, zu unterst. giùu, già en, giò, giò in, unten in. giusum, giosom, zu unterst, am Rande eines Abgrundes.

Giudicar, jüdichar 2. güdicher, urtheilen, beurtheilen. giudizzi m. jüdizzi 2. güdizzi 3. Urtheilskraft f. Verstand m. da pauc, pac, poch -, unverständig, unbesonnen. far -, verständig, vernünftig werden. pregiüdicar, prejüdichar 2. pregiüdicher, ver-übervortheilen. pregiudizz m. prejüdizzi 2. pregüdizzi 3. Vorurtheil n. Nachtheil m. pregiudizieivel - aivel a. nachtheilig.

Giuff, m. giuf E. Joch n. Knechtschaft f. Tyrannei f. metter sut -, unter's Joch thun; einspannen.

Giugar, giovar - er, jovar spielen; von der Artikulation: sich bewegen. - a hartas, a chartas, Karten spielen. - la mura, la Mura spielen. giugadur m. jovadur 2. gioveder 3. Spieler m. giucc m. giò E. Spiel n. surdaus agl giucc, ardat al giò, spielsüchtig, dem Spiel ergeben. giugadira f. listüra, Gelenk m. Artikulation f.

Ginnola f. der Riemen, das Joch am Kopf der Thiere zu befestigen.

Giutta f. giotta 2. giuotta 3. gestampfte Gerste; Gerstensuppe. der la giuotta, einen durchprügeln.

Giuven, a, adj. juven - na, 2. jung. giuven, giuvnal m. juven, juventschel 2. Jüngling m. Jünger, Schüler. ils giuvnals da Jesus, discipuls E. die Jünger Jesu. giuvna, javantschella f. Jungfrau f. giuvantegna f. giu - juventünua f. Jugend f. juvenil, E. jugendlich. sa riugiuvnir, riujuvnir, sich verjüngen.

67

Givlar, jòvler, jauchzen.
Gizzar, jů - gůzzar - er, wetzen, schärfen. - la faulsch, canti, die Sense, das Messer wetzen. gitt, igitt, sgitt, a. gůz 2. agůz 3. scharf. It. acuto. gizzada, gůzzada - eda, einmaliges Wetzen. sgůzzar-er E. stumpf machen.
Glas, m. majöl 2. magiöl, 3. Glas, Trinkglas n. rauba da glas, da vaider E. Glaswaaren. It. vetro. in glas vin, ûn majöl, magiöl vin, ein Glas Wein. glas da vin, Weinglas. da glas, da veider, d'veider E. gläsern. glasura f. vaidradùra 2. glasùra f. 3. Glasur, Verglasung f. glaser m. valdrèr 3. Glaser, m.
Glatsch m. Eis, n. glatschèra f. Eisberg, Eisbehälter, m.
Gleiti, bôt, subit, 2. bod, 3. bald, sogleich, schnell. nou gleiti - svelt, spert! E. komm, mach bald, schnell.
Glèra f. gera 3. Kies n. Schutt vom Wasser. anglerar, iugiarer 3. besiesen, überschütten, mit Schutt decken.
Gleri m. amad 2. amid 3. Stärke (amido) Kraftmehl, n. dar -, amider, stärken.
Glisner, simuladur E. Schmeichler, Heuchler, Gleisner, m. glisnaregn. simulaziun f. E. Schmeichelei, Heuchelei, Gleisnerei f. far -, simular - er, schmeicheln, sich verstellen.
Glitt f. (lgitt) Froschlaich n. It. fregolo di rane.
Glieul, la - die Leute. It. gente.
Gliezz, Neutrum von lezz, a. dasselbe, gliezz bucca, das nicht.
Glimari, (lgimari) m. alimeri 3. Thier n. großes Thier. It. animale.

Glimma, (lgimma) f. glima E. Feile f. glimar - er, feilen. glimadira, Feilspäne.
Glinna, (lginna) f. glinna E. Mond. lunatic, mondsüchtig; launenhaft. lunna, nunna, Laune f. da - launenhaft.
Glis, (lgis), glatt; abgetragen, von Kleidern; fädig.
Glisoh, lisch a. glatt, schlüpfrig. schglischar, ausgleiten, gleiten.
Glitsch f. (lglsch), glüsch E. Licht n. glischir 1. glüschir E. leuchten, glänzen. glischur f. 1. Glanz m. Licht. stragluschir 3. blitzen. straglüsch m. E. Blitz m. targlischar 1. glänzen, leuchten. targlischont, a. glänzend, schimmernd.
Glitsche, Bünd. Kreise (am Webergeschirr). far -, diese Kreise mit dicken Faden bilden. trer tras -, knüpfen, zudrehen.
Glivrer 3. endigen, aufhören.
Gloign, m. glanda 2. gianda, Eichel, f.
Glonda f. cudèra E. Halsdrüse, Mandel f.
Gloria f. E. gliergia 1. Herrlichkeit, Seligkeit, Ehre f. glorius, a. herrlich, glorreich. sa gloriar - er, sich rühmen, prahlen. glorificar, - char - er, verherrlichen. glorificaziun f. Verherrlichung f.
Gluva, guva f. aguin, Stecknadel f. gugliel m. große Nadel f.
Guex! 1. unzüchtiger Ausruf der Ueberraschung. far -, ioire fòminam.
Gniaular, miauen der Katzen. f. gatt.
Gniff m. coll. gniffa, Schnauze f. Maul, von Thieren, häßliches Maul. far igl - büttar sù il -, das Maul hängen, böses Gesicht machen.
Gnignoula 3. das dünne Ende der Fischerschnur.

Gniocc *m.* Teigkloß, Nudel *m.* gniucc *m.* dummer Mensch; Tölpel. gniugnar, gniogner, murren, gniögn, gniugnos, mürrisch. gniugnader *m.* Murrer *m.* gniugnimm, mürrisches Wesen.

Gob, gobus *a.* höckerig, bucklicht. goba *f.* der Höcker, Buckel *m.*

Gomgnia *f.* giomgia 2. giamgia 3. Spott *m.* Lästerung *f.* far, fer -, spotten, verspotten, verlästern. sgamiar -egiar, sgiomgiager 3. verachten, verspotten. sgomiader *m.* sgom - sgiamgiadur, Spötter, Verächter *m.*

Gottlos, *a.* empi, *a.* E. gottlos, frevelhaft. gotllosadad *f.* empietad - ed, Gottlosigkeit, frevelhaftes Wesen.

Grad, *a.* drett, *a.* E. gerade. grad, jüsl 2. güst 3. - ussa, uossa, gerade jetzt, so eben.

Grad *m.* grà, grò, Grad *m.* Stelle, Stufe *f.* - da capitani, Hauptmannsstelle *f.* gradaziun *f.* Abstufung, Steigerung *f.* da grad en grad, gradualmaing, da schialin a schialin, von Stufe zu Stufe.

Grad *m.* fil 2. spih 3. Berghöhe - Spitze *f.* Bergrücken *m.* ir s'igl -, auf die Höhe des Berges gehen.

Grad *f.* Tragbahre für Steine, oder Mist.

Grammatia *f.* grammatica E. Grammatik *f.* Sprachlehre *f.* grammatical, *a.* grammatikalisch.

Graschel, *a.* strett, *a.* E. schmal, nicht breit. It. gracile.

Grass, *a.* fett, feist. grass *m.* graschina 3. Fette *f.* Fettigkeit *f.* grassezla - ezza *f.* Fette *f.* Fettsein *n.* garschira, graschira *f.* graschüra, überaus fett. grascha *f.* Dünger *m.* angarschar, ingraschantar - er, mästen, düngen. angrasch, ingraschamaint, Mastung *f.* vacca d' -, da grass, Mastkuh *f.* prau, prà, prò grass, fette Wiese, d. h. die gedüngt wird. angarschar praus, ers, biager, Wiesen, Aecker düngen.

Grau, *f.* grà 2. grò 3. Hinsicht *f.* Dank *m.* en quei -, in dieser Hinsicht. saver, savair -, dankbar sein. - nè grau nè grazia, ni grà ni grazia, durchaus keinen Dank wissen. far ad angrau, nach Wunsch, zur Zufriedenheit thun.

Graufli, 1. granfi, 2. granf, 3. Krampf, *m.*

Graun, groun *m.* gran *m.* Korn *n.* Getreide. garnitsch *m.* coll. garnitscha, granet 2. grannet 3. Körnchen *n.* Korn *m.* garnèr, granèr E. Kornboden, Kornkasten *m.* garnir or, auskörnen, d. h. die einzelnen Körner ausmachen. garnezzi *m.* la garnezia *f.* granezza E. Getreide (cereali). garnialla - ella, Hagelschloßen (wie Körnchen); Butterkügelchen *n.* gran, 1. grann 3. Gran *m.* Gewicht für Gold. angarnalar, Körnchen bilden, z. B. beim Honig. granata, garnata, Granate, *f.* granadier, Grenadier, *m.* granit, *m.* Granit, *m.*

Grava *f.* greva, Sandebene *f.* Geschiebe, *n.* angravar, ingravar 2. ingiarer, überschütten, mit Schutt decken.

Grazia *f.* Gnade, Gunst *f.* Gefälligkeit, Artigkeit. far, fer -, graziar - er E. begnadigen, begünstigen. esser en -, in Gunst sein. par, per -, aus Gnade, Gefälligkeit. cun bunna, bella -, mit Artigkeit. grazius, *a.* gnädig, artig. an - ingraziar - er, danken, verdanken. an - ingraziament - aint m. Dank m. augrazieivel a. dankbar. angrazieivladad f. Dankbarkeit f. malangrazieivel a. undankbar. gratuit, a - maing E. umsonst, ohne Bezahlung. disgrazia f. Ungnade f. Unglück n. gnir en -, in Ungnade fallen; ins Unglück stürzen. disgraziaus - à - ò, uglücklich, verrucht. gratificar - char - cher, vergüten, entschädigen, belohnen. gratificaziun f. Vergütung, Entschädigung f. gratular, congratular - er, beglückwünschen. congratulaziun f. Beglückwünschung f.

Grev, a. greiv E. schwer, drückend, betrübt. far grond grev, fargreiv, sehr betrüben. graviar - egiar, aggravar - er, beschweren - auch von der Verdauung. aggravi m. Auflage, Beschwerde f. gravezia - ezza f. Beschwerde, Auflage f.; Beängstigung. gravus, a. schwer, mühsam. gravadigna f. malinconia, greivezza f. Beängstigung, Beschwerde f. Schwermuth f.

Gries, cries, brèn m. Gries, grobes Mehl n.

Grigna 3. Fratze f. fer la -, böse thun.

Griflа f. Kralle f. sgriflar - er, sgraflar 1. sgraflar 2. kratzen. sgraflguimm, garfiguimm, Gekräz n. Kritzelei f.

Grill, m. Grille, f.

Grimm, ia -, grimmus 2. grimmig, wüthend. grimmiadad f. grimmezza 2, Grimm m. Wuth f.

Gripp m. coll. la grippa, crippel 3. Fels m. Felswand f. grippus, a. criplus, 3. felsig, mit vielen Felsen. s'agrippar 2. sich versteigen.

Grisch, a. grau. prischun m. Graubündner m. Sei es, weil die alten Einwohner graue Kleider trugen, oder die Berge oft in graue Nebel gehüllt waren. cantun -, der Kanton, Stand Graubünden. viva la grischa! Es lebe Graubünden!

Grischur, sgrischur f. Schauder m. Schauer m. Abscheu m. aver -, etwas verabscheuen. ir sgrischurs, as sgrischar 2. s'insgrischir 3. frösteln, schauern; schaudern. sgrischeivel - aivel, vla, furchtbar, entsetzlich. sgrischus, a. schauderhaft.

Gritta (d'igl cashiel), das Unreine an der Käserinde f. far gia la -, das Unreine von der Rinde wegschneiden.

Gritta, grittezza 2. Zorn m. pigliar en gritta, gnir grill E. zornig werden, grill, a. zornig, aufgebracht. grittantar - er, zornig machen, erzürnen. sa, as -, zornig werden.

Grob, a. grob, unhöflich, ungeschliffen, roh. grobadad f. grobezza E. Grobheit, Unhöflichkeit f. grobian m. grobulan 2. grossolaun 3. grober, roher Mensch.

Gromma f. gramma f. Rahm m. garmèra f. sciaf, guaigl da - 2. meatra da - 3. Rahmkübel m. gommèr m. 2. sgramer m. 3. Rahmlöffel, den Rahm abzunehmen. sgarmar, sgrommar 2. sgramer 3. abrahmen. laig sgarmau m. lat sgrommà - ò, abgerahmte Milch.

Grond, a. grand 3. groß. grondezia, f. grandezza, E. Größe f. grondischia f. 2. grandaschia 3. Großthuerei f. Hoch=

muthm. gronder, a.2. grander, a.3. hoch=
müthig, stolz. angrandir, sgrandir,
ingron - grandir, vergrößern.
Groppa del chiavaigl, f. E. Hintertheil
des Pferderückens. pigler in -, hin=
ten aufsitzen lassen.
Gross, griess, gröss, a. 2. dick, beleibt.
dunna -, purtanta, eine schwangere
Frau. vender alla grossa, im Großen
verkaufen. angrossar, 1. implir, 2. in=
gravider, 3. schwängern. gröss 2. groass
a. B. albern, einfältig. dir groassas,
handgreifliche Lügen erzählen.
Grov, m. cont, 2. cunt, 3. Graf, m. grova
f. contessa, E. Gräfin, f.
Groll, a. mürbe (von Teig).
Grundiar - egiar, ergründen. grundiei=
vel, via, ergründlich, ergründbar.
nungrandieivel, unergründlich, uner=
gründbar.
Grugn, m. gruoign, 2. Rüssel, m. Schnauze
von Thieren. dar d'igl -, die Nase
einstecken. far in -, far muscha trida
-, gniff, ein böses Gesicht machen,
schmollen. grugniar, gruogner 3. mur=
ren, grunzen (von Schweinen).
Grunda, f. Borbach, n.
Gruscha, f. ruogna, 3. Ausschlag, an den
Thieren; Krätze, f.
Gual, angual, adv. just, giüst E. ge=
rade, ebenso. gual ussa - uossa, gerade
jetzt. - aschia, gerade so.
Guardar - er, (vurdar, urdar), schauen,
anblicken. guardia, f. guargia, E. Wacht,
f. far la -, Wacht halten, bewachen.
sguard, m. Blick, m. mit den Augen.
guardadüra, die Art zu schauen, Blick.
reguardar, berücksichtigen, betrachten.
reguard, m. Rücksicht, Berücksichtigung, f.
reguardeivel, a. beachtungswerth. mal

a vurdau, gefährlich; an Abgründen,
wo man leicht erfallen kann.
Guarir, heilen, genesen. guarischun, f.
Genesung, f.
Guanlt, uauli, nauli, m.1. guaut, vaut, 2.
god, 3. Wald, m.; Gewalt, f. In der
Bibel: Dieus dovri teu -, Gott,
brauche deine Gewalt.
Guder, giodair, genießen, nutznießen.
gudla, gudida, f. giodia, E. Ertrag, m.
von Vieh und Gütern. gadiment, m.
giadimaint, E. Genuß, Ertrag, m. chi
bain peja, bain gioda, wer gut be=
zahlt, bekommt Gutes
Gudignar, guadagnar - er, gewin=
nen, verdienen. gudoign, m. gua=
doign, 2. guadagn, 3. Gewinn, Ver=
dienst m. bel gudoign fa bel spen=
der, wer viel gewinnt, kann leicht
ausgeben.
Guersch, a. (uiersch), schief, krumm,
einäugig. guardar -, schielen. sguer=
schin, 2. Einäugiger, Schielender, m.
Guerschá, f. versch, 2. versoha, 3.
Scheitel, m. It. vertice.
Gugiend, bugiend. adv. gugend, E.
gerne. Lat. gaudens.
Guila, uila, f. aguoiglia, E. Nadel, Näh=
nadel, f. gullada fil, agugliom, agü=
gliam fil, das Stück Faden, das auf
einmal eingefädelt wird. agugler, m.
E. buhriet 1. Nadelhäuschen, n. leno
da guilas, Tramen im Heustall. lonna
da guilas, Nadelholz, n.
Guindel, m. 3. plichuira 1. splejaduoira
E. Winde, f. Garnwinde.
Guisa (uisa) f. Art, Weise, f. lezza
uisa 1. a quella - E. so, auf dieselbe
Weise.
Gula, f. Kehle, Begierde. nuv, nual

71

della -, Kehlkopf, m. gulus, a. gulard 2. naschhaft.
uliv, uliv, anguliv, a.gualiv, E. eben, gleichmäßig. onser, filar -, gleichmäßig nähen, spinnen. angulivar, ulivar, gulivar - er, gleichmachen, ausgleichen. ulivaziun, f. gualivamaint 2. Ausgleichung f.
ummi, cummi, gomma, 3. Gummi, n. - elastic, G. elastikum.
unchir, guinchir, E. weichen, ausweichen. gunchida, f. guinchida, 2. sguinchida, 3. Ausweichung, f.
undschè, 3. Weiberschopen m.
uott 3. gott 2. daguott 1. Tropfen. naguott, ingott 2. unguotta 3. nichts, keinen Tropfen. f. daguott.
uotta f. gotta 2. aguotta 3. Nagel m. anguttar, ingottar - er, dar en guottas, an - zunageln, N. einschlagen.
uotter m. gotter 2. Flasche, Bouteille f. Kropf, m. goasch, 3. Kropf. guttrus, a. gottrus, kröpfig.
urbir, begünstigen, durch Gunst erhalten. gurbida f. favur E. Gunst,

Begünstigung. aver - Gunst haben, in Gunst sein.
Gurett m. guaret 3. Harnisch, Panzer.
Gurgugliar, sgurgugliar, 1. gurgeln, rummeln, vom Bauch.
Gustar - er, kosten, schmecken. gust, m. Geschmack, m. Lust nach etwas. gustus, a. gusteivel - aivel, a. schmackhaft, wohlschmeckend. disgustar - er, beleidigen, vor den Kopf stoßen. sa, as -, uneins, überdrüssig werden. disgust, disguost, m. Verdruß, Mißbeliebigkeit, f. disgustus, a. disgusteivel - aivel, übelschmeckend, verdrießlich.
Guvernar - er, regieren, pflegen, besorgen, -, regolar igl mavel, das Vieh besorgen, verpflegen. - in pievel, pövel, ein Volk regieren. guvern, guviern, 1. Regierung, Verpflegung, f. dar bien -, gut verpflegen, besorgen. tener a guviern, a quint, zu Rathe halten. guvernadur, Landshauptmann, Landpfleger, m. guvernera, f. guvernania, E. Haushälterin, Hofmeisterin, f.

H.

äresia, f. heresia 3. Ketzerei, f. irrige religiöse Meinung. häretic, a. heretic, 3. ketzerisch. kezzer, m. Ketzer, m.
aller, m. Heller, m.
alumbart, m. hallebart, m. E. Hellebarde, f.
andliar - egiar, negoziar, handeln, markten, vom Kaufmann. handlèg, m. negozi, E. Handlung, f.
Handriar, impedir, E. hindern, hemmen. handrèg, impedimaint, E. Hinderniß, n. Hemmung, f.
Hanur, Ehre. f. honorar.
Harfa, arfa, f. Harfe, f. sunar l' -, die Harfe spielen.

Harmèr, m. cramer, E. Krämer, m. harmiar, cramiar – ager, einkaufen; Ob: bes. Hochzeits=, Brautgeschenke kaufen.
Harmonir, zusammenstimmen, eins sein, freundlich zusammen leben. harmonia, f. Harmonie, f. Einklang, m. Einigkeit. harmonius, a. harmonisch, wohlklingend.
Harnisch, m. gurell, E. Harnisch, m.
Harriar - egiar, perseverar - er, persister, E. harren; ungestüm zusetzen, anhalten. el ha ton harriau, er hat so sehr darauf gedrungen, angehalten.
Harta, f. charta da giö, E. Spielkarte, f. giugar a -, Karten spielen.
Hass, m. ödi, E. Haß, m. It. odio, hassiar - ogiar, ödiar - er, hassen. hassius, a. ödius, a. E. gehässig, hassend.
Hazard, m. Zufall, m. giucc, giö da -, Hazard=, Zufallsspiel, n.
Hazla, f. giazella, f. 2. giaza, 3. Elster, f. It. gaza.
Hebamma, f. donna, duonna da part, E. Hebamme, f.
Hefli, m. Heftchen, n. heflis ad onzas, 1. Hefte und Schlingen; Haken und Oesen.
Heigel, m. chejel, E. Kegel, m.
Helvezia, f. Schweiz, f. Schweizerland, n. helvetic, a. helvetisch.
Hipocrisia, f. Heuchelei, f. hipocrit, a. heuchlerisch, Heuchler, m.
Hissli, secret, m. 1° comoditad - ed, Abtritt, m. Bünd. Hüsli.
Historia, f. Geschichte, f.
Hoker, m. 1. racher, 2. Maker, m. niedriger, unzuverlässiger Mensch. hokiar giù, mit Unrecht abzwacken.

Honest, onest, a. ehrlich, ehrbar, anständig. honestadad, f. honestad, Ehrlichkeit, Ehrbarkeit, Bescheidenheit, f. dis - malhonest, a. disonest, 3. unehrlich, gewissenlos, unanständig. dishonestad, f. 2. disonested, 3. Unanständigkeit, Unehrlichkeit, f.
Honorar, hundrar, 1. hondrar, 2. onorer, ondrer, 3. ehren, Ehre erweisen. honorari, m. Ehrenlohn, Gehalt, r-i. dishonorar, disonorer, entehren, beschimpfen. hundreivel, hundraus, ada, 1. hondraivel, 2. ondraivel, ehrbar, ehrsam. - vischins, ondros vschins, 3. ehrsame Nachbarn. hundreivladad, f. honestad, f. onested, f. Ehrbarkeit, Anständigkeit, f. Anstand, m. malhundreivel - aivel, a. unanständig, unehrbar. malhundreivladad, f. dishonestad, Unehrlichkeit, Unanständigkeit, f. hanur, f. 1. honur, 2. onur, 3. Ehre, f. guter Name, m. dishanur, zanur, f. dishonur, 2. disonur, 3. Unehre, Schande, f.
Honta, f. cogma, chancla, 2. chaunta, 3. Kanne, f. - da caffè, - da latt, Kaffee - Milchkanne, f.
Horizont, m. Horizont, Gesichtskreis, m. horizontal, a. wagrecht, horizontal.
Horribel, horrend, a. orribel, orrend, erschrecklich, abscheulich, grausenhaft. horrur, f. orrur, f. Grausen, n. Abscheu, m. abhorrir, verabscheuen.
Hospitalitad, f. ospitalited, 3. Gastfreundschaft, f.
Hrenzli, m. (Ischuppi), kranz, 2. craunz, 3. Kranz, m. Oberl. auch Gekröse, n.
Hres, m. Kragen, m. - da spirtual, murinella da Reverendo, 2. culer,

culeriu, 3. Pfarrerfragen, m. perder la murinella, 2. im Amte suspendirt werden.

Hrida, f. craida, 2. crida, 3. Kreide, f. - alva, cotschna, - alba, coatschna, weiße, rothe Kreide.

Hrippa, f. 1. Scheidewand auf der Viehbrücke.

Hrizer, m. krüzzer, m. E. Kreuzer, m.

Hronza, f. 1. Unterlagring (um etwas auf dem Kopf zu tragen).

Hruog, m. cröja, 2. Krug, m. Flasche von Steingut.

Hum, um, m. hom, E. Mensch, Mann, Ehemann. humatsch, großer, häßlicher Mann. - d'igl mond, infaut del mond, 2. sinnlicher Weltmann, Lebemann, m. - da plaid, 1. da pled, E. Mann von Wort, zuverlässig. - da mistregn, mansterant, 2. misteraun, 3. Handwerker, m. - alla bunna, gerader, schlichter Mann. - da nuotta, da nöglia, 2. d'ünguotta, 3. nichtsnützig. humaun, a. 1. humau, 2. umaun, a. 3. menschlich. humaunadad, f. humauitad, 2. umaniled, 3. Menschheit, Menschlichkeit, f. igl hum masir'ins bucca cugl bratsch, den Mann mißt man nicht nach der Elle.

Humil, a. demüthig. humiliar, umilier, demüthigen. humiliaziun, f. umiliaziun, 3. Demüthigung, f.

Hundrar, ondrar, ondrer, f. honorar.

Husar, m. Husar, m.

Hypoteca, f. Pfand, Unterpfand, n. hypotecar, metter sull, verpfänden, zum Unterpfand geben.

I.

Jamma, emna, f. evna, 2. eivna, f. 3. Woche, f. mezianma, mezemna, f. mercoldi, E. Mittwoche, f.

Jauèr, schauèr, m. schnèr, 3. Jenner, m.

Idea, f. Idee, Meinung, f. Ansicht, f. aver sias ideas, seine eigenen, sonderbaren Ansichten haben. idear, ideer, sich ausdenken, eine Idee fassen. ideal, m. Ideal, n.

Idiot, m. unwissender, eingebildeter Mensch.

Idol, m. Götze, m. idolatria, f. Götzendienst, m. idolatur, m. idolater, E. Götzendiener, m.

Idropic, a. wassersüchtig. idropisia, f. idropisia, f. Wassersucht, f.

Ieli, m. öli, E. Oehl, n. - d'uliva, Olivenöhl, Baumöhl, n. metter, dar -, öhlen. dar igl soinch jeli, - l'ultima uncziun, die letzte Oehlung geben. ir sco in jeli, (wie in Oehl) von Statten gehen.

Jer, her, E. gestern. jer sera - andamaun, her saira, - indamaun, gestern Abend - Morgen.

Iersan, orsan, m. orsan, E. Waise, f. Waisenkind, n.

Iert, m. üert, m. Garten, m. far si jert, metter üert, gärtnen, den Garten bestellen. metter -, einen Garten anlegen. urteis, Gartenkraut, n.

Iess, oss, m. coll. ossa, öss, E. Bein, n. Knochen, m. iess radund, schambottel, 2. nuschella del pè, E. Fußknöchel, m. iess da la comba, öss della chamma, Schienbein, n.

Iev, m. pl. ovs, öv, E. Ei, n. mellan d'iev, colschan -, 2. Eidotter, m. clar, cler d'öv, das Weiße. camisoba d'igl iev, die Haut im Innern des Ei's. ovs dirs-rars, övs dürs-tenders, hart-lindgesottene Eier. uar, over, Eier legen. uaischs, B. Strübli, n.

Ifer, m. zeli, E. Eifer, Ernst, Fleiß, m. ifri, a. zelus, zelant, a. E. eifrig, eenstlich.

Igl, il, E. pl. ils, der, best. Artikel, pers. Pron. ilsezz, els. svess-stess, dieselben.

Iglia, f. 1. Weiche, f.

Igniv, gnieu, E. Vogelnest, n. sgnivar, aus dem Nest herausnehmen.

Ignorar - er, nicht wissen, sich stellen, als wisse man es nicht. ignorant, a. unwissend. ignoranza - aunza, f. Unwissenheit, f.

Illuminar - er, erleuchten (mehr vom Geist). illuminaziun, f. Erleuchtung, f.

Illustrissim, a. hochgeboren.

Imitar - er, nachahmen imitaziun, f. Nachahmung, f.

Immaginar - er, sich einbilden. immaginaziun, f. Einbildung, f.

Imminent, a. bevorstehend, drohend.

Impegnar - er, zum Pfand geben. s'impegnar - er, unternehmen; sich zu etwas verpflichten.

Imperatur, m. imperadur, E. Kaiser, m. imperatura, f. imperadura, E. Kaiserin, f. imperi, m. E. Kaiserreich, n. imperial, a. kaiserlich.

Impertinent, a. unverschämt. impertinenza, f. Unverschämtheit, f.

Implorar - er, anflehen; demüthig, inbrünstig bitten.

Imposiziun, f. Auflage, f. s. poner.

Imprimer, part. impress, einprägen, einschärfen. impressiun, f. Eindruck, m.

Impuls, m. Antrieb, Anstoß, Impuls, m.

Imputar - er, anschuldigen, zurechnen. imputaziun, f. Anschuldigung, f.

In, E. en, Präp. in.

In, ün, E. eins. in, ün, einer. inna, üna, eine. anchin, a. mancher. anqualchio, qualchün, mancher, etwelcher. minchin, min - inminchün, jeder. (ognuno.) scadin, scodün, jeder. (cadauno.) in a scadin, Alle, ohne Ausnahme. nagin, ingün, a. keiner. guir parinna - parüna, eins werden, in Einigkeit, Frieden leben, sein. gnits bein parinna? seid ihr eins? (Gewöhnlicher Gruß, wenn man bei mehrern sich unterhaltenden Leuten vorbeigeht.) guir, esser malparinna. melparüna, uneins sein, werden. parinnadad, f. Eintracht, f. Einigkeit, f.

Incens, pl. intschais, 3. Weihrauch, m.

Inchinna, marcladira, f. marcladüra, E. Amboß zum Dengeln, Dengelstock, m. It. incudine.

Incisur, m. E. Kupferstecher, m.

Inclinar - er, neigen. s. anclinar.

Incombenza, f. Auftrag, m. incombenzar - er, beauftragen, den Auftrag geben.

Indicar, indicher, anzeigen. indicativ, m. Indicativ, m. Indisch, m. insch.

75

endisch, 3. Nestei, n. schar igl -, das Nestei lassen.

Indulgent, a. nachsichtig. indulgenzia - za, f. Nachsicht, f. Ablaß, m.

Industrius, a. thätig, unternehmend, anschickig. industria, f. Gewerbfleiß, m. Geschick, n.

Inferiur, a. geringer, schlechter, niedriger.

Innocent, a. unschuldig. s. nuschér.

Inquietar - er, beunruhigen. inquiet, a. E. unruhig.

Inschin, anschiu, m. inschign, E. Anschickigkeit, Geschicklichkeit, Gewandtheit, f. Jt. ingegno. inschignous, inschigneivel - aivel, a. anschickig, erfinderisch. s'anschinar, s'inschiguer, sich anschicken, geschickt anfangen. inschignier, m. Ingenieur, m.

Insistir, insister, E. darauf bestehen, beharren.

Insla, f. isla, E. Insel, f.

Insolent, a. übermüthig, frech, anmaßend. iusolenza, f. Frechheit, Unverschämtheit, f.

Insolvent, a. insolvent, der seine Schulden nicht bezahlen kann.

Inspectur, m. Aufseher, m. inspecziun, f. Aufsicht, f.

Inspirar - er, eingeben. s. spirt.

Instinct, m. Naturtrieb, Instinkt, m.

Instituir, einsetzen, stiften, anordnen. instituziun, f. Einrichtung, Anordnung, f. institut, m. Anstalt, Lehranstalt, f.

Instruir, unterweisen, lehren. instrucziun, f. Unterricht, m. Anweisung, f. instructur, m. Lehrer, Unterweiser, m.

Instrument, m. instrumaint, E. Werkzeug, n. Urkunde, f.

Insultar - er, beschimpfen. insulta, f. Beschimpfung, f.

Insurgent, m. Aufrührer, Rebell, m. insurrecziun, f. Aufruhr, m. Empörung, f.

Interessar - er, s' -, interessiren, Theil nehmen, Theilnahme zeigen. interess, m. Interesse, n. Theilnahme, f. Rußen, Zins, m. interessent, m. Betheiligte, Mittheilhaber, m. interessant, a. interessant, anziehend, bedeutsam. interessaus, ada, interessà - ò, mitbetheiligt; geizig, habsüchtig. disinteressaus - à - ò, uneigennützig.

Intern, a. innerlich, inwendig. intern, m. das Innere, Gemüth, n. interiur, a. inwendig, im Innern.

Interpretar - er, auslegen, verdollmetschen. interpret, m. Dollmetscher, Ausleger, m. interpretaziun, f. Auslegung, f.

Interrogar - er, befragen, gerichtlich fragen. interrogaziun, f. Frage, f. interrogatori, m. Verhör, n.

Intervall, m. Zwischenraum, m. (von Ort und Zeit.)

Intimar - er, gerichtlich anzeigen, Anzeige machen. intimaziun, f. gerichtliche Anzeige, f.

Intrigar, intrier, 3. intrigiren, durch Ränke, Kniffe zu erhalten suchen. s'intrigar en inna caussa, sich in etwas mischen, einlassen. intriga, f. böswillige Verwicklung, Intrigue, f.

Introdür, E. einführen, einleiten. introducziun, f. Einleitung, Einführung, f.

Invasiun, f. feindlicher Einfall in ein Land.

Inventar - er, erfinden, ersinnen. inventur, m. Erfinder, m. invenziun, f. Erfindung, Erdichtung, f. inventari, n. Inventarium, n. Verzeichniß vom Vorgefundenen. inventariar - er, inventarisiren, das Vorhandene verzeichnen.

Invidia, scuvidonza, f. inviglia, scuvidaunza, f. 3. Neid, m. Scheelsucht, f. invidius, a. inviglius, a. 3. neidisch).

Iou, eau, èa, 1. eu, eug, 2. eau, 3. ich, iou mezz - svess, stess, E. ich selbst.

Ir, gehen. ir antuoru, ir intuorn, herumgehen, von Genesenen; von Todten: geisten. ir en brauncas, ir sün tuots quater, auf allen Vieren gehen. ir a cusseigl, berathen, um Rath fragen. ir da chierp, Oeffnung haben. - d'inna vart, auf die Seite gehen. - a lêg, in lett, zu Bette gehen. - a fiera, marcau, auf den Markt gehen. - en malura, zu Grunde gehen. - navend, weggehen. ir a samada, smedas, 3. über den gefrornen, nicht einsinkenden Schnee gehen. ir sezz, allein gehen (von Kindern). ir a soinchs, wallfahrten. ir sur ora, überlaufen. ir sur angiù, ingiò, a smerscher, in einen Abgrund stürzen. ir a tarmaigl, tramegl, einem Mädchen den Hof machen. Eng. die Jugendgesellschaft, Tanz besuchen. surir, darüber hinausgehen.

Iral, m. irel, 3. Tenne, f. èra, f. 1. Gartenbeet, n.

Irom, m. arom, 2. aram, 3. Kupfer, n. It. rame. d'irom, d'arom - aram, kupfern. fil d'irom, m. 1. fil d'fierr, E. Eisendraht, m. vaschella d'irom, kupfernes Geschirr.

Is, dar Is, H. weinen. der ös, 3. Schmerzenslaute ausstoßen.

Isar, 1. (wenig gebräuchlich) üsar, üser, pflegen, gewohnt sein. sa disar, H. s'adüser, sich gewöhnen. disa, disada, H. adüs, E. Gewohnheit, f. Angewöhnung, f. disa fa natira, Gewohnheit wird zur Natur. isonza, f. 1. üsanza, E. Gewohnheit, Sitte, f. Gebrauch, m. isar giù, üsar, user giò, abnutzen. is, giîs, a. üsà, usò, gebraucht, abgenutzt. iseglia, f. 1. Küchengeschirr, n. üsaglias da maister, E. Handwerkszeug, n. usaglia d' chesa, Hausgeräthschaften.

Isar, 1. ezar, 2. ezer, 3. laufen vom Vieh, wenn es von der Hitze leidet. B. hissen. chi ca cauma da stad, isa d'unviern, wer im Sommer im Kühlen ruht, muß im Winter laufen.

Isch, m. üsch, E. Thür, f. ischadira, f. üschadüra, E. Thürpfosten. uschöl, E. kleine Fallthür, f. uschir, E. hinausgehen.

Ischeinkel, m. Querbalken im Stall über dem Gang; Stalldurchzug, m.

Ischier, m. aschèr, E. Ahorn, m. It. acero.

Ischill, m. aschigl, 2. ischigl, aschigl, 3. die Achse am Wagen.

Issiens, ils, assents, assegns, 2. assent, 3. Wermuth, m. It. assenzio.

Ischitta, f. tev, m. tev d'püerch, 3. Speckseite, f. It. lardone.

Itel, ütel, m. ütil, E. Nutzen, m. It. utile. nagiun itel, üngün ütil, kein Nutzen.

Ilg, m. üt, E. Salbe, f. s. unscher.

Itschal, m. atschal, 2. atschel, 3. Stahl, Feuerstahl, m. antschalir.

matschar, 2. atschaler, 3. ſtählen, mit Stahl beſchlagen. antschaladira, f. atschaladûra, E. Stählung, f. Stahlbeſchlag, m.
Judeu, Giudeu, m. Judeuv, 3. Jude, m.
Jurist, m. Rechtsgelehrter, m. jurisprudenza, f. Rechtsgelehrſamkeit, f. jurisdiczinn, f. Gerichtsbarkeit, f.

Iva, f. Jva, f. Wildfräuleinkraut, n. Achillea moschata.
Iver, gliver, m. 1. üver, E. Euter, n.
Izzun, m. uzzun, E. Heidelbeere, f. It. mirtillo. cuglia d'izzuns, föglia -, erva, fruoschias d'-, Heidelbeerſtrauch, m. It. mortella.

K.

Kanzla, scantschalla, f. chanzla, E. Kanzel, f. It. pulpito. kanzlia, f. cancelleria, 2. Kanzlei, f. kanzler, m. cancellier, E. Kanzler, m.
Keke, kekeg, H. die krummen Hahnenfedern.
Kerli, m. 1. Kerl, m.
Kezzer, m. Ketzer, ſchlechter, ſchlauer Menſch; Häretiker, m. kezzer, ra, chazzer, ra, E. geſchwind, gewandt,

ſchlau. in kezzer buob, ün chazzer matt, ein gewandter, ſchlauer Junge.
Kigniau, 1. verpicht auf etwas (incanito?)
Kista, f. chascha, E. Kiſte, f.
Klesser, m. bagliaf, 2. Schwätzer, Lügner, m.
Kleinod, m. clinöz, 3. Kleinod, n.
Krebs, hreps, m. giamber, Krebs, m.
Kunst, m. Kunſt, f.

L.

La, die, Artikel und Fürwort; Note: la.
Là, H. lou, 1. lo, 3. dort, daſelbſt. esser lou par murir, am Sterben ſein.
Lacc, m. vernisch, f. E. Firniß, Lack, m. dar -, lackiren.
Lad, a. led, 3. breit. dunna lada, eine ſchwangere Frau. ladezia - ezza, f. Breite, f. sladar - er, erweitern, verbreitern. sa -, ſich breit machen.

Ladar, aldar - er, düngen, den Dünger ausführen. It. letamare. ladimm, m. aldüm, beai, 2. biach, m. 3. Dünger, Miſt, m. ladimèr, m. aldümèr, E. Miſthaufen, m. surladar, suraldèr, 3. zu ſtark düngen.
Lader, m. leder, 3. Dieb, m. ladernessa, f. 1. ladra, 2. ledra, 3. Diebin, f. ladrar, sladrer, 3. ſtehlen; Dieb ſchelten. ladernitsch, m. la-

dronetsch, E. Diebstahl, m. ladermenta - naglia, f. ladramainta, E. Diebsgesindel, n. Diebsbande, f. la femma d'igl lader ri er bucc' adinna, das Weib des Diebs lacht auch nicht immer.

Ladin, a. schnell. ladinamein, sogleich, schnell, bald. ladinar, 2. eilen, sich beeilen. sladinar oura, 2. zur Arbeit treiben. as sladinar oura, 2. sich aufraffen.

Ladritsch, m. Heuboden, Abtheilung des Heustalls. ladrütsch, 3. Heustock, m. ladritscher, 3. Nagel unter der Leiter des Wagens.

Lag, m. 1. leih, 3. See, m.

Laghiar, lagegiar, gnailar - er, lauern, spähen, passen. laghiader, lagegiader, m. Laurer, m. laghümm, lagegimm, m. Lauern, gieriges Spähen, Aufpassen.

Lagner, 3. ausschelten. s' lagner, sich zanken.

Lagrar, allegrar - er, erfreuen. sa -, s' -, sich freuen. lagerment, m. algrezza, 2. algrezcha, 3. Freude, f. Vergnügen, n. Belustigung, f. leger, a. lejer, a. 2. alleger, a. lustig, fröhlich. legria, f. allegria, E. Fröhlichkeit, f. lagreivel, a. allegraivel, E. erfreulich, erhebend. Dieu 's allegra, E. Schöner gewöhnlicher Gruß: Gott erfreue Euch!

Laguotter, travuondar - er, verschlingen, verschlucken. It. ingkiottire. lagullida, f. einzelnes Schlucken.

Laid, m. läd, 2. led, 3. Leid, n.; die Leidtragenden neben der Bahre. star egl -, esser in läd, 2. ster sül led, 3. sich im Leid, unter den Leidtragenden befinden. plouscher -, plaundscher il led, 3. Leib klagen It. condolere. portar - er -, vaigder, (vaugder), Leid tragen. Ital. vestir il lutto. far a da laid, beleidigen, betrüben. el mi ei laid, es ist mir leid.

Laig, m. latt, E. Milch, f. - muls, muns, E. warme frischgemolkene Milch. - panaglia, penn, Buttermilch, f. - sgarmau, sgromà, sgramò, abgerahmte Milch. vadi da -, Milchkalb, n. prender igl -, die Milch nehmen, nicht mehr säugen. lichira, 1. spaisa da -, E. Milchspeise, f. lattaroula, f. 3. B.-Milchli.

Laist, m. laist, E. Schusterleisten, m. It. forma di scarpe. trer s'igl, sü'l -, auf den Leisten schlagen.

Laitra, f. lètra, 2. Wagen=, Baumleiter, f.; Handleiter, f. letrigl, 2. costa del charr, 3. die Sprosse an der Wagenleiter.

Lama, f. 3. lomma, 1. Reif, m. (am Rad).

Lameigl, m. pavaigl, E. Docht, m. It. lucignolo.

Lamentar, almentar - er, sa, s' -, sich beklagen, beschweren. lamentonza, lamentischan, f. lamentanza, almentanza, 2. almentaunza, 3. Klage, Beschwerde, f. lamentischuns da Jeremias, lamentaziuns da Jeremias, E. Klaglieder Jeremias. lamenteivel, a. lamentabel, bla, E. kläglich, betrübt. lamentügnimm, m. ungegründetes Klagen.

Lamizzi, nuscheigl, m. minz, nuschè, 2. minzin, 3. Kern, m. in plaid senza lamizzi, eine gehaltlose Rede.

Lampa, ampa, *f.* ampula, 2. Lampe, *f.*
Lantagien, *m.* lantigna, E. Schweld,
m. Sommerflecken, *m.* Eng. auch
Linse, *f.* lantagien par la mazza,
plantel da mazza, 2. stombel da
mazzöl, Schwelchflecken für die Mazze.
ver lantagiens, avair lantignas, Sommerflecken haben.
Lanziel, *m.* linzöl, E. Leinewand, *f.*;
Bett=, Heutuch. It. *lenzuolo.* lanzeuls, p. linzous, 2. Betttücher.
Lapp, *m.* 1. Frackflügel, *m.*
Lappar-er, Lappen. lappi, *m.* einfältiger Mensch.
Larg, *a.* larg, ia, weit. It. *largo.* velieu larg, ein weites Kleid. far-, Platz machen. aver-, Platz haben. star alla largia, in der Weite, weit davon bleiben. largar, befreien, los=; freimachen. largezia, *f.* largezza, E. Weite, *f.* larghira, largüra, E. große Weite (von Kleidern). slargar, larganir, slargiar-er, erweitern. slargada, *f.* slargiadu-eda, Erweiterung, *f.* Erweitern, *n.*
Largau, 1. largiò, 3. Lärchenharz. *f.* larisch.
Larma, *f.* Thräne, *f.* It. *lagrima.* larmar-er, thränen. que ölg larma, das Auge thränt, fließt. larpus, larmus, *a.* triefend, thränend, blöd. lerp, *m.* 1. Augenwimper, *f.*
Laschar-er, schar, lassen. schar vi, lascher vi il suonz, das Gut ver= pachten. schar vida, leer lassen, von weiblichen Rindern. schar par testament, lascher per testamaint, vermachen, testiren. lasch, *m.* laschada, 2. Vermächtniß, Legat, *n.* staschaus, ada, slaschò, eda, 3. ausgelassen, muthwillig. anterlaschar, interlascher, 3. unterlassen. relaschar-er, erlassen, nachlassen. relasch, *m.* Nach= laß, *m.* surlaschar-er, zu Adern lassen. It. *salassare.* surlaschada, *f.* Aderlässe, *f.*
Laster, *m.* vizi, E. Laster, *n.* It. *vizio.*
Latezia, *f.* leidezza, E. Freude, Freu= digkeit, *f.* led, *a.* leid, *a.* E. fröhlich, froh, vergnügt. It. *lieto.*
Latiarna, *f.* laterna, 2. linterna, 3. Laterne, *f.*
Latin, *a.* lateinisch.
Latsch, *m.* Schlinge, *f.* It. *laccio.* ir egl, nel-, in die Schlinge fallen. latschar, inlatschar-er, knüpfen. slatschar, losknüpfen. pigliar ougl-, mit der Schlinge fangen. metter in latsch, eine Schlinge legen. glitsohs, Kreise, vom Weber.
Latta, *f.* Latte, *f.* latteu, *m.* Boden aus runden, von einander entfernten Hölzern ob der Tenne, die Garben zu trocknen. lattina, *f.* Boden von Bret= tern unter dem Dach, das Stroh zu versorgen. anlattir, belatten, Latten zum Dach legen.
Laua, *f.* 1. las lauas, die kleinen Rinder= klauen.
Lauchia, *f.* labgia, 2. lobgia, 3. Laube, Emporkirche, *f.*; freier Raum vor den Zimmern eines Stockes. lauchiell, *m.* piaunch, kleine Laube.
Launa, *f.* louna, 1. lana, 2. Wolle, *f.* da launa, wollen, von Wolle.
Laussa, *f.* alaussa, 2. alossa, 3. Faul= beere, *f.* lausser, alausser, 2. alos= sèr, 3. Faulbeerbaum, *m.* (*Chamnus frangula.*)
Lavagar, dazipar-er. verderben, zu

Grunde richten. lavagar igl flsi, l'ura, die Flinte, die Uhr verderben.
Lavar - er, waschen. sa, as -, sich waschen. lavunz, m. Wäscher, m. lavunza, f. Wäscherin, f. lavadiras, lavadüras, E. pl. Abwasch=, Spühlwasser, n. lavada, dar inna lavada, Waschen, n. etwas ein wenig durchwaschen. lavonda, f. Wäsche, f. das zu Waschende. lativ, m. Lavativ, Klystier, n. schlavun, m. scuvalun, m. ü. Ofenwisch, m. schlavunar, scuver il fuorn, den Backofen rein wischen. schlavidrar, durchs Wasser schlagen; vergeuden.
Lavazza, f. lavazigna, 3. Blackte, f. Rumex alpinus Lapathum. lavatèr, lavazinèr, 3. Blackengarten, m.
Lavinna, f. Lavine, f. Schneesturz, m. gnir en lavinna, unter die Lavine kommen. lavinèr, E. Lavinenstrich - Zug, m. Lavinenablagerung, f.
Lavur, f. Arbeit, f. f. luvrar.
Laxier, m. purga, pürgia, f. Laxier, Abführmittel, n.
Leale, leal, a. real, a. leel, reel, 3. rechtschaffen, redlich. lealtad, realtad, f. lealted, realted, 3. Rechtschaffenheit, Redlichkeit, f.
Lèd, a. froh. f. lagrar und latezia.
Lèg, m. lett, E. Bett, Flußbett, n. lèg da mort, Sterbebett, n. pons da lèg, - da lett, pans da lett, Bettlücher. far si lèg, fer il lett, betten, das Bett machen. ir a lèg, ir a lett, ir in lett, zu Bette gehen. lichiera, f. garvatt, H. m. littèra, 2. lichèra, 3. Bettstelle, f. falèg, m. Streue, f. (für Thiere).

Lèg, letg, f. lai, 2. alaig, 3. Ehe, f. paigs da -, patts d' -, Ehepakten. pens da -, pains d' -, Ehepfänder. sparchir -, divorzier, 3. ehescheiden. rumper la -, ehebrechen.
Legal, a. gesetzlich. legalisar - er, legalisiren, für ächt, gesetzmäßig erklären. legalitad - ed, f. Gesetzmäßigkeit, f. legislatur, m. Gesetzgeber, m. legislaziun, f Gesetzgebung, f. legitim, a. ächt, rechtmäßig. legitimar - er, die Aechtheit erklären, beweisen; legitimiren. sa, as -, sein Recht darthun, sich ausweisen. illegal, a. widerrechtlich, unrechtmäßig. illegitim, a. unächt, unrechtmäßig, unehlich. lescha, f. ledscha, E. Gesetz, n. Satzung, f.
Lèger, comp., m. champ, E. Lager, Feldlager (oft in der Bibel).
Lèger, a. fröhlich. f. lagrar.
Legier, p. ligieu, leger, 2. ler, lett, 3. lesen. It. leggere. lectur, m. Leser. lectura, f. das Lesen, der Lesestoff. lexca, f. lezcha, E. Lektion, das zu Lernende. ligida, dar inna -, das einmalige flüchtige Lesen. ligieivel, vla, legibel, bla, lesbar. leger avon, ler avaunt, preler, E. vorlesen. leger suenter, nachlesen. surleger, surler, 3. überlesen legier or, eleger, p. elett, (clèer or), auslesen, erlesen, wählen. ligida, elecziun, f. Erwählung, Auswahl, f. ils ligieus, ils eletts, E. die Erwählten (Gottes). electur, m. Kurfürst, m. Wahlmann, m. lechia, f. letta, E. Wahl, f. aver lechias, avair la letta, die Wahl haben. aver la lechia a prender la sechia, wählen können und den schlimmern Theil erwählen.

Leischen, lisch, a. glisch, a. glatt. lischnar, schlischar - er, ausgleiten, gleiten.

Lenar, 1. beschmutzen, verunreinigen. sa -, sich -. lenimm, m. 1. Schmutz, Unrath, m.

Lendi, m. lens, pl. 2. lents, 3. Nisse, f. Läusel, n.

Lenn, m. lain, E. Holz, Holzstück, n. la lenna, la laina, E. Holz, n. da lenn, da laina, E. hölzern. lenna da seglia, söglia, Laubholz, n. lenna da guilas, sruonzla, Nadelholz, n. lenna verda, grünes Holz. - sechia, secha, dürres Holz. lenna grossa, grobes Holz. - manidla, mnüda, kleines Holz. lenna da diever, linam da zember, E. Bauholz, n. brauchbares Holz. lenna da seug, dad arder, Brennholz, n. lenna morta, rama secha, dürres Abfallholz. cugn da lenna, cuogn, E. Keil, m. (Holz zu spalten). far, pinar lenna, lainar, 2. holzen, Holz bereiten, fällen. lennom, m. coll. lainom, 2. linam, 3. viel, große Menge Holz. laina da tettaglia, laina per tettaglia, Holz zum Dachstuhl. lenna da clavau, ariglia, 2. Holz für Ställe. pichialenn, m. pichialain, E. Specht, m.

Lentilgia, f. lentigna, E. Linse, f.

Lerp, m. Wimper, f. s. larma.

Leu, liùn, m. lian, E. Löwe, m. leua, liunessa, f. Löwin, f.

Leua, f. 1. Lust, Begierde. It. gola acquolina. gnir leuas, große Begierde nach etwas haben.

Leufa, f. Wölfin, f. s. luff.

Leug, log, m. lö, E. der Ort, das Ort. far, schar -, Platz lassen, machen. metter a -, an seinen Ort stellen; ein verrenktes Glied einrichten. lugar, loar, lovar - er, zurichten, bereiten, vorbereiten. sa lugar, s' -, sich rüsten, bereiten. lugament, m. lovamaint, E. Einrichtung, Zurichtung, f. slugar, metter ord -, slovar - er, in Unordnung bringen; verrenken. local, a. örtlich. localitad - ed, f. Oertlichkeit, f. collocar, collocher, 3. an Ort, Platz bringen.

Leung, a. lung, a. E. lang. mal leung, m. Gallenfieber, n. bisleung, a. länglicht. lungezia - ezza, f. Länge, f. lunganir, verlängern. slunganir, slunganar, 2. slungir, 3. verlängern; prolungar igl tiarm, prolunger -, den Termin verlängern. prolungaziun, f. Verlängerung, f. leungella, f. 1. Querholz, n. im Vogelschlag.

Leunga, f. lengua, f. 2. laungia, 3. Zunge, f. leunga bov, badalasg, Ochsenzunge. Polygonum Bistoria. lungaig, m. linguach, E. Sprache.

Leur, f. leivra, Hase, m. It. lepre.

Lev, a. leiv, a. E. leicht, (physisch und sittlich). It. leggiero. levsenn, n. Leichtsinn, m. da lev senn, leichtsinnig. surlievgiar, surlovgiar - er, erleichtern, erquicken. surlievgiament, m. surleivg, 2. surleiv, 3. Erleichterung, f.

Levar, alvar, 2. alver, 3. aufstehen, aufgehen. It. levare. igl suleigl, la pasta leva, leiva, die Sonne, der Teig geht auf. leva, lievgia, f. ägla, egla, 2. Hebel, m. lavont, m. alvamaint, 2. alvò, 3. Sauerteig, m. lavantar, alvantar, aufwecken, auferwecken. lavada d' ils morts, resü-

stanza - auza dals moris, Auferste=
hung der Todten. relevar - er, ent=
heben; abnehmen. sulevar - er, er=
leichtern, erquicken.
Lezz, a. less, a. quell', a. E. derselbe,
dieselbe. gliezz, dasselbe. lezza uisa,
guisa, so i auf die Weise!
Lgimari. f. glimari.
Lgin. f. glin.
Lginna. f. glinna.
Lgisch. f. glisch.
Lgitsch. f. glitsch.
Liber, ra, frei, los, offen. It. libero.
liberar - er, befreien, erlösen. liberal,
a. freigebig, freisinnig. libertad -
ed, f. Freiheit, f. liberalitad - ed,
f. Freigebigkeit, f. liberaziun, f. Be=
freiung, f. libertin, a. ausschweifend,
frivol. deliberar - er, berathschla=
gen, berathen. deliberaziun, f. Be=
rathung, f. Rathschluß, m.
Librocc, m. brastoc, 2. brastuoch, 3.
Weste, f. Brusttuch (von Männern).
Lizenziar - er, entlassen, verabschie=
den. licenzia - za, Erlaubniß, f.
Lichiar, slichiar, lichar - er, lecken,
schlecken. It. leccare. litg, lich, li=
chiada, 1. lichada, 2. lich, licheda,
3. kleine Portion auf einmal zu Lecken.
lichimm, m. lichöz, E. Geleck, m.
Küsserei, f. lichiader, m. Lecker,
Schlecker, m. lichiun, m. Mehlknol=
len, m. in der Mehlsuppe. palichiar,
1. wählig essen.
Lichiva, f. 1. forella, E. Forelle, f.
Liderlich, a. daschütel, E. liederlich,
nachlässig, unthätig. liderlichadad, f.
daschütlla, E. Liederlichkeit, f.
Lient, (lou ent), darin; lior, (lou or),
draußen.

Ligiar, liar - er, binden, knüpfen, fes=
seln, It. legare. ligiar en cudischs,
lier -, Bücher einbinden. ligia, f.
lia, E. Bund, m, las treis ligias,
die drei Bünde, Bündnerland, n.
ligiom, m. liom, 2. liam, 3. Band,
n. - da calscheuls, Strumpfband,
n. ligiadira, f. liadüra, E. Gebinde,
n. Einband, m. ligiador, liader
da c. Buchbinder, m. ligiongia, f.
liangia, 2. Wurst, f. sligiar, sliar -
er, losbinden, sa, as -, sich auf=
lösen.
Lignar, ingiovinar - er, rathen, erra=
then. legn, m. ingiavinada, 2. in=
giovinera, 3. Räthsel, n. dar da
lignar, dar si legns, der sü ingio=
vineras, Räthsel aufgeben. per in=
giavin, 2. per grataig, 3. aufs Ge=
rathewohl.
Limar, a. feilen. limma, glimma, f.
Feile, f. limadira, f. glimadüra, E.
Feilenspäne, f.
Limit, m. Grenze, Schranke, f. limi=
tar - er, begrenzen, beschränken. li=
mitaziun, f. Begrenzung, Beschrän=
kung, f.
Lin, glin, m. Flachs, m. sem da -,
Flachssamen, m.
Lingia, f. Linie, Zeile, Reihe, f. lin=
giar, linger, 3. liniren. lingiera. f.
lingier, 2. linger, 3. Lineal, n.
Lingiér, a. adeister, lest, svelt, 2.
adesier, 3. gewandt. lingieradad, f.
adestrezza, E. Gewandtheit, f.
Liquid, a. E flüssig; bereinigt. liqui=
dar - er, abrechnen, bereinigen, liqui=
diren. liquidaziun, f. Abrechnung,
Bereinigung, f.
Lira, f. Leier, f. Pfund, n. (von Geld

und Gewicht). far inna -, leiern, langweilig sprechen oder singen.

Lisch, gliech, a. glatt. glischar - er, glätten, glattmachen; ausgleiten. leischen, na, 1. glatt, schlüpfrig. lischnar, gleiten.

Lischent, a. laschantiv, 2. müssig. It. osioso. lischentadad, f. laschantia, E. Müssiggang, m. sa dar alla -, s'ardar alla -, sich dem Müssiggang ergeben. valischent, m. daschüttel, ozius, E. Müssiggänger, Faulenzer, m. ir, star lischent, ir laschantiv, müssig gehen, sich nicht in etwas mischen. stalischent, m. standschègn, E. 2. stanschègn, 3. das Stück Boden von einem Gebäude bis zur Traufe, welches also zur Hofstätte und dem Eigenthümer des Gebäudes gehört. (Lat. *stilicidium*.)

Lischiva, f. aschiva, 2. alschiva, 3. Lauge, Wäsche, f. It. *lessiva*. far -, waschen, Wäsche (mit Lauge) haben.

List, m. 1. List, Schlauheit, f. listi, a. listig, schlau. listiadad, f. Listigkeit, f.

Lubir, erlauben, gestatten. lubienscha, f. lubenscha, 2. Erlaubniß, f. nunlubeu, ida, illicit, a. unerlaubt.

Luco, a. locc, 2. luoch, 3. los, unfest, schlotterig. lucca, f. Lücke, f. laccadad, f. Flauheit, f. Schlottrigkeit, f. baluccar, 1. sbalucher, wanken, wackeln, schlottern. quei dent balucca, der Zahn wackelt. laccantar, beweglich machen, z. B. einen Stein.

Luchiar, luottar, 2. lotter, 3. kämpfen, bes. mit Schmerzen. Eng. ringen, - cun la mort, mit dem Tod kämpfen. luchia, f. luotta, lotta, E. Kampf, Todeskampf, m.

Ludar, loder, 3. loben, rühmen, preisen, sa, as -, sich rühmen, prahlen. ludeivel, vla, ludabel, 2. lodabel, 3. löblich, lobenswerth. nunludelvel, a. illodabel, E. unlöblich. laud, m. lod, 3. Lob, n. (It. *lode*.) surindar, surloder, übertrieben loben. chi 's loda 's imbroda, eigen Lob stinkt. ludaun, f. archa della lia, Bundeslade, f.

Ludra, f. Fischotter, f. It. *lodriga*.

Luf, m. Wolf, m. somm da luf, naira, luppa, Hunger wie ein Wolf, Heißhunger. luf tscharvèr, m. Luchs, m. leufa, f. Wölfin, f. schlechtes Weib.

Luft, m. air, 2. aèr, 3. Luft, f. Wind, m. trer -, winden, lüften. lufti, a. arius, a. E. windig. lustiar, lüften, auslüften.

Lumbard, lumbardun, m. 1. Bettler, m.

Lump, m. Lump, m. lumparia, f. Lumperei, f.

Lunder, davon. It. *onde, ne*. lundergiù, landergio, 2. davon ab. landervi, landervi, E. daran. landeruou, davon her. landrora, landroura, E. daraus.

Lungaig, m. Sprache f. leunga.

Lunna, f. Laune, böse Laune. f. glinna,

Lunsch, dalunsch, 1. lönsch, dalönsch, E. weit, ferne, von ferne. It. *lontano*. lontanar, allontaner, 3. entfernen. luntanonza, f. lontananza, f. 3. Entfernung, Ferne, f.

Luppa, f. Oberl. der schmerzliche Aufbruch der Haut zwischen den Beinen, der vom langen Gehen entsteht. Eng. Heißhunger.

Lur, lura, Adv. allura, E. damals, dann. It. allora.
Lur, il, la lur, ihrer, ihre.
Luschar, allogiar - er, beherbergen, wohnen. luschament, m. allogi, E. Logis, n. Wohnung, f.
Lutt, m. lut, 2. petlla, 3. dicker, fester Schmutz an den Kleidern; auf dem Kopf der Kinder; Brand an der Sense.
Luttiar, löthen, schweißen.
Luvrar, lavurar - er, arbeiten. lavront, m. lavuraunt, 3. Arbeiter, m. lavur, f. Arbeit, f. luvreivel, a. arbeitbar. laburius, a. arbeitsam. laburiusadad, f. laboriositad - ed, Arbeitsamkeit, f.

M.

Ma, E. mo, 1. Conj. aber. ma di na, mo madinà, nein, durchaus nicht, Gott bewahre! (*Ma Dieu nd.* (?)
Ma, mi, 1. me, E. pers. Fürwort: mich, mir. mamezz, me sless, svess, E. mich - mir selbst. madem, medem, a. derselbe, der gleiche.
Macarun, m. Makaroni, f. Tölpel, m. fer üna macaruneda, etwas Albernes thun.
Macla, f. Fehler, Schandfleck, m. senza macla nè menda, ohne Fehl, ganz tadellos. aur ou piglia macla, Gold bekommt keine Flecken. macular, maclar - er, beflecken, beschmutzen. maculatura, f. Packpapier, n. maclus, a. fehlerhaft (in sittlicher Beziehung). It. *magagnoso*. immaculans, - à, ò, ada, unbefleckt.
Macort, michiert, pòr, a. 1. trid, a. suosc, ia, E. häßlich. mirar michiert, pòr, mürrisch, verstimmt aussehen. macortadad, f. tridezza, E. Häßlichkeit, f.
Madagar, medgiar, 1. medjer, 2. heilen. It. *medicare*. madischinna, f. maschdina, E. Arznei, f. miedi, m. meidi, E. Arzt, m.
Madergnun, madernatscha. f. madra.
Madir, a. madür, E. zeitig, reif, reiflich. malmadir, a. malmadür, E. unreif, unzeitig. madirar, madürar - er, reifen, zeitigen. It. *maturare*. madironza, f. madüranza, E. Reife, f. madier, m. pl. la madiera, 1. madèr, müglier, 2. giaschiglèr, 3. dicker Baumstamm, zu Ställen; junge Baumstämme.
Madra, f. Gebärmutter, f. It. *madre, utero.* madritscha, f. madrinna, 2. madrütscha, 3. Pothe, f. madrigna, f. madrastra, E. Stiefmutter, f. smadrar, sa -, die Gebärmutter ausstoßen, entmüttern. madernatscha, f. mel, madrun, 2. Colif, f. Grimmen, n. madargniun, m. (d'euas), zoco d'ùas, 2. puncher d'uja, 3. Weintraube, f. madreperla, f. Perlenmutter, f. matrical, Mutterweh, Beschwerung, f. matern, a. mütterlich. matrimoni, m. Ehe, Heirath, f. matri-

monial, a. ehelich, sich auf die Ehe beziehend.
Maga, f. Zauberin, f. magi, m. Zauberer, m. Weise aus Morgenland. magia, Zauberei, Zauberkunst, f.
Magari! wenn nur! wenn doch! gut so! Gr. makarios. glücklich, oder Lat. mage carum, lieber so! magari ca ei fuss bucca ver, wäre es nur nicht wahr!
Magazin, m. Magazin, n. Vorrathskammer, f.
Mager, a. majer, 2. meger, 3. magrr, übel daran. It. magro. el viva magramein, er lebt schlecht, mit schlechter Kost. mangiar da mager, Fastenspeise essen. magrir, smagrir, 1. immegrir, 3. abmagern, mager werden. magradad, f. maigrezza, 2. megrezza, 3. Magerkeit, f. smagrantar - er, durch schlechte Bebauung die Güter mager werden lassen.
Magliar - er, fressen. f. mangiar.
Magnet, m. calamita, E. Magnet, m. magnetisar - er, magnetisiren.
Magnific, a. prächtig, herrlich. magnificar, magnificher, 3. verherrlichen, lobpreisen. magnificenza, f. Pracht, Herrlichkeit, f.
Magun, m. stommi, E. Magen, m. star s'igl -, beschweren, unverdaulich sein; auch sittlich: nicht verdauen können. sa magunar, nicht schlucken können, sich verschlucken.
Maguoli, magnoigl, m. mizguaigl, 2. miguoigl, 3. Mark, n. It. midolla.
Mai, mè, 3. Adv. nie, niemals. mai bucca, mè briob, niemals. mai, nur. mai pauc, nur wenig. igl onn d'igl mai, im Jahre nie. damai, 1. da,

weil, sintemal. scha mai, wenn etwa, falls. maina, niemals. el maina ven, er kommt nie. oramai, nunmehr.
Majestad - ed, f. Majestät, f. majestus, a. majestätisch.
Maig, m. mai, 2. meg, 3. Mai, m. der Monat Mai. maig (da flurs), mag, 2. maz, püschel, 3. Strauß, Blumenstrauß, m. - da nozzas, craunz da noazzas, 3. Hochzeitkranz-Strauß, m. - da mort, 1. craunz da moris, 3. Todtenkranz, m.
Majola, migiola, mijola, f. 1. Steingut, n. Schüssel von St. It. majolica. - da cafè, Kaffeschüssel, f.
Mal, mel, ist oft privativ und drükt das Entgegengesetzte aus, z. B. malgist.
Mal, a. 1. scort, a. 3. gescheidt, listig, gewandt, böse, schlecht. mal hom, gescheidter Mann. mala leunga, noscha laungia, 3. eine böse Zunge. mal sin combas, mel in chamma, schlecht auf den Füßen. mal da far, übel, schwer zu machen. malameinmaing, übel, unglücklich. mal a vurdau, malaguardà, 2. Abgrund, Felsenabgrund, m. da mala veglia, 1. mal, mel da vöglia, übelbekannt, verstimmt.
Mal, m. mel, 3. Uebel, Weh, n. Böse. n. mal leung, 1. Gallenfieber, n. mal marsch, 1. Nervenfieber, n. mel trid, f. hinfallend Weh, n. mel del disohöl, 3. Unverdaulichkeits-Beschwerde, f. - ranteivel, ansteckend. mal ootschen - chietschen, Ruhr, f. s'ammalar - er, krank werden, erkranken. grev, greiv -, ein schweres Uebel. - d' oegls - d' ureglias - da dents,

Augen = Ohren = Zahnweh, n. aver prender par mal, übelnehmen, empfindlich werden. gir, dir mal, flu= chen. sa fur, s'fer -, sich beschädigen. ir a mal, da mal, zu Grunde geben, verderben. metter mal, a mal, durch Afterreden oder Verläumdung aufreizen. bein cun mal! 1. sei es! auf gut Glück!

Malatia, f. Viehkrankheit, f. E. auch: Krankheit, f. malatt, a. indispost, a. E. unwohl, unpaß. malatitsch, a. maladitsch, 2. kränklich. s'malettar - er, E. sich eine Krankheit zuziehen.

Malaura, strasaura, f. melora, 3. Ungewitter, n. malonn, m. malam, E. Unglück, n. Teufel, m. igl malonn igl tenta, der Böse sicht ihn an. malom, H. Kraut der Zeitlose, f. mala dunaun, f. H. Grimmen, n. Kolik, f. malacurada, f. ledt, E. Trauer, f. portar -, Leid tragen. malagrazia, f. Roheit, Ungeschliffenheit, f. malmandogn, 2. kleine Wunde. malinconic, a. schwermüthig, betrübt, traurig. mâlinconia, f. Schwermuth, Traurigkeit, f. malesizzi, m. Verbrechen, n. malfchioni, m. 1. Uebelthäter, m. mallusti, a. 1. schmutzig, unsauber, unrein. It. sporco. permalus, a. empfindlich, unverträglich. Ital. permaloso. malmagaigl, m. Nabelkrankheit der jungen Kälber. malsaun, a. malsau, a. 2. mêlsaun, a. krank. malsanitsch, kränklich, ungesund. malsognia, f. 1. Krankheit, f. von Menschen und Vieh. malura, f. malur, 3. Unglück, n. ir en -, zu Grunde gehen.

Malizia, f. Bosheit; Schlauheit, f. malizius, a. boshaft, schlau. maliziusadad, f. Bosheit, Boshaftigkeit, f. malign, a. boshaft, bösartig. malignitad - ed, Bosheit, f.

Maler, m. mailèr, 2. pomèr, 3. Apfelbaum, m. star a chiau malèr, auf den Kopf stehen. meil, m. coll. la meila, mail, 2. pom, 3. Apfel, m. maila d'tiara, mail in terra, 2. Erdäpfel, m. meila salvadia, 1. Holzäpfel, m.

Maliar, malegiar, 1. piturar - er, malen. maleg. m. pitūra, E. Gemälde, n. It. pittura. maler, maliader, m. pitur, E. Maler, f. maliar giù, smaliar giò, 2. abmalen, porträtiren.

Malter, m. Malter, n.

Malva, f. (iarva da mignuccas), Malve, f.

Mamma, momma, mumma, f. Mutter, f. mamalè - l, f. mangia, 3. hölzerne Flasche, Wein oder Wasser aufs Feld zu tragen, Art Fäßchen.

Manar - er, führen, leiten. It. menare. manader, m. conductur, E. Führer, Leiter, m. maneivel, vla, manaivel, vla, E. (führbar), nahe, leicht. malmaneivel, a. schwer, weit entfernt, abgelegen. funs malmaneivels, abgelegene, entfernte Güter. manada, f. mnada, mneda d'paing, E. Butterballen, der auf einmal gemacht wird. manadira, f. mnadūra, E. Zug Rinder. manatschöl, m. 3. Nabelschnur, f. sa damanar, s'demanar - er, sich betragen, aufführen. damanonza, f. demanamaint, E. Betragen, n. Aufführung, f. smanar, s'manisar, schwingen, schnell hin und her bewegen, verſetzen. sa smanar, 1. s'darmanar, 2. ſich breit machen, einherſtolziren. surmanar - er, verführen, verleiten. surmanader, m. surmanadur, 2. surmneder, 3. Verführer, m. surmaneivel - aivel, a. verführeriſch, verführbar.

Ma-minatschar, smanatschar, 1. imnatschar - er, drohen, bedrohen. It. minacciare. smanatscha, f. imnatscha, E. Drohung, f.

Mandreivla, f. 3. Geldbrache, Geldſcheiſer, m.

Mandura, f. mondura, 3. Uniform, Montur, f.

Mandel, m. mandola, 2. Mandel, f. mandels zuccarai, inzuccros, verzuckerte Mandeln.

Maner, Oberl. übernachten, von Leuten und Vieh. Ober-Engad. nur vom Vieh. maner or, ausbleiben, nicht heimkommen. rumaner, bleiben. It. rimanere,

Manèra, f. kleines Beil, n.

Manestra, f. Suppe, f. It. minestra. - da ris, Reisſuppe, f.

Mangauns, vaungas, H. D. Heimele. Chenopod. Bonus Henricus.

Mangeult, mangiult, m. Mangold, m.

Mangiar, manger, 3. eſſen. mangiader, m. mangedar, 3. Eſſer, m. mangieivel, vla, mangius, a. 1. mangiaivel, E. eßbar. mangiuss, a. mangiuoss, a. E. gefräßig, dem alles gut iſt. ni - magliar, magler, 3. freſſen. sa migliar, 1. von den Milben gefreſſen werden. migliader, magliader - a. magledar -a. E. Freſſer, m. Freſſerin, f. la migliadira, la magliadúra, freſſende Inſekten, Läuſe. mi - magliaria, f. Freſſerei, f. migliar or, entgelten müſſen. ramigliar, armagler, 3. wiederkäuen. ramieigl, m. armaigl, E. Wiederkäuen, n. surmigliar, surmagler, zu viel eſſen -freſſen. migliada, f. magleda, 3. Fraß, m. far inna -, unrechtmäßige Aneignung fremden Guts. raubas mangiativas, Eßwaaren.

Mangliar, preſſen, glätten.

Mangola, f. pingoula, 2. bambesch, m. 3. Baumwolle, f. da -, baumwollen.

Maniar - egiar, maneger, 3. meinen. meini, maniament - maint, m. Meinung, f.

Manidel, a. manüd, üda, 2. mnütt, a.3. klein, fein. It. minuto. muaglia manidla, Schmalvieh, n.

Maniera, f. Art, Weiſe, f. Anſtand, m. cun bunna maniera, mit Anſtand, Artigkeit. senza maniera, ohne Anſtand. manierus, a. anſtändig, artig, höflich,

Manifestar - er, offenbaren, bekannt machen. manifest, m. Bekanntmachung, f. manifest, a. offenbar.

Manizzar (carn), zapper (charn), hacken. manizzar en, einbrocken; zu knacken geben. manizzaduira, f. zappaduoira, 3. Hackeiſen, Hackbeil, n.

Mauna, f. Manna, n.

Mansester, m. manzester, E. Plüſch, m.

Manti, pl. mantials, chappa, E. Kirchenmantel, m.

mantin, m. Serviette, f. gemodeltes Gewebe. mantinar - er, Gemobeltes weben.

Mantineda, E. far cavals, 1. Katzenmuſik, f. Keuvoll, m. eine Polizeiſtrafe die die erwachsene männliche Jugend Nachts gegen entzweite Eheleute übt, wobei sie die Betroffenen wohl auch in den Brunnen wirft.

Manlognia, f. Berg, m. f. munt.

Manlun, menlun, m. 1. mintua, E. Kinn, n.

Manzigna, f. 3. die Krone, der Wipfel, Zweig eines Baumes.

Mar, f. mer, 3. Meer, n.

Marca, f. Marke, Spielmarke, f. Kennzeichen, n. marcar, marcher, 3. zeichnen, bezeichnen. remarcar, remarcher, 3. bemerken, wahrnehmen. remarca, f. Bemerkung, f. remarkeivel, vla, remarcabel, bla, E. merkwürdig.

Marcau, m. marchà-ò, E. Stadt, f. Markt, m. far marcau, einen Markt, Kontrakt schließen. bien marcau, buon marchà - ò, wohlfeil. marcadar, marobantar - er, markten, handeln. marcadont, m. marchadant - aunt, Kaufmann, Händler, m. - da vin, Weinhändler, m. marcanzia, f. marchanzia, E. Kaufmannsgut, n.

Marclar, batter, E. schlagen. marcladira, f. marcladüra, E. Dengelzeug, n. Dengelstock, m. martè e marcladüra, Dengelzeug, n.

Maregien, Häuflein, n. star en, a -, zu Haufen, haufenweise beisammen sein.

Marendar - er, Oberl. zu Mittag essen. Eng. Vesperbrod. marenda, f. Oberl. Mittagessen, n. Eng. Vesperbrod. marenda pinchia, i. Vesperbrod. n.

Mareu, m. marit, E. Ehemann, m. maridar - er, sa, as -, verheirathen - sich v. maridiez, m. maridöz, E. verkuppelte Heirath. M. auch: Heirathsgeschenk, n. maridaglia, f. Heirath, Mißheirath, f.

Marlasch, m. 3. großes Fleischmesser.

Marlotscha, f. merl, m. E. Amsel, f. It. merlo.

Marlott, barlott, m. ball, m. E. Hexentanz, m.

Marmaglia, f. Gesindel, n. marmaniglia, vermaniglia, f. Ungeziefer, n.

Marmel, m. Marmor, m. da -, marmorn.

Marmugniar - er, murren. marmuign - uoign, m. Murrkopf, m. marmugnimm, m. marmugnioz, E. Gemurre, n. mürrisches Wesen. marmuguiader, m. Murrer, m.

Marodi, a. indispost, a. unpaß. esser -, unpaß sein (in niedrigem Sinne).

Marsch, a. faul, träge. It. marcio. marschun, smarschun, m. Faulenzer, m. marschadegna, marschadira, f. daschüttlla, E. Faulheit, Trägheit, f. mar - smarschir, verfaulen. marscha, f. Eiter, n. mal marsch, Nervenfieber, n.

Marschar, marcher, marschizen, reisen, gehen. marsch, m. Marsch, Gang, m. Reise, f. marschrutta, f. Marschroute, m.

Marsgis, m. mardi, E. Dienstag, m.

Marter, m. martir, E. Märtyrer, Blutzeuge, m. martirar, murtirar, 1. martuoirisar - er, 2. quälen, peinigen. sa, -, as martriar, sich quälen, überarbeiten, Mühe geben. martuiri, m. martuoiri, E. Qual, Peinigung, f.

Martì, m. pl. ials, martè, E. Hammer, m. martellar - er, hämmern. avair saimper mazza e martè, immer in Uneinigkeit leben.

Marun, m. große Kastanie, f.
Marv, a. (marval,) 1. amarv, 3. steif, starr, von der Kälte. gnir -, steif, starr werden.
Marveigl, ia, marvaigl, ia, E. Adj. früh. bein, bain -, ganz früh. levar -, früh aufstehen.
Marveiglia, f. müravaglia, buonder, E. Neugierde, f. Wunder, n. aver, avair -, neugierig nach etwas sein. aver biallas -, ün bel buonder, kein Wunder haben. sa mar - smarvigliar, s'müravgliar - er, sich verwundern. marviglius, a. müravglius, a. E. bewunderswürdig, wunderbar. marvigliuss, a. bondragius, a. E. neugierig. smarviglienscha, f. müravglenscha, 2. Verwunderung, f.
Marz, m. März, m. calonda, chalanda marza, der erste Tag März.
Masca, maskera, f. Maske, f. maskarada, f. maskerada, Maskerade, f. ir en -, sich maskiren.
Mascha, f. Masche, beim Stricken; Bandschlinge, f.
Maschina, f. màchina, E. Maschine, f. machinar - er, ausdenken, anzetteln, machiniren.
Maschl, 1. mischl, m. Stallnagel, m. (ob der Thür, sie von Innen zu schließen).
Maschloss, mischloss, m. Vorlegschloß, n.
Maschun, f. madschun, 3. Hühnerstange, f. ir a -, maschunar - er, auf die Stange gehen, B. setteln.
Maseina, f. (d'aveuls), vasche d'avius - aviöls, langer hölzerner Bienenkorb, n. - da fil, 1. Garnstrehne, f.
Masira, f. masüra, 2. imsüra, 3. Maaß n. prender la -, das Maaß nehmen. ir a masiras, imsüras, in die Alp zum Messen gehen. masirar, masürar, 2. imsürer, 3. messen. masireivel, vla, masürabel, 2. imsüraivel, vla, insürabel, 3. meßbar. nunmasireivel, immasürabel, unermeßlich. smasireivel, smasüraivel, 3. außerordentlich groß.

Masiron, misaron, m. 1. masaroign, 2. masaron, 3. Majoran, m. Spitzmaus, f.
Maskel, m. mascul, 2. maschiel, 3. Männchen. It. maschio. ils maskels, B. Mannevolk, n. masculin, a. männlich.
Massa, f. Masse, Menge, f. massadur, m. 1. das obrigkeitliche Mitglied, welches, als gewählter Fürsprecher, für die Part sprach, oder ihre Sache vortrug. massèr, m. Hauswirth, m. massèra, f. Hauswirthin, Haushälterin, f. massa (d'fier), mazza, E. Amboß, m. massiv, a. massiv, grob, fest.
Massacrar - er, niedermetzeln. massacra, f. Metzelei, f.
Massialla, f. massella, gianascha, E. Kinnladen, Kinnbacken, Kiefer, m.
Massignin, a. guast, levrus, a. E. finnig, faul, hektisch). vacca massigninna, finnige Kuh.
Mastiar, maschchar - er, käuen, beißen; undeutlich reden. Ital. masticare. mastiimm, m. Gekäute, Gelispel, n.
Mastirar, vermischen, vermengen. mastira, mistira, f. masdügl, E. Gemisch, n. Gemenge von Roggen und Waizen oder Gerste. f. mischadar.
Matèria, f. Stoff, m. Material, n. matergia, f. 1. Eiter, m. far -, eitern. material - el, a. materiell, hum -,

12

roher, unwissender Mensch. material, m. materiel, 3. Material, n. Baustoff, m.
Matern, a. mütterlich. s. madra.
Matt, mattatsch, m. Knabe, Jüngling, Junge, m. Matta, pl. mattauns, Mädchen, n. Jungfrau, s. mattatscha, kleines Mädchen. mattir, smattir, ammattir, E. zornig werden, leidenschaftlich nach etwas streben.
Maula, s. palusa, H. plusa, E. Raupe, Schmetterlingsraupe, s. mulaun, m. 1. Motte, s.
Maulta, s. molta, E. Mörtel, Mauermörtel, m. Jt. smalto.
Maun, moun, m. man, 2. Hand, Seite, Vorhand, s. Jt. mano. ir d' in -, auf die Seite gehen. da - drett, auf der rechten Seite. suenter maun, zieva -, der Reihe nach. dar, der -, die Hand, Hülfe geben. cumprar d'igl amprimm -, aus der ersten Hand kaufen. prender giu da -, abnehmen, von jemand abhängen. prender or da -, aus der Hand nehmen. purlar sin -, porter sün -, auf der Hand tragen; alles Mögliche zu Gefallen thun. tener a maun, tegner quint, zu Rathe halten. tener mauns a Dieus, 1. metter ils mauns insemel, E. die Hände falten. esser avont -, avaunt -, vorhanden sein. pigler, prender par -, zu Handen nehmen, vornehmen. ir a maun, gut (von der Hand) gehen, gelingen. vai a maun? Gruß den Arbeitenden: gehts gut? scala, schiela da -, Handleiter, s. suramaun, Oberhand, s. prender, pigler -, die Oberhand gewinnen, einreißen, herrschend werden. manetscha, s. manch, m. E. Henkel, m. Stiel, m. - da sadialla, Eimerhenkel, m. manuscritt, manuscript, m. Handschrift, s. muntanèr, m. 1. die Handhebe am Senfenstiel. mongia, s. mangia, E. Aermel, m. ir en mongias, ohne Rock gehen. monschetta, s. Manschette, Kräuse, s. mangett, E. munigin, m. 1. Schlauf, Muff, m. moni, m. manch, E. Stiel, m. Heft, n.
Maxima, s. Grundsatz, m. Maxime, s.
Mazirocla, s. barlocca, H. Quaste, s.
Mazza, s. mazzöl, m. 3. Kolben, m. Keule, Mazze, s. giuger mazzacula, dar a mazzas, 2. giover a mazzöl, Mazze schlagen. mazzoler, 3. hämmern.
Mazzar - er, schlachten, tödten. sa, s' -, sich tödten. - in bov, einen Ochsen schlachten. mazzament, m. homicidi, E. Todschlag, m. Mordthat, s. homicider, m. E. Todschläger, Mörder, m.
Medaja, medaglia, s. madaglia, E. Medaille, s. (Frauen=Halsschmuck.)
Meder, Korn schneiden (mit der Sichel). miass, s. mess, E. Gerste=, Kornerndte. tschuncar -, tschuncher -, Gerste schneiden (mit der Sense). medunz, m. medunza, s. tschuncader, 2. tschuncheder - a, Schnitter, m. Schnitterin, s.
Mediar, medgiar, medger, 3. heilen, heil werden. Jt. medicare. miedi, m. meidi, E. Arzt, m. remediar, remedgiar - er, verbessern, gut machen. remiedi, m. remeidi, E. Heilmittel, n. madagar, guarir, E. heilen, genesen. madischinna, s. masdinna, E. Arznei, s. masdinar - er,

91

E. preader madischinnas, 1. Arznelen nehmen.

Mediatur, m. Vermittler, m. mediaziun, f. Vermittlung, Verwendung, f. miez, m. mezz, E. Mittel, n. per, par -, medient, mediant, E. mittelst, vermittelst. mediatamein - maing, mittelbar. immediat, a. unmittelbar. immediatamein - maing, unmittelbar, sogleich.

Meditar - er, nachdenken, betrachten. meditaziun, f. Nachdenken, n. Betrachtung, Ueberlegung, f. premeditar - er, vorher überlegen. premeditaziun, f. Vorherüberlegung, f. Vorsatz, m. puccans premeditai, pchos premeditos, vorsätzliche Sünden. premeditatamein - maing, vorsätzlich, mit Vorsatz.

Meglier, meglra, (Comp. von: bien, bain, bun) megl, meglder, E. besser. da bien en -, vom Guten zum Bessern. leits meglier? Wollt ihr etwas Besseres? mehr? ei va, ven-, que vo megl, 3. es geht, wird besser. migliurar, mildrar, 1. megliorar, 2. ammegliorer, 3. bessern, ver - ausbessern. migliurament, mildrament, m. meglioramaint, 2. ammeglioramaint, 3. Besserung, Verbesserung, f. far la migliur, 1. das Beste thun, sich eines annehmen.

Mehr, m. fittadin, E. Pächter, Güterpachter, m.

Mei, 1. me, E. Acc. v. iou, mich, mir. Jou stund da par mei, me, ich wohne allein, für mich.

Meida, f. Wetterschoch, m. großer, festgetretener Heuhaufen.

Meigl, megl, m. 1. mei, 3. Hirsen, m.

Meins, (Comp. von pauc) main, E. weniger, geringer. It. meno. gnir meins, almain, 3. abnehmen. s'igl meins, sü'l main, wenigstens. dameins, weniger. esser meins, main, geringer, niedriger sein. ne meins quest, nicht einmal dieses. meins plaids a pli faigs, weniger Worte und mehr Thaten. buoca puder far meins, nicht unterlassen können.

Meins, m. mais, E. Monat, m. minchia meins, mais, jeden Monat. mensual, a. 1. mensil, a. 3. monatlich.

Meisa, f. maisa, E. Tisch, m. Lat. mensa. esser, ir a meisa, zu Tisch, in die Kost gehen. masada, f. 1. Tischgenossenschaft, Familie, f. commensal, m. Tischgenosse, m.

Meister, m. maister, E. Meister, m. mistregn, m. maistèr, 2. mistèr, 3. Handwerk, n. ir suenter -, ir zieva sieu -, sein Handwerk betreiben. glieut da -, Handwerksleute. mistronza, f. 1. mansteranza, 2. mastraunza, 3. Meisterleute. mastrinna, f. E. Zügel, m. meistergiar, 1. mastragiar - er, meistern, schnitzeln. mustriar - ergiar, 1. mastrir, E. bemeistern, in Zaum halten. - pores, 1. sanar - er, E. verschneiden (Säue). meisterlos, a. 1. meisterlos. meisterlosadad, f. Meisterlosigkeit, f.

Mèl, m. 1. meil, 2. meigl, 3. Honig, m. paigna - tabla, 2. tevla d'-, Honigwaben, m. - garnellau, granellò, alter, gekörnter Honig.

Melissa, f. Malisse, f.

Mellen, melna, 1. 3. giegl, jegl, ia, 2. gelb. It. giallo. mellen d'iev - öv, cula del öv, 2. Eidotter, m. mel-

lania, f. gialdüm, 2. melgial, 3. Gelb=
sucht, f. It. iterizia.
Melodia, f. Melodie, Tonweise, f. me-
lodie, a. melodisch.
Member, m. E. nember, 1. Glied, n.
eummember, E. cunnember, 1. Mit=
glied, n. smembrar - er, zerstückeln.
ils nembers, 1. Beutel, an männli=
chen Thieren.
Memma, memguia, meignia, zu
sehr, zu viel. It. troppo. - bear,
zu viel. - bien, bain, zu gut.
Memoria - gia, 1. memoria, E. Gedächt=
niß, n. Erinnerung, f. memorial - el,
m. Denkschrift, f. memorabel,
bla, denkwürdig. immemorabel, un-
denklich. memorar - isar - er, am-
imprender or dad ora, oura, aus=
wendig lernen, memoriren. rememo-
rar - er, gnir andament - adimaint,
sich wieder erinnern, daran erinnern.
Menda, f. Fehler, m. Gebrechen, n.
mendus, a. fehlerhaft, gebrechlich.
s'emandar - er, sich bessern. emen-
daziun, f. Besserung, f.
Mènder, Comp. von schliet, geringer,
schlechter.
Mender, m. minder, 2. erwachsener
Junggeselle, Knabe. ils minders, die
Junggesellen.
Mentir, E. manchir, minchir, 1. lügen.
manzegnia, f. manzögnia, E. Lüge.
gir, dir -, lügen. manzasèr, m. manz-
nèr, 2. manzneder, 3. Lügner, m.
manzasèra, f. manznèra, 2. manz-
nedra, Lügnerin, f. manznairasc, a.
2. lügenhaft. platt da manzegnias,
plantagien, plantegen, 3. Wegbreite,
f. (Heilkraut.)

Menziun, f. Erwähnung, Ueberschrift,
Adresse' far -, menziunar, 1. men-
zunar - er, erwähnen. far si la -,
die Adresse schreiben.
Meritar - er, verdienen. merit, m. Ver-
dienst, n. hum da -, ein verdienst=
voller Mann. meriteivel - aivel, a.
würdig, der es verdient. nunmeritei-
vel - aivel, a. unwürdig, unverdient.
Mèsch, m. luttun, l'utun, E. Messing,
n. Ital. ottone. da mesch, d'utun,
messingen.
Mess, m. Bothe, m. f. metter.
Messa, f. Messe, f. cantar messa,
ler -, 3. Messe lesen. da messa, ka-
tholisch.
Metal, m. Metall, n. da metal, me-
tallen.
Meteor, m. Meteor, n. Lufterscheinung, f.
Mèter, m. Meter, m. Maaß von 3½
Fuß.
Metoda, f. Methode, Verfahrungs=
Lehrweise. metodic, a. methodisch.
Metra, f. 3. Wasserkübel mit einer län-
gern Daube, als Henkel oder Griff.
Metter, p. mess, metter, p. miss, 3. le-
gen, stellen, setzen. mess, m. Bothe, m.
metter a meisa, maisa, in die Kost
schicken. metter apsembel, zusam-
menlegen; trauen, copuliren. metter
corns, vantusas, E. schröpfen. met-
ter giù (inna moda), abstellen. -
inna brev, abgeben, aufsetzen. metter
mann, man, Hand anlegen, angreifen.
metter mal, aufstiften, aufhetzen.
in mettamal, m. ein Feindschaftsstif=
ter, m. metter or, oura, auslegen,
erklären. metter pag, 1.- pac, 2. scom-
metter, wetten. - da par, scheiden,

trennen. metter si, sü, aufstellen, auflegen. sa, as -, sich verabreden. metter sutt, suot, anspannen; unterschieben; Unterpfand geben. metter vi, weglegen; hinrichten. mettel! metteit! gesetzt! wahrscheinlich! mettei oa el vommig, es wird wahrscheinlich geben. sa metter, sometter, 3. von trächtigen Kühen: B. sich anlassen, zeigen daß sie bald kälbern. sa metter a far inna caussa, anfangen etwas zu thun. admetter, E. zulassen, zugeben, gestatten. amparmetter, versprechen. amparmaschun, f. impromissiun, E. Versprechen, n. cu-commetter, bestellen, beauftragen. cu-commissiun, f. Auftrag, m. Bestellung, Kommission, f. commissari, m. Abgeordnete, Beauftragte; Kommissär, m. sa, s' ompromettar, sich darauf verlassen; seine Ehre verletzen. compromiss, m. Kompromiß, n. sa, s'cuntermetter, sich widersetzen. demissiun, f. Entlassung, f. dismetter, smetter, unterlassen, nicht mehr thun. - da beiver, das Trinken aufgeben. ommetter, auslassen, übergehen. ommissiun, f. Unterlassung, f. Versehen, n. permetter, erlauben, gestatten. permess, m. permissiun, f. Erlaubniß, f. rametter, remetter, die Entscheidung einem Andern überlassen. ramessa, f. das der Entscheidung Ueberlassene. scommetter, wetten. scommissa, f. Wette, f. sullametter, unterwerfen. sa -, sich unt. gehorchen. sullamissiun, Unterwerfung, f. Gehorsam, m. tarmetter, schicken, senden.

Meu, mia, 1. mais, mia, 2. mion, mia, 3. mein, es.

Meula, f. miula, mingla, 2. mievla, miel, 3. ein Wenig, Bißchen. spechi inna meula, spetta ün miel, wart ein wenig! inna meula, mievla d' paun, ein wenig Brod. smeula, f. mievla, 3. Brosame, f. sa smular, smiular, sminglar, 2. smievler, 3. sich zerbröckeln, in Brosamen zerfallen.

Meur, f. mir, H. f. mür, E. Maus, f. miez meur a miez utschè, mez mür e mez utschè, Fledermaus, f. murlinna, f. Mäusedreck, m.

Mezca, f. mezcha, f. 2. bacharia, 3. Schlachtbank, f. mezkiar, mezchar, 2. schlachten. mezker, m. mezcher, bacher, E. Schlächter, Metzger, m.

Miarda, f. merda, f. schött, m. E. Menschen= Thierkoth, m. Nichts. ti sas inna -, du weißt nichts. s'immerdar - er, sich beschmutzen.

Midar, mädar - er, wechseln, verändern, mit dem Vieh an einen andern Ort ziehen. - ils dens, daints, die Zähne wechseln. midada, midonza, f. mudada - eda, E. Veränderung, Aenderung, f. mideivel, vla, mulabel, bla, E. veränderlich. nunmideivel, immutabel, 2. unveränderlich. mideivladad, f. Veränderlichkeit, f. amparmidar, 1. entlehnen. smidar calur, mäder colur, Farbe wechseln, sich stark verändern.

Miella, f. 3. kleiner Rausch.
Miesel, mosel (da roda), Nabe, f.
Mièstra, f. (scochia ascha), majaistra, E. saurer Molken. It. acqua salmastra. miaströr, m. bröch, puzlaim da -, B. Sauerkübel.

Miet, m. 3. Kleien. It. crusca.

Miez, m. mezz, E. Mittel. It. mezzo. f. mediar.

Miez, meza, mezz, a. halb. miez, m. mezz, m. Mitte, f. Innere, n. Hälfte, f. enta miez, in mezz, in der Mitte, im Innern. far par miez, parmozar, halbiren, mitten durch theilen. ir da -, Schaden leiden, haben. sa metter da -, sich ins Mittel schlagen. mèza, mesa, f. coppa, E. halbe Maaß. far milter, mitta, Halbpart machen. mezaria, f. Mitte, f. mezadad, f. mezdad, 2. mitted, 3. Hälfte, f. miezgi, m. mezdi, 2. Mittag, m. mezanoig, mezzanot, 2. mezzanoat, 3. Mitternacht, f. masaun, a. mezzaun, 2. mesaun, 3. mittler. igl masaun, der mittlere, zweite Sohn. da statura -, von mittlerer Größe.

Miffa, f. müffa, E. Schimmel, an Brod, Käs. da -, schimmlicht. far -, schimmlicht werden.

Migiar d' alp, massèr, 1. alpchant, 2. alpaunt, 3. Alpgenosse, m.

Mi - magliacc, m. zooca, f. 2. barlangia, 3. Heuhäufchen. B. Schochen, m. far -, Schochen machen. mimagliacca, f. größeres Heuhaufen.

Mignucc, m. manuochetta, 3. kleiner Hauskäs. mignucca, f. manuochia, E. (größerer) Alpkäs. feglia mignucca, Malve, f.

Militar, a. militärisch, zum Krieg gehörig. militar, m. Kriegsmann, Militär, m. milizza, f. Miliz, Landwehr, f.

Milli, m. Tausend. millièra, viele Tausende. milliun, m. Million, f.

Milza, f. splemma, 1. splecha, E. Milze.

Mina, f. Pulvermine, f. miniera, f. Erzgrube, f. mineral, a. mineralisch, mineral, m. Mineral, n.

Minal, m. minel, 3. $1/_{16}$ einer Quartane.

Minchia, mincha, E. jeder. - gl, dl, jeden Tag. minchiatont, minchatant - taunt, jeden Augenblick, von Zeit zu Zeit. minchin, jeder. f. in.

Minchir, lügen. f. mentir.

Minim, a. Superlat. von pign, pitschen, der Kleinste, Geringste.

Minna, f. Sammet, m. Pudendum viri.

Minuta, f. Minute, f.

Minz, dar igl minz, 1. Münze spielen, (Kreuz oder nicht Kreuz.)

Mir, m. mür, E. Mauer, f. It. muro. leung igl -, längs der Mauer. radiend igl -, hart an der Mauer. mirar, far si -, mürer ser -, mauern. miraglia, f. müraglia, E. Gemäuer, n. mirader - dur, m. mürader - eder, Maurer, m. mirada, f. müreda, 3. große Mauer.

Mira, f. mera, 2. Ziel, n. Absicht, f. Visir, (auf der Flinte.) mirar - er, schauen, zielen. - uiertsch, guiertsch, schielen. prender mira, pigler da -, zielen, auf etwas absehen. trer da -, trer alla schaiba, zur Scheibe schließen. admirar - er, bewundern. admireivel, vla, admirabel, bla, E. bewundernswürdig. admirazion, f. Bewunderung, f. admiratur, m. Bewunderer, Anbeter, m. miracla, f. miracul, m. Wunder, n. It. miracolo. miraclus, a. miraculus, a. wunderbar.

Miscalca, f. 1. loba, H. Tannzapfen, m. Kolben, m. - da graun türc, Türkenkolben, m.

Misch, a. müff, E. schimmlicht, faul. paun-, schimmlichtes Brod. in misch, mitsch, ün müsch, mütsch, E. B. Tuch= nduster; verschlossener, unheimlicher Mensch.
Mischadar,1.masdar-er, mischen, durch= einandermengen=rühren. - la pasta, den Brodteig rühren. mischadimm, m. masdügl. E. Gemisch, Gemenge, n. mischlar, misclar las hartas, masdar-er las chartas, die Karten mischen.
Mi-maschloss, m. maschlöss, 2. mar= schlöss, 3. Vorlegeschloß, n.
Miseigl, m. coll. miseiglia, 1. Säge= block zu Schindeln.
Miser, a. elend, dürftig, armselig. mi= siergia, f. Elend, n. Armuth, Dürf= tigkeit, f. miserabel, bla, armselig, elend, erbärmlich. misericordia, f. misericorgia, 1. Barmherzigkeit, f. misericorgieivel, vla, misericordiai= vel, E. barmherzig, mitleidig. com= miseraziun, f. sa prender puccau, s'fer pchò, Mitleiden, Erbarmen haben.
Miskel, m. müschiel, m. E. Moos, n. It. muscolo. far -, Moos sammeln. misclar, müsclar, 2. müschler, 3. mit Moos ausstopfen. misclus, a. müschielus, a. E. moosig.
Mislar, m. masler, E. Stockzahn, m. It. dente molare.
Misteri, m. mysteri, Geheimniß, n. misterius, a. geheimnißvoll, geheim.
Mistral, m. mastral, 2. mastrel, 3. Ammann, Landammann, m. mistar= lessa, f. mastralessa, E. Landam= männin, f. mistarlar, mastralar-er, unbefugt herrschen, meistern. mastar= lla, f. 1. Landammannamt, n. ma= stralia, E. feierliche Installation der Obrigkeit.
Mistregn, m. Handwerk, n. s. meister.
Mitigar-er, beruhigen, besänftigen. sa, as -, sich beruhigen. mitigaziun, f. Besänftigung, f.
Mitschar, mütschar-er, entwischen, ent= kommen. mitschantar, mütschantar, flüchten, entwischen helfen. - da la mort, dem Tod entreißen.
Mitt, a. mütt, a. E. stumm. gnir -, erstummen. giugar la mitta, giovar - er, alla mütta, Grad und Ungrad spielen.
Mo, 1. ma, E. Conj. aber, allein, son= dern.
Moda, f. Mode, f. alla, suenter la -, nach der Mode, modisch. modern, a. neu, jetzig. remodernar - er, erneuern, neue Form geben.
Mòdel, m. mouden, E. Form, etwas darin auszuprägen. -da culas, ballas, Form, Flintenkugeln zu gießen.
Modell, m. Modell, Vorbild, n. Vor= legeform, f.
Mòd, m. E. Art, Weise, f. moderar, moderer, mäßigen, ermäßigen. mo= deraziun, f. Mäßigung, f. mode= raus, moderat, a. mäßig, billig modificar - cher, modifiziren, etwas daran ändern. modificaziun, f. Er= mäßigung, Modifikation, f.
Modest, a. bescheiden, anständig. mo= destia - adad, f. modestia, E. Be= scheidenheit, Artigkeit, f. Anstand, n. malmodest, a. immodest, E. unbe= scheiden, anmassend.
Mohr, mòr, Mohr, Neger, m.

Moign, m. malg, 2. manch, 3. Holzschlegel, m. Tölpel, m. star sco in moign, wie ein Stock da stehen. chiau sco -, avair ûna bunna mazzoula, Kopf wie ein Holzschlegel

Moign, mognia, 1. (nur in Verbindung mit far oder aver) aver, far a moign, molgnia da beiver, da mangiar, exhibir, zu trinken, zu essen anbiethen. It. esibire.

Mola, f. moula, E. Schleifstein, Mühlstein, m. mular, moular, 2. schleifen, mahlen. moller, p. meult, 1. mahlen. mulin, m. Mühle, f. mulinèr, m. Müller, m. mulinèra, f. Müllerin, f. multira, f. multûra, f. E. Müllerlohn, m. mollet, m. E. Schleifer, m.

Molest, a. molestus, a. lästig, beschwerlich, drückend. molestar - er, belästigen, beunruhigen. molestia, f. Beschwerde, Belästigung, f. dar -, beschwerlich fallen.

Moment, m. momaint, m. E. Augenblick, m. Moment, n.

Monarch, m. monare, 2. Monarch, m. Fürst, m. monarchia, f. Monarchie, f.

Mongia, f. Aermel, m. f. maun.

Moni, m. manch, E. Stiel, m. f. maun.

Monna, f. manna, 3. Garbe, f. - da salin, Waizengarbe, f.

Monument, m. monumaint, E. Denkmal, Grabmal, n.

Moral, a. morel, a. sittlich. immoral - el, a. unsittlich, sittenlos. moral, f. Sittenlehre, f. moralitad - ed, f. Sittlichkeit, f. immoralitad - ed, f. Unsittlichkeit, Sittenlosigkeit, f. moralisar - er, moralisiren.

Morast, m. fundella, f. 1. Sumpf, m. Pfütze, f.

Morder, m. Mörder, Räuber, m. mordiar, 1. mordiar, 2. mordrager, 3. morden, quälen. mordreritsch, m. mordraretsch, E. Mordthat, f. mordaria, f. mordraria, Quälerei, f.

Morder, p. miers, mors, beißen. sa, as -, sich beißen. - strett, 3. geizig, hebig sein. mordent, a. beißend, stichelnd, gut schneidend. leunga mordenta, eine beißende, böse Zunge. miersa, morsa, f. morsa, 2. müersa, 3. Biß, m. morsa, f. große Schmiedzange.

Mosa, zeiver da paun, 1. Backzuber, m.

Morter, murtèr, m. morscher, [E. Mörser, m. zum Stampfen und Schießen. pisar egl -, pester nel -, im Mörser stoßen. sigiattar cugis -, mit Mörsern schießen.

Mott, m. Verstand. Sinn, m. bucca aver -, keinen Sinn, Schick haben.

Mover, p. muveu, mouver, mosa, p. E. bewegen. as, sa -, sich b., regen. moviment, m. movimaint, E. Bewegung, f. (physisch und sittlich.) moziun, f. Antrag, m. far la -, den Antrag stellen. muantar, muventar, 2. movanter, 3. von der Stelle bewegen, rühren. - in crap, igl cor. einen Stein, das Herz bewegen. chi bain sto, nu's mova, wer sich wohl befindet, ändere, bewege sich nicht. motiv, m. Beweggrund, m. motivar - er, andeuten, den Grund angeben. muvel, m. Viehstand, das Vieh. la muaglia, Vieh, n. mobiglia, f. Hausgeräth, n. commover, commovental, bewegen, rühren. commoxien, f. Bewegung, Rührung, f. commovent, a. muvanteivel, a. beweglich, rührend. promover, befördern. promozion, f. Beförderung, f.

Mucca, f. Lust, f. Gelüst, n. bucca far mucca, sein Maul verziehen.

Müffel, m. E. kleines Knäbchen.

Mül, m. E. mill, mül, 1. Maulesel, m.

Mugier, megier, p. mi - mugen, mügir, E. brüllen (vom Rindvieh). muig, m. mui, E. zweijähriges männliches Rind. mugia, f. muja, E. zweijähriges weibliches Rind. meg, muig, 1. einzelnes Brüllen. mugimm, m. Gebrüll, n. muaglia, f. Vieh, Rindvieh, n.

Muglier, f. Weib, n. Ehefrau, f. It. moglie. prender -, heirathen, Weib nehmen.

Mugrin, m. die hervorspringende Ecke von Strickholz an hölzernen Gebäuden. B. Quett, n. mugrinèra, diese Ecke bis zum Dach hinauf.

Mulaun, muloun, m. tarna, chambla, f. 3. chera, 2. Motte, f.

Mulscher, p. muls, 1. muscher, 2. munscher, p. muns, 3. melken. mulschider - ader, 1. muschader, muschunz, 2. munscheder, 3. Melker, m. mulschida, f. munschida, 3. einmaliges Melken. meulscha, f. 1. das gesammte Gemolkene. mulschadira, f. munschadüra, E. die Milchorgane, das Euter.

Multiplicar, multiplicher, 3. vermehren, multiplizieren. multiplicaziun, f. Multiplikation, f.

Multun, m. eine Art Wollentuch, Handtuch, n.

Mumma, f. Mutter, f. f. mamma.

Muncar, mancbar - er, fehlen, nicht vorhanden sein, mangeln. - da seu duver, seine Pflicht versäumen. monconza, f. manchaunza, 3. Mangel, m. Unterlassung, f. muncantar, 1. ermangeln.

Mund, m. 1. muond, E. Welt, f. d'igl -, mondan, 2. mundaun, a. irdisch, weltlich. quittaus, pissers mundauns, irdische Sorgen.

Mundar - er, reinigen, schälen. - ils praus, pros, die Wiesen von Steinen reinigen. - meila, poms, Aepfel schälen. mundadira, f. mundadüra, E. die Schalen, Häute des geschälten Obsts; Säuberung der Kühe nach dem Kälbern. mundüm, m. 3. Reinigung, Nachgeburt, f. mundialla, mundella, f. die zusammengezogenen Häufchen Steine, Dünger und Stroh auf den Wiesen. malmund, a. 1. unrein, unsauber. malmundegn, m. Unrath, m. das Unreine, auch im Sittlichen.

Muneida, f. munaida, E. Münze, f. kleines Geld. far -, Geld prägen; wechseln, gegen Münze. batter -, E. Geld prägen.

Munglar, mangler, mangeln, nöthig haben, bedürfen, sollen, müssen. ti maunglas bucca temer, du hast nichts zu fürchten. iou munglass in cunti, ich hätte ein Messer nöthig. ei fuss bi cumprar, sch'in munglass bucca pagar, es wäre gut kaufen, wenn man nicht bezahlen müsste. munglonza, f. munglament, m. maungel, Mangel, m. Ermangelung, Dürftigkeit, f. mungleivel, vla, manglus, a. dürftig, bedürftig.

Munigin, m. Muff, m. f. maun.
Munir, sa -, sich versehen. - da daners, vivonda, sich mit Geld, Speise versehen. muniziun, f. Vorrath, m. muniziun da uiara, da viver, Kriegsvorrath, Mundvorrath, m.
Munister, m. claustra, 1. convent, E. Kloster, n. Ital. monaco. munch, muing, m. muonch, m. E. Mönch, Klosterbruder, m. It. mònerco. muugia, f. muongia, E. Nonne, f.
Munt, m. E. Berg. man-muntognia, muntagna, 3. Berg, m. Gebirge, n. montagnus, a. bergicht, bergig. montar-er, steigen, ansteigen. mantun, montun, m. Haufen, m. mantunar-er, aufhäufen. muntanèra, f. scossa, 2. scoassa, 3. Heerde, f. muntanialla, f. muntanella, E. Murmelthier, n. muntar, 1. bedeuten, zu sagen haben, ansteigen. quei siemi munta, der Traum bedeutet. quei munta naguotta, das hat nichts zu sagen, thut nichts. muntar sin iuna bialla summa, auf eine schöne Summe ansteigen. muntada, f. Bedeutung, Steigung, f. muntader-eder, E. Aufseher, Pfänder, m. munta, f. E. Buße, n. Auslösegeld, n.
Muntaner, erhalten. f. tener.
Muoder, m. büst, E. Mieder, Leibchen, n. aver en -, Mieder, Leibchen tragen.
Muorbi, a. muorb, ia, 1. mürbe, weich. gnir muorbis, mürbe werden; sich drein fügen. muorbiadad, a. Weichheit, Mürbe, f.
Muort, Adv. a, per motiv, E. wegen.
Muoschia, f. muosca, Fliege, f. - grischa, graue, lange Fliege. - d'caschiel, Schmeißfliege, f. tour la muoschia, ausreißen (vom Vieh). avair muoschias, muoschiager, jucken, anfechten, Lust haben. muschin, m. muoschin, E. Mücke, f. muscun, m. muoscun, - bovèra, 2. muoschiun, 3. Roßfliege, f. Horniß, n.
Muost, a. umid, a. E. feucht.
Muost, m. most. 3. Most, Obstwein, m.
Muoster, m. muostra, f. Muster, n. Probe, f. muostra, f. revista, E. Musterung, f. zamuostra, f. schimuossa, 3. Tuchende, n.
Muozza, f. Vagina. Pudendum fōminae.
Mur, f. Geschmack, m. It. sapore. ver bunna - nigiona mur, guten - keinen Geschmack haben. nè mur nè savur, weder Kraft noch Saft.
Mura, f. mora, E. Maulbeere, f. - cotschna, - nera, rothe, schwarze M. murèr, m. Maulbeerbaum, m.
Mura, giugar, giover la mura, la Mura spielen.
Murar, holden, liebeln. f. amur.
Murchiclaus - ada, niedergekauert, geduckt (vom Vieh).
Mureina, f. marena, 3. Weichsel, f. saure große Kirsche.
Mureina, f. Gurt, Hosenträger, m.
Murir, morir, E. sterben. - da somm, da freid, vor Hunger, Kälte sterben. mort, f. Tod, m. leg da -, Todbett, n. en mal da -, todtkrank. mort nechia, subitauna 3. der plötzliche Tod. mortal-el, a. sterblich, tödtlich. immortal - el, unsterblich. mortalitad - ed, f. Sterblichkeit, f. immortalitad - ed, f. Unsterblichkeit, f. morta, f. mort naira, pesta, E. Pest, f.

99

mortificar, mortifichar - er, beschä=
men, kreuzigen. - la carn, das Fleisch
kreuzigen. mortificaziun, f. Beschä=
mung, Kreuzigung, f.
Murtadialla, f. murtadella, E. Leber=
wurst, Cervelatwurst, f.
Murlinna, murglinna, f. 1. B. Muttern.
Meum mutellina.
Murmandegn, m. (Scheltwort) kleiner
Lümmel.
Murtitsch, m. 1. Weißleder, n.
Murütsch, m. 3. Keller, m.
Musalina, f. mossolina, 3. Musselin, m.
Musica, f. Musik, f. musical, a. mu=
sikalisch. musicant, m. Musikant, m.
Muschigna, f. 3. Sparbüchse, f.
Muskel, m. Muskel, m. musculus, a.
musculós, von starken Muskeln
Muschinar - gniar, 1. Miene machen,
etwas zu thun. smuschignar, etwas
durchstöbern.
Muschla, f. lindorna da mar - mer, E.
Muschel, f.
Muschna, f. Haufen, m. - da crappa,
Steinhaufen, m. far -, muschnar,
häufen, äufnen. muschnar daners,
Geld äufnen.

Mussar - er, zeigen, lehren, unterrichten.
sa mussar, 1. (von Kühen) die Gebär=
mutter ausstoßen. mussar si, demussar,
beweisen. mussader - eder, magister,
E. Lehrer, m. mussament, ammussa=
maint, E. Beweis, m. Beweismittel,
Beleg, n.
Mustazz, m. (schnuzz), Schnurrbart, m.
Musteila, f. müstaila, E. Wiesel, m.
Muott, muotsch, a. 1. molt, a. 2. ab=
gestumpft, der Spitze beraubt. mu=
tilar - er, E. verstümmeln. muott,
m. Hügel, m. Engad. Abhang, m.
Halde, f.
Mutaigl, m. intaigl, 3. das dickste Stück
eines Baumstammes ;. Vorkopf, m.
Motiv, m. motiv, m. Beweggrund, m.
f. mover.
Mutschegnia, f. mocc, 2. muoch, 3.
Rotz, m. It. mocco. matschignus,
a. moccus, a. rotzig, Rotzbube, m.
moccs e larmas, muoch e larmas,
(von Kindern) stark weinen. smu=
tschigniar, die Nase putzen.
Mavel, m. der Viehstand. f. mover.

N.

Na, 1. na, nun, na bricha, E. Nein. gir
na, ca nun, dir di na, dir da na, 3.
nein sagen. madinà, Gott bewahre!
Nadal, m. Weihnachten. f. nascher.
Nagar, as najantar - er, ertrinken. na=
gantar, 1. ertränken.
Nagiun, a. Niemand. f. in.

Naguott, a. nuott, a. ünootta, nüglia,
nüglia, 2. ünguotta, 3. nichts. It.
niente, nulla. zund nuott, 1. gar
nichts. esser buns da -, zu nichts
taugen.
Naransa, f. Pomeranze, f.
Narciss, m. narcissa, f. Narzisse, f.

Narr, *m.* Narr, *m.* narra, *f.* Närrin, *f.* far igl narr, spassen, scherzen. far da narr, närrisch thun. narrun, narratsch, *m.* grosser Narr. narradad, *f.* nardal - el, E. Thorheit, Albernheit, *f.* Spass, *m.* far narradads, Spässe machen, scherzen. snarrantar - er, zum Besten haben, ausspotten. la narramenta, narradira, 1. narramainta, E. thörichte Leute.

Narra, sumichiasa, fantschella, E. kleine Garnwinde, Spuhlen abzuwinden.

Narunkel, *m.* ranuoigl, 2. gniruncheI, 3. Niere, *f.* It. reni.

Nas, *m.* nes, 3. Nase, *f.* hervorspringender Felsen, Halde. dar s'igl - inna nasada, dar gio per 'l nas - da savurar, auf die Nase schlagen; Anzüglichkeiten sagen. dar d'igl nas, catschar igl nas, die Nase in Alles stecken; sich unberufen einmischen. far giu-, susflar nas, soflar il nes, die Nase putzen. gnir saung nas - da nes, zur Nase bluten. ir si par in nas, über eine Halde, einen hervorspringenden Felsen gehen. manar, muer p'igl -, bei der Nase führen. rusna nas, d'nas, foura del nes, Naseloch, *n.*

Naschar, 1. (igl coniv, lin,) den Flachs, Hanf im Wasser rösten. It. macerare, far negare.

Nascher, geboren werden, entspringen, keimen, entstehen. l'aua nascha, das Wasser entspringt. igl sem nascha, die Saat keimt. nascher dispittas, Streit entstehen. nativ, *a.* gebürtig. nadal, *m.* nadel, 3. Geburtsnacht des Erlösers, Weihnachten. naschienscha, *f.* naschenscha, 2. naschentscha, 3. Geburt, *f.* Ital. nascita renascher, wieder geboren werden. renaschienscha, *f.* Wiedergeburt, *f.* amparmernaschen - ida, primogenit, *a.* E. Erstgeborner, *m.* amparmernaschienscha, *f.* primogenitura, *f.* Erstgeburt, *f.* *s.* naziun.

Nassa, *f.* Fischreuse, *f.*

Natira, *f.* natüra, E. Natur, *f.* natiral, *a.* natüral - el, *a.* natürlich. natiral, *m.* natüral - el, Naturell, *n.* Gemüthsart, *f.* da bien natiral, von gesunder Natur; gutmüthig.

Nausch, *a.* nosch, 3. bös, hart, streng. It. cattivo. in nausch hum, ein böser Mann. igl nausch, der Böse, der Teufel. nauschadad, *f.* nauschdad, 2. noschded, 3. Bosheit, Boshaftigkeit, *f.*

Nav, *f.* nev, 3. Schiff, *n.* navigar - er, schiffen, Schifffahrt treiben. navigaziun, *f.* Schifffahrt, *f.* navigatur, *m.* Schiffsmann, Schifffahrer, *m.* navigabel, bla, schiffbar.

Navend, davend, Adv. weg, von bannen. It. via. Ir, trer -, tilar -, weggehen = ziehen.

Naziun, *f.* Nation, *f.* Volk, *n.* nazional - el, *a.* national, volksthümlich. beins, bains nazionals, Staatsgüter = Eigenthum, *n.* nazionalisar - er, sich bei einem Volke einbürgern, nazionalisiren. *f.* nascher.

Nè - nè, weder noch. nè l'in nè l'auter, weder der Eine noch der Andere.

Nebla, *f.* 1. Nebel, *m.* (in der Luft und im Auge).

Necessari, *a.* nothwendig, nöthig. igl necessari, das Nothwendige, Erforderliche. necessitad - ed, *f.* Noth=

wendigkeit, Noth, f. necessitar - er, nöthig, erforderlich fein.
Nech, nechia, 1. dandet, E. plötzlich.
Negar, snagar, 1. denegar - er, snejer, 3. abschlagen, verneinen, läugnen. negaziun, f. Verneinung, f. negativ, a. verneinend, abschlägig. risposta -, abschlägige Antwort.
Negla, f. groffel, 3. Nelke, f. maig da neglas, mazz, püschel da -, Nelkenstrauß, m. vischi da -, vas da -, Nelkenstock, m. negel m. Gewürznelken, m.
Negligir, negliger, p. neglett, negligentar, 1. vernachläffigen, verabsäumen. negligent, a. negligaiut, E. nachläffig. negligenza, f. Nachläffigkeit, f.
Negozi, m. Handlung, f. Handel, m. metter si, sü -, eine Handlung errichten. far in bien -, einen guten Handel machen. negoziar - er, handeln, Handel treiben. negoziant, m. Handelsmann, Kaufmann, m.
Neidi, a. glisch, a. E. glatt, sorgfältig gestrichen. far neidis, glischar ils cavels, die Haare streichen, glatt machen.
Neiv, f. naiv, E. Schnee, m. neiver, naiver, E. schneien. navaglia, navira, f. großer Schnee.
Nember, a. f. member.
Nèr, a. nair, a. E. schwarz. far -, innairir, schwärzen. purtar -, guavdar, ir a nair, purtar läd, 2. vaigder, trauern, Leid tragen. It. vestir il bruno.
Nerv, nierv, gnierv, m. 1. gnerv, 3. Nerv, m. Sehne, f. coll. la niarva, gnierva, snervar - er, entnerven, entkräften, erschlaffen.
Nett, a. rein, reinlich, fauber. nettar, reinigen, fäubern. nettezia, f. nettaschia, E. Reinlichkeit, Sauberkeit, f. malnett, unreinlich, unrein, unfauber.
Nettia, nephia, f. 1. chaz da sflurer, 3. Abrahmlöffel.
Neu, a. nüd, a. E. nakt, bloß. It. nudo. a pei, pè -, barfuß, mit bloßen Füßen. neuadad, neuezia, f. nüdezza, E. Nacktheit, Blöße, f. sa snudar, as snüdar - er, sich entblößen.
Neutral - el, a. neutral. neutralitad - ed, f. Neutralität, f.
Nevè? 1. na vaira? non esa? 2. nischi, 3. nicht wahr? It. nè?
Nevs, m. neiv, 2. neif, 3. Neffe, m. Franz. neveu. niazza, f. nezza, E. Nichte, f. Franz. niece.
Niebel, bla, nöbel, E. edel, adelich. nieblezia, f. nöblia, E. Adel, Adelstand, m. It. nobiltá. nunniebel, nonnöbel, bla, unadelich. nobilitar - er, veredeln.
Niess, noss, a. E. unfer. firau da nossa dunna, Mariafest, n. Niess bial, Niess bialla! 1. Willkommen! (Gewöhnlicher Gruß für junge Leute.)
Niev, nov, a. nouv, E. neu. nievmein, nouvamaing, neuerdings. ohei eis ei da niev? was gibt's Neues? nova, f. Nachricht, f. las novas, las giazetlas, E. die Zeitungen. novitad - ed, f. Neuigkeit, f. novaziun, innovaziun, f. Neuerung, f. novizzi, novizz, m. Anfänger, Noviz, m. innovar - er, Neuerungen vornehmen. re-

novar-er, erneuern. renovaziun, f. Erneuerung, f. renovatur-ader, m. Erneuerer, m.

Nieta, f. Niete, f. Stift, m.

Nigliù, 1. ningliur, 2. in ingür, ningür, 3. nirgends. aflar nigliù, chatter ningür, nirgends finden.

Ninar, niner, 3. wiegen. nanna, chüna, f. Wiege, f. Bett, n. (in der Kindersprache). far nanna, ir a nanna, schlafen, schlafen gehen.

Nionng, niaunca, Adv. nianca, 2. niauncha, 3. nicht einmal.

Nitschola, f. nitschoula, E. Haselnuß, f. cros, crös-crosa da nitscholas-oulas, Haselnußschalen, f.

Nivel, m. nüvel, E. Wolfe, f. Nebel, m. nivlus, a. nüvlus, schierus, u. neblicht. sa nivlir, nuvalir, s'innüvlir, sich bewölken, umwölken.

Nizz, m. nüzz, E. Nutzen, m. trer a -, zu Nutzen ziehen, benutzen. nizziar-igiar, nüzziar, 2. nüzzager, 3. nutzen. nizzeivel, vla-mein, nüzzaivel, vla-maing, nützlich. nizzeivladad, f. 1. nüzzaivlezza, 3. Nützlichkeit, f. malnizz-eivel, a. malnüzz, 2. melnüzz, 3. unnütz, nutzlos, hinderlich. malnizzeivladad, f. melnüzzaivlezza, 3. Nutzlosigkeit, f.

Nizza, f. (da cunti) nuozza, nozza, 2. luozza, 3. Klinge, Messerklinge, f. It. lama. schnizzar-er, nizzar, 2. anschneiden (ein Brod). schnizzlarer, schnitzeln. schnizz, m. großer Schnitt, Einschnitt, m. schnizzla, f. schnizcha, E. (da meila, pera,) gedörrte Aepfel = Birnenstücke. B.Schnitz.

Noig, f. nott, noat, E. Nacht, f. far noig, fer noat, nachten, zunachten. mezanoig, f. mezzanott, Mitternacht, f.

Nolla, f. Nulle, f. annullar-er, vernichten, aufheben.

Norma, f. Norm, Richtschnur, Vorschrift, Regel, f. a norma del statut, nach den Statuten. normal-el, a. normal, maaßgebend. enorm, a. ungeheuer, unmäßig. enormitad-ed, Ungeheures, Unmäßiges.

Nota, f. Note, Musiknote; Bemerkung, f. tener, tegner nota, Rechnung halten. notar-er, E. nudar si, aufzeichnen, verzeichnen. notari, notar, m. nuder, 3. Notar; Gerichtsschreiber, m. notori, a. allgemein bekannt, weltkundig, notorisch. notificar, notifichar-er, berichten, anzeigen. notizia, f. Kunde, Kenntniß, Nachricht, f.

Nou, (Imp. von vegnir) komm! nou cou! no co! komm hieher! nou, no! Adv. her! noutiers! herbei! el ven nou, no da.. er kommt her, stammt ab von.. gnir, trer, nou navond, 1. zum Vorschein kommen, bringen.

November, m. November, m.

Nozza, f. noazza, 3. Hochzeit, f. ir a -, zur Hochzeit gehen. far nozzas, fer noazzas, Hochzeit halten. nozzadur, nozzadura, Hochzeiter, zur Hochzeit Gebetener=e.

Nua, anzanua, 1. ünzanua, inclur, 2. wo, irgendwo.

Nubil, a. unverheirathet.

Nudar-er, schwimmen. It. nuotare. nudader, m. Schwimmer, m.

Nudar-er, zeichnen, bezeichnen. It. notare. nudar si, aufzeichnen. nudar lenna, biesca, das Holz, das

Dieß mit dem Hauszeichen bezeichnen. nudader, m. 1. Aufzeichner, Zeichner, m. nudèr, 3. Gerichtsschreiber, m. noda, f. nooda, E. Zeichen, Hauszeichen, n. Zielscheibe, f. noda d'casa, Hauszeichen. trer da noda, trar alla - alla schaiba, zur Scheibe schießen.

Nodel, m. Teigkloß, m. (in Wasser oder Butter gekocht).

Nuidis, nuidas, 1. Adv. invidas, 3. ungerne. aver nuidis, ungerne haben, übel nehmen.

Nuir, esser da nuir, 1. da novè, noè, E. etwas Seltenes, Wohlschmeckendes sein. (Neues?) aver nuialla, Lust, Begierde nach etwas haben.

Num, m. nom, E. Name, m. co has nom? co hest nom? wie heißest? da bien, schliet nom, von gutem, bösem Leumund. numnar, nomnarer, nennen, œnennen. - mistral, mastrel, einen zum Landammann ernennen. numnada, nomina, f. Ernennung, f. numnadamein, nomnedamaing, E. namentlich. numnaus, renumnaus, ada, renumnà-ò, berühmt. surnom, m. surnom, E. Uebername, Spitzname, m.

Nummer, m. numra, f. numer, 2. Nummer, f. numerar - er, mit Numern bezeichnen, numeriren. f. dumbrar.

Nunder? da nunder? dinnonder? E. woher? It. d'onde.

Nunzi, m. päbstlicher Gesandte. f. annunziar.

Nus, wir.

Nusch, f. Nuß, Wallnuß, f. It. la noce. - nuscata, f. - noscata, 2. - nuschiata, 3. Muskatnuß, f. nuschèr, E. nughèr, m. Nußbaum, m. It. il noce. nuschpinna, f. nuschpigna, nuschè, Arvelnuß, Zirpelnuß, f. nuschell - eigl, Kern, m.

Nuscher, noscher, 3. schaden, beschädigen. It. nuocere. nuscheivel, vla, nuschaivel, vla, nociv, a. E. schädlich. nunnuscheivel, a. 1. unschädlich. noscheivladad, f. nuschaivlezza, E. Schädlichkeit, f. innocent, a. - mein, - maing, innozaint, a. 3. unschuldig. innozenza, f. Unschuld, f.

Nutill, m. 1. Oberleder, n.

Nutriar, nudrir, E. ernähren. It. nutrire. nutriment, m. nudrimaint, E. Nahrung, Speise, f. nutrieivel, nutritiv, a. nährhaft, ernährend.

Nuvill, 1. ui, ovi, uvi, uvil, m. 2. navigl, 3. Viehstall, m. (Lat. ovile?)

O.

Oberkeit, m. magistral, m. E. Obrigkeit, f.

Object, oggett, E. Gegenstand, m. Objekt, n. objecziun, f. Einwurf, m.

Obligar, obliar - er, zwingen, nöthigen. s' -, sich verpflichten. obligonza, f. oblig, m. E. Verpflichtung, Schuldigkeit, f. obligaziun, f. Verpflichtung, Schuld, f. Schuldbrief, m. obligatori, a. pflichtig, gesetzlich, vorgeschrieben.

Observar - er, beobachten, bemerken. observaziun, Beobachtung, Bemerkung, m. observonza, f. observanza, E. Sitte, f. Gebrauch, m.

Obstakel, m. obstacul, E. Hinderniß, n. metter, far -, Hindernisse in den Weg legen.

Obstinar - er, E. stinar, 1. sa, as -, hartnäckig, widerspänstig sein. obstinà - ò, E. stinaus, ada, hartnäckig. obstinaziun, f. Widerspänstigkeit, f.

Occasiun, f. Gelegenheit, f. Anlaß, m.

Occident, m. occidaint, E. Abendland, n. Westen, Sonnenuntergang, m. occidental - el, a. westlich, gegen Abend.

Occupar - er, beschäftigen, einnehmen, bekleiden. s' -, sich beschäftigen. - in post, einen Posten, ein Amt bekleiden. - bear glieut, bgera glieud, viele Leute beschäftigen. preoccupaus - à - ò, eingenommen für oder gegen etwas.

Ocean, m. Ozean, m. Weltmeer, n.

Odiar - er, hassen. odi, m. ödi, E. Haß, m. odius, a. gehässig.

Odolezza, f. E. Servitutsbeschwerde, f.

Œgl, m. E. ëgl, 1. Auge von Menschen und Thieren; Pfropfreis, n. Fetttropfen. cula d'igl -, der Augenballen, m. poppa d' -, del -, der Augapfel, m. ad -, nach dem Augenmaaß. ögls da sien - sonn, schläfrige Augen. - gaglinna, da hazla, ögl giatt, Hühnerauge, n. Leichdorn, m. dar en -, in die Augen fallen. vair, ver da bien, bnn -, gerne sehen. da mal, nosch -, ungerne sehen. spanniar ils -, große Augen machen. tener sutt -, unter Augen halten. ir or d'ils, dals -, aus den Augen weg = fortgehen. - d'inna plonta, Pflanzenauge, n. - da truffels, Erdäpfelauge, n. ögls da la suppa, Fetttropfen in der Suppe. sarar, serrer ün ögl, ein Auge zudrücken, etwas Unrechtes durchlassen. sarar, serrer ils -, die Augen schließen, sterben. igliada, f. ögliada, 2. ögleda, 3. Blick, m. Ital. occhiala. surigliada, f. surögleda, 3. Ueberblick, m. ocular, inocular - er, einpfropfen, impfen. ögliers, öglers, pl. Brille, f.

Offender, beleidigen. f. fender.

Offrir, proferir, p. -ieu - ert, offert, bieten, anbieten, darbieten. offerta, f. prefferta, f. Anerbietung, f. unfrenda, f. offerta, E. Opfer, n.

Ofniar, eröffnen, aussagen, kund thun.

Oha! Halt! (bei Zugthieren).

Oigu, m. aign, 3. Erle, f. It. alno, ontano. l'ognia, aigna, E. Erlen, Erlenholz. piognia, f. Erlenwald, 1.

Olma, f. 2. orma, 2. oarma, 3. Seele, f. das Innere von vielen Dingen. It. anima. dar si l' -, sterben, verscheiden. palorma, f. Leichen = Todtenmahl, n.

Om, m. amp, 3. Fischangel, m. It. amo.

Onchia, puauna, f. 1. ampcha, 2. ampa, 3. Himbeere, f. caglias d'onchias, amper, m. 3. Himbeerstrauch, m.

Onda, f. anda, 2. amda, 3. Tante. Base, f. (Titel für ältere Frauen überhaupt). dunn' onda, donn' anda, duonn' amda, Frau Bas - Tante.

Onerus, a. beschwerlich, lästig.

105

Onn, m. ann, 3. Jahr, n. uonn, quist' -, 3. das Jahr. onn, l' ann passà - ò, letztes Jahr. liarzonn, terzaun, 3. vorletztes Jahr. onn niev, biamaun, m. ann nouv, bümaun, 3. Neujahr, n. ons ad ons, anns et anns, lange Jahre her, hindurch. esser s'ils, sü 'ls -, bejahrt, im Alter vorgerückt sein. cumplanir, cumplir igl -, das Jahr erfüllen. d' in onn, d' ün ann, jährig. onn basiast, ann bsest, Schaltjahr, m. annada, f. 1. Jahrgang, m. annual - el, a. - mein, - maing, jährlich. majorenn, a. volljährig, mündig. minorenn, a. minderjährig, unmündig.

Ons, biarons, 1. blerant, bgeraunz, Adv. eher, vielmehr. It. anzi piuttosto.

Onza, onzetta, f. aunza, 3. Schlinge, Masche, f. prender si -, pigler sü aunzas, die Maschen aufnehmen, den Strumpf anfangen.

Operar - er, wirken, fruchten, bewirken. operaziun, f. That, f. Werk, n. Operation, Wirkung, f. operativ, a. wirksam, kräftig. ovra, f. Werk, n. It. opera. ovras d' casa, masserias, Hausgeschäfte.

Opinar - er, wähnen, meinen, der Ansicht sein. opiniun, f. Meinung, Ansicht, f.

Opprimer, p. oppress, unterdrücken. oppressiun, f. Unterdrückung, f. oppressur, m. Unterdrücker, m.

Or, ora, fora, 1. our, oura, E. aus, heraus, hinaus. dador, dafor, dadour, dadoura, außen, außerhalb. lundrora, landrour, daraus. suror, surour, obenhin. sultora, soltoura, darunter weg. or, our da senn, wahnsinnig. dar or plaids, 1. unanständige Worte sagen, fluchen. oreiser, 1. außerhalb, außerordentlich.

Orakel, m. oracul, m. E. Orakel, n. Götterspruch, m.

Orbar, berauben. orb, orv, a. blind. orva, f. ein bewegliches Stück Holz, ob der Stallthür, den Stall zu lüften. far l'orva, ein grobes Vergnügen, mit dem harten Barte die Backen Anderer zu reiben. orba, f. E. Blindschleiche, f. ir all' orba, blindlings gehen, zutappen. orvezza, f. E. Blindheit, f. ossorver, 3. blenden.

Ordinar - er, verordnen, befehlen. ordinari, a. gewöhnlich, gemein, mittlerer Art. exterordinari, straordinari - a, E. außerordentlich. ordra, f. Befehl, Militärbefehl, m. ordinaziun, f. Verordnung, Anordnung, f. uorden, m. Ordnung, f. Zeug, n. far, metter en -, Ordnung machen, in O. bringen. as, sa metter en -, sich rüsten, vorbereiten. uorden d'casa, Hausrath, m.

Orfan, m. Waise, f. f. jerfan.

Organ, m. Organ, Werkzeug, n. organisar - er, einrichten, organisiren. organisaziun, f. Einrichtung, Organisation, f.

Orgla, f. Orgel, E. Orgel, f. orgalist, m. orgelist, 2. organist, 3. Organist, m.

Orient, m. oriaint, E. Morgenland, n. Sonnenaufgang, m. oriental - el, a. morgenländisch, gegen Morgen, östlich.

Ornar - er, zieren, schmücken. ornament, m. ornamaint, E. Schmuck, m. Zierde, Zierrath, f.

Orthografia, Rechtschreibung, f. orthografie, a. orthographisch.
Orthodox, a. rechtgläubig. orthodoxia, f. Rechtgläubigkeit, f.
Oss, iess, m. öss, E. Bein, n. Knochen, m. oassla, 3. kleiner Schlitten.
Ostentar - er, zur Schau tragen, sich rühmen, prahlen. ostentaziun, f. Großthuerei, Prahlerei, f.

Ouno, aunc, amò, auncha, auch, noch. ouncalura, 1. dennoch.
Ov, iev, m. öv, E. Ei, n. ovèra, f. Eierstock, m. Eiergestell, n. oval, a. eiförmig. ovs en piaun - paing, in Butter gefüllte Eier. f. iev.
Ozz, 1. hoz, 2. oaz, 3. heute. igl gi, in di, d' -, heut zu Tage. - andamaun, in daman, heute Morgen.

P.

Pacadus, a. pachadus, 2. pchadus, 3. armselig, elend. tschèra -, kränkliches, elendes Aussehen.
Pacc, m. Pack, n. pakct, m. Paket, m.
Pader, m. peder, 3. (veraltet) Vater, Kapuziner, m. patern, a. väterlich. paternitad - ed, f. Vaterschaft, f. padraster, m. Stiefvater, m. padrin, m. Pathe, Taufpathe, m. It. santolo. patria, f. Vaterland, n. patriot, m. Vaterlandsfreund, Landsmann, m. patriotic, a. vaterländisch. cumpatriot, m. Landsmann, m. patriarc, m. Patriarch, Erzvater, m.
Padimar - er, sa, as -, sich beruhigen, besänftigen.
Padriöl, m. 3. Trichter, m. trachuoir, E. hölzerner Faßtrichter, m.
Pagar, a. pajar, 2. pajer, 3. zahlen, bezahlen, vergelten. - deivets, dbits, Schulden bezahlen. - bein, bain, theuer bezahlen. paga, f. paja, 2. peja, 3. Gehalt, m. Bezahlung, f. pagament, pajamaint, E. Bezahlung, f. dar en -, auf Rechnung geben. pagaglia, f. Hirten = Knechtenlohn, m. pagadur, m. pajadur, E. Zahler, m. paga - pajadura, f. Zahlerin, f. pag, m. pach, 2. scummissa, 3. Wette, f. metter pag, 1. pà, pach, 2. scummetter, 3. wetten. surpagar, strapagar, strapajar - er, viel zu viel bezahlen. paglina, f. E. das freundliche Zulächeln kleiner Kinder. (pagaglina.)
Pagaun, m. pajan, 2. pajaun, 3. pagaunadad, f. pajanismo, E. Heidenthum, n.
Paglia, f. Stroh, n. Streue, f. paglialounca, f. pagliolaunta, 3. Wöchnerin, f.
Paig, paig, m. pach, E. Bedingung, f. Vertrag, m. cun paig a condiziun, unter Bedingung. paigs da lètg, pachs matrimoniels, Ehevertrag, m. Ehepakten, f. cumpaig, 1. Adv. es muß sein, wahrscheinlich, vermuthlich. cumpaig ca el ven bucca, 1. es muß

fein, daß er nicht komme. ca navend, er muß weg fein. patuir, E. festsetzen, ausbedingen.

Paigna, f. (da mèl) tabla, da meil, 2. tevla, d'meigl, 3. Honigwabe, f.

Pais, 1. d' pais, E. Adv. schnell, sogleich, unverzüglich.

Pal, m. pel, 3. dicker Stock, Sparren, m. - da seiv, 1. pöst, Zaunstock, m. palun, m. pelun, 3. ein großer Stock. palèra, f. 1. Steckenzaun, mit Stauden durchzogen. palisada, f. Pfahlwerk, n. spalar or - oura, E. ausschaufeln. pala, f. pela, 3. hölzerne Ofenschaufel. palaune, m. Coll. palaunca, Tramen, von jungen Bäumen. palutta, f. palotta, 2. paluotta, 3. Rockkelle, f. palintschalla, f. Boden fürs Stroh, im Heustall. paluoch, E. feines Grenzholz, die Marchen in den Gütern zu bezeichnen.

Palantar - er, offenbaren, sich künden. sa, s' palantar - er, geisten, als Gespenst erscheinen. E. sich künden. palantada da S. Jonn, relevaziun da S. Gian, Offenbarung St. Johannis.

Palaronza, palira, mausen. f. peil.

Palazz, m. Palast, m.

Paletscha, f. Haut. f. pial.

Paleu, f. palü, palüd, E. Sumpf, m. Moosland, Ried, n. It. palude.

Palintschen - ieu, f. Diele, f. - suit, Fußboden. - sura, obere Diele. f. pal.

Palm, m. palma, f. (d'maun), Handballen, m. impalmar - er, behändigen, übergeben. ampalm, m. 1. Griff, m.

Palpar - er, betasten, befühlen. palpignar - er, tastend herumtappen. palpabel, bla, handgreiflich.

Palpitar - er, pochen, zucken. palpitaziun, f. (da cor) Herzpochen = Klopfen, n.

Paltrun, m. pultrun, E. Faulenzer, Taugenichts, m. paltruneria, pultruneria, f. Faulheit, Nachlässigkeit, f. pultregnia, f. bardascheria, E. Bubenstreich, m. Posse, f. far -, Bubenstreiche, Possen machen.

Panaglia, 1. panaglia, 2. pignela, 3. Kübel, zum Butterschlagen. It. panna. Rahm, m. trer-, manar la-, trer la pignela, Butter schlagen. laig -, penn, m. latmaglia, pens, 2. penn, 3. Buttermilch, f. panazun, f. moeda, f. Butterballen, der auf einmal gemacht wird.

Panitscha, f. 1. Hirsengraupe, f. Hirsenbrei, m.

Pantofla, f. Pantöffel, m.

Pantun, Brücke, f. (im Viehstall). pantunèra, 3. Baugerüst, n.

Panuglia, f. panuoglia, E. die Grummetreihen, die ungefähr in Klafterweite von einander gezogen werden.

Papa, m. Pabst, m papal - el, päbstlich. papist, m. Anhänger des Pabsts, Katholik, m.

Papagaigl, m. papagal, 2. Papagei, m.

Par, per, für, aus, zu. par amur, parmur, aus Liebe, wegen, willen. par tiara, mar, per terra, mèr, zu Land, zu Wasser, über Meer. par sasezz, per se stess, für sich; versteht sich. par via, wegen, in Betreff des. ir par cor, a cor, zu Herzen gehen. saver par tschert, gewiß wissen.

Parada, f. Pracht, f. Gepränge, n. far -, aufgeputzt sein, sich prächtig ausnehmen.
Paradis, parvis, m. Paradies, n.
Paratscha, f. 1. die äußere grüne Schaale der Nuß.
Parohir, partir, E. theilen. f. part,
Parchirar - er, hüten. f. chira.
Pardagar, predgiar - er, predigen. It. predicare. pardagader, m. predicatur, predichant, E. Prediger, m. priedi, m. predgia, E. Predigt, f. ils da priedi, reformats, 2. reformos, 3. die Reformirten, Protestanten, entgegen den ils da messa, Katholiken.
Pardavont, m. Vorfahr. f. avont.
Pardel, m. Panther, m. It. pantera.
Pardèr, m. pradèr, setter, Mäder, m. f. prau.
Pardert, a. scort, E. weise, geschickt. parderlezia, f. scortaschia, 2. scortenscha, 3. Geschicklichkeit, f. malpardert, a. mal - melscort, ungeschickt, albern. malparderlezia, f. malscortaschla, 2. melscortenscha, 3. Ungeschicklichkeit, Albernheit, f.
Pardichia, f. pardülla, E. das Zeugniß, der Zeuge. It. testimonio. dar -, testimoniaunza, bezeugen, Zeugniß ablegen. - da battem, Taufzeuge, m.
Pardunar - er, vergeben, verzeihen. It. perdonare. pardun, pardunament, m. Vergebung, f. Pardon, m. parduneivel, vla, pardunabel, bla, E. verzeihlich. nunparduneivel, vla, impardunabel, bla, 3. unverzeihlich, unverantwortlich. pardunonza, f. pardunaunza, 3. Kirchweihe, Kirchmeß, f. Ablaß, m.
Parent, a. paraint, a. E. verwandt.

parentella - taglia, f. Verwandtschaft. esser parents, parentai, 1. parantats, 2. parantos, 3. verwandt sein.
Parër, parair, E. scheinen. parer strani, sonderbar scheinen. parër, m. parair, Meinung, Ansicht, f. dar seu -, seine Ansicht sagen. paritta, f. apparenza, E. Anschein, m. cumparer - rir, cumparair, E. erscheinen, sich einstellen. scumparer - rir, scomparair, E. verschwinden, geringer erscheinen, als man ist. sparer - rir, verschwinden. transparent, a. transparent, durchsichtig.
Parfeig (parfetg, parfech), ia, perfect, E. vollkommen. perfecziun, perfechiadad, f. Vollkommenheit, f. perfeczionar - er, vervollkommen. nunparfeig, ia, imperfect, 2. unvollkommen. laschar inperfeig, imperfect, in Verlegenheit lassen.
Parfinkel, m. 1. Meiße, f.
Pargalar, brüar, 2. imbrüer, 3. brühen. - lavazzas, tscharieschas, Blacten, Kirschen brühen.
Pariar, paregiar, 1. parderscher, parager, E. bereiten, zurüsten.
Paricca, 1. parücca, 3. Perücke, f.
Parinna, eins. f. in.
Parisol, prisol, m. parasol, 2. Sonnen= Regenschirm, m.
Parmavera, f. prümavaira, E. Frühling, m. Frühjahr, n. Lenz, m.
Parmer oarstiaun, prossem, m. prossem, E. Nebenmensch, Nächste, m.
Parmuglia, f. schlaia, parmuoglia, E. Schlehe, f. Obereng. Rechholderbeere.
Parniolaus, ada, parniclà - ò, gefleckt, schäckig, gesprenkelt. parnielà dalla viroula, E. blatternarbig.

Parnisch, *f.* ravulauna, 3. Rebhuhn, *n.*
Parpicst, 1. Vorsatz, *m.* *f.* ponér.
Parschun, prischun, *f.* praschun, E. Gefängniß, *n.* metter en - am - im- praschunar - er, in's Gefängniß setzen, einkerkern. prischunier, *m.* praschuner, E. Gefangener, *m.*
Parsiel, sanistrill, *m.* 1. Fensterläufer, *m.*
Parsoi, *m.* prasuir, E. Wiesbaum, *m.*
Parsul, *a.* allein. *f.* sul.
Parsunna, *f.* persuna, E. Person, *f.* personal - el, persönlich. personalmein - maing, persönlich, in Person.
Part, *f.* Theil, *m.* Partei, *f.* Part in Streitsachen. It. parte. aver -, vi, d'c. Theil haben, an.. dar -, Nachricht geben, berichten. prender -, Theil nehmen. prender la -, Partei nehmen für einen. la Part sura, das Oberland. prender en bunna -, gut, gütig aufnehmen. sueuter part, 1. im Verhältniß. a parti, etwas Besonderes. el vul anziehei a parti, er will etwas B. las parts, die Theile, Parten. la cuntrapart, Gegner, *m.* Widerpart, *f.* partida, *f.* Partei, Partie, *f.* manar la partida, an der Spitze einer P. stehen. far inna -, eine Partie spielen. partischaun, partischoni, *a.* partheiisch. Eng. Anhänger einer P. partischont, *a.* parzial - el, *a.* parteiisch, ungerecht. partischontadad - ounadad, *f.* 1. parzialitad - ed, *f.* Parteilichkeit, *f.* nunpartischont, *a.* imparzial - el, *a.* unparteiisch. nunpartischontadad, *f.* imparzialitad - ed, *f.* Unparteilichkeit, *f.* parteoipar - er, Theil, Antheil nehmen. partecipeivel, vla, participabel, partecipaivel, E. theilnehmend.

partecipaziun, *f.* Theilnahme, *f.* particular - er, besonderer, eigen, eigenthümlich. en particular, particularmein, besonders, im Besondern. particular - er, *m.* Privatmann. particularitad - ed, *f.* Eigenheit, Eigenthümlichkeit, *f.*
Partir, E. parchir, theilen, besonders Erbschaften, Interessen. parchida, partazuu, *f.* spartida, 2. partiziun, 3. die Theilung, Erbschaftstheilung, *f.* sparchir, spartir, E. ausscheiden, auseinanderziehen, sterben. - letg, alaich, Ehe scheiden. el ei sparchieus allas 9, er ist um 9 Uhr verschieden. sparchida, *f.* spartida, E. Ehescheidung, *f.* Hinschied, *n.* porziun, *f.* Theil, Antheil, *m.* proporziun, *f.* Verhältniß. proporzinnau - à - ò, verhältnißmäßig. disproporziun, *f.* Mißverhältniß, *n.* sproporzinnau - à - ò, unverhältnißmäßig.
Part, *m.* Niederkunft, *f.* It. parto. dalurs da part, Geburtsschmerzen. dunna, duonna da -, Hebamme, *f.* partorir, gebären. part davos; secuond -, Nachgeburt, *f.*
Partaun, *m.* 3. dicker Querbalken, *m.*
Partir, E. abreisen. partenza, E. partienscha, 1. Abreise, *f.*
Parvasër, parvĕr, pavlar - er, pasvair, 2. füttern, das Vieh. parvasider, *m.* parvuns, 2. pavluns, 3. Futterknecht, *m.* pavel, *m.* pevel, 3. Futter, Heu, *n.*
Parvenda, *f.* pravenda, E. geistliche Pfründe, *f.* esser sin, sün -, Pfarrer an einem Orte sein.
Pasar, pesar, pser, 3. wägen, auswägen. It. pesare. peis, *m.* peisa, *f.*

15

Gewicht, n. vender a -, nach dem Gewicht verkaufen. da peisa, da pais, gewichtig, schwer. peisadur, m. psadar, 3. Wäger, m. surpasar, pserlös, sich im Wägen irren. surpeisa, f. surpais, m. Uebergewicht, n. pasantar, psanter, 3. wägen, d. h. mit der Hand versuchen, wie schwer etwas sei. pasient, pasont, m. psaunt, 3. Gewicht, n. Schwere, f.

Pasc, paschg, m. pascul, 2. pasch, 3. Weide, f. Gras zum Weiden. ir a -, ir a pastur, 3. auf die Weide gehen. pa-pistira, paschira, 1. paschüra, E. Weideort, m. Allmende, f. paschiar, 1. pascular - er, weiden, nur von Vieh. paschantar - er, weiden lassen, ätzen. paster, m. Alphirt, m. pastar, m. Viehhirt, m. (zu Hause); Seelenhirt, m. asc e pasc, bruosch, e fruosch, 2. asch e pasch, 3. Wunn und Weide.

Pascas, paschias, 1. pasqua, E. Ostern, f.

Pusch, f. pèsch, 3. Friede, m. It. pace. far -, sich aussöhnen. prender en -, gut aufnehmen, sich genügen lassen. pascheivel - aivel, a. pacific, E. friedlich, friedfertig. pacificar, pacifichar - er, beruhigen, besänftigen. pacificaziun, f. Beruhigung, Besänftigung, Aussöhnung, f.

Pass, m. Paß, Bergpaß, Durchgang, Reisepaß, m. sarar, arver -, serrer, avrir il -, den Paß schließen, öffnen.

Pass, m. Schritt, Tritt, m. Eng. auch: Elle. tener pass, Schritt halten. bucca far -, keinen Schritt thun. far ses -, Schritte (vor dem Richter) thun. bratsch, pass da ponn, Ellstecken, m. pass da sond, cumön, 2.

Klafter, f. passar - er, treten, gehen, vergehen, vorüber= vorbeigehen. - busaig, leist, sachte auftreten. ei passa bein, bain, es geht ihm gut. igl temps, la veglia passa, die Zeit - die Lust vergeht. passar, passantar - er igl temps, die Zeit zubringen, vertreiben. passatemps, m. passalemp, E. Zeitvertreib, m. passabel, bla, erträglich, ziemlich. passada-eda, f. Gang, Zug, m. - da l'armada, dell' armeda, der Zug der Armee. repassar - er, durchgehen, durchnehmen. repassada, f. Uebersicht, Durchsicht, f. surpassar - er, übertreffen, übertreten, übersehen. - seu frar egls quints, seinen Bruder im Rechnen übertreffen. - ils camondaments, die Gebote übertreten. - quella pultregnia, den Streich ungeahndet hingehen lassen, übersehen.

Past, m. Mahlzeit, f. Gastmahl, n.

Pasta, f. Teig, m. pasteta, f. Pastete, f. pastizier, m. Pastetenbäcker, m. pasteruèr, m. pastriner, E. Bäcker, m. pa-pistregn, pastrin, H. Bäckerei, f. pastrügliar - er, E. unordentlich wirthschaften. pastrügl, m. E. Gemenge von Schweinefutter.

Patangar, 1. patüssar, 2. patüsser, cranzler, 3. einen durchklopfen. patangada, f. 1. patüsleda, pastrida, 3. eine Tracht Schläge.

Patarchiar, 1. impissar - er, E. denken. sa, as -, sich bedenken, überlegen. partrachiament, m. impissamaint, E. Gedanke, m. malpatarchiaus, ada, unbesonnen. malpatarchienscha, 1. f. Unbesonnenheit, f.

Pateigl, m. H. Heutuch, n. (Kleid, n.)

111

Patihar, maclar-er, beflecken, verunreinigen (im Sittlichen). patihegn, Unreinigkeit, Befleckung, f.
Patir, leiden, auszustehen haben. -freid, fraid, von der Kälte leiden. passiun, f. Leiden, n. Leidenschaft, f. Kummer, m. temps da la Passiun, die Fastenzeit, Leidenszeit. aver passiun, esser passiunaus-à-ò per la catscha, Leidenschaft für die Jagd haben. passiv, a. leidend, gleichgültig. sa passiunar, sich bekümmern, betrüben. passiounaus-à-ò, leidenschaftlich. cumpatir, compatir, E. bemitleiden, entschuldigen. cumpassiun, f. compassiun, E. Mitleiden, Bedauern, n. aver -, Mitleiden haben.
Patilschar, 1. durch Unordnung vergeuden. patitscha, f. Unordnung im Hause, Vergeudung, f. spa-patilschiera, f. unreinliche, durch Unordnung verschwenderische Hausfrau. patitsch, 3. Gemengsel, n.
Patrona, f. Patrone, f.
Patruglia, f. patroglia, 2. Patrouille, Wachtschaar, f.
Patrun, m. Herr, Gebieter, Eigenthümer, m. patruna, f. Frau, Gebieterin, Eigenthümerin, f. s'am - impatrunir, sich bemächtigen. far da patrun-a, als Herr schalten u. walten.
Patta, f. E. Tatze, Pfote, f.
Pauc, a. pac, 2. poch, 3. wenig. que voul poch, es will wenig. in da pauc poch, ein Nichtsnutz, wenig werth. press a pauc-poch, ungefähr. pacadus, a. armselig. ampau, ein wenig. - alla gada, ein wenig auf einmal, allmälig.

Pauca, f. Pauke, f. (musikalisches Instrument.).
Paun, poun, m. 1. pan, 2. Brod, n. -cull, schleifiges B. - misch, muosch, 3. schimmlichtes B. - da segal, d'sejal, Roggenbrod, n. - da la proposiziun, Schaubrod (bei den Juden). zeiver da paun, mosa, saiver, m. chalchaduoira, 2. aragliò, arbuol da paun, 1. Brodzuber, m. aissa da paun, Brodbrett, n. panada - eda, f. Brodsuppe, magere Krankensuppe, f. panèra, f. Brett, worauf das Brod aufgemacht wird; Brodgestell, n. panetta, f. Brodschüssel (auf welcher das Brod dem Bäcker gereicht wird).
Pauper, a. pover, a. E. arm, elend, Bettler, m. pupratsch, m. povratsch, E. armselig, (von Vermögen u. Geist.) paupradad, f. povertad-ed, f. Armuth, f. pupira, f. miseria, E. Elend, n. Dürftigkeit, f.
Pazient, a. paziaint, pazchaint, E. geduldig, langmüthig. malpazient, a. malpazchaint, ungeduldig. pazienzia, f. pazienzcha, E. Geduld, f. malpazienzia, f. impazienzcha, E. Ungeduld, f. sa pazientar, s'pazchanter, 3. sich gedulden.
Pazzen, m. begl, E. gemaltes Heiligenbild. B. Helgeli.
Pechien, m. petten, 2. pettan, 3. Kamm, m. - da cavels, - da cho, Haarkamm, m. - strett, stretg, enger Kamm. - da scultir, - da snatlir, 2. schnattisch, 3. der weite Kamm. - da teisser, Weberkamm, m. - da clav, clev, Schlüsselbart, m. pechnèra, f. pettnèra, E. Kammfutteral Kästchen, n.

Peda, f. peida, E. Zeit, Muße, f. aver peda, Zeit, Muße haben. sa, as dar -, sich Zeit nehmen.

Pedagog, m. Erzieher, Pädagog, m. pedagogic, a. pädagogisch. pedagogica, f. Pädagogik, Erziehungswissenschaft = Kunst, f.

Pedra, f. Wanze, f. s. pidra.

Pèdra, f. peidra preziusa, Edelstein, m.

Pegn, peign, m. pain, 2. Pfand, n. pens da nozzas, ils pains, il pain, Ehe= Hochzeitpfänder. dar pens, 1. der il pain, 3. Ehepfänder geben. dar en pens, 1. der in pegn, impegnar-er, als Pfand geben, verpfänden. s'impegnar - er, prender l'impegn, sich anheischig machen, übernehmen. impegn, m. Uebernahme, Verbindlichkeit, etwas zu thun.

Pei, m. pè, pl. peis, E. Fuß, m. von Thieren u. Geräthschaften. ils peis davont - davos, davount - davous, die vordern = hintern Füße. pei da punt, Brückenstuhl, m. la detta pei, la dainta dei pè E. die Zehen. peis gaglinna, Huflattich, m. pei pulein, Hahnenfuß, m. (Grasart). a pei blutt, scuzz, a. E. baarfuß. ir a pei, pè, zu Fuß reisen. esser en peis, in pè, aufgestanden sein (auch von einer Krankheit). esser egls, nels -, in den Füßen, hinderlich sein. esser par peis, vorhanden, zugegen sein. a pei pèr, mit nebeneinandergestellten Füßen. far da seu pei, sieu pè, aus sich selbst thun. en pei, in pè da, anstatt zu ꝛc. bucca metter pei, keinen Fuß setzen. trer peis, der deis peis, zappeln, ausschlagen; in Nöthen sein. pedal, m. Fuß, Sockel, m. pigiel,

m. pejügl, 2. pijöl, püjöl, 3. Füßling·, am Strumpf, Socken, m. pioign, m. piaunch, 3. Brett, Brücke über ein kleines Wasser, für Fußgänger. an - impedir, hindern, hemmen. an - impediment - aint, Hinderniß, n. spedir, senden, abschicken. sa spedir, sich beeilen, schnell machen. spedient, expedient, m. expediaint, E. Förderungsmittel, n. speditiv, a. beförderlich, einer, der es schnell macht. spediziun, f. Versendung, Spedition, f. speditur, m. Speditor, m.

Peil, m. pail, paigl, 2. pail, 3. Haar, n. von Thieren: Farbe. da peil, da paigl, 2. da bel peil, 3. von beliebter Farbe. lascher il -, das Haar verlieren. schar -, Haar lassen, mit Schaden davon kommen. paligna, f. kurze Haare, an der Haut oder abgeschält. palira, palaronza, f, plüra, E. Mausen, n. Ausgehen der Haare. far la -, mausen, die H. wechseln. piluoschiens, 3. Charpie, gerupfte Leinwand. palus, pelus, a. plus, 3. haaricht, haarreich. palusa, f. uzlanna, 2. rassalauna, 3. Raupe, f. Oberl. auch: Viehkrankheit an den Klauen. spilar, 1. rupfen, Haare ausrupfen. la vuolp lascha il pail, ma nà il vizzi, der Fuchs wechselt das Haar, aber nicht die Art.

Peina, f. paina, E. Buße, Strafe, Qual, f. It. pena. valer la -, der Mühe werth sein. curdar en -, in Strafe, Buße fallen. far peina, painas, betrüben, Schmerzen verursachen. peinas d'igl ussiern, insiern, die Höllenqualen. sutt peina da la vitta, bei Todesstrafe. pantizzi, m. 2. Reue, Unruhe, f. ser painer, sei=

den machen, martern. penitent, a. bußfertig. penitienscha, f. penitenza, E. Buße, f. far -, büßen.
Peisch, f. Pech, Harzpflaster, n.
Peiver, m. paiver, Pfeffer, m.; Lungenbrei, m. It. pepe. metter -, paivrer, pfeffern. laschar far peiver, 1. etwas überlassen, sich nicht drein mischen.
Peki, m. 1. kupferne Pfanne ohne Stiel, Becken, n.
Pender, hängen. pender in, einen aufhängen. prender si carn, Fleisch aufhängen. pendent, a. hängend, nicht entschieden. pandalar, pandlar, herabhängen. - si, sü, giù, giò, auf = herunterhängen. pendla, f. 1. pendula, E. Uhrgewicht, n. pandaligia, f. pandegia, 3. hängendes Brodgestell, n. depender, abhängen. dependent, a. abhängig. dependienscha, f. dependenza, E. Abhängigkeit, f. independent, a. unabhängig. Independenza, f. Unabhängigkeit, f. propens, a. geneigt, gewogen. propensiun, f. Zuneigung, Geneigtheit f. suspender, verschieben, aufschieben. suspensiun, f. Verschiebung, f. Aufschub, m.
Penn, m. pens, 1. Buttermilch, f.
Pensiun, f. Pension, f. Jahrgehalt, m. pensiunar - er, Jahrgehalt geben, pensioniren.
Pensla, 3. Dachtraufe, f. dretts da -, staiischent, 1. Recht auf den Boden von der Hauptmauer bis zur Traufe.
Pèr, pair, E. Coll. la paira, Birne, f. pèra tosta, paira trosta, gewelkte, gedörrte Birnen. paun cun -, Bir=

nenbrod, n. pêrer, pairèr, E. Birnbaum, m.
Pér, pér ussa, bè, bè uossa, E. erst, gerade jetzt. pér lura, pür alura, dann erst.
Pèr, (pär,) Paar, n. dua pèra, zwei Paar. metter a -, pariar - egiar, vergleichen, paaren, zusammenpassen. ir a -, paarweise gehen. ir da par, auseinandergehen. trer da par, scheiden, auseinanderziehen; sich scheiden, (von Verlobten und Eheleuten).
Perder, p. pers, verlieren, zubüßen. - la calur, il latt, die Farbe, die Milch verlieren. metter a -, zu Grunde richten. sa metter -, sich zu Grunde richten. hum pers egls vizzis, ein im Laster versunkener Mann. sa perder vi, in Ohnmacht fallen. persa, f. perdita, E. Verlurst, m. perdiziun, f. Verdammniß, f. sperder, verlieren, Verlurst leiden. sa, as disperder, sperder, sich zerstreuen, verschwinden. dispersa, f. E. Abortirung, f.
Peregrin, m. Pilger, Wallfahrer, m. peregrinar - er, pilgern, wallfahrten. peregrinaziun, f. Wallfahrt, f.
Perla, f. Perle, f.; Bläschen von Kohlensäure. quei vin fa perlas, der Wein macht Bläschen. perlamuotter, m. Perlenmutter, f. It. madreperla.
Perpendicular, a. senkrecht. perpendikel, m. Pendel, m. (an der Uhr.)
Perpetten, na, etern, a. E. ewig. It. perpetuo. la vitta -, vita eterna, E. das ewige Leben. perpettnadad, f. eternitad - ed, E. Ewigkeit, f
Persequitar - er, verfolgen. persequi-

tader, *m.* persecutur, 2. persequitoder, 3. Verfolger, *m.* persequitonza, *f.* persecuzion, E. Verfolgung, *f.*
Perseverar - er, beharren, ausharren. perseveronza, *f.* perseveranza, 2. perseveraunza, 3. Beharrlichkeit, Ausharrung, *f.* perseveront, persevereivel *a.* përseverant, E. beharrlich).
Persic, *m.* Pfirsich, Pfirschbaum, *m.*
Persuader, überreden. persuasion, Ueberredung, *f.* persuadeivel - aivel, persuasibel- dibel, persuasiv, *a.* überredbar, überredend, überzeugend.
Pesc, *m.* pesch, E. Fisch, *m.* It. *pesce.* pescar, peschiar - er, fischen. paischia, *f.* 3. Fischruthe, *f.* piscadur, pescader, *m.* peschiader - eder, Fischer, *m.*
Pesta, pestilenza, *f.* Pest, Pestilenz, *f.*
Pestel, *m.* Hühnerfutter, *n.*
Petiziun, *f.* Bittschrift, *f.* Ansuchen, *n.* petent, *m.* Bittsteller, *m.* petizionar - er, die Bitte, das Ansuchen stellen.
Petta, *f.* pitta, 2. dünner, flacher Brodkuchen. (Brod aus zusammengescharretem Teig. Bündn. Pitte. - cun pera, Birnenpitte. far in patsch, inna petta, Bündn. patschen, einen Patsch machen. dar petta pagada, einen Witz mit einem noch schönern erwiedern.
Pia, 1. also. It. *dunque.* ussa pia, jetzt also.
Pial, *f.* pell, E. Haut, *f.* Fell, *n.* Balg, *m.* - vadl, vde, 3. Kalbsfell, *n.* mai pial ad ossa, nur Haut und Knochen. saglir or d'la -, aus der Haut springen. sohar la - die Haut, das Leben lassen. trer giu la -, die H. abziehen, aufs Blut aussaugen. -

guglinna, giglinna, Hennehaut, *f.* pellsch, *f.* pellissa, E. Pelz, Pelzmantel, *m.* pelletta, *f.* pelluotta, E. Vorhaut, *f.* paletscha, *f.* pletscha, E. Häutchen, *n.* Schale, *f.* an Früchten. - d'meila, Aepfelschalen. far giu la -, schälen.
Piaun, pioun, *m.* painch, E. Schmalz. *n.* Butter, *f.* cular -, Schmalz sieden. - culau, gesottene Butter. briek, bröch da -, Schmalzkübel, *m.*
Picca, *f.* Groll, Zorn, *f.* aver picca sin in, einen auf der Mücke haben. s'piccar, 2. esser piccò, sich beleidigt fühlen.
Pich, pitg, *m.* 1. pütt, E. Stich, *m.* dar in -, oberflächlich mit Faden heften, annähen. pichir, 1. annageln.
Pichia, *f.* pütta, E. Säule, *f.* Pfeiler, *m.* pütta d'bügl, 3. Brunnenstock, *m.* püller, 3. stützen. cupichiar, cupichar - er, umfallen, umstürzen. cupichia, *f.* cupicha, E. Umfall, Umsturz, *m.* ir a cupichias, cupichiolas, 1. cupiroulas, E. herunterpurzeln. pichioignia, H. Stutz, steiler Weg.
Pichiar - er, schlagen, klopfen. - couiv, Hanf klopfen. ei pichia, picha, es klopft (an der Thür). pichira, *f.* Stich, Schauer, *m.* It. *brivido.* ir pichiras, sichias, schauern, durchs Herz gehen. pichialenn, *m.* pichalain, E. Specht, *m.*
Pichiurina, *f.* Brustkern, *m.*
Piclar - er, picken, von Hühnern. piclimm, 1. Picken, *n.*
Pidra, pidèra, E. Wanze, *f.* It. *cimice.* - da tscharschèr, Baumwanze, *f.*

115

Picmient, piglament, *m.* Estrich, *m.* Pflaster, *n.*
Pierch, piertg, *m. pl.* pors, pūerch, alimari, E. Schwein, *n.* pierchia, porchia, *f.* porcha, 2. puercha, 3. Sau, weibliches Schwein; schlechtes Weib. purchièr, *m.* Schweinehirt, *m.* purschl, *pl.* purschals, purschlin, 2. pursché, 3. männliches Ferkel. purschalla - ella. weibliches Ferkel. porcarla. *f.* Schweinerei, Sauerei, *f.*
Pierten, *m.* portic, E. Vorhof, *m.*
Pietus, *a.* fromm, barmherzig. pietad - ed, *f.* Frömmigkeit, *f.* pietist, *m.* Pietist, Frömmler, *m.* empi, *a.* E. unfromm, gottlos. empietad - ed, *f.* Gottlosigkeit, *f.*
Pievel, *m.* pövel, E. Volk, *n.* Ital popolo. camin, bass -, das gemeine Volk. pievlom, *m.* eine große Volksmenge. popular, poplar - er, E. bevölkern. populaziun, *f.* Bevölkerung, *f.* popular - er, *a.* volksthümlich, populär, bei dem Volk beliebt. popularitad - ed, *f.* Popularität, *f.*
Pievla, *f.* 3. Fingerspitze, *f.*
Piez, *m.* pezz, E. Windel, *m.* Lappen, *m.* Kleidungsstück, *n.* bucca aver in -, kein Kleidungsstück haben. alvs sco in piez - ūna pezza, todtenbleich. piezar, pezzar - er, flicken, einen Lappen aufnähen.
Pigiar, *a.* pir, *a.* Comparativ von nausch, pejer, pès, E. ärger, schlimmer. It. peggiore. pirs, pigiurs ca seu bab, schlimmer als sein Vater. alla pira, pèra, im schlimmsten Fall. ir alla pira, pèra, am Schlimmsten gehen. pigiorar, pegiorar - er, mager werden, schlimmer werden (von Krankheit.)

Pi - paglialaunca, *f.* pigliolanta, 2. pagliolaunta, 3. Wöchnerin, *f.* pigliola, 1. paglioula, E. Wochenbett, *n.* esser en -, in den Wochen sein. far -, niederkommen. Vom Griech. *pais*? oder von *paglia* (aufs Stroh kommen?) oder *pareo parturio?*
Pigliar - er, nehmen, fassen. (clappar - er,) greifen, fangen. far da pigliar, giuvèr a clappèr, Fangspiel, V. Jahis machen. cumpigliar, compigliar - er, mit einbegreifen, mittheiligen. cumpigliaus, inbegriffen, mittheiligt. compilaziun, *f.* Zusammenstellung = tragung, Compilation, *f.* compilar - er, zusammentragen, aus Andern compiliren, im Gegensatz vom Selbsterfinden. scumbigliar, scompigler, verwirren. scumbeigl, *m.* scompigl, 3. Verwirrung, Verworrenheit, *f.*
Pign, pinn, *m.* Tanne, *f.* Ital. abete. lenna da -, Tannenholz, *n.* piguieul, pignul, *m.* 1. junges Tännchen.
Pign, pitschen, klein. *s.* pinch.
Pigua, *f.* Ofen, *m.* metter en -, tó in -, den Ofen heizen. baun, baunch d' -, Ofenbank, *m.* bucca, buocha d' -, Ofenloch, *n.*
Pikel, *m.* 1. zappin, E. Pickel, *m.* (gekrümmte schnabelartige Haue, Holz u. Steine zu heben.
Piliett, *m.* frizza, E. Pfeil, *n.*
Pilisliek, *m.* 1. Nasenstüber, *m.*
Pill da sein, *m.* 1. ein Schrot Heu.
Pilla, *f.* pigliotta - uotta, Stampfmühle, *f.* pilar giutta, pisèr giuotta, 3. Gerste stampfen.
Pilla, *f.* pirola, E. Pille, *f.*

Pilli, m. pill, 2. Knopf an der Sense, sie am Schaft zu befestigen.
Pilllsch, m. pülsch, 2. püllasch, 3. Floh, m. spülschar - er, Flöhe austreiben.
Pinar - er, zubereiten, flicken. - giantar, das Mittagessen bereiten. - la schierpa, die Ackergeräthe bereiten, ausbessern. - lenna, Holz fällen, bereiten.
Pinch, ia, pintg, pitschen, na, E. klein, gering. pitschnir, impitschuir, E. klein werden, verringern.
Pinda, f. Streifen, m. langes, schmales Stück Gut, Tuch.
Pindell, m. bindè, pl. bindels, E. Seidenband, n. pindels da nozzas, Hochzeitsbänder.
Pindrar, pendrar, 2. pandrer, 3. pfänden (Thiere, die in den Gütern weiden). pindrader - dur, m. saltèr, 1. pendrader, 2. pandreder, 3. sulèr, 4. Pfänder, m. pindradira, f. pendradüra, 2. pandradüra, 3. Pfänderlohn, m. Auslösegeld, n. spindrar, spendrar - er, auslösen, erlösen. spindrader - eder, Erlöser, Heiland, m. spindrament, m. spindronza, 1. spendranza, 2. spendraunza, 3. Erlösung, f.
Pioign, m. Steg, m. kleine Brücke, f. s. pei.
Pioignia, f. Erlenwald, m. s. oign.
Paella, f. 3. die ersten eingewobenen Fäden eines Gewebes.
Pipa, f. Tabackspfeife, f. fimar, fumar - er la -, Taback rauchen.
Pir, a. ärger, schlimmer. pir a pir, je länger je ärger.
Pirir, a. perir, E. umkommen, verderben.

pirantar - er, zu Grunde richten, verderben machen. - igl uffont, die Frucht abtreiben.
Pirla, f. pierla, 3. Knopfform, f. far inna -, sich umdrehen, betäubt niederfallen. pirlar, sich im Kreise herumdrehen.
Pirun, m. E. savitscha, 1. Gabel, f.
Pisar - er, sputtar - er, E. stampfen, mörseln. pisa, f. 1. Stampfe, f.
Pischar - er, urinar - er, harnen, pissen, das Wasser abschlagen. pisch, m. pischa, urina, f. Harn, Urin, m. pischarott, m. pischaröl, E. Bettseicher, m. (Spottname, bei Kindern.) pischada - eda, f. einmaliges, reichliches Harnen.
Pischàda, pischutta, f. 1. frische, ungesottene Butter. inna pischàda, Butterschnitte, f.
Pissi, m. p. pissials (da roda), passè, meil, m. E. Lunzen, m.
Pissier, m. pissèr, E. Gedanke, m. Sorge, Besorgniß, f. aver, prender -, Besorgniß haben pisserar, 2. sorgen. - per sai, für sich sorgen. impissamaint, m. 1. Einfall, alberner Gedanke.
Pissir, impassir, spassir, E. welken, verwelken, verdorren. pisseu, ida, pass, a. 1. spassi, welk, dürr.
Pistola, f. Pistole, f.
Pit, m. (Ez. 29, 19) Gold, m. (veraltet.)
Pitanar - er, unzüchtig leben, huren. pitauna, f. pitana, 2. unzüchtiges Weib, Hure, f. ir a -, huren. pitaneder, m. pitanèr, E. Hurer, m. pitanegn, m. pitanögn, 2. pitagnögn, 3. Hurerei, Unzucht, f.

Pitir, patir, E. leiden, entgelten. donu, dann, Schaden leiden.
Pitschier, m. patschier, 3. pischoll, 2. Fingerring mit starkem Kopf (zum Schlagen). pitschier, 1. sagè, E. Siegelring, m. Petschaft, n.
Pitter, a. bitter, bitterlich. pittradad, f. pitrezza, E. Bitterkeit, f.
Pivida, f. Pips, m. (Hühnerkrankheit.)
Pivun, m. paviun, 2. pavun, 3. Pfau, m. stolzer Mensch. plumma, penna da -, Pfauenfeder, f.
Pizz, pizza, f. Spitze, Bergspitze, f. sur cuolms a pizzas, über Berge u. Gipfel. pizza cunti, Messerspitze. pizz Beverin, die Beverinspitze. pizza pei, Fußspitze. fazzalett cun pizz, pizzens, pizzets, Halstuch mit Spitzen. far pizz a cupp, putschen (mit Eiern). pizzueulla, f. pizaira - etra, pizetrin, Lebkuchen, m. Lebzeltern, f. spizzau, m. spizzöl, E. spitzer Zaunpfahl, m. spizzada - eda, f. Zaun mit zugespitzten Brettchen. pizchiar, pezchar - er, kneipen, jucken, beißen. pizchiada, f. pizchada - eda, E. Kneipen, Jucken, n.
Pizzi, m. plüch, 3. Knipp, m. (was man mit den Fingerspitzen auf einmal fassen kann.) - sal, sel, ein Knipp Salz. dar pizzis, Schlag auf die Fingerspitzen. B. Töpli.
Pladir, plidir, finar, 2. infiner, 3. dingen, bestellen. It. postare. - fumeigl, scudader, einen Knecht, Drescher dingen.
Plaga, f. plaja, 2. pleja, 3. Wunde, f. Egyptische Plage, plagaus, ada, p. plajà - ò, 2. wund geschlagen; unglücklich. plagiar, plajar - er, plagen, quälen.
Plagar, (fil, alsoha,) splajar - er, winden, Garn, Faden; wickeln. - ent, ora, aint, oura, ein = auswickeln. plichiuira, pleiga, f. splajaduoira, E. Garnwinde, f.
Plan, m. Plan, m. f. plaun.
Planet, m. Wandelstern, Planet, m.
Plantar - er, pflanzen, anpflanzen. - pumera, vits, Bäume, Reben pflanzen. - lou, là, die Sache liegen lassen. - lou in, einen stecken lassen. plonta, f. planta, 2. plaunta; 3. Pflanze, f. Baumstamm, m. - pei, del pè, Fußsohle, f. plantaziun, f. Anpflanzung, f. amplantar, implantar - er, anpflanzen. implanter tramegl, den Tanz beginnen. transplantar - er, verpflanzen, versetzen. transplantaziun, f. Verpflanzung, Versetzung, f. plantagien, m. plantegen, 3. Wegbreite, f. (eine Heilpflanze).
Plaschèr, plischer, 1. plaschair, E gefallen. plaschèr, m. plaschair, f. Vergnügen, Gefallen, n. plascheivel - aivel, a. angenehm, erfreulich. displascher, displaschair, E. mißfallen, verdrießen. displascher, m. displaschair, E. Mißfallen, n. Verdrießlichkeit, f. displascheivel - aivel, a. unangenehm, betrübt, traurig. plassier, plissier, m. 1. Vergnügen, n. Freude, f. Franz. plaisir.
Platialla, f. zampugn grond, plumpa, 2. große Kuhschelle. B. Plumpe, f. la vacca dalla -, die Herrkuh (mit der Plumpe). purtar la platialla s'igl saltar, am Balle die erste sein.

Platt, a. Adj. platt. platt, m. Blatt, n.
E. auch: Teller, m. platta, f. Platte,
Steinplatte, f. - da feug, fö, Feuer-
heerd, m. platunada, f. Boden mit
Steinplatten, m. platèra, f. Stein-
plattenbruch, m. Plattenlager, n. plat-
teu, m. von der Natur mit Platten
besetzter Boden.
Plaun, a. ploun, 1. planiv, E. eben,
flach. suus -, suonz -, ebene Güter.
plaun, m. Ebene, f. Fußboden, m.
egl plaun a sin ils cuolms, in der
Ebene und auf den Bergen. dar giun
-, auf den Boden fallen. prender si
da -, vom B. aufnehmen. plaun, a.
Adj. langsam. ir plaun seu, sieu,
langsam gehen. luvreit plaun viess,
voss, gew. Gruß: Ueberarbeitet Euch
nicht. plaun a plaun, nach und nach,
allmälig. chi va plan, va san, wer
langsam geht, geht sicher. chi va
saun, va luntaun, wer gesund geht,
kommt weit. plauna, splauna, f. Ho-
bel, m. splanar, planer, ausebnen;
hobeln. plaunca, f. Halde, f.; halb-
ausgewachsener Baumstamm. plan, m.
Plan, m. planira, f. planùra, E.
große, weite Ebene.
Plausibel, a. lobenswerth, beifallswür-
dig. s. applaudir.
Plazz, m. 1. plazza, E. Platz, m. star
a plazz, (auf dem Platz) sich unter-
halten. Schw. dörfen.
Pleder, m. 1. Scheit, Tannenscheit, n.
Plein, a. plain, E. Adv. voll, trächtig.
vacca, vacba -, eine trächtige Kuh.
esser pleins, voll sein, betrunken sein.
- doivels, dbits, voll Schulden. plei-
nezia, f. plainezzo, E. Fülle, f. am-
planir, implir. 2. implinir, 3. voll
machen, füllen; schwängern. cumpla-
nir, com-accomplir, erfüllen. cum-
plein-ain, a. vollkommen, überschie-
ßend. plain, m. 2. Teigkloß, m.
Pleiv, f. plaiv, E. Pfründe, Pfarrei, f.
It. pieve. esser sin pleiv, 1. Pfar-
rer sein. plavanessa, f. E. die Frau
eines Pfarrers. plev, f. 3. Theil,
Hälfte eines Gerichts.
Pil, (Comp. von bear) plü, 2. pü, 3.
mehr. da pli, mehr. pli a pli, je län-
ger je mehr. par igl pli, meistens, s'igl
pli, sül -, höchstens. la pli part, der
größere Theil. nè pli nè meins, we-
der mehr noch minder. plinavoni, pü
inavaunt, ferner.
Plidar, p. plader, E. feierlich re-
den, sprechen. (fr. plaider.) plaid,
m. pled, E. Wort, n. Ital. parola.
- da Dieus, das Wort Gottes. sal-
var, tener in -, eine Rede halten.
salvar, tener -, Wort halten. bucca
dar plaid, den Gruß versagen. dar
buns -, gute Worte geben, inständig
bitten. hum da -, Mann von Wort.
dar nè plaid nè faig, keine Red noch
Antwort geben. plidantar, tachar
pled, 2. anreden, einen zur Rede stel-
len. surplidar, persuader, E. über-
reden.
Plimma, f. penna, E. Feder, f. - da
scriver, Schreibfeder, f. - d'itschal,
Stahlfeder, f. - da leg, lett, Bett-
feder, f. plumatsch, m. plümatsch,
m, Federkissen, Kopfkissen, n. tapett,
1. plumwà, m. E. Deckbett mit Fe-
dern, Federbett, n.
Plirar, plürer, 1. klagen, jammern, wim-
mern. It. guaire. pllrimm, m. plü-

ram, 3. unzeitiges Jammern. Ital. cantar miseria.

Ploga, f. paluoga, 2. **Paloge**, f. (kleine runde Pflaume). ploger, m. Palogenbaum, m.

Plonscher, 1. plondscher, 2. plaundscher, 3. klagen, anklagen, jammern. ploign, m. plont, 2. plaunt, 3. **Klage**, f. gerichtliche Klage. plonschader - ider, m. plondschader, 2. plaundscheder, 3. **Kläger**, m. It. attore.

Plover, regnen. plievgia, f. plövgia, E. Regen, m. pluida, f. Regenguß, m. plievgiuss, a. plövgius, E. regnerisch. pluschinar - er, dünn, fein regnen, zu regnen anfangen.

Pluigl, m. pluoigl, E. Laus, f. - d'chiau, Kopflaus, f. - diess, (d'iess?) Kleiderlaus, f. pluglius, a. pluoglius, E. lausig. Lausekerl, m. splugliar, spluoigliar - er, die Läuse austreiben.

Plumaigl, m. 1. plümer, 3. B. Hafenhänge (im Kamin). B. Hehle.

Plumm, m. plom, E. Blei, n. plomin, m. E. Senkblei, n. plomber, plombiren, mit bleiernem Stempel versehen.

Plunt, m. pluntanada, f. Schlag, Knall, m. pluntar - er, spluntar, schlagen; klopfen (an der Thür). pluntada - eda, E. Schlag, m. Schlägerei, f. spluntanar, 1. lärmen, tosen, rauschen (von harten Gegenständen).

Pluschein - a, 1. pulschain, E. Hühnchen, n.

Poet m. Dichter, m. poesia, f. Dichtkunst, Poesie, f. poetic, a. dichterisch.

Polir, poliren. pulitt, a. polit (pulit), artig, gut, recht. in pulitt hum, ein artiger, guter Mann. far pulittamein, es brav, recht machen. mo pulitt! brav! schön! pulizia, f. politezza, E. Reinlichkeit, f. politura, f. Politurng, Politur, f.

Politica, f. Politik, Staatskunst, f. politiker, m. politicum, m. E. Staatsmann, m. schlauer Kauz. polizia, f. Polizei, f.

Pollisch, m. polsch, 2. pollasch, 3. Daumen, m. Zoll, m. - d'igl isch, m. B. Kloben, m. pollischett, m. nuschigna, 3. Zaunkönig, m. (Vogel).

Ponderar - er, erwägen.

Poner, puoner, 3. part. post, setzen, annehmen. punein igl cass, setzen wie den Fall. poziziun, f. Lage, Stellung, f. positiv a. positiv, zuverlässig, gewiß, bestimmt, bejahend. positura, f. Stellung, f. post, piest, m. pöst, E. Posten, Platz, Thürpfosten, Zaunpfahl, m. E. auch: Tölpel. prender -, Platz nehmen. star en, sin seu -, an, auf seinem Posten bleiben. post d'isch, finiastra, Thür = Fensterpfosten. - seiv, della saiv, Zaunpfahl, m. posta, f. Post, f. Kunde, m. inna buona posta, ein guter Kunde. far -, bestellen. bucca dar posta, kein Acht geben. a bialla posta, absichtlich. pustar, poster, bestellen. componer, componir, zusammensetzen, aufsetzen, in Musik setzen. composiziun, f. Aufsatz, m. Composition, f. componist, m. Tonsetzer, componist, m. deponer, ablegen, vor dem Richter aussagen. depoziziun, f. Hinterlegung, f. Aussage eines Zeugen vor Gericht. deposit, m. ein anvertrautes Gut, Depositum, n. dar en -, depositar - er, in Verwahrung geben. depositari, m. Depositär, m. (derjenige, dem etwas anvertraut wird.) dispuner (d' inna caussa), dispuoner, verfügen, Verfügung treffen. disposiziun, f. Anlage, Lust, f.; Verfügung, Maßregel, f. pigler, prender sias -, seine Maßregeln treffen, nehmen. dispunir, tradür, übersetzen (aus einer in die andere Sprache). exponer, expuoner, 3. vortragen, auseinandersetzen, erklären. exposiziun, f. Vortrag, m. Auseinandersetzung, f. imponer, auferlegen, zur Pflicht machen. imposiziun, f. Abgabe, Auflage, f. opponer, entgegensetzen = stellen, widersprechen. opposiziun, f. Einwendung, Gegenpartei, f. preposiziun, f. Verhältnißwort, n. Präposition, f. proponer, vorschlagen. proposiziun, f. Vorschlag, Satz, m. parpiest, 1. propost, 2. proponiment - maint, m. Vorsatz, m. supouer, voraussetzen, vermuthen. suposiziun, f. Voraussetzung, Vermuthung, f. a propos, proposit, zur rechten, gelegenen Zeit. sproposit, m. Unsinn, m. gir, far -, Unsinn schwatzen, Dummheiten begehen.

Ponn, m. pann, 3. Tuch, Wollentuch, n. ponn da sein, 1. baglinèra, 2. pann da sein, blecha, 3. Heutuch, n. d. h. Heu zu tragen. bratsch da -, pass da pann, E. Elstecken, m.

Popp, m. poppa, f. Wickelkind, n. Puppe, f. poppa del ögl, Augapfel, poppa d' teiglia, Raute, Knode, f.

Pör, a. H. (michiert) Adj. trid, a. E. häßlich. tschera -, häßliches, mürrisches Gesicht. vurdar - ein mürrisches Gesicht machen.

Pör, m. Pore, f.

Porscher, p. piert, spordscher, E. anbieten, bieten. sa -, sich anbieten. pierta, f. sporta, 2. spüerta, 3. Bot, n. Anerbietung, f. surporscher, zu viel bieten. surpierta, f. sursporta, 2. surspüerta, 3. Ueberbot, n.

Porta, f. Thür, f. Thor, n. portalel, m. Portal, n. purteiglia, f. Eingang in die Güter.

Porzellana, f. Porzellan, n.

Possa, f. Posse, f. Scherz, m. far possas, Possen spielen, treiben.

Posseder, besitzen. possess, m. Besitz, m. possessiun, f. Besitzung, f. possessur, m. Besitzer, Eigenthümer, m. possessiv, a. besitzanzeigend. s'amimpossessar - er, sich in den Besitz setzen. dispossessur, des Besitzes entsetzen, daraus vertreiben.

Posteriur, a. nachherig. ils posteriurs, die Nachkommen. posteriad - ed, f. Nachkommenschaft, f.

Pott, m. Bote, m. far igl -, Botendienste thun, Bote sein.

Prachia, f. pratcha, E. Partei, f. Umtrieb, m. egl temps da las -, zur Zeit der Parteien. far -, Partei machen (Aemterbewerbung). pratic, a. erfahren, kundig. pratica, prachia, f. Kalender, m. Erfahrung, Praxis, f. aver, avair practica, Kenntniß, Erfahrung haben. praticar, ausüben, besuchen, Umgang haben. praticar egl iester, pratcher nell' ester, in der Fremde eine Handlung haben.

Prau, m. prà, 2. prò, 3. Wiese, f. It. prato. prada, f. Wiesenland, n. pardèr, sechiur, m. pradèr, m. selter, 2. Mäder, m.

auia, f. parevla, 3. Mährchen, n. raschadur -, requinter -, Mährchen erzählen.

ecari, a. unverbindlich, zweifelhaft.

ecepter, m. Hauslehrer, m.

ecis, a. genau, bestimmt. precisar - er, genau bestimmen. precisiun, f. Genauigkeit, Bestimmtheit, f.

esazian, f. (d'in cudisch) Vorrede, f. Vorwort, n.

eferir, vorziehen, den Vorzug geben. preseribel, bla, preferabel, vorzuziehen, vorziehbar. preferenzia, f. preferenza, E. Vorzug, m. dar, aver la -, den B. geben, haben.

ei, parei, f. 1. parait, E. Wand, f. - crap, - d'spelm, Felsenwand, f. guardar, mirar si par las -, albern herumgaffen.

ender, p. preu, 1. tour, pigler, E. nehmen. - ora, herausnehmen, wählen. - si (par tscheins) aufnehmen, pachten. - sura, übernehmen, auf sich nehmen. - tiers, zunehmen, wachsen. - a cor, zu Herzen nehmen. - dunna, heirathen. prida, f. praisa, E. Fang, m. (Fische oder andere Dinge). presa tabacc, praisa, E. Tabacksprise, f. am-imprender, E. lernen. amparneivel, vla, 1. angenehm, erfreulich. amparneivladad, f. Annehmlichkeit, f. das Angenehme. malamparneivel, a. unangenehm, verdrießlich. cumprender, 1. comprender, E. in sich fassen, begreifen. cumprendeivel, a. compreusibel, bla, E. begreiflich, faßbar. nuncumprendeivel, a. incomprensibel, E. unbegreiflich. enterprender, intraprender, E. unternehmen. enterprendent, a. intraprendaint, E. unternehmend. intrapraisa, f. E. Unternehmung, f. surprender, übernehmen, überfallen, überraschen. surpresa, f. surpraisa, E. Ueberfall, m. Ueberraschung, f. Erstaunen, n.

Preparar - er, vorbereiten. preparaziun, f. Vorbereitung, f.

Prèr, m. preir, 2. kathol. Geistlicher. It. prete. preraglia, f. preiriglia, E. die Pfaffen, (im verächtlichen Sinne.)

Prescha, f. Eile, Schnelligkeit, f. aver -, eilen, Eile haben. far -, Eile machen, treiben far en -, in Eile, schnell thun. prest, a. praist, a. E. schnell, geschwind. nou prest, komm schnell. prestezza, f. 1. Schnelligkeit, Geschwindigkeit, f. pressant, a. eilig, dringlich.

Present, a. preschaint, E. anwesend, gegenwärtig. presentamein, jetzt, gegenwärtig. presentar, preschenter, 3. vorstellen, darbieten. sa -, sich vorstellen, vor jemand treten. present, m. preschaint, E. Geschenk, n. preschienscha, f. 1. presenza, preschenscha, E. Gegenwart, f. Aussehen, n. Gestalt, f. da bialla -, von gutem Aussehen, schöner Gestalt. rapresentar, rapreschenter, 3. vorstellen, Vorstellungen machen. rapresentaziun, f. Vorstellung, Ermahnung, f.

Preservar - er, bewahren, verhüten preservaziun, f. preserva, 3. Verhütung, f. preservativ, m. Bewahrungsmittel, n. sa reservar - er, sich vorbehalten. reserva, f. Vorbehalt, m. reservond - and, mit Vorbehalt.

Pressa, f. Preſſe, f. supressar - er, preſſen, glätten, unterdrücken.

Presumar, 1. presūmar - er, vorausſetzen, annehmen. presumeivel, vla, presūmabel - ibel, E. anzunehmen, wahrſcheinlich. presumziun, f. Vorausſetzung, f. presunziun, f. Vorurtheil, n. Anmaſſung, f. Eigendünkel, m. presuntuus, a. anmaſſend, dünkelhaft.

Pretext, m. Vorwand, m. f. tender.

Prezzi, prizzi, m. pretsch, E. Preis, m. prezziar, prezchiar, predschar - er, ſchätzen, werthen. aprezzar, ſchätzen, werth halten. disprezzar, spredscher, verachten. disprezzi, m. 1. spretsch, E. Verachtung, Beſchimpfung, f. far, fer -, beſchimpfen. disprezzeivel, a. sprezzabel, E. verächtlich, verachtungswürdig.

Priedi, 1. predgia, E. Predigt, f. ſ. pardagar.

Priel, pariel, m. cudèra, 2. chüdera, 3. Keſſel, m. parlett, m. cuderoula, 2. chüdirola, 3. kleiner Keſſel. parlèr, m. cuderèr, 2. chüdiröl, 3. Keſſelflicker, m.

Prigel, m. prievel, E. Gefahr, f. It. pericolo. - da la vitta, vita, Lebensgefahr, f. sa, s'metter en -, ſich in G. begeben. priglus, a. prievlus, E. gefährlich. priglusadad, f. prievlusezza, 2. prievlusited, 3. Gefährlichkeit, f.

Primm, m. prümbla, 2. prüona, 3. Pflaume, f. It. prugna. prünèr, m. prümblèr, 2. prünnèr, 3. Pflaumenbaum, m.

Principiar - er, E. anfangen. principi, m. Anfang, Grundſatz, m. principal, a. das weſentlichſte, erſte. principal, m. Herr, Gebieter, m. principiant, m. E. Anfänger, m.

Prinz, m. prinzi, 2. Prinz, Fürſt, m. prinzessa, f. Prinzeſſin, Fürſtin, f.

Privar - er, berauben. prival, a. privat, beſonders, eigen (dem Oeffentlichen entgegen). privat, m. Privatmann, m. malprivaus, ada, 1. melprivo, 3. häßlich, unartig, garſtig, verhaßt.

Privilegi, m. Vorrecht, Privilegium, n. privilegaus, ada, privilegiò, Vorrechte genießend, bevorrechtet.

Probabel, a. wahrſcheinlich. ſ. provar.

Processar - er, prozeſſiren. process, m. Prozeß, Rechtsſtreit, m. processader, Prozeßführer, m. prozeßſüchtig. ſ. ceder.

Prodūr, E. hervorbringen, erzeugen. el prodūa raschuns, scartiras, er bringt Gründe, Schriften vor. product, m. prodūt, 3. Erzeugniß, Produkt, n. ils products da la tiara, die Landesprodukte = Erzeugniſſe.

Profan, a. ungeweiht, unheilig, profan, weltlich. profanar - er, entweihen, entheiligen. profanaziun, f. Entweihung, Entheiligung, f. profanatur, m. Entweiher, Schänder, m.

Professar - er, öffentlich bekennen, ſich zu etwas bekennen. professiun, f. Stand, Beruf, m. Handwerk, n. Handthierung, f. professer, professur, m. Profeſſor, m. professionist, m. Handwerker, m.

Profet, m. Prophet, m. profezia, f. Prophezeihung, Weiſſagung, f. profetisar - er, weiſſagen.

Profil, m. Profil, Seitengemälde, n. maliar en -, von der Seite malen.

123

| Vortheil, n. pro-
n, Vortheil haben.
rofitlabel, bla, E.
ibringend.
, tief. profundi-
f. f. fundar.
gehen = schreiten.
hritt, m. progres-
b, vorrückend.
rohibiziun, f. Ver=
- er, vorschlagen,
t, progett, m.
Entschluß, m.
. weitläufig, weit=
m, E. Fürwort, n.
npt, 2. bereit, will=
prontezia, pron-
a, E. Bereitwillig=
Fertigkeit, f.
lanzen, verbreiten,
-, sich verbreiten.
rrpflanzung, Aus=
agatur, m. Ver=
nthümlich. casa -,
oprietad - ed, f.
forderniß, Eigen=
lari, m. Eigenthü-
riar - er, sich an-
r - er, des Besitzes
. propi, propia-
opi quei, wirklich,
gebundene Rede, f.
saiker, m.
fortfahren. pro-
Fortsetzung, f. | Proselit, m. Proselyt, m. ein zu einem andern Glaubensbekenntniß Uebergetretener.
Prosperar - er, gedeihen, glücklich sein. prosperus, a. glücklich, munter, gesund. prosperitad - ed, f. Gedeihen, Wohlergehen, n.
Prossem, m. 1. Nächste, m. s'approximar, s'approssmer, 3. sich nähern.
Prostituir, herabsetzen, entehren, schänden. prostituziun, f. Beschimpfung, Entehrung, f.
Protegier, proteger, E. beschützen, schirmen. protecziun, f. Schutz, Schirm, m. protectur, m. Beschützer, Gönner, m.
Protestar - er, sich gegen etwas erklären, protestiren. protest, m. protesta, f. Einsprache, f. Erklärung dagegen. protestant, m. Protestant, m.
Protocoll, m. Protokoll, n. protocollar - er, protokolliren.
Provar - er, versuchen, beweisen. prova, f. Versuch, Beweis, m. Probe, f. far la -, den Versuch machen. far prova, gedeihen. pruvar, ampruvar, versuchen, probiren. ampruvament, m. pruvamaint, E. Versuchung, f. appruvar, 1. approbar, 2. approver, 3. billigen, genehmigen, gutheißen. approvaziun, f. approbaziun, 2. Billigung, Genehmigung, f. comprovar - er, beweisen, mit Thatsachen belegen. disapprovar - er, disapprobar, mißbilligen, nicht genehmigen. disapprovaziun, f. disapprobaziun, 2. Mißbilligung, f. probabel, bla - mein - maing, wahrscheinlich. probabladad, f. probabilitad - ed, 2. Wahrscheinlichkeit, f. |

Proviant, *m.* Mundvorrath, *m.* Lebens=
mittel.
Provocar, herausfordern, reizen. pro-
vocaziun, *f.* Ausforderung, *f.*
Prudent, *a.* prudaint, E. vorſichtig,
klug, weiſe. prudienscha, prudenzia,
f. prudenza, E. Vorſichtigkeit, Klug=
heit, *f.* in-malprudent, *a.* impru-
daint, E. unvorſichtig, unklug. mal-
prudienscha, imprudenzia - za, E.
Unvorſichtigkeit, Unklugheit, *f.*
Pruir, 1. prüir, E. keimen.
Prus, *a.* fromm, gutmüthig. prusadad,
f. prusdad-ed, 2. Frömmigkeit, Gut=
müthigkeit, *f.*
Psalm, E. salm, 1. *m.* Pſalm, *m.* sal-
miar - egiar, 1. Pſalmen, Loblieder
ſingen.
Puauna, puouna, *f.* ampcha, 2. ampa,
3. Himbeere, *f.* - nera, 1. Brom-
beere, *f.*
Public, *a.* - mein - maing, öffentlich.
igl bein, bain -, das öffentliche, ge=
meine Wohl. caussas, chosas publi-
cas, öffentliche Angelegenheiten. pub-
licar, publichar-er, veröffentlichen,
öffentlich bekannt machen, verkünden.
publio, *m.* das Volk. publicaziun,
f. Kundmachung, öffentl. Verkündi=
gung, *f.* republica, *f.* Republik, *f.*
Freiſtaat, *m.* republicaner, *m.* re-
publican, E. Republikaner, *m.*
Puccau, *m.* pchà, 2. pchò, 3. Sünde,
f. - artau, pchò artò, Erb-
ſünde, *f.* - mortal - el, Todſünde,
f. far -, ſündigen. sa prender -,
sfer pchò d'ün, bemitleiden, Mitleid
haben. puccont, *m.* pchader, 2. pche-
der, 3. Sünder, *m.* donn a puccau!
que ais pchò! Schade!

Pudel, *m.* chaun b.
Pùder, *m.* pudra,
cipria. pudrar,
Pudêr, pudair, E.
mögen. It. pote
dair, E. Kraft,
pussent, *a.* posse
saunt, 3. mächtig
tuttpussent, tot
sent, 2. tuotpuss
pussonza, *f.* poss
3. Macht, Gewa
possa, *f.* Kraft,
über Vermögen.
posa, 1. Einer
Größe, Stärke.
sibel, E. möglich.
impossibel, E.
vladad, *f.* possi
lichkeit, *f.* uonp
possibilitad - ed
potenza, E. puss
potent, *a.* mäch
mächtig. potent
prepotent - aint
prepotenza, *f.*
plenipotenza, *f.*
macht, *f.* pudis
et, E. Podeſtat,
staria, *f.* Landvo
s'impudair, E.
iou ! bin ich S
a. M. billig, ge
vlezza, *f.* Billig
Puffet, *m.* schiaffa,
Stubenſchrank, *m.*
lergeſtell.
Pugn, *m.* puoign,
pugno. pugn, *m.*
Hauptpunkt, Arti

far or cugls pugns, mit den Fäusten entscheiden. - da la cardienscha, puonobs della credentscha, die Glaubenspunkte. sa pugnar, s'puognar, 2. ringen (nur vom Rindvieh). far da pugnar - puognar, ringen. pugnièra, vacca da pugna, f. zendra, 2. pugnèra, 3. Herrkuh, f. dar inna pugnada, einen Hornstoß geben. repugnar - er, widerstehen, zuwider sein. repugnonza, repugnienscha, f. repugnanza, E. Widerwille, m. Widerstreben, n.

Pul, pult, f. pült, 2. puct, 3. Brei, m. Türkenbrei, E. pült in gramma, spech in gramma, 3. Brei mit Rahm (statt Wasser). terra püttèra, Breiland, (Spitzname für's Oberengadin.) pulenta, polenta, f. Polente, f. pultaun, m. pantan, 2. Pfütze, Lache, f. tiefer Koth. It. *pantano*.

Pulieder, pulein, m. puleder, E. männliches Füllen. puliedra, f. puledra, E. weibliches F.

Puliona, 1. *Pudendum viri*.

Palom, m. palam, 3. die Hühner, Federvieh, n. pluschein, m. pulschain, m. Hühnchen, n. pulaster, m. Polaster, m. puglinna, 2. squiglia, 3. strien, 1. Hühnerkoth, m. squigler, 3. den K. fallen lassen (von Hühnern).

Puls, m. Puls, m. tuccar igl -, tucher il -, den Puls greifen. batter d'igl, dels -, der Pulsschlag.

Pumèr, m. Obstbaum, m. pom, m. E. Apfel, m. pomma, frütta, E. Obst, n. pomadaira, f. 2. Beeren von Sträuchern überhaupt. pumma tiara, meil in terra, 2. poms da terra, 3. Kartoffel, f. pumma suig, 1. sambuih, 3. Holderbeeren. pumma gianeivra, 1. parmuoglia, 3. Reck = Wachholderbeeren. pumma caüra, 1. pomma d'chan, 2. Name für alle wilde, nicht eßbare Beeren. pumma losta, 1. frülta secha, E. Welk = Dürrobst. böscha da pomeraida, Gesträuch, n.

Pumada, pomada, f. Pomade, f.

Pumpa, f. Pracht, f. pumpus, a. prächtig, mit Pracht. pumpiar - egiar, pumpagiar - er, groß thun, Pracht zeigen.

Pumpa, f. Pumpe, f. pumpar - er, pumpen.

Punct, puonch, E. Punkt, Artikel, m. - d'hanur - honur, Ehrenpunkt, m. Ehrgefühl, n. senza -, ohne Ehrgefühl. puntual, a. pünktlich. puntualitad - ed, f. Pünktlichkeit, Genauigkeit, f. interponcziun, f. Interpunktion, f.

Punscher, paudscher, 2. stechen. punschida, f. puntschüda, 1. Stich, m. (besonders innerlich). puoncha, E. mal costas, 1. Seitenstich, m. pütt, E. pitg, O. Nadelstich, m.

Punt, (punn) f. Brücke, f. pant crapleun, d'crap, d'lain, steinerne = hölzerne Brücke. pant clavau, Stallbrücke, in den Heustall. da punn, punt, 1. zweispännig. puntar sult, 1. stützen, Stütze unterlegen. pantan, m. Brücke, worauf das Vieh im Stall steht. ir a pantan, an seinen Ort gehen. pantunera, 3. Baugerüst, n.

Puolpa, m. Muskel, m. viel Fleisch. pulpeu, mit vielem Fleisch, fleischig.

Puolvra, f. Staub, m. Pulver, n. - da buis, da schlupet, Schießpulver, n.

spulvèr, (fer giò la -,) ausstäuben, den Staub wegwischen.

Puonna, f. 3. frischgemachter Käse oder Ziger. puigna, f. frischer Geiß=Schafkäse. puonèr, m. tarmarigl, 1. gelöcherter Käsekübel.

Puorfs, 3. tschagugliuns, 1. Schnittlauch, m.

Puoz, m. poz, 2. Brunnen, Ziehbrunnen, m. Lache, f. puoz da coniv, Hanfröste, f. far -, puozar, 1. Lache machen, aufstauchen.

Pupir, m. palperi, E. Papier, n. - da scriver, Schreibpapier, n. - da posta, Postpapier, n.

Puplar, durlar, 1. poplar, brunclar - er, unzufrieden sein, murren. puplader, durlader, m. 1. Murrer, mürrischer Mensch. puplimm, m. poplöz, 2. Murren, Gemurre, n.

Puppen, poppen, m. Kehle, f. Kropf (von Vögeln). aver s'igl-, sü'l gosch, etwas auf dem Herzen haben, beschwert sein. puppenchielschen, m. 1. Dompfaff, m. (Vogel).

Pûr, m. paur, 2. Landbauer, m. far igl -, Landwirthschaft treiben. purankel, m. Bäuerchen, n. puraglia, f. Bauernvolk, n.

Purgar, purgiar - er, abführen, purgiren. purgazz, m. pürgia, E. Abführungsmittel, n. purgatieri, purgiatöli, 2. purgiatori, 3. Fegfeuer, n. purificar, pürifichar - er, reinigen, läutern.

Purginna, f. pruina, E. Reif, m.

Purment, m. pulmaint, E. der Molken von den Alpen. biar a bien -, viel und guten Molken.

Purpura, f. purpur, 2. Purpur, m.

Purschâl, m. reiner Jüngling, m. purschâla, f. reine Jungfrau, f. Franz. pucelle.

Purseppi, parseppen, 2. perseppen, 3. Krippe, f. avair bun -, gute Tage haben.

Purtar - er, tragen, betragen. purtar si inna bialla summa, eine schöne Summe betragen. purtar giù, - nou, impurter, 3. der Mühe werth sein. purtar ora in, 1. einem aus der Bedrängniß helfen. igl üsi porta 300 pass, die Büchse trägt, schießt 300 S. weit. purtaus, portò p'igl vin, dem Trinken ergeben. dunna purtonia, dúonna purtaunta, eine schwangere Frau. purtada - eda, f. das Tragen, die Last. pechien da 30 purtadas, Kamm von 30 Trageten. purtader, m. purtadur, E. Träger, m. ampurtar, importar - er, daran liegen. - pauc, pooh, wenig dran liegen. ampurteivel - tont, a. important, a. E. wichtig. ampurtonza, importanza, importaunza, f. Wichtigkeit, Bedeutsamkeit, f. sa oumpurtar, oomportar - er, sich vertragen. cumpurtonza, f. Verträglichkeit, f. cumpurteivel, vla. verträglich, friedfertig. mal - nuncumpurteivel, unverträglich. sa depurtar, s'deportar - er, sich betragen. departament - maint, m. Betragen, n. Aufführung, f. rapurtar, rapportar - er, hinterbringen. rapport, m. Bericht, m. (besonders beim Militär). supportar - er, ertragen, leiden, sich gedulden. supporteivel, vla, supportabel, bla, E. erträglich. insupporteivel, insopportabel, E. unerträglich.

surpurtar - er, von Kühen: das Kalb über die Wochen hinaustragen. surpurtada, f. die Zeit, die darüber hinaus getragen wird. transpurtar - er, hinübertragen = führen. transport, m. Transport, m. Verführung von Waaren ꝛc. portafegl, m. Brieftasche, f. port da bara, m. 1. Leichenbahre, f. port da mar - mer, Meerhafen, m.
Pasar, pozar - er, auf etwas stellen, lehnen. sa pasar, sich stützen, anlehnen, pusada, f. Besteck, n.
Puscha, f. Kuh, f. (in der Kindersprache) puscha, puscha, Ruf dem Rindvieh. E. Tannzapfen, m. gir puschanclas, aufschneiden, Albernheiten sagen.
Puschanada, f. Speltgras, n.
Puschein, m. kleines Essen vor Schlafengehen (den Handwerksleuten). (post coenam.) pischegn, m. M. Frühstück, n. pischgner, frühstücken.
Puschmaun, puschman, 2. übermorgen. (post mane.) sur puschmaun, nach drei Tagen.
Puschpei, darchà, 2. darchò, 3. wiederum, neuerdings.
Pussar - er, ausruhen. paus, m. pós, 3. Ruhe, f. mi lai paus, lascha'm pós, laß mich in Ruhe. nè paus nè ruvaus, nè lö nè pós, weder Ruh noch Rast. paussa, f. Ruhepunkt, m. Ort, wo man gewöhnlich ausruht. pausa, f. Pause, f. in der Musik.
Pustretsch, m. Gemeinds = Abrechnung. tagliar pustretsch, Gemeindsabrechnung halten, schnitzen.

Q.

Qua, cou, 1. quà, 2. co, 3. Adv. hier, da. cou a lou, quà e là, co e lo, hier und dort.
Quacra, f. quaglia, 3. Wachtel, f.
Quader, a, queder, a. 3. viereckig. quader, m. queder, 3. ein viereckig gehauenes Stück, Baumstamm. quadrat, m. Quadrat, n. gleichseitiges, rechtwinklichtes Viereck. quadrar - er, passen, angemessen sein. que quadra sco' na sella, das paßt, sitzt, wie ein Sattel. squader, m. squeder, Winkelmaaß, n. squadrar-er, Baumstämme viereckig hauen.
Quaigl, m. quegl, 3. Lab, Kälbermagen, m. E. Eimer, m. anquagliar, ancugliar, 1. inquagler, 3. gerinnen der Milch durch den Lab. cugliada, f. quagliada - eda, die Milch von einmaligem Käsen; geronnener Molken.
Qual, a. quel, 3. welcher. qualmeinmaing, wie, auf welche Weise. tal qual, tel quel, gerade wie es ist. anqual, a. anqualchin, a. qualchün, a. E. mancher. anqual gada, qualjadas - voutas, tel voutas, 3. qualitad - ed, f. Eigenschaft, Beschaffenheit, Qualität, f. sa qualificar, s'qualifichar - er, sich eignen, passen.
Quant, a. E. con, cont, a. 1. wie viel,

wie oft con gig eis ei? wie lang ist es seither? quantitad - ed, f. Menge, Quantität, f.

Quareisma, f. quaraisma, E. Fastenzeit, f.

Quatier, cutier, 1. quartier, E. Quartier, n. Herberge, f. dar -, beherbergen, Nachtlager geben.

Quatter, vier (eine fürs Wiele beliebte Zahl). dar quatter, eine TrachtSchläge geben. gir quatter, tüchtig ausschelten. quintar si quatter, tüchtig aufschneiden. far igl giavel a quatter, vor Zorn rasen, gewaltthätig verfahren. quart, a. der, die vierte. quart, m. quarta, f. Viertel, n. vierte Theil, m. quart vin, zwei Maß Wein. la honta d'igl quart, eine eigene zinnerne, zweimäßige Weinkanne, Quartkanne, f. quart da glinna, Mondsviertel, m. quarta d'in bratsch, Viertel Elle. quercli, m. fracla, E. Schoppen, m. Viertelmaß. quartauna, curtauna, f. slèr, m. E. Quartane, f. It. stajo. inua da quatter pezzas, H. Eidechse, f. Molch, m.

Quei, que, dieses. f. quell.

Queida, f. quaida, cuvaida, cuaida, Lüsternheit, Begierde, 1. Muttermal n. It. voglia. aver -, avair -, lüstern nach etwas sein.

Queissa, f. cossa, f. coassa, f. Schenkel, m.

Quell, a.; 1. 2. quel, 3. der, dieser, quell a tschell, dieser und jener. quell da Flem, der Flimser, quell da Quera, der Churer, quells da Giadinna, die Engadiner. quella da la meila, die Aepfelhändlerin, quell d'igl caschiel, der Käsehändler. guir a da quella, a quella, dahin, dazu kommen. far da quellas, Solches thun. star sin quella, darauf bestehen, beharren. quei, 1. quai, 2. que, 3. das, dieses, quei a tschei, dieß und jenes. bucca far quei, thue das nicht.

Quèr, p. coig, cöscher, 2. coscher, 3. p. cott, sieden, backen, It. cuocere. tiara cochia, terra cotta, coatta, irdenes Geschirr, Töpfererde, f. biscuttin, Zwieback, Biscuttin, m. It. biscotto. surquer, stracouschercoscher, zu stark sieden, backen.

Quescher, p. cuschen, taschair E. schweigen. queu, a. chiou, a. 1. tranquill, E. still, ruhig. queuadad, chiouadad, f. Stille, f. cuschantar, beschwichtigen, besänftigen.

Quiet, a - maing, E. chiou, 1. ruhig, bewegungslos. quietar - er, beruhigen, sa - sich beruhigen. quietezza, E. Stille, f. inquiet, a. unruhig. inquietar - er, beunruhigen, sa, as - sich bekümmern.

Quest, a. quist, a. E. dieser.

Questiun, f. Frage, Streitfrage, f. questiunar, questunar - er, streiten über etwas.

Quex, 1. Nichts, (Ausdrücke des Verächtlichen), ti sas in - du weißt nichts. quei vala in quex, das ist nichts werth.

Quinan, m. quinà, 2. quind, 3. Schwager, m. Ital. cognato. quinada, f. quineda, 3. Schwägerin, f.

Quindisch, quindesch, 3. fünfzehn. far quindisch cun inna scadialla 1. eine Schüssel brechen.

Quintar - er, rechnen, It. contare. quintar si, raquintar, requintar - er, erzählen. quint, m. Rechnung, f. raquint, m. requint, E. Erzählung, f. cudiesch da quints, Rechnungsbuch, n. metter en quint, anrechnen, in die Rechnung bringen. quintar tiers, zu = anrechnen. surquintar - er, sich verrechnen. tener -, aufschreiben, Rechnung halten. dar, render quint, Rechenschaft ablegen, Rechnung geben. Quittar, 1. meinen, sich einbilden. el quittava ca ei mass aschia, er meinte, es ginge so. el quitta dad esser, er bildet sich ein, was zu sein. quitt, m. Einbildung, Eitelkeit, f. Dünkel, m. aver grond quitt, 1. große Eitelkeit, Dünkel haben.

Quittar - er, den Empfang, die Bezahlung bescheinigen. (Fr. *quitter*). quittanza, quittaunza, 3. Empfangschein, m. quitt, a. (bezahlt), wett.

Quittau, m. 1. pissèr, E. Sorge, Besorgniß. ver quittau, Sorge zu etwas haben. esser en quittaus, in Sorgen sein.

R.

Rabaglia, f. Runzel, Falte, f. far rabaglias, sa rabagliar, sich verknillen, verrumpfen, F. machen. teila rabagliada, verknüllte, verrumpfte Leinwand. rabaglius, a. runzlicht, frunt - gerunzelte Stirn.

Rabbia, f. rabgia, E. Zorn, m. Wuth f. sa rabbiantar, s' rabgiautar - er, zornig werden, ergrimmen. rabbius, a. rabgius, E. jähzornig, zornig. chiaun, chan -, toller Hund.

Radar, reder, 3. Gehalt haben, viel ergeben, von statten gehen. ei reda cou dad arar, sagar, es geht langsam mit Pflügen, Mähen. igl sein, fain reda, das Heu ergiebt gut, reicht lange aus. ried, m. red, 3. Gelingen, n. Erfolg. luvrar cun -, mit E. arbeiten, aver nigiun -, nicht vorwärts kommen, nicht von statten gehen. vai cun ried? vo que cun red? Geht's gut von statten?

Radember, 1. dazu = zusammenbringen.

Rádi, m. Mißhelligkeit, f. Spahn, m. (Unterschied zwischen Forderung und Anerbietung.)

Radien, rudien, 1. nahe streifend, It. *rasente*. da radien gi, mit Tagesanbruch. esser da - nahe daran sein, wenig fehlen.

Radir, p. raditg, indür, redür, E. dazu bringen, vermögen. radir or alla fin, es am Ende herausbringen. radir latier, dazu vermögen.

Radunar - er, versammeln, f. ün.

Radund, a. radond, 2. raduond, arduond, 3. rund. igl iess radund, chanvella del pè, 3. Fußknöchel m. rudi, m. pl. rudials, rundella, E. Kreis, m. rudialla, f. runde Fensterscheibe, f.

Rudi, m. H. turschett, 1. knorriger Rührstock für's Käsen.

Raffar, raffen, reißen. gnir da riff a

da raff, auf ungerechtem Wege bekommen, erlangen.

Rafidar, refüder, 3. ablegen, verwerfen, ausschlagen. - la casacca, que vstieu, den Rock nicht mehr tragen. - in matt, den Knaben d. h. Heirath ausschlagen.

Rafunder, refuonder, p. refüs. ersetzen, entschädigen.

Raglia, Coll. Kleider, bes. Kinderkleider, zerlumpte Kld. ragliun, m. ein Zerlumpter.

Ragognar, raghignar, 1. keuchen, röcheln. raghignus, a. keuchend, schwer athmend. ragognia, f. 1. Keuchen, Röcheln, n. aver la -, rauca, in den letzten Zügen sein.

Ragisch, risch, f. radisch, 2. risch, 3. Wurzel, f. - dulscha, Süßwurz, f. ragischar, riar or, sradischar - er oura, entwurzeln, ausrotten. ragischar ent, inradischar, 2. inarischer, 3. einwurzeln.

Rahiar, rahignar, 1. vendicar - cher, rächen. rahiader, m. vendicatur, Rächer, m.

Rajò, m. E. Stutzer, m. gezogene Büchse.

Ramaschun, f. 1. Vergebung. - d' ils puccaus, Sündenvergebung, f. metter.

Rameigl, m. Wiederkäuen, f. mangiar.

Rampun, m. 1. verschnittener Ochs; grober Lümmel. rampuna, f. knorriges, stachlichtes Holz, Gesträude. rampunar, den Ochsen verschneiden, lärmen, toben.

Ramur, f. rumur, E. Lärm, m. Gepolter, Getöse, n. far -, lärmen, poltern, gespensten.

Rantar - er, kleben, an die Kette legen. la rascha renta, das Harz klebt. rantar inna vacca, ranter una vacha, eine Kuh an die Kette legen. rantadira, f. seidene Schnur, Nabelschnur, f. rantamoign, m. 1. wollenes Halsband, (Zeichen, das dem Schmalvieh um den Hals gehängt wird. rantaivel, a. E. ansteckend, erblich.

Ranvèr, m. 1. Wucherer, m. It. usuraio. ranveria, Wucher, m.

Rapa, f. (da tabacc), Tabackreibe, f. rapar - er, T. reiben.

Rar, a - rer, a. 3. selten, dünn. da rar, rer, raramein - aing, selten. semnar rar, dünn säen. suppa -, eine dünne Suppe. raritad - ed, seltene Sache, Seltenheit, f.

Rasar - er ora, oura, da raser, 3. das Heu auszetteln, ausbreiten, sa -, as -, sich verbreiten. rasaina, f. E. Streichholz, n. a rasaina, gestrichen, (von Maß).

Rascha, f. rescha, 3. Harz, n. - da calger, Schusterharz, m. far -, harzen. raschèr, m. Harzer, m. raschus, a. raschuoss, a. 3. harzig. anraschar, inarascher, 3. mit Harz bekleben, beharzen.

Raschdiv, rischdiv, m. rasdiv, E. Grummet, m. far -, Grummet ernbten.

Raschun, rischun, f. Grund, m. Recht. gir sias -, seine Gründe anführen. dar -, Recht geben. far -, das zugebrachte Glas annehmen und daraus trinken. a raschun da .. um den Preis von .. ruschanar, (rischdar), radschunar - er, erzählen, sprechen. - bein, bain, gut erz. - praulas, schnocas, Mährchen, Possen erz. ruschaneivel, a. radschunabel, a. E. vernünftig, billig. prizzl, pretsch -, billiger Preis. ri-ruschieni, Gespräch, n. Rede, Un

131

terhaltung, f. manar buns-, anstän=
dige, vernünftige Reden führen. hum
da bun-, ein Mann von guter, sitt=
licher Unterhaltung.

Raschlir, arder giò, E. anbrennen, (von Mehl oder Brei.) sentir da raschleu, nach Gebranntem schmecken.

Rasdella, f. 3. Netz, n. (über dem Einge= weide).

Rasentar, anrasentar, rabgiantar - er, erzürnen, zornig machen.

Raspar-er, kratzen, sammeln, herbe sein. raspada-, eda, Versammlung, f. ras= padiras, f. raspadüras, E. Zusam= mengescharrtes, Brod aus dem zusam= mengescharrten Teig. raspaduira, 1. raspa, rasp, E. die Raspel, den Teig zusammenzuscharren. raspa, f. 1. Käsermesser, das Geschirr inwendig zu glätten.

Rassa, f. 1. Kinderrock, m. H. Kirchen= mantel; U. E. Frack, m. trer en rassa agl ufont, 1. den Säugling kleiden. metter si la rassa, den Mantel, Frack anlegen.

Rastl, risti, m. p. ials, rastè, E. Har= fen, Rechen, m. rischlar, 1. raschler, E. rechen, raschluns - a, Recher = in.

Rastiar - igiar, parderscher, 2. vorbe= reiten, bereiten, sa-, sich rüsten. ra= stèg, rastiament, m, pardaschüda, 2. Vorbereitung, besond. zu Gastmälen. pardert, a. E. gewandt, anschickig.

Rata, f. Rata, f. Theil, Antheil, m. ratificar, ratifichar - er, bestätigen, genehmigen. ratificaziun, f. Bestäti= gung, Genehmigungserklärung, f. ra= ziun f. Ration, f.

Ratina, f. Ratin, m. (eine Art Zeug).

Ratscheiver, p. ratschiert, 1. retschaiver, artschaiver, empfangen, aufnehmen. ratschavida, f. retschavüda, 2. artsch= avüda, 3. Empfang, Empfangschein, m.

Ratun, m. rata, 2. rat, 3. Ratze, f.

Rauba, f. roba, raba, 2. roba, 3. Waare, f. Vermögen, m. prender si-, ein Gut in Pacht nehmen. ohiei raubas! mo raubas! was für Dinge! was du nicht sagst! rauba malaqui= stada ei da pauca cuzzada, unge= rechtes Gut gedeiht nicht. rabitschar, rabagliar, 1. rabatscher, 3. (mit Mühe) zusammenbringen.

Rauc, rauch, a. 1. rauc, rac, 2. roch, ia, 3. heiser. esser-, avair la racca, 2. heiser sein. rauchadad, racca, 2. rochded, 3. Heiserkeit. f. trer la rauca, in den letzten Zügen sein.

Raufla, f. fagnera, 2. faignera, 3. Raufe, f. Heubehälter im Viehstall.

Rauna, rouna, f. rana, E. Frosch, m.

Rava, f. rava, passella, 2. reva, 3. Rübe, f. ravitscha, f. Rübenkraut, n. raveul, raviul, m. raviöl, 2. ravioul, 3. Krautkräpflein, m. ravazina, f. 1. (an einigen Orten) Zeitlosenwurzel, f.

Ravidar, (anvidar or), disfidar - er, herausfordern

Ravuigl, m. - (d'Abraham), ravuoigl, m. Schooß, m.

Ravulauna, f. E. Weißhuhn, n.

Razza, f. Race, Art, Gattung, f. Ge= zücht, n. da bialla, bunna-, von guter, schöner Art. razza da vivras, Ottergezücht, n. razzar-er, sich fort= pflanzen, (von Thieren).

Razzeda, f. 3. Platzregen, m.

Real, a, réel, a. 3. ächt, redlich, kö= niglich. realtad-ed f. Redlichkeit, Recht= schaffenheit, f. - va il plü da lönsch, ehrlich dauert am Längsten. ir cun-, redlich verfahren. realisar-er, realisiren, verwirklichen, in Geld umsetzen.

Rebell, m. aufrührisch, Aufrührer, Empörer, m. sa, as rebellar-er, sich empören. rebelliun, Empörung, f. Aufruhr, m.

Recamar, surcuser, 1. rechamar-er, sticken. recam, m. recham, E. Stickerei, f.

Recent, a. scharf, herbe; bös, heftig. dunna-, ein böses, heftiges Weib. vin, ischeu-, herber Wein, scharfer Essig.

Reconciliar-er, versöhnen, sa, as-, sich verf. reconciliaziun, f. Versöhnung, Aussöhnung, f. reconciliatur, Versöhner, m. reconcilieivel, a. reconciliabel, E. versöhnlich. reconcilieivladad, f. reconciliabilitad-ed, Versöhnlichkeit, f. n. nunreconcilieivel, irreconciliabel, E. unversöhnlich.

Recrear-er, erfrischen, erquicken, sa, as-, sich erf. recreazuin, f. Erfrischung, f. Erholung, f. Vergnügen, n.

Recrutt, m. Rekrut, m. far recrutta, recrutar-er, zum Soldatendienst anwerben.

Recumpensar, recompensar-er, vergelten, belohnen. recumpensa, f. recompensa, E. Vergeltung, Belohnung, f. recumpensader, m. recompensadur, E. Vergelter, m. compensar-er, vergelten, entschädigen. cumpens, m. 1. compensa, 2. Entschädigung, f.

Recuperar-er, wiedererobern=, erlangen. recuperazian, f. Wiedererlangung, f.

Recusar, rechüser, 3, verweigern, zurückweisen. recusa, f. rechüsa, 3. Verweigerung, f. reouseivel, vla, zu verweigern, nicht zu gewähren.

Redli, a. 1. redlich, rechtschaffen. redliadad, f. Redlichkeit, f. malredli, a. unredlich. malredliadad, f. Unredlichkeit, f.

Redür, E. dahinbringen, herabsetzen. reducziun, f. (d' igl prizzi), Herabsetzung, Ermäßigung, f.

Regna, f. 3. der Riemen, die Latten am Kummet zu befestigen.

Referir, p. eu, berichten, hinterbringen. referent, m. Referent, Berichterstatter, m. relaziun, f. Bericht, m.

Reflectar-er, überlegen, bedenken, erwägen. reflecziun, f. Ueberlegung, Erwägung, f. reflex, m. Widerschein, m. reflectiv, a. nachdenklich, besonnen.

Refusar-er, E. aus= abschlagen. refüs, m. E. abschlägige Antwort. refusiun d' igl donn, dann, Schadenersatz, m. Entschädigung.

Regier, regnar-er, regieren, herrschen, leiten. règ, m. 1. raig, rai, E. König, m. regina, f. Königin, f. regent, m. Regent, m. regenza, f. Regierung, f. raginavel, m. raginom, m. 1. reginam, E. Königreich, n. real, a. königlich. regal, m. Regal, (dem König zuständiges Einkommen); Geschenk, n. regalar-er, schenken.

Register, m. Register, Verzeichniß. registrar-er, verzeichnen. inregistrar-er, ins Verzeichniß eintragen. registratur, m. der Registrator, m. registratura, f. Registratur, f.

Regla, f. Regel, f. regular-er, regeln, in Ordnung bringen. - il muvel, das Vieh besorgen. regular-er, a.

regelmäßig. irregular, a. unregelmäßig. regulament-aint, Besorgung, Anordnung, f. Verordnung, f.

Reglia, f. Schlittenjoch, n. (das gebohrte Querholz, durch welches die Stäbe gehen).

Regress, m. Regreß, m. Belangungsrecht, a.

Reisch, resch, f. 1. Rain, m.

Reischen, m. raischen, 2. secha, 3. Schafzecke, f.

Reisgia, f. rasgiutta, 2. resgia, f. 3. Säge, Sägemühle, f. Spannsäge, f. platt d'-, Sägeblatt, n. rasgiar, resger, 3. sägen. rasgimm, m. resgüm, E. Sägemehl, n. rasgiadira, f. resgiadüra, f. E, Sägeschnitt, m. Sägerlein, m. rasgiader, 1. reisgiadur, 2. resgiadur, E. Säger, Sägemeister, m.

Reit, f. rait, E. Netz, n. ir en la-, ins Netz fallen.

Reiver, 1. rever, 3. klettern. - nuschpignas, 3. Zirbelnüsse lesen (dazu hinaufklettern). reiver is par la grippa, 1. die Felsen hinaufklettern. - sco in gatt, wie eine Katze klettern.

Relatar, berichten, Bericht erstatten. relaziun, f. Bericht, m. Verhältniß, n. esser en relaziuns cun in, in Verhältnissen mit Einem stehen.

Religiun, f. Religion, f. religius, a. religiös, gottesfürchtig. religiusadad, f. religiositad - ed, Religiosität, Gottesfurcht, f. irreligius, a. irreligiös, ohne Gottesfurcht irreligiusadad, f. irreligiositad - ed, Irreligiosität, f.

Remunerar - er, vergelten, belohnen. remunerazian, f. Vergeltung, Belohnung, f. remuneratur, m. Vergelter, m.

Render, zurückgeben, erstatten; sich erbrechen. rendor bein par mal, Böses mit Gutem vergelten. quei fans renda bein, das Gut wirft viel ab. render quint, Rechenschaft ablegen. sa render, sich ergeben. gnir da render, Reiz zum Erbrechen haben. riendi, m. 1. Vergeltnng, f. dar igl-, vergelten. rendita, E. das Einkommen, die Einkünfte.

Renitent, a. widerspänstig, ungehorsam. renitenzia, a. Widerspänstigkeit, f. Widerstand, f.

Renna, f. (risch da renna) Astrenze, f. (Astrantia).

Rensch, m. raintsch, 3. Gulden, m.

Renunziar-er, verzichten. renunzia, f. Verzichtleistung.

Reparar - er, ausbessern, wieder gut machen, vorbeugen. reparaziun, f. Ausbesserung, f.

Repetir, repeter, wiederholen. repetiziun, f. Wiederholung, f.

Replicar, replichar - er, wiederholen, erwiedern, entgegnen. replica, a contrareplica, Replik und Gegenreplik.

Reprimanda, f. Verweis, m.

Reputar-er, dafür halten, achten. humens reputai, geachtete, angesehene Männer. reputaziun, Achtung, f. Ansehen, Ehrgefühl, n. senza, sainza-, ohne Ehre, Ehrgefühl.

Requirir, einfordern, requiriren. requisit, m. Erforderniß, n. requisiziun, f. Nachsuchung, Einforderung, Requisition, f.

Rèr ora, (Lev. 14, 9,) ausraufen; rigiar, riar, 1. ragiar, ausreuten.
Rês, m. gigant, E. Riefe, m.
Rês, m. (pupir), m. 1. risma, E. Ries, n. (20 Bücher).
Reservar - er, sich vorbehalten, ausbedingen. reservond quei, das vorbehalten. reservonza, f. reserva, E. Vorbehalt, m. hom reservà, reservò, E. ein bedächtiger, besonnener Mann.
Resistir, resister, widerstehen, Widerstand leisten. resistenza, f. Widerstand, m. far-, W. leisten.
Respect, m. Achtung, Ehrerbietung, f. Respect, m. respectar - er, ehren, achten, Ehre erweisen. respeceivel, vla, respectabel, E. ehrwürdig, achtungswerth. respectiv, ehrenwerth, mit gehöriger Rücksicht darauf.
Resta, f. graista, 2. rasta, 3. Granne, f. Fischgrat, m. Splitter, m.
Restar-er, übrig bleiben, schuldig bleiben; zu Grunde gehen. 4 da 6 restan 2; 4 von 6 bleiben 2. el mi resta 2 reuschs, er ist mir 2 Gulden schuldig la vacca el restada, die Kuh ist drauf gegangen. rest, m. restonza, f. reist, m. restanza, E. Rest, m. arrestar - er, verhaften. arrest, m. Arrest, Verhaft, m.
Restaurar - er, wiederherstellen, ausbessern. restauraziun, f. Wiederherstellung Ausbesserung, Restauration, f. restaurator, m. Wiederhersteller, m.
Restituir, zurückgeben, ersetzen, erstatten, restituziun, f. Rückgabe, Erstattung, f.
Reverir, verehren. reverend, hochehrwürdig. Ser reverend, Herr Pfarrer. reverenzia - za, E. Ehrfurcht, Verbeugung, f. far -, sich verbeugen.

Revocar, zurückberufen, f. vusoh.
Revoltar - er, sich empören, f. volver.
Rezia, Rhezia, f. Rhäzia, E. Rhätien, n. Bündnerland, n. more rhäto, nach Bündner Art, zu guten Treuen, ohne die gesezlichen Formalitäten.
Rich, a. reich, richamein-maing, reichlich. richezia, f. richezza, E. Reichthum, m. sa richantar - er, s'inrichir, sich bereichern.
Richti, a. 1. richtig, recht. igl ei bucca richti, es ist nicht richtig, nicht geheuer. richtiadad, f. Richtigkeit, f.
Ricla, rigla, riglienscha, f. 1. röglanscha, 2. rüglentscha, 3. Reue. s' anriclar, s'inrüglar, 2. s'inrüvler, 3. bereuen. It. pentirsi.
Riep, m. rüpch, m. riepel, 3. Rülps, m. Ital. rutto. riepar, dar rieps, rüpchar, 2. riepler 3. rülpfen.
Rietscher, render, dar si, 1. vomitar-er, sich erbrechen. rietschimm, m. das Erbrochene, Aufgestoßene.
Rieveu, roven, m. rasteina, reisch, resch, f. 1. röven, 2. chincher, 3. Rain, m.
Rigel, m. caluoster, righel, 2. culuoster, 3. Riegel, m. riglar, riegeln, den Riegel ziehen.
Rigiar, 1. schreien, stark weinen. dar raigs, laut schreien, (vom Sprechen und vom Weinen). raig, m. Schrei, lautes Sprechen, f. rer.
Rigniar, 1. lagner, 3. ausschelten, auszanken, rügen. rign, m. rignada, f. 1. Vorwurf, f. Ausputzer, m.
Rigur, f. Strenge, Schärfe, Genauigkeit, f. rigurus, a. streng, hart. rigurusadad, f. rigurusitad - ed, f. Strenge, f.

Rimar-er, reimen. rima, f. Reim, m.
Rimma, f. 1. Schrunde, f. Ritze, f. Riß, m.
Rimnar, sammeln. - scazzis, Schätze sammeln. rimnar ent. einernöten, einsammeln. rimnada, f. 1. das Gesammelte, Versammlung, f.
Rinchia, fibla, f. rincla, fübla, 2. fivla, 3. Schnalle, f. It. fibbia. - da calzers, caulschas, Schuh=, Hosen=schnalle. far en las -, einschnallen, zuschnallen. rincla da chadagna, 3. Kettenring, m.
Ripp, m. rupp, E. Rupp, m. (12 ½ Krinnen.)
Rir, p. ris, lachen. rir or, our, verlachen, auslachen. It. deridere. rir da schlupar-er, zum Bersten lachen. risaglia, riida, starkes Lachen. risimm, m. unverständiges Lachen. sa rientar, far bucca da rir, s'rientar - er, lächeln. It. sorridere. bain ria, chi ria l'ultim, wer zuletzt lacht, lacht am Besten.
Ris, m. Reis, m. suppa da -, menestra da -, Reissuppe, f. la risaglia, Reisfelder.
Risar, anridar, 1. siplantar, 2. chüzlanter, involiner, 3. reizen, hetzen. - si in, lizchanter, tüzcher, 3. einen verhetzen, aufreizen risar, chüzlanter il chiaun, den Hund hetzen. risament, m. Reiz, m. Aufhetzung, f.
Rispli, m. rispli, lapis, 2. risplei, lapis, 3. Bleistift, m.
Riscar, rischiar, rischer, wagen, risliren. riscus, a. rischlus, a. riskeivel, a. 1. rischius, a. E. gewagt, gefährlich. rischg, m. risch, E. Gefahr. ir a -, cuorrer risch, G. laufen.

Rischdar, 1. erzählen, f. raschun.
Rischla, f. H. gelöcherter Kübel, ohne Boden, den frischgemachten Käs zu formen.
Rispunder, risponder, 2, respuonder, p. post, 3. antworten, erwiedern. risposta, f. resposta, E. Antwort, Erwiederung, f. rispunseivel, vla, responsabel, E. verantwortlich. rispunseivladad, f. responsabilitad - ed, Verantwortlichkeit, f. corrispunder, corresponder, 2. correspuonder, 3. entsprechen, übereinstimmen. correspondenza, Correspondenz, f. Briefwechsel, m.
Rista, f. (da coniv. lin) Riste, f.
Risti, m. (da casa) 1. Hausgeräth, n.
Risli, m. 1. Lümmel, Nichtsnutziger, m. va, ti risti, Geh, du Lümmel!
Riter, m. Reiter, m. ritiar, reiten, (von Thieren, la vacca ritegia, die Kuh reitet.
Ritsch, a. kraus. ritsch, m. Locke, f. Ital. riccio. cavels ritschs, krause Haare. far si ritschs, das Haar kräuseln, L. machen. sa, as ritschar-er, sich kräuseln.
Ritscha, f. Reihe, f. It. fila. sa metter en -, in lingia, E. sich in Reihe stellen.
Ritscha, f. 3. Gras, das im Wasser wächst.
Riva, Ufer, n. rivar, arrivar-er, ankommen, anlangen, sich ereignen. derivar - er, abstammen, ableiten. derivaziun, f. Ableitung, f.
Roda, f. rouda, E. Rad, n. - da filar, filadè, 3. Spinnrad, n. Reihe, f. ir en -, suenter la -, der Reihe, Rod nachgehen. rodèr, m. Rädermacher, m. rodèra, f. 2. rodeda, 3. Wagengeleis, n.

rodel, *m.* Verzeichniß, *n.* rodla, *f.* rundes Spielzeug für Kinder, Kügelchen. rudlar, ruclar, rodlar, rollen. rudialla, *f.* runde Fensterscheibe. rodella, E. Rädchen, (an Stühlen, Bettstellen). ir en, a-, über steile Halden herunterrollen, *n.* (v. Vieh). - digl schanugl, del snuoigl, Knieſcheibe, *f.*
Rolla, *f.* Rolle, Haarlocke, *f.* - da tabacco, Tabakrolle, *f.* far en rollas, dicke Locken machen. rolla, *f.* 1. sunaglèra, E. Pferdeſchelle, *f.*
Rohr, *m.* channa, *f.* E. Rohr, *m.* Lauf, *m.* - da plimmas, Federrohr, *n.* - d'igl fisi, da schlupet, Flintenlauf, *m.*
Ronsch, *a.* raunſch, *a.* 3. ranzig, carn -, altes, ranziges Fleiſch.
Romm, *m.* Coll. la romma, ramm, 3. Aſt, *m.* - dad urgir, platte Stäbe der Weber, ramus, *a.* romus, 2. aſtig, mit dicken Aeſten. la romadira-dùra, allerlei Aeste durcheinander. diramar - er, ſich verzweigen, in Aeſte ausgehen. sromar, 2. srammer, 3. die Aeſte abhauen.
Rosa, *f.* rösa, E. Roſe, *f.* rosèr, *m.* Roſenſtock, *m.*
Rosmarin, *m.* Rosmarin, *m.*
Rubar, 1. rauben. raub, *m.* bulin, E. Raub, *m.* rubader - dur, *m.* 1. Räuber, *m.* rubaria, *f.* Räuberei, *f.*
Rosch, *m.* roscha, *f.* rotscha, E. Schaar, *f.* Trupp, *m.* - buobs, eine Schaar Jungen.
Ruasar, ruvasar, 1. ruhen. It. riposare. ruaus, *m.* Ruhe, *f.* malruaus, *m.* Unruhe, ruasseivel, *a.* ruhig, malruasseivel, unruhig. nè paus nè ruaus, nè pasch nè paus, 2. weder Ruh noch Raſt.

Rubin, *m.* rubin, *a,* 3. Rubin, *m.* (Edelſtein von ſchöner rother Farbe.)
Rucca, *f.* rocca, 2. roacha, 3. Spinnrocken, W. Kunkel, *m.* far si -, anruccar, 1. aufkunkeln. ligiom, pupir da rucca, liam della -, Spinnrockenband: Papier, *n.* ruccadi, ruccariel, *m.* 1. Rockenſtock, *m.*
Ruch, *a.* 1. rauh; - aura, rauhes Wetter. - via, rauher Weg. ruchatsch, *a.* ein rauher, zäher Menſch, auch roh im Sittl. ruchadad, *f.* 1. Rauheit, Roheit, *f.*
Rudi, *m.* H. rudeiſchen, turſchett, 1. rasch, E. äſtiger Rührſtock für's Käſen.
Rudi, *m.* pl. rudials, rouds, 2. Kreis, *m.* Heu, das auf gewiſſen Stellen gezettelt iſt. sa, as metter en -, ſich den in K., runde Reihe ſtellen.
Rugada, *f.* rosadi, 2. rosedi, 3. Thau, *m.* rugadar, dar -, 1. cruder il -, 3. T. fallen.
Rugaglir, 1. (veraltet) ſich ärgern, zornig werden. rugaleus, rugeighus, *a.* zornig, erzürnt. rugeigl, *m.* 1. Zorn, Grimm, *m.*
Rugar, rouar, 2. rover, arover, 3. bitten, flehen. ir a rugar, betteln, um Almoſen gehen. reug, *m.* rö, 2. röv, aröv, 3. Bitte, *f.* Gebet, *n.* ir a reug, ad uraziun, 1. ins öffentl. Gebet gehen.
Rugn, *m.* ruogn, *f.* la ruogna, E. Raude, *f.* Krätze, *f.* rugnus, *a.* räudig, krätzig, knorrig.
Rugnar - er, murren, ſurren. rugnun, *m.* 1. Sauertopf, Murrkopf, *m.*
Ruinar - er, verderben, zu Grunde richten, sa -, ſich v. ruinna, *f.* Verderben, *n.*

E. Erdschlupf, m. B. Rüfe. sia ruiuna, sein Unglück, Verderben. gnir giu la ruinna, 1. bouda, E. die Rüfe kommt herunter. ruinnatsch, m. 1. Erdablösung, f. Geschieb, n.

Ruinna, f. ruina, ruègen, 3. J. ruggine, f. Rost, m. far-, verrosten, rostig werden. da-, rostig.

Ruir, 1. rujer, 3. uagen, beißen.

Rukiar-egiar, rücken, vorwärts kommen. ruec, m. Ruck, m. dar in-, einen R. geben.

Rumbliar, 1. rumpeln, poltern. rumbliar, 2. rumblager, 3. herumschlendern. radumbel, herdumbel, m. 1. Gerumpel, Gepolter, n.

Rumient, m. 1. riment, m. scuadüra, palütsch, E. Kehricht, n.

Rumonsch, romonsch, ramonsch, a. 1. rumansch, 2. rumauntsch, 3. romanisch. gnir or cun la-, einem die Meinung offen, ins Gesicht sagen.

Rumper, p. rutt, rott, brechen. rumper en, ora-aint, oura, ein-ausbrechen. rumper si (in prau) eine Wiese zu Acker umpflügen. - giù, gio, abbrechen. - la lèg, lai, alaig, die Ehe brechen. rumpader da la-, adulter, E. Ehebrecher, m. ruttadira, f. ruottadüra, E. Bruch, m. auch das von d. Gährung oben auf d. Stocke verdorb. Heu. esser da rott, da rott, sbudà, 2. esser ruott, 3. einen Unterleibsbruch haben. It. ernia. corrumper, sittlich verderben; sa, as-, in Fäulniß übergehen. corrutt, a. corruot, E. verdorben. corrupziun, f. Verderben, n. Sittenlosigkeit, Verdorbenheit, f. interrumper, unterbrechen. interrupziun, f. Unterbrechung, f. rutter,

ruotter, m. Bahnbrecher, m. (beim Schneebruch über die Berge).

Runar, strozchar - er, E. schleppen, schleifen. - giu lenna, Holz herunter schleifen. runna, f. großer Heu-Garbenhaufen. metter en-, einen solchen Haufen machen. runill, m. Sohle, Schleife, worauf man etwas schleift, z. B. Tännchen oder mit Steinen beschwerte Stauden, den Dünger auf Bergwiesen klein zu machen.

Runcar, 1. gronflar, 2. grünsler, 3. schnarchen.

Runcar ora, sü, oura, ausreuten. runca, runc, m. Reute, f. (ausgereuteter Boden). dar or runs, (runcs) Holz (zum Ausreuten) durchs Loos zutheilen.

Rusc, ruschg, m. ruosc, 2. ruoschel, 3. Kröte, f. (auch Schimpfname). It. rospo. ti ruschg, du Kröte, schlechter Kerl. ruschg targliun, Querholz an der Schleife, durch welches die Stäbe gehen. - rasti, das Holz, woran Stiel und Zähne gefügt sind.

Ruschnar, sa-, strozchar-er, kriechen, rutschen, It. serpere. tutt quei ca ruschna, Genesis, 1. Alles was kriecht.

Ruschnaun, m. das in der Krippe zurückbleibende, rohe Futter; Schaafdünger, m.

Rusna, f. soura, f. 1. Loch, n. - del chül, After, m. - d'nas, Nasenloch, n.

Rutta, f. (da calschiel) links und rechts gestrickt. rutta, f. Weg, m. Fr. route. marschrutta, Reiseroute, f.

Ravor, m. Eiche, f.

Ruvier, m. (Matt. 7.) (veraltet) Sturm m. Platzregen, Ueberschwemmung, f.

S.

Sa, s', 1. as, s' E. sich. sasezz, a. se stess, svess, a. sich selbst. gnir da sasezz, von selbst kommen.

Saal, m. sala, 2. sela, f. 3. Saal, m.

Sabat, m. Sabath, m.

Sabel, m. Säbel, m. sablar - er giu, giò, niedersäbeln. sablada - eda, f. Säbelhieb, m.

Sabi, a. weise, f. saver.

Sablun, m. siblun, 2. Sand, m. sablunar - er, metter -, siblunar, 2. mit Sand bestreuen. siblunèra, f. 2. sabluner, m. 3. Sandbüchse, f.

Sacc, m. sach, E. Sack, Tasche, f. far par scu-, für seinen Sack, d. h. für seinen Vortheil sorgen. sacc frinna, Sack Mehl. sacc da frinna, Mehlsack, m. metter en -, in die Tasche stecken. metter egl -, in den Sack thun. sakett, m. sachett, E. kleiner Sack; Beutel männl. Thiere. purtar saccados, Einen auf dem Rücken tragen. bisacca, f. bisacha, E. Laubstrohsack, m.

Saccarment, Ausruf des Unwillens: Sapperment.

Sacouder, p. cnoss, squassar - er, schütteln, erschüttern. It. scuotere. saccudida, f. squass, E. Erschütterung, f. squassuir, m. Dreschflegel, m.

Sacerdot, m. Priester, m. sacerdotessa, Priesterin, f. sacerdotal-el, a. priesterlich.

Sacrament, m. sacramaint, Sakrament, n.

Sacrificar, sacrifichar - er, opfern, aufopfern. sacrifizzi, m. sacrifizz, E. Opfer, n.

Sadialla, sadella, 3. quaigl, sadella, 2. Eimer, 2. kupferner Eimer. sadlutt, m. kleiner hölzerner Eimer. dar giu sco cun sadluts, stromweise regnen.

Sadular-er, sättigen, nähren. sadulaus, ada, sadul, saduol, a. E. satt, gesättigt.

Safrauna, f. safran, 2. Safran, m.

Saft, m. 1. züih, 3. Saft, m. safti, a. züihus, a. saftig.

Sagittar, sajettar, 2. sageller, 3. schießen; stechen in den Gliedern. sagittada, f. sajettada, sagelleda, Schuß, m; Stich durch die Glieder. sagittom, sittom, m. sajettam, 2. sagettam, 3. das Schießen, Geschütz, n.

Saglir, (siglir) springen. - ancountergiu-si-vi-nou, entgegen= ab= auf= hinherspringen. sursaglir, überspringen, auslassen. saigl, m. 1. segl, 3. Sprung, m.

Saguotter, saleuer, 1. aziever, 3. einholen.

Sal, m. sel, 3. Salz, n. dulschs da sal, beschränkt, schwachköpfig. salèra, f. Salzkästchen, (für Küche und Vieh). salarin, m. Salzbüchse, f. salamuira, salmira, f. 1. Salzwasser, (worin das Fleisch eingesalzen war). salatta, f. Salat, m. ansalar, metter sal, insalar - er, salzen, sursalar, zu stark salzen. salpeiter, m. salniter, E. Salpeter, n.

lari, m. Gehalt, m. Besoldung, f. salariar-er, besolden.
ld, a. E. fest, ruhig, still. star, te- ner-, fest bleiben, halten, darauf beharren. saldar-'er, ausbezahlen, löthen.
lidar, salūdar-er, grüßen, begrüßen.
saliid, m. salūd, E. Gruß, m. Heil, n. - da l'olma, Seelenheil, n. salideivel, a. salūdaivel, E. heilsam, heilbringend.
lin, f. furmaint, m. E. Waizen, m. paun d'-, Waizenbrod, n.
lipp, m. sagliult, sagliuott, E. Heuschrecke, f.
lisch, m. salsch, 2. Weide, f.
liva, f. Speichel, m. far-, salivar, viel Speichel ablösen.
ltar, sutar-er, springen, tanzen. far-, sprengen. sault, m. saul, 2. sôt, 3. Sprung, Tanz, m. ir a saults, 1. a saigls, 3. mit Sprüngen, hüpfend gehen.
lter, suter, Pfänder, s pindrar, 1.
lv, a. selig, gerettet, wohl. sauns a salvs, san e salv, 2. gesund und wohl. metter en salv, 1. in salver, aufbewahren. salvar-er, halten, retten, behalten. - plaid, Wort halten. - in plaid, eine Rede halten. - l'olma, l'orma, die Seele retten. - par sasezz, für sich behalten. salvader, m. salveder, 3. Erlöser, Heiland, m. salvament-aint, m. Rettung, f. Befreiung, f. cunsalvar, consalvar, 2. cossalvar, 3. erhalten, aufbewahren. sa, as resalvar-er, sich vorbehalten. resalvond quei, resalvand que, dieß vorbehalten. resalvonza, f. 1. Vorbehalt, m. salva, f.

Salve, f. Grußschuß, m. dar, trer inna-, eine Salve geben.
Salvadi, a. sulvedi, 3. wild. leug, lö-, wilder, unfruchtbarer Ort, salvaschinna, f. sulvaschinna, 3. Wildpret, n.
Salvia, f. salvgia, E. Salbei, f.
Samada, samadra, sumada, (kommt nur mit ir vor). ir a-, alla-, 2. a smedas, 3. über den hart gefrornen Schnee gehen. esser smedas, 3. der Schnee ist hart, trägt.
Sampchiar, 1. bereiten. - il giantar, das Mittagessen bereiten.
Sampinar, 1. (s'ampinar, v. pinn?) sich gebärden, lärmen, toben. - sco in narr, sich wie ein Thor gebärden.
Sampugn, m. sampuoign, E. Kuhschelle, f.
Sanaun, m. S. Gebse, f. sanetta, f. kl. Gebse.
Sandal, m. zindel, 3. Schleier, m.
Sanglutt, m. singlott, 2. sangluott, 3. Schluchzen, n. sangluttar-er, avair il-, schluchzen.
Saniester, sneister, schank, a. 2. schnester, 3. links. sanistrèr, m. schantrèr, 2. esser-, links sein. sanistrar, um - verkehren, verwirren.
Santeri, sumanteri, m. 1. sunteri, E. Kirchhof, Gottesacker, m. It. cimitero.
Sarament-maint, m. Eid, m. dar, ratscheiver igl-. (von der Obrigkeit) beeidigen. sult, suot-, beim Eid. privar da fei a sarament, von Ehr und Gwehr setzen. saramentar-er, beeidigen.
Sarar, serrar-er, schließen, zuschließen. sarar in ögl, ein Auge schließen, darüber wegsehen. - ils ögls, die Augen schließen, sterben. siara, saradira, f.

serradūra, E. Schloß, n. serramaint, E. Engbrüstigkeit, f.
Saroden, na, 1. spät. vacca-, spāte Kuh, die spät im Jahr kälbert.
Satan, satanas, m. Satan, Teufel, m.
Satill, a. stigl, ia, E. fein, dünn. filar, tagliar-, fein spinnen, dünn schneiden.
Sauma, f. samma, soma, f. E. Saum, m. cavals da-, Saumpferde.
Saun, soun, a. san, 2. gesund. malsaun, a. malsan, a. ungesund. sanadad, f. sandad-ed, f. Gesundheit, f. malsoigna, f. malatia, E. Krankheit, f. malsanitsch, a. kränklich. sanadeivel-vla, gesund, heilsam.
Saung (soung), m. Blut, n. - da nas, Naseblut, n. parent da-, Blutsverwandter, m. sanganada, f. 1. eine Menge Bluts. sanguinari, a. blutdurstig. sa, as sanglantar-er, sich blutig machen. sanglantaus, ada, sauguanà-und, blutig, mit Blut bespritzt. sanguetta, f. sanguetta, Blutsauger, Blutegel, m.
Sava, f. (d'igl isch) Thürpfosten, m. Schwelle, f. savadūra, f. 2. Thürschwelle, f.
Savens, suvent, 2. suenz, 3. Adv. oft, bein, bain-, sehr oft.
Savêr, savair, E. wissen, gut verstehen. - or dad ora, our dad our, auswendig wissen. - ses saigs, sieu fat, seine Sachen, Geschäfte gut verstehen, senza saver, savida, 1. ohne Wissen, aus Unwissenheit. saviond, saviand, da man weiß. ord' nunsaver, aus Unwissenheit. far da-, sich stellen als wisse man's nicht. sabi, sapient, sapiaint, E. weise. nunsabi, a. unweise, sabienscha, f. sapienza, E. Weisheit, f. scienzia-za, f. Wissenschaft, f.

Savilar, 1. (s'avilar?) ausszanken, schelten.
Savitscha, f. pirun, m. furchetta, f. E. Tischgabel, f. - da caischiel, schiaina, 2. schiaigna, 3. Stricknadel, f.
Savun, m. Seife, f. savunar-er, seifen. dar inna savunada, ein wenig seifen.
Savundar, sgondar, 2. sgunder, 3. folgen, gehorchen. igl uffont savunda, das Kind gehorcht.
Savur, f. Geschmack, m. Geruch, m. E. It. sapore, nè mur nè savur, 1. weder Kraft noch Geschmack. savurar-er, schmecken, riechen. - da missa, nach Schimmel schmecken, riechen.
Savur, f. süur, suiur, E. Schweiß, m. Ital. sudore. las savurs da mort, las süuors della mort, der Todesschweiß. suaditsch, m. 1. Schweiß, m. sa suantar, in S. gerathen.
Sazz, m. proposiziun, f. E. Satz, m.
Sbagliar-er, verwechseln, sich irren. sbaigl, m. Verwechselung, f. Irrthum, m.
Sbarbugliar, 1. undeutlich sprechen, flüstern, stottern.
Sbaritscheu, ida 1. schiavlò, 3. zerzaust.
Sbava, f. sbeva, f. 3. Geifer, m. It. bava.. sbavar-er, gnir sbavas, geifern sbavun, sbavalent, a. sbavus, 2. sbevuns, 3. geifernd.
Sbargattar-zzar, 1. sbrajazzar, 2. sgiarvitscher, 3. weite Schritte nehmen. sbargatt-azz, m. sbrajazzi, 2. sgiarvitsch, 3. möglichst weiter Schritt. combas sbargazzadas, chammas

sbrajazzadas, 3. weit auseinander ge=
streckte Beine.
Sbir, m. sbier, Sbirr, Häscher, m.
sbiraglia, die Sbirren, Häscher.
Sbittar, sbüttar-er, verachten, verschmä=
hen. sbittonza, sbittament, m. sbüt-
lamaint, E. Verachtung, Beschim=
pfung, f. sbittader, sbütteder, 3.
Verächter.
Sblundriar, splündriar, 2. splündra-
ger, 3. plündern. sblundriader, m.
splündrageder, 3. Plünderer, m.
sblundreg-driament, m. splundraig,
E. Plünderung, f.
Sbozz, m. Entwurf, m. sbozzar - or,
entwerfen.
Sbrinzla, f. brinzla, Funken, m. sbrin-
zlar, sbrinzlir, schimmern. sbrinzler,
3. mit Wasser begießen, (bei der Taufe).
butter sö e brinzlas, Feuer u. Fun-
ken sprühen.
Sbruff, m. sbruffada-eda, f. (da plievgia), leichter Regenguß, m.
Sbrugliar (ün püerch), brühen, mit
heißem Wasser übergießen.
Sbudlar, sbögler, 3. das Eingeweide
aufreißen. It. sbudellare.
Scabella, f. schaibè, m. 3. Stuhl, Fuß-
schemel, m.
Scadialla, f. coppa, E. Schüssel, f.
Scaffa, f. schiaffa, 2. schiantschia, 3.
Schrank, m. - da vascadira, büsta-
mainta, Kleiderschrank, m. - da muo-
schias, Fliegenschrank, bildlich: Prah-
ler, Großthuer, m. scafferlar - ora,
ausplaudern, schwatzen am unrechten
Ort.
Scafir, schiafir, E. erschaffen. It. creare.
scafider, m. creader, 2. creeder, 3.
Erschaffer, Schöpfer, m. scafienscha,
f. creaziun, E. Erschaffung, Schö=
pfung, f.
Scala, f. scala, schiala - ela, Treppe,
Stiege, Leiter, f. Tonleiter, f.
- schnecca-, a lindorna, Schnecken=
treppe, f. scalimm, m. scalin, 2.
schialin, 3. Stufe, f. Stiegentritt, m.
Scalin, m. 1. Schaf= Ziegenschelle, f.
scalinar, schiellar - er, klingeln, läu=
ten, tönen. - igl mulin, den Mühl=
stein meißeln, scharf machen. scali-
nada, starkes Läuten.
Scalper, m. schialper, schiampel, 2.
schiarpel, 3. Meißel, m. scalprar, 1.
schiamplar, 2. schiarpler, 3. meißeln.
Scandel, m. schiandel, E. Aergerniß, n.
scandalus, a. scandalizus, a. 2.
schiandalus, 3. ärgerlich, anstößig,
schändlich. sa scandalisar, as schiau-
dalizer, sich ärgern, Anstoß, Aerger=
niß nehmen, geben.
Scandialla, f. 1. Schindelkorn, n.
Scanitsch, m. 1. dickes Stück eines ge=
spaltenen Sägeblocks. (schializer (lai-
na), Holz klein scheiten.
Scanschalla, skinschalla, f. chanzla, E.
Kanzel, f.
Scardalir, 1. leck werden (von hölz. Ge=
räthschaften.)
Scarlatta, f. schiarlatta, E. Scharlach,
m. da-, scharlachen.
Scarnuzz, m. schiarnütsch, 3. Dütte, f.
Scarpar, schiarpar-er, sdramer, 3.
reißen, zerreißen, (auch von Brech=
mitteln). - las caulschas, sdramer
las ch. die Hosen zerreißen. scarp,
m. schiarp, sdram, 3. Riß, m. (an
Kleidern).
Scarpitschar, schiarpütschar - er, an=
stoßen, stolpern. crap da scarpitsch,

1. peidra d'intopp, E. Stein des Anstoßes.

Scarpittla, burschinna, *f.* 1. plüra, 2. Krätze, *f.*

Scarplir, scarpigliar, 1. schiarpliner, (launa), zeißen, (Wolle).

Scars, *a.* schiars, *a.* E. karg, knapp, selten. scarsiar-egiar, schiarsager, 3. zu wenig haben, zu selten sein. scarsezchia, scarsadad, *f.* schiarsdad, 2. schiarsezza, 3. Mangel, *m.* Noth.

Scarschentus, *a.* schrecklich, (von anerescher ob. sgrischentus?)

Scarsella, *f.* gigliossa, 3. Tasche, *f.* Kapsel der Zeitlose. metter en -, giglosser, 3. in die Tasche stecken.

Scarsin, scartatsch, *m.* scarzin, *m.* 2. schiartatsch, 3. B. Kartätsche, 1. Wollenkamm, *m.* scartatschar, schiartatscher, 3. kämmen, (Wolle, Baumwolle).

Scart, *m.* schiart, 3. das Ausgemerzte, Verworfene. scartar, schiarter, ausschließen, verwerfen (im Spiel).

Scarvazz, scarvatsch, *m.* 1. Hirschkäfer, *m.*

Scarvun, *m.* cravun, E. Kohle, *f.* It. *carbone.* scurvanar, scravuner, berußen, mit Kohlen schwarz machen.

Scatla, *f.* schiatla, 2. schiacla, 3. Schachtel, *f.*

Scav, *m.* asp, E. It. *aspo.* Haspel, *m.* scavar, schiavar-er, haspeln.

Seavdar, schiavdar-er, Schaden leiden; ausweichen, verschmähen. scavd, *m.* schievd, 3. Schaden, Verlurst, *m.*

Scazzi, *m.* schiazzi, E. Schatz, *m.* cavascazzis, *m.* chavaschiazzis, E. Schatzgräber, *m.* cavar, chavar-, Schätze graben.

Scha, Conj. wenn. It. *se.* schabeinbain, obwohl. schabucc, schinun, scha na, wenn nicht. scha pèr, schapür, wenn etwa= auch. schagiè, obwohl. schamai - ma - mè, wenn etwa, sollte es.

Schabiar - igiar, 1. s'imbatter, E. sich schicken, ereignen, Gelegenheit haben. scha ei schabiass, 1. wenn es sich träfe, Gelegenheit darböte. schabèg, *m.* 1. Anlaß, Zufall, *m.* günstige Gelegenheit.

Schagiar, schigiar, 1. sajar, insajar, 2. sager, 3. kosten, kasten. It. *saggiare.* schaig, *m.* sèg, 3. Versuchstückchen, *n.* dar da -, zu kosten geben.

Schalar, 1. schelar, dschlar, 2. schlèr, 3. frieren, erfrieren. It. *gelare.* schalantar, arder dal fraid, E. erfrieren. schalada, schedta, 2. scheata, 3. Frost, *m.* scheltira, 1. große Kälte. disschalar, darschalar, 1. sdrelar, 2. sdriegler, entfrieren, aufthauen.

Schalveu, (vom Himmel) weiß, wolkenlos. entgegengesezt v. strihau.

Schambun, *m.* dschambun, 2. Schinken, *m.*

Schamèr, dschèmar, schemèr, ächzen, keuchen, stöhnen. It. *gemere.* schemm, *m.* dschem, püd, 2. Aechzen, *n.* Stöhnen, *n.*

Schamnar, semnar - er, schwärmen. It. *sciamare.* schaum, schaumna, 1. sem d'avious, - aviöls, E. Bienenschwarm, *m.*

Schanèr, Janèr, *m.* schnèr, E. Januar, *m.*

Schangbiar, tschinchar, 2. schenken. It. *donare.* schangèg, *m.* schinch, regal, 2. Geschenk, *n.*

Schaui, m. einfältiger, gutmüthiger Mensch. iu bien schani, eine gute Haut.
Schaniar, schinager, 3. schonen. schanèg, m. schanai, schaniamaint, 2. schinag, 3. Schonung, Nachsicht, f.
Schanugl, m. Coll. la schanuglia, schnuoigl, E. Knie, n. It. ginocchio. s'anschanugliar, s'iuschnuogliar-er, knien, niederknien.
Scharmiar, 1. schirmiar, 2. schirmager, 3. schirmen. schirm, m. schirmèg, 3. Schirm, m.
Schaziar, 1. schätzen, würdigen. schazieivel, vla, schätzbar.
Scheinkel, m. hervorspringender Fels.
Scheiver, Fastnacht, s. tscheiver.
Schelm, m. Schelm, m. schelmaria, Schelmerei, f.
Schember, m. Arve, f. Zirbelbaum.
Schender, schieuder, m. dschender, E. Tochtermann, m. It. genero.
Schendrar, 1. brüten, von Vögeln.
Schèr, p. schischeu, giaschair, E. liegen, bettlägerig sein. Ital. giacere. schar schèr, einen Acker liegen, zu Wiese werden lassen. beins schisobents, liegende Güter.
Schgniass, schgniuss, schgniupp, 1. pöst, gross, püss, ruoign, E. blödsinniger Mensch, Lappi, m.
Schi, E. giè, 1. ja. schi la sè, ja, bei meiner Treue.
Schich, ia, schitg, 1. sütt, a. trocken. It. asciutto. inna vacca -, eine galte Kuh, (die keine Milch giebt.) bieschia schichia, muaglia sütta, B. Galtvieh. suppa schichia, f. schoppa sütta, Käs-suppe. schichiar, süar, süer, trocknen, trocken, dürr werden. ils pons schigian, ils pans sujan, die Wäsche trocknet. schigiantar, süantar - er, trocknen, sa, as-, sich trocknen. schigientamauns, m. süamans, süamauns, m. Handtrockner, m. schichira, sesolida, 2. sütta, süttina, 3. Trockenheit, grosse Trockne. schichia, f. H. Bannwald, m.

Schiella, f. Schelle, f. It. squilla. ir cun-, far da cavals, mit Schellen gehen (bei Hochzeiten od. am ersten März, was die Schulknaben thun).
Schierp, m. Coll. la schierpa, Feldgeräth, n.; fauler Bengel. pinar la -, die Feldgeräthschaften ausbessern, vorbereiten, zurecht machen.
Schiff, m. barcha, E. Schiff, n. schiffli, 1. Weberschiffchen, n.
Schigliocc, 1. uschiglio, E. sonst, ohne dieß. schigliocc mass' iou bucc, sonst, ohne dieß ginge ich nicht.
Schiglius, a. (dschiglius), eifersüchtig. It. geloso. schalusia, f. Eifersucht, f.
Schiliez, m. schilöz, E. Speiseröhre, f.
Schimgnia, f. schimgia, E. Affe, m.
Schinar, H. glivrar-er, endigen. schinada, f. Ende, n. dar la-, la botta finala, den letzten Schlag (bei jedem Gang im Dreschen) geben.
Schir, a. schiür, a. E. dunkel, finster. schiradigna, f. schiürezza, schiürdüm, E. Finsterniß, Dunkelheit, f. obscurir, verdunkeln, verfinstern.
Schiral, m. squilal, n. E. Eichhörnchen. It. scojattolo.
Schirau, m. schirà, 2. schirò, 3. gelähmt, paralitisch.
Schirun, m. Molken, welchem der Käs entnommen ist. B. Sirgolte.
Schivir, E. skivar, meiden, ausweichen.
Schivlar, schular, 1. schüvlar - er,

pfeifen. schivel, scheul, *m.* 1. schü-
vel, E. Pfiff, *m.* einmaliges Pfeifen.
schulett, 1. schulig, *m.* 1. schivlott, 2.
schüvlaroat, 3. Kinderpfeife. *Ital.*
zuffolino.
Schlaffar - er, ins Gesicht schlagen,
Ohrfeigen, Maulschellen geben. schlaf-
fada, *f.* sehlaffa. E. Ohrfeige, Maul-
schelle, *f.* schlaffunar - er, E. einen
durchprügeln.
Schlamper, *m.* Sudler, Lecker, Schlen-
derer, *m.* schlampergniar, schlam-
prager, versudeln, schlendern.
Schlaucargniar, 1. schlampruner, 3.
herumschlendern.
Schlappa, *f.* baretta, scuffia, E. Wei-
bermütze: Haube, *f.* - da noig-, not-,
uoal, Nachtmütze.
Schlatta, schlatteina, *f.* Geschlecht, *n.*
Stamm, *m.*
Schlaziar, (Ez. 6.) verwüsten.
Schleia, *f.* Schlehe. ach inua -, ach
Possen!
Schlerna, *f.* Vertiefung, *f.* Loch in
den Wagengeleisen.
Schleusa, *f.* schlitta, schleusa, E.
Schlitten, *m.* schlusill, *m.* schia-
viöl, 2. schludigl, schlusigl, 3.
Schlittensohle, *m.* scarsola, *m.*
vassla, E. Kinderschlitten. scursalar,
scarsolar, 2. schliesuler, 3. schlitteln
(von Kindern).
Schliett, schliatl, *a.* 1. schlett, nosch, *a.*
3. schlecht. schliatladad, *f.* nausch-
dad, 2. noschded, chiativiergia, 3.
Bosheit, (sittliche) Schlechtigkeit, *f.*
schliattira carstiaun, grundschlechter
Mensch.
Schlifer, *m.* molett, E. Schleifer, *m.*
sehlifra, *f.* sobliefra, schloza, 2.

Schleife, Gleite (auf dem Eis), *f.*
far la -, schlifrar, auf dem Eise
gleiten.
Schlihar, schlihiar, sa, 1. schleichen.
Schlimm, schlimma, *f.* 1. Schleim, *m.*
schlimar, schleimen, Schleim verlieren
(v. Kühen).
Schlioga, *f.* schlingia, E. Schleuder, *f.*
Schlingia, *f.* 1. Schlinge, *f.* schmale Hals-
binde, *f.* Schleuder, E. *f.*
Schlaunca, schlenga, *m.* Riegel, *m.*
(für Anhängeschloß).
Schlippar - er, nur spruhweise melken.
schlipp, *m.* (da latt), Spruh, *m.*
olla dat mai in -, sie giebt wenig
Milch.
Schlogniar, (lahacc) maschiar - er,
läuen. schloign, *m.* dasjenige, woran
einer käut.
Schlonda, *f.* schelna, H. schiandella, E.
aunda, M. Schindel, *f.* tett, tèg da -,
Schindeldach, *n.*
Schlottriar - ergiar, sdarlossar, 2.
schlottern.
Schlundriar, schlendriar, 1. müßig
herumschlendern. ir schlundriond-
argiond, wankend schlendern (v. Be-
trunkenen).
Schlupar, schloppar - er, ausbrechen,
bersten. schlüepp, *m.* schlopp, E.
Knall, *m.* dar or igl -, etwas Bö-
ses, das man ahnete, nun öffentlich
aussagen. schlupadira, *f.* 1. Gebor-
stene, *a.* Riß, Sprung, *m.* schlu-
pett, *m.* 1. Pistole ohne Schloß.
schlupett, E. Flinte, *f.* schioppa,
schioppina, *f.* E. Vogelflinte.
Schmerscher, *p.* schmers; sa, as -, in
einen Abgrund fallen. ir a schmers, in
Abgründe fallen, (von Thieren und

Menschen). schmerscher laina, E. Holz riefen.

Schmizza, f. schmieza, E. Weberkleiſter, m. schmizzar, schmiezer, 3. mit W. ſchmieren.

Schnabel, m. pickel, 2. piz, 3. Schnabel, m.

Schneder, m. Schneider, m. schnadrinna, f. 1. schnedra, E. Schneiderin, f.

Schnek, m. lindorna, E. Schnecke, f. scala schnecca, f. schela a lindorna, E. Schneckentreppe, f. cavaschneks, m. zappa da lindornas, m. Schneckenhacke, f. (H. mit zwei Zinken).

Schnirir, (Klaglieder, Jer. 2, 1.) ſchmachten, außer ſich ſein, berſten. — d'igl mal, von Weh außer ſich gerathen, vergehen. — d'igl rir, vor Lachen berſten wollen.

Schnocca, f. schnöss, E. Spaß, Scherz, m. gir, quintar si -, Späße erzählen, Witze reißen.

Schnuflar, 1. schnupfen. tabacc da schnuff, Schnupftabak, m.

Schnuflar, 1. ſladager, 3. ſchnaufen, ſchnauben, keuchen. schnuflar ampau, ein wenig erſchnaufen. schnuffel, m. Schnaufen, n.

Schnuir, sa, s'insnuir, E. erſchrecken, ſchaudern. It. abbrividire. schnuida, f. schnulzzi, 3. Schauder, m. (mehr moraliſch). schnavur, f. Schauder, m. (mehr phyſiſch). ir schnavurs, ſchaudern. schnueivel — aivel, vla, erſchrecklich, furchtbar, außerordentlich. — bi, ſehr ſchön.

Schon, 1. già, fingià, 2. fingio, 3. ſchon, wohl. schon cou? ſchon da? lein schon mirar, wir wollen wohl ſehen.

Schonn, Jonn, 1. Gian, Jaun, E. Johann.

Schonza, f. schanza, 3. Schanze, f.

Schös, m. soussal-el, Schürze, f. melter si schös, S. anlegen.

Schrag, m. mezcha, 2. Schragen, m. (Schlachtſtuhl für Schmalvieh).

Schreg, a. traviers, E. ſchräg, ſchief. It. obliquo. ir -, ſchief gehen.

Schreg, m. schreg, ballins, Schrot, m. It. ballino. cargar -, Schrot laden.

Schuar, assovar, wäſſern, ſ. aua.

Schuber, ra, sauber, nett, a. E. ſauber, reinlich. schubriar-ergiar, nettager, 3. ſäubern, reinigen. la vacca sa-, die Kuh reinigt ſich. — la stiva, die Stube rein machen. sehubriament, m. Reinigung, f. schubradad, f. Reinlichkeit, Reinheit. malschuber, a. malnett, a. unrein. malschubradad, f. mal-melnettascbia, Unreinlichkeit, f.

Schular, pfeifen, f. schivlar.

Schuldau, m. sudà, 2. sudò, 3. Soldat, m. la schuldada, la sudada, 2. la sudeda, 3. Kriegsvolk, n. scheulda, f. 1. sold, E. Sold, m.

Schumber, m. tambur, E. Trommel, f. dar s'igl -, batter il -, die Trommel ſchlagen, trommeln. schumbrader, m. tambur, E. Trommelſchläger, m.

Schumial, a. pl. schumials, dschemblins, gimels, 2. dschimels, 3. Zwillinge, m. It. gemelli.

Schunscher, joudscher, 2. giundscher, 3. unter's Joch spannen. — ent, ora, sult, ein: aus- unterspannen. schunschadira, f. jüttüra, 2. giundschadūra, f. güttura, 3. Geſpann, n.

Schuvergniom, m. 1. tschuvertscham, 3. Hausgeräth, m. suloma -, Haus (Hofſtatt) u. Geräthſchaften.

Schuvì, giavl, *m.* pl. schuvials - ialla, givè, *m.* pl. givella, güvè, *m.* güvella, Schulter, *f.* schuvalar, *m.* 1. givlers, vass, 2. güvlers, 3. Hosenträger, *m.* Tragband, *n.*

Schvach, *a.* 1. debel, E. schwach, blöde, (geistig und physisch). schvachadad, *f.* deblezza, E. Schwachheit, Blödigkeit, *f.*

Schvalma, *f.* utschella da nossa Donna, 2. randolina, 3. Schwalbe, *f.*

Schvuonn, *m.* inschin, E. (Schwung), Anschicklgkeit, Geschicklichkeit, *f.* bieningin-, geschickt= ungeschickt angreifen.

Sclav, sclev, 3. Sklave, Knecht, *m.* sclaveria, *f.* sclavitüt, *f.* Sklaverei, Knechtschaft, *f.*

Sco, wie, *f.* sco li gis, wie du sagst.

Scochia, *f.* scotta, 2. scoatta, 3. Molken, dem der Käs und Zieger entnommen sind. B. Schotta. Ital. ciro. scochiascha, miestra, 1. majaistra, E. saurer Molken, B. Sauer.

Scoder, *p.* scoss, scuden, 1. scouder, scoudescher, E. einziehen. Ital. riscuotere.

Scola, *f.* scola, scoula, E. Schule, *f.* far, tener scola, Schule halten. sculaus, ada, geschult. scular-er, schulen, Schule geben. scular, *m.* scolar, *f.* 2. Schüler, *m.* sculara, *f.* scolara, Schülerin, *f.*

Scorchiar, scorcher, enthäuten, abdecken, schinden. soorcheder, 3. Abdecker, *m.*

Scorger, E. ancorscher, merken, wahrnehmen. scort, *a.* klug.

Scorpiun, *m.* Skorpion, *m.*

Scorza, *f.* Rinde, *f.* far giu la scorza, scorzar-er, schälen, die R. abmachen. - canella, chanella, *f.* Zimmet, *n.*

Scracar, scracher, 3. dicken Schleim auswerfen, speien.

Scrign, *m.* scrign, scrigniöl, E. Schrank, Kasten, *m* Taugenichts, H. Lat. scrineum.

Scriver, *p.* scritt, schreiben. scrivont-ant, *m.* scrivaunt, 3. Schreiber, *m.* scartira, *f.* scrittüra, E. Schrift, *m.* Urkunde, *f.* sonchia, soncha, sencha-, heilige Schrift. mussaus scartira, Schriftgelehrte, *m.* la scartira clomma, die Schrift, Urkunde lautet. scrivlar-er, E. malen, pinseln. scrivlattar-er, nachläßig schreiben, schmieren. scrivlotteria, *f.* scrivlöz, scrivladuir, E. Geschreibsel, *n.* inscripziun, *f.* Inschrift, *f.* sullascriver, suottascriver, unterschreiben. sultascripziun, *f.* Unterschrift, *f.*

Scrocc, *m.* scroach, 3. schlechter Wicht.

Scrotta, *f.* Flicklappen, Tuchlappen, *m.* metter si inna-, flicken, (mit Lappen). el veva bucc' auter ca scrottas, er hatte nur Lumpen an, (Kleiderlumpen).

Scruppel, *m.* Skruppel, *m.* Bedenken, *n.* Bedenklichkeit, *f.* scruppulus, *a.* bedenklich, gewissenhaft. scruppulusadad, *f.* scruppulusitad - ed, Gewissenhaftigkeit.

Scruscher, scroschir, 2. scruoschir, 3. schüttern, (dumpfkrachen). scrusch, *m.* scrosch, 2. scruosch, 3. Erschütterung, *f.*

Scrutinar-er, geheim wählen. scrutini, *m.* scrutign, 3. die geheime Wahl.

Scua, *f.* Besen, *m.* scuar-er, wischen, kehren. scuaditsch, scuadiras, scuadüras, E. Auskehricht, *n.* scuader, scuadra, scuuus, *a.* E. Kehrer = in, Wischer=in. dar inna scuada - eda, oberflächlich, ein wenig wischen. scua nova scua bein, ein neuer Besen kehrt gut.

Seud, m. Thaler, m.

Scuder, p. scuden, scuoss, dreschen. scudader - eder, der Drescher, scudadra-edra, die Drescherin.

Scudihar, scudichar, geißeln, peitschen.

Scuflar - er, anschwellen. - la cresta, purter òl la crasta, den Kamm erheben, stolz werden. scuflanlar si, sü, schwellen machen. scufla, f. vaschia, 2. vschia, 3. Tabaksbeutel v. Schweinsblase. scuflau, m. scuflà, 2. scuflò, 3. der vom Wind zusammengewehte Schnee. scuflimm, Aufgeblähtes.

Scultar, 1. tadlar - er, horchen.

Scultrir, petnar - er, kämmen; bei den Haaren raufen. pechien da-, schnatisch, 3. der weite Haarkamm.

Scumbigliar, verwirren, f. pigliar.

Scumgniar, schiamiar - er, wechseln, f. commi. ser chammi, einander wechselseitig aushelfen.

Scuntrar, begegnen, f. ancunter.

Scurlar, squassar-er, schütteln, rütteln. - pera, Birnen sch. scurlada, f. squasseda, sgualatteda, Rüttelung, f.

Scuz, a. E. baarfuß.

Sdarnar, 1. (plontas), die Bäume umwerfen (v. Winde), erschlagen.

Sdramar-er, reißen, aus der Hand, zerreißen. sdram, E. Riß, m.

Sdrappar-er, raufen, reißen. -orchiclas, urtias. Nesseln ausraufen. sdrapp, m. Riß, m. dar-, reißen, (beim Erbrechen).

Sdratsch, m. Lumpen, m. schlechtes Kleid. sdarschleu, sdarschau, 1. sdratschlieu, E. zerlumpt.

Sdriffar, sdrüffar - er, bei den Haaren, Ohren ziehen. sa, as-, sich schlagen. sdriffada, f. sdrüff, sdrüffada - eda, das Ziehen bei den Haaren, Ohren.

Sdrimma, f. strivla, E. Streifen, m. sdrimmau, euu sdrimas, strivlà - ò, gestreift. tcila -, gestreifter Zeug.

Sdrir, p. sdritg, 1. sdrür, desdrür, E. verstreuen, vergeuden, zerstören. - scu faig, das Seinige durchbringen. - foin, farinna, Heu, Mehl verstreuen.

Sech, ia (seig) dürr, mager. fein-, funs-, dürres Heu, d. Boden. seccar, sechar-er, welk, dürr werden, verdorren. seccanlar, dörren, welk machen. sechin, a. sgrembel, E. schmächtig, mager.

Secret, a. geheim. secret, m. Geheimniß, n. Abtritt, m. secretari, m. Schreiber, Sekretär, m.

Secta, f. Sekte, Religionssekte, f.

Secular, a. weltlich, (nicht geistlich). secularisar - er, geistliche Güter einziehen, aus todter Hand in den freien Verkehr bringen.

Secund, a. segond, 2. seguond, 3. der zweite. secundar, segondar, 2. segunder, 3. unterstützen, Vorschub leisten. savundar, 1. folgen, gehorchen.

Sègal, m. sègel, sejal, E. Roggen. paun d'sejal, Roggenbrod, n.

Segar, sagar, siar, 1. sgiar, 2. sger, 3. mähen. sichiur, sechiur, pardèr, 1. setter, 2. pradèr, 3. Mäder, Mäher, m.

Segel, m. vella, E. Segel, n. It. la vela.

Segn, m. E. Zeichen. significar, bedeuten, zu verstehen geben. significaziun, f. Bedeutung, f. Sinn, m.

Segner, m. Herr, Gott, m. niess segner parchiri! 1. Gott bewahre! aug segner, Gewöhnl. Titel der kath. Geistlichen. bap segner, E. Großvater, m.
Seguent-aint, a. 3. folgend. seguitarer, fortfahren. perseguitar-er, verfolgen. persecuziun, f. Verfolgung, f. perseguitader, m. persecutur, 3. Verfolger, m. conseguenzia, f. conseguenza, E. Folge. en- par- per conseguenza, conseguentamein-maing, folglich, in Folge dessen.
Sei, sa, s' 1. se, s' 's as, E. sich. star da par sei, für sich, allein, wohnen. far da sasezz, da se svess, stess, es aus sich, allein, machen.
Seida, f. saida, E. Seide, f. da-, seiden.
Seidla, seicla, f. saidla, E. Borste, f. - pierch, d'püerch, Schweineborste, f.
Sein, m. sain, E. Busen, Schooß, m. It. seno.
Seit, f. sait, E. Durst, m. aver-, D. haben. sitibund, a. E. durstig.
Seiv, f. sêv, H. saiv, E. Zaun, m. It. siepe. far-, zäunen.
Seiv, m. sêv, H. saiv, E. Unschlitt, n. Talg, m. It. sevo.
Selva, f. 1. Wald, m. Surselva, der Theil Bündens ob dem Wald.
Semm, m. Samen, m. semnar - er, säen. semnader - eder, m. Sämann, m.
Semper, adinna, 1. saimper, immer.
Senap, sinap, m. senf, E. Senf, m. senav, m. siuevel, m. Ackerkresse, f. (wilder Senf). Pyrus Aria.
Senefical, m. 1. Landrichter, m. (veraltetes Wort).
Senda, f. semda, E. Fußweg, Fußsteig, m. It. viottolo.

Seun, m. sains, 2. sain, saign, 3. Glocke, f. It. campana. tuccar ils -, sunar ils sains, die Glocken läuten.
Senn, m. Sinn, Verstand, m. Gesinnung. It. senso, senno. or, our da-, wahnsinnig. It. forsennato. da senn, verständig, vernünftig. dad ault -, hochmüthig. da bien, bun-, gutmüthig, rechtschaffen, verständig. da nausch -, jähzornig, bösartig, aufbrausend. schar ir si igl -, 1. aufbrausen. gnir egl, in -, turner in -, in den Sinn kommen. da seu -, eigensinnig. far par senn, Acht geben, aufmerken. sentir, fühlen, empfinden. sentiment-maint, E. Gefühl, n. Gesinnung, Meinung, Einsicht, f. da bien, bun -, von guter Gesinnung. senza -, gefühllos, bewußtlos. dar seu -, seine Ansicht, Meinung geben. sensibel, a. empfindlich, fühlbar. sensibladad, f. sensibilitad - ed, Empfindlichkeit, f. sensaziun, f. Eindruck, m. sensual - el, a. sinnlich. sensualitad-ed, Sinnlichkeit, f. consentir, zustimmen, billigen. consens, consentement-maint, Zustimmung, f. resentir, sa, as-, empfindlich werden. resentimeni-maint, Empfindlichkeit, f. sensaziun, f. Eindruck, m. far-, E. machen. avair sentur, merken, etwas gehört, vernommen haben. dar sensur, 1. dat ös, 2. antworten, besonders wenn an der Thüre geklopft, gerufen wird. bucca aver sensur, bewußtlos sein.
Sentenzia, f. sentenzcha, f. E. Urtheil, m. Urtheilsspruch, m. dar la-, sentenziar, setenzcher, das Urtheil sprechen. megl ün majer agiüstamaint

co ūna grassa sentenzcha, besser ein magerer Vergleich als ein günstiger Richterspruch.

Senza, sainza, ohne.

Separar-er, trennen, scheiden, sa-, sich trennen. separaziun, Scheidung, Trennung, f. separadamein - maing, getrennt, einzeln, jedes für sich. trer da par-, scheiden, sa t.-, sich scheiden, (v. Streitenden u. Eheleuten).

Sepulir, begraben, beerdigen. sepultira, f. sepultüra, E. Begräbniß, n. dar -, begraben.

Sequester, m. Sequester, m. metter-, sequestrar - er, S. drauf legen, sequestriren.

Sèr, sar, E. (Titel) Herr! It. messer. ser mastral, H. Landammann.

Sèr, saser, p. saseu, 1. sezzer, E. sitzen. sessel, m. chadregia, 3. Sessel, m. sizz, m. 1. Kindersitz, Kirchenstuhl, m. session, Sitzung, f. possident, m. Güterbesitzer, m. president, m. Vorsitzer, Präsident, m. presidenza, f. presidi, m. Vorsitz, m. Siehe posseder, besitzen.

Sera, f. saira, E. Abend, m. jer -, her saira, gestern Abend. stiarza - sterza -, vorgestern A. urar sera a damaun, Morgens und Abends beten.

Serein, a. serain, E. heiter, hell, klar. sereinadad, f. 1. serenitad-ed, Heiterkeit, (bes. vom Gemüth). sa -, as, serenar-er, sich aufheitern. serenezzi, m. 1. kalter Nordwind, bei heiterm Himmel.

Serios, a. ernstlich, ernsthaft, streng. seriusadad, f. seriusitad - ed, Ernsthaftigkeit, f.

Servar, (nicht gebräuchlich). conservar - er, behalten, bewahren, f. conservaziun, Bewahrung, Wohlsein, Erhaltung, f. a, in vossa -, auf Ihr Wohlsein! observar-er, beobachten. observaziun, Beobachtung, Bemerkung, f. preservar - er, verhüten. reservar-er, sa, as, sich vorbehalten. ausbedingen. reserva, reservonza, f. Vorbehalt, m. a reserva, ausgenommen, mit Vorbehalt.

Seu, sia, pl. ses, sias, 1. sieu, sia, pl. ses, sias, 2. sieu, sia pl. sieus, sias, 3. sein, seine.

Sezz, a. svess, a. selbst, el-, er selbst, ella -, sie selbst. ir sezz, ir sulett, allein gehen (von Kindern). da sasezz, da se svess, von selbst. far par sasezz, zu f. Vortheil thun. par sasezz! versteht sich! natürlich!

Sfarcar, sfracar, sfrachar - er, zerbrechen, (harte Körper, die krachen). sfracc, m. sfrach, E. Knall, m. Schlag, m.

Sfular - er, durchstöbern = waten. sfuir, 1. sfuigner, 3. die Erde auflockern, (v. Schweinen). sfuin, m. der unbefugt durchsucht. sfugatlar, 1. durchstöbern = wühlen, um zu sehen.

Sfulscher, sfulschar ent, 1. einpressen, (elastische Körper). sa-, sich eindrängen. sfulschimm, m. Gedränge, n.

Sfurschella, furschella, f. Zahnlücke, f.

Sgalatir, 1. durcheinander schreien. sgalategn, m. unangenehmes Geschrei.

Sgarar, 1. kratzen, schaben, (mit einem scharfen Körper). sgara, f. B. Krätsche, Tschädre, f.

Sgargliar, 1. sgrigliar, sdrigler, 3. entfrieren, aufthauen.

Sgargnir, sgrignar, 1. laut und mit böfer Miene schelten, keifen. sgregn, m. lagn, 3. lautes, hartes Wort. dar in-, schmälen.

Sgrischur, f. Schauder, Abscheu, m. Greuel, n. sgar-sgrischeivel-aivel, a. furchtbar, schauderhaft, gräulich.

Sgriziar, sgrizchar-er, knirschen, (mit den Zähnen), knarren, (von Rädern). sgriziada, f. 1. Knirschen, Knarren.

Sgugilar, H. jauchzen, laut schreien.

Sgular, sguler, fliegen. sgol, m. svoul, E. Flug, m.

Sguozchia, f. sgozcha, 2. sguozcha, 3. Kitzel, m. kar-, kitzeln.

Sguriera, sgurigiera, f. 1. vacha buaditscha, E. Brüllerin, f. sguriar-egiar, unzüchtig sich herumtreiben.

Si, sin, 1. sü, E. auf. ansi, insü, E. auf, hinauf, aufwärts. sisum, süsomm, E. zu oberst. sisura, süsura, oben auf, darauf. s'igl zucc, sü'l zocc, momaint, sogleich, augenblicklich.

Sialla, sella, f. sella, E. Sattel, m. metter-, sü la-, satteln.

Siara, f. 1. serradüra, E. Schloß, f. sarar.

Siarp, f. serp, H. serp, serpaint, m. E. Schlange, f. sarpiar, sarpegiar, serpager, E. sich schlängeln, schleichen.

Sibla, f. sübla, 2. süvla, 3. Ahle, f.

Siemi, m. sömi, m. Traum, m. siemgniar, samgniar, as sömger, insömger, träumen. siemgniader, m. sömgeder, 3. Träumer, m.

Sien, f. sön, E. Schlaf, m. sönnolent, a. schläfrig. esser da-, aver-, schläfrig sein.

Sigi, sigil, m. p. sigials, sagè, pl. sagels, 2. sigè, p. sigels, 3. Siegel, n. Pettschaft, n. sigilar-er, siegeln.

Sigir, sagir, a. sagireivel, a. 1. sgür, a. E. sicher, gewiß, zuverläßig. sigirezia, f. sgürezza, E. Sicherheit, Gewißheit, f. sigiarar, asgürar-er, versichern. sigiarar, dar en sigiarada, s'asgürer, 3. vertrösten, (beim Richter). sigiarada, f. Vertröstung, f. malsigir, malsagireivel, malsgür, 2. unsicher, gefährlich. malsigirezia, f. insgürezza, E. Unsicherheit, f. sigiaronza, sigronza, f. süjartad-ed, sgüraunza, E. Bürge, m. Bürgschaft, f. far, dar sigiaronza, ser süjarted, Bürgschaft leisten, geben.

Sigir, f. H. cugnada, 1. sgür, E. Axt, f. Beil, n. sigirlada, f. sgür da maigl, sgür da squadrer, Breitaxt, f.

Sigiretscha, f. H. B. Mannsmad, Mammet, n. (von Bergwiesen).

Signun, m. Senn, Alpsenn, m.

Signur, m. Herr, m. signura, vornehme Frau, Dame, f. signuria, E. Herrenleute, Herrschaft, f. signuradi, m. signoradi, 3. Herrschaft, Herrschaftslande.

Simar, 1. fein rinnen, ausfließen.

Slmil, consimil, a. ähnlich, similmeinaing, auf ähnliche Weise.

Simpel, a. einfach, geistlos, einfältig. semplificar, simplifichar-er, vereinfachen. sempladad, f. simplicitad-ed, Einfalt, f. semplificaziun, f. Vereinfachung.

Sims, m. 1. Gesimse, n.

Simular-er, sich stellen, verstellen, desgleichen thun. simulaziun, f. Verstellung, Heuchelei, f. simulatur, m. simuladur, E. Heuchler, falscher Mensch.

Sincer, a. aufrichtig, redlich. sinceritaded, f. Aufrichtigkeit, f.

Singular-er, a. sonderbar, eigen, beson=

ders. singular, m. Einzahl, f. singularitad-ed, Eigenheit, Eigenthümlichkeit, f.

Sinoda, f. Synode, f. (Versammlung der Geistlichen). sinodal, m. Mitglied der Synode.

Sir, m. sör, E. Schwiegervater, m. sira, f. söra, E. Schwiegermutter, f. cunsir, m. cusör, E. Mitschwiegervater. cunsira, f. cusöra, E. Mitschwiegermutter, f.

Situau, ada, situà-ò, gelegen. situaziun, f. Lage, Stellung, f.

Skelett, m. Skelett, Gerippe, n.

Skizz, m schriftlicher Entwurf, m. skizzar, entwerfen.

Smaccar, smachar-er, zermalmen, brechen, aufknacken. -ovs, nuschs, Eier, Nüsse brechen. cor smaccau, zerschlagenes H. smaccada, f. smachada-eda, Quetschung, f.

Smardigliar, smassüchar, 2. quetschen, zerquetschen, (weiche Dinge). - inna comba, ein Bein zerquetschen. smardigliada, f. 1. contusiun, E. Quetschung, f.

Smarir, p. verschwinden, vergehen vor Angst.

Sminar-er, ahnen, vermuthen.

Sminuir, disminuir, vermindern, schmälern. srui - diminuziun, Verminderung, f. Schmälerung.

Smugliar, 1. smöglier, in Lauge auswaschen. smuigl, m. 1. smögl, E. Laugenwasser, n. metter a -, einweichen.

Snagar, läugnen, f. negar.

Soci, m. associà - ò, E. Mittheilhaber, Handlungsgenosse, m. societad - ed, Gesellschaft, f. social, a. gesellig.

Socla, f. soula, f. Sockel, m. Unterlage, f. Fußgestell, m.

Soinch, ia, sonch, 2. sench, 3. heilig. ir a soinchs, wallfahrten. soinchiadad -ezia, f. sonchitad, 2. senchited, 3. Heiligkeit, f. santificar, santificarer, heiligen. santificaziun, f. Heiligung, f. Numnasoinohia, 1. Allerheiligen. tutt igl soinch gi, 1. den gauzen lieben Tag.

Sola, f. soula, E. Sohle, f. ansular, insolar-er, sohlen. sulada, f. salanchada, 2. salascheda, 3. Stein- Strassenpflaster, n.

Solenn, a. solennamein-maing, feierlich, festlich. solennitad-ed, Feierlichkeit, Festlichkeit, f. solennisar-er, feiern, festlich begehen.

Solicitar-er, anhalten, treiben, drängen. solicitaziun, f. Forderung, Drängung, f.

Solid, a. fest, solid, reich, rechtschaffen. soliditad-ed, f. Festigkeit, Solidität, f.

Solit, a. gewöhnlich, üblich. esser solit, solair, zu thun pflegen.

Solvent, a. zahlungsfähig. insolvent, der nicht zu bezahlen hat. soluziun, f. Auflösung.

Sonda, f. samda, 3. Samstag, m.

Sora, sorrur, f. sour, E. Schwester, f. cunsora, consour, E. Mitschwester, f.

Sort, f. Gattung, Art, f. Loos, n. Glück, Schicksal, n. trer, fierer la-, trar la-, das Loos ziehen, loosen. ver bunna, schliatta-, gutes, schlechtes Glück haben, (z. B. im Heirathen). glieut da quella sort, solche Leute.

Spada, f. speda, 3. Schwerdt, n. pom, pum da la-, m. Degenknopf, m. fil-, Schärfe des Schwerdtes, f. spadun,

1. *m.* Schmäher, spadunna, 2. Verläumderin.

Spadla, *f.* spedla, *f.* 3. Achsel, *f.* spadleus, ida, spadli, 2. breitschulterig. spadlar, *m.* gundschè, *m.* ein kurzer Weiberrock, B. Schälchli. spadlar, (poppas), ausklopfen.

Spanniar-egiar, spalanchar-er, E. spannen, aufsperren. – ils ögls, die Augen sperren, gierig worauf heften.

Spar, *m.* passler, E. Sperling, Spatz, *m. It. passero.*

Spargniar-er, sparen, schonen. spargniuss-eivel, *a.* spargnuoss, E. sparsam, haushälterisch. spargniussadad, spargneivladad, *f.* spargnaivlezza, *f.* Sparsamkeit, *f.* spargn, *m.* Ersparniß, Ersparte, *n.*

Sparir, verschwinden, *f.* parer.

Spars, *a.* verbreitet, zerstreut. la nova ei sparsa, die Nachricht, das Gerücht hat sich verbreitet.

Sparun, sprunn, *m.* Sporn, *m.* sprunar-er, dar ils spruns, spornen, antreiben.

Spass, *m.* Spaß, Scherz, *m.* sar-, scherzen. ir a spass, spassiar-egiar, spazieren. spassiada, *f.* Spaziergang, *m. f.* pass.

Spatitschar, zerstreuen, vergeuden, *f.* patitischar.

Spaunga, *f.* spanga, 2. spaungia, 3. Stange, *f.* Riegel, *m.*

Spazzar, 1. demolir, 3. abbrechen, zertrümmern. – igl clavau, den Stall abbrechen.

Spazzi, *m.* Raum, *m.* Zeit, Frist, *f.* dar spazzi treis gis, drei Tage Frist geben. spazius, *a.* geräumig.

Spech, *m.* E. spioh, 1. Rahmbrei, *m.* Kinderpappe, *f.*

Speotakel, spectacul, E. Schauspiel, *n.* Spektakel, *n.* fer spectaculs, lärmen, sich ungebärdig aufführen.

Specular-er, speculiren, nachsinnen, etwas auf Gewinn hin unternehmen. specoulaziun, *f.* Spekulation. speculativ, *a.* tiefsinnig, speculativ.

Spedir, senden, *f.* pei.

Spender, ausgeben, verwenden. spesa, *f.* spaisa, E. Unkosten. spiendi, *m.* spendi, E. Zehrung, *f.* Zeche, *f.* dispensar-er, freisprechen, entlassen. dispensa-ziun, *f.* Freisprechung, Erlassung, *f.*

Spèr, speras, 1. spera, da spera, 2. spèr, 3. Adv. neben, daneben. speras vigiù-si, speravi-gio-sü, nebenhin-abauf.

Sperar-er, E. ver spronza, 1. hoffen, spronza, *f.* spraunza, 3. Hoffnung, *f.* disperar-er, verzweifeln. disperaziun, *f.* Verzweiflung, *f.*

Spert, *a.* schnell, geschwind, geistreich. spertezia-ezza, Geschwindigkeit, Schnelligkeit, *f.*

Spess, *a.* dicht. da spess, oft. semnar-er-, dicht säen.

Spezia, spezcha, *f.* Art, Gattung, *f.* spezialel, *a.* besonderer. spezialmein-maing, besonders, namentlich. spezificar, spezifichar-er, einzeln angeben, specificiren. spezialitad-ed, im Besondern, Einzelnen. spezificaziun, *f.* Angabe des Einzelnen.

Spezia, speziaria, *f.* spezchas, 3. Gewürz, *n.*

Spiar-er ora, oura, ausforschen, ausfragen. spiunar-er, ausforschen, ſpioniren (in ſchlechtem Sinn). spiuu, m. spia, ſ. spiun, E. Spion, m.

Spichiar, spettar - er, warten, zuwarten. a spechia, ad ispetta, 2. a spett, ad, incretta, 3. auf Credit. nunspichiau, inaspettà-ò, nunspichiond, unerwartet, gegen Erwartung.

Spidar, spüdar - er, ſpeien, ſpucken. spida, spüda, E. Speichel, m.

Spiegel, m. spejel, 2. spievel, 3. Spiegel, m. mirar en, in-, ſich im Spiegel beſehen, beſpiegeln.

Spig, m. (d'igl cuolm) spih, E. Bergſpitze, Gipfel, Ausgang, ſ. spig dalla via, Ausgang des Weges. spih della chiamma, Schienbein, n.

Spigia, ſ. spia, E. Aehre, ſ. spigir, s'inspier, 3. Aehren bilden. spiglar, spievler, 3. Aehren leſen. It. spigolare.

Spimma, ſ. schiümma, E. Schaum. far -, spimar, ſchäumen. - da mar, Meerſchaum, m. lichiar -, (beim Schmalz ſieden), Brodſchnitten in den Schaum tauchen und eſſen. spimmar, schiümar-er, ſchäumen, abſchäumen, den Schaum wegnehmen. spimmus, a. schiümus, a. E. ſchäumig.

Spinal - el, m. Rückenſtück, n. (von Schweinen).

Spinna, ſ. spina, E. Dorn, Splitter, m. Hahn, (am Faſſe); E. auch Meißel der Steinhauer. spinnar igl vin, Wein abzapfen, faſſen. as spinnar, pigliar spinnas, einen Splitter einſtoßen. spinatsch, m. Coll. spinatscha, Dornbuſch, Spitzbeerenſtrauch, m. Spinat, m. spinus, a. (aſſar) dornicht, fig. ſchwierig.

Spir, a. spür, pür, mèr, E. nur, lauter. Ital. puramente. - mal, mel, nur Uebles.

Spirar - er, spirir, athmen, ausathmen, ſterben, verſtreichen. el ei spireus, spirà - ò, er iſt geſtorben, verſchieden. igl tiarm ei -, der Termin iſt verſtrichen. spirt, m. spiert, E. Geiſt, m. Geſpenſt, n. da spirt, spirtus, a. spiritus, E. geiſtreich. spiritual-el, a. geiſtlich. spirtual, m. 1. der Geiſtliche. conspirar-er, ſich verſchwören. conspirazian, ſ. Verſchwörung, ſ. inspirar-er, eingelſten, eingeben. inspirazian, ſ. Eingebung, ſ. respirar-er, athmen, zu Athem kommen, ſich erholen. respir, m. Athemzug, m. Friſt. in respir da 3 gis, Friſt von 3 Tagen. suspirar-er, ſeufzen. suspir, m. suspiröz, 2. Seufzer, m.

Spisa, ſ. spaisa, E. Speiſe, Koſt, ſ. spisiar - igiar, spisantar, 1. spisgiantar, 2. spissanter, 3. ſättigen, nähren. spisieivel, vla, spisgiantus, a. E. nahrhaft.

Spital, m. spitel, 3. Spital, n. Armen-Krankenhaus, n.

Splanar, hobeln, ſ. plaun.

Splemma, ſ. splecha, E. Milze, ſ.

Splender, splendurir, glänzen, leuchten. splendur, ſ. Glanz, Sonnenglanz, m. splenduront - aint, a. glänzend.

Spogliar - er, ausplündern, berauben. spoglia, ſ. Beute, ſ.

Sponder, p. spons, spander, spans, E. verſchütten, vergießen; zetten M. -aua, das Waſſer abſchlagen. - larmas, Thränen vergießen. - ladim, aldüm, Dünger auf den Wieſen auslegen. ir a sponder, gehen, den Dünger auszulegen, Heu zu zetten, M.

Sponua, f. spanna, E. Spanne, f.
Spor, m. 1. Spur, f. ver-, Spur haben. ir suenter-, die Spur verfolgen. niginn spor, keine Art, Aehnlichkeit, f.
Spora, f. B. Triegel, f.
Sprèr, m. splèr, 3. Geier, m. Ital. sparviero.
Springir, sbrinzlar-er, leicht besprengen, besprühen. springida, sbrinzel, E. Besprühung.
Sprüscher, 3. ausgleiten = glitschen.
Sprüschler, 3. etwas zum ersten Mal brauchen, z. B. Geräthe, Kleider.
Sprunn, m. saigl, E. Sprung, m. spurnar, büttar-er, werfen. - giùsi-nou-vi, nieder=auf=her=hinwerfen. - navend, wegwerfen.
Spuantar, spaventar-er, verscheuchen, erschrecken. spuantaigl, m. spaventaigl, E. Vogelscheuche, f. spureg, ia, spaverò, eda, scheu, furchtsam. spivir, 2. as spaverer, 3. scheu werden, ausweichen.
Spular, far sü spouls, E. spuhlen. spieul, spuol, spiel, m. spoul, E. Spuhle, f.
Spunda, f. sponda, 2. spuonda, 3. Seite, Lehne, f. - d'igl lèg, Seitenbrett der Bettstelle. - da prau, èr, Streifen, Halde, (v. Wiesen), Wiesenhalde = Streifen.
Spursalau, m. spursalada, f. 1. trapart, E. Scheidewand auf der Brücke, zw. dem Vieh.
Spungia, f. 3. Schwamm, m. ovale Neujahrsweken für Bettler.
Spurtella, f. Tragkörbchen, m. B. Kratten, m.
Spus, m. Bräutigam, m. spusa, f.

Braut, f. spusar-er, heirathen, Hochzeit haben. spusaliez, m. spusalizzi, E. Heirath, f.
Squitschar-er, drucken, pressen. - sull, sot, suoll, unterdrücken, mißhandeln. squitsch, m. Druck, m.
Squittrar, squitter-er, sprützen, (mit der Sprütze). squittra, f. squilta, E. kl. Sprütze, f. squittrada, f. squittadaeda, Spruz, m. squittir, 2. den Durchfall haben, (vom Vieh).
Stad, f. sted, 3. Sommer, m. vischieu, vstieu da -, Sommerkleid, n. stadigiar, stadiar, 2. stadager, 3. (muvel) sömmern, d. h. den Sommer über Vieh halten.
Stadal, m. charr da stadal, 2. stadal, 3. einspänniges Gefährt.
Stadèra, f. stadaira, E. Waage, f.
Staduligna, 3. furmantins, 1. Ribessuppe.
Staffa, f. Steigbügel, Stegreif, m.
Stagia, f. staja, 2. stedgia, 3. Pfahl, m. (als Grenz = Maalzeichen.) stagiar, metter stagias, stajar, 2. stager, 3. solche Gr. einstecken.
Stagiun, f. Jahreszeit, f. stagiunau, ada, stagiuuà-ò, getrocknet, dürr geworden, (v. Holz, Käs ꝛc.)
Staigl, en staigl, 1. in pè, in lò, in plazza, E. statt, anstatt.
Staign, a. stenn, a. E. fest, (von Heu, Fleisch). in staign mattatsch, ein fester, starker Junge. tener -, fest halten.
Stahetta, f. stachetta, E. Schusternagel, n. hölz. Nagel, Gewürznelken, m.
Stalla, f. Stall, für Schmalvieh und Pferde. stalazz, m. stallatsch, E. Stallaz, Futterlohn, m.
Stalliar, sa-, stallager, sichgebärden, unge-

büßlich aufführen. - suenter inna caussa, leidenschaftlich etwas wollen, darnach streben.

Stampar - er, drucken. stamparia, f. Buchdruckerei. stampadur, m. Drucker, Buchdrucker. stampa, f. Druck, Kupferstich, m.

Star, ster, 3. - bein, b uin, sich wohl befinden, wohlhabend sein. - buns par in, für einen bürgen. - si drèg, ster sü drett, aufrecht stehen. - a leug, lö, an seinem Orte stehen. - eu diess, in arains, auf dem Rücken liegen. - en, in costa, auf der Seite liegen. - sin la sia, auf seinem Kopf bleiben. - legers, leiger, lustig sein, sich belustigen. - giu Quera, a Cuoira, in Chur wohnen. el stat cou, el sto co, er wohnt hier. far star in, einen stellen, auf den Ort bannen. star sutt teg, a sust, unter Dach bleiben. ster sü da obd, oben an, auf der guten Seite stehen. stateivel, via, constant, a. E. fest, beharrlich. stateivladad, f. constanza, E. Festigkeit, Beharrlichkeit, f. malstateivel, a. inconstant, a. E. unbeständig, unfest, veränderlich. malstateivladad, f. inconstanza, E. Unbeständigkeit, Veränderlichkeit, f. Wankelmuth, m. stonza, ustonza, f. stanza, 2. staunza, 3. Wohnung, Burg, f. circumstonzia, f. circumstanza, E. Umstand, m. cunterstar, contrastar - er, E. widerstehen, zuwider sein. contrast, m. contrast, E. Gegensatz, m. Streit, f. Zwiespalt, m. restar-er, übrig bleiben; (vom Vieh) verderben. rest, m. restonza, f. reist, 2. Rest, m. Uebrigbleibende, n. surstar, inne halten,

still stehen, (vor Erstaunen). stabel, a. fest, unwandelbar, beharrlich. stabilir, feststellen, bestimmen. sa, as-, sich niederlassen. restabilir, wiederherstellen. sa, as-, sich erholen, genesen. instabel, wankelmüthig, wetterwendisch. stavel, m. Staffel, m. Viehlager in den Alpen, im Freien. stabi, a. steif. statariol, m. 1. stantaröl, 3. Laufstuhl, m.

Starmentar - sa, stramentar-er-as, davor erschrecken. - giu, abschrecken. starmentus, a. stramentus, E furchtbar, entsetzlich. - grev, furchtbar schwer. starment, m. stramentamaint, E. Besorgniß, f. Bedenklichkeit.

Starvèra, f. 3. Schnupfen, m. (Verkältung in der Nase).

Statua, f. Bildsäule, f.

Statuir, festsetzen, beschließen, verordnen. statut, m. statüt, E. Satzung, f. Gesetz, n.

Statura, f. Statur, Gestalt, f. da bialla, bella-, von schöner Gestalt.

Steidi, a. airi, a. E. steif.

Steila, f. staila, E. Stern, m. steileu, 1. gestirnt. steilom, m. stailam, E. große Menge Sterne. stellader, m. 1. Astrolog, m.

Stèl, m. H. Gestell, n. (für Teller, Schüsseln).

Stella, f. gronda, standschaint, 2. standschè, 3. Traufe, f. stalischent, m. standschegns, m. Traufenweite, f. (von d. Hauptmauer).

Slender, spannen, strecken. stendida, staisa, 2. stendüda, 3. Streckung, f. extensiun, f. Ausdehnung, f.

Stenscher, p. stig, staundscher, p. stitt, 3. ersticken. laig stich, 1. lai

still, E. halb saure Milch. stinschantar, stanschantar-er, erstickenmachen. stentiv, a. stich, ia, erstickt, verdorben, (v. Fleisch, Milch, 2c.)
Stentar - er, staintar , 2. Mühe haben, geben. stent, m. stainta, E. Mühe, f. stentus, a. mühsam, beschwerlich.
Stèr, 1. m. Coll. stera, Viertel, m. v. Getreide 4 Quartanen.
Sterp, m. la sterpa, sterpin, m. 1. Hagedornstrauch, m. dürres, todtes Reisholz.
Stialla, f. stella, astella, 3. Holzspähne, p. stiallas da splauna, schializas, scalizzas, 2. ziplas, 3. Hobelspähne. - da cunti, ziplas, E. Messerspähne. - da teisser, astellas, E. Weberstäbe, B. Schienen.
Stiarner, 1. sterner, E. streuen (fürs Vieh), verstreuen. sternimm, m. sternüm, E. Streue, f. consternar-er, niederschlagen, tief betrüben. consternaziun, f. Niedergeschlagenheit, f.
Stichiel, m. stöchel, 2. stechel, 3. B. Stödel, m. dar igl-, giover, jovar, a -, stöckeln, (ein Knabenspiel).
Stierl, stiarl, m. sterl, E. einjähriges männliches Rind. v. sterile. stiarla, f. sterla, E. einjähriges w. Rind. stiarlamenta, sterlamainta, E. junges Rindvieh, rohe Menschen.
Stifel, m. stival, 2. stivel, 3. Stiefel, m. stival, m. 1. Camasche, f. tuchene St. tirastifels, tirastivals - cls, Stiefelzieher, m.
Stilett, m. Dolch, m. stilettar-er, erdolchen. stilettada - eda, f. Dolchstich, m.
Stimar-er, achten, schätzen, dafürhalten. stimar ora, oura, ausschätzen= pfänden. far -, ausschätzen lassen. stimma, f. 1. stima, E. Achtung, Hochachtung, Schätzung, f. da stimma, stimeivel, a. stimabel, bla, E. achtungswerth. aultstimaus, stimattissem, hochgeschätzt. estim, m. Schnitz, f. Vermögenssteuer, f. stimadira, stimma, f. stimadüra, E. Schätzung, Pfändung, f. stimadur, m. pretschadur, apretschadur, E. Schätzer, m.
Stimul, m. 3. Antrieb, m. stimular-er, antreiben, reizen. stimulaziun, f. das Antreiben, Anregen.
Stinar, stagner, stiner, 3. hölzerne Geschirre, die leck waren, ins Wasser legen, daß sie anschwellen. - igl saung, staliver il saung, 3. das Blut stillen.
Stipular - er, festsetzen, bestimmen, (bei einem Contrakt). stipulaziun, f. Festsetzung, Einverständniß, n.
Sliva, f. stüva, E. Stube, f.
Stizza, f. 1. zinnerne Wein- od. Branntweinkanne mit Deckel.
Stizzar, stüzzer, löschen, auslöschen, erlöschen. stizzantar-er, studentar, 2. stüzzanter, 3. löschen, auslöschen. schar stizzar igl feug, la pipa, das Feuer, die Pfeife löschen lassen.
Stizzau, f. buttla, E. Kramladen, m. metter si -, metter buttia, einen Kramladen errichten.
Stoda, f. 1. Mähre, Stute, f.
Stoll, m. Stollen, m. Theil bei Verlosung, Theilung.
Stolz, a. superbi, a. E. stolz, hochmüthig, prächtig. stolz, stolzadad, f. superbia, E. Stolz, Hochmuth, m.
Storch, store, m. cicogna, f. 3. Storch, m.
Storscher, p. stiert, sturscheu, stort,

drehen, verdrehen. - ora in, 1. nach=
äffen, lächerlich machen. stierta, stur-
schida, f. storta, 2. stüerta, 3. Ver=
drehung, Krümmung, f. tort, stort,
a. krumm. antiert, tort. 2. tüert, 3.
Unrecht, n. far-, einem Unrecht thun.
sturtigliar, instortigliar-er, verdrehen,
einwickeln, verknüllen.
Stoungel, staungel, gla, müde, ermat=
tet. stoungladad, f. stanglantunna, 3.
Müdigkeit, Ermüdung, f. stanglan-
tar-er, ermüden, langweilen.
Stozza, f. halbmäßiges Weinglas.
Strada, f. streda, 3. Straße, f. streia,
f. giassa, straglia, E. Gäßchen, n.
anstradar, instradar-er auf den Weg,
die Bahn bringen. s'-, sich auf den
Weg machen. stradin, m. Straßen=
arbeiter, m. stradür, 2. viturin, 3.
Fuhrmann, m.
Stranglar-er, erwürgen; hart behandeln.
stuver stranglar giu inna, etwas ver=
schlucken müssen. strangvoigl, m. 3.
Strengel, m. (Pferdekrankheit).
Strapazzar, strapatschar-er, über Ver=
mögen, übermäßig anstrengen. sa-, sich=-.
strapazz, m. strapatsch, E. übermä=
ßige Arbeit, Anstrengung, f.
Streglia, f. straglia, E. Striegel, f.
streghar, stragliar-er, striegeln, aus=
saugen, (im Spiel).
Streng, a. sever, a. E. streng. stren-
gadad, f. severitad - ed, Strenge, f.
Strenscher, p. strinscheu, strech,
strendscher, 2. straundscher, p. strett,
3. drücken, hart anziehen. It. strin-
gere. - en sia bratscha, in seine
Arme drücken. - la carga, das Fuder
fest binden, anziehen. strech, (stretg)
ia, strett, a. E. enge, schmal. stre-
chiadad, strenschadigna, f. strettezza,
E. Enge, Engbrüstigkeit, f. strechira,
strettüra, E. sehr enge.
Stria, f. Hexe, f. Zauberin; böses, listi=
ges Weib. striun, m. Hexenmeister,
Zauberer, m. striegn, m. striögn, E.
Hexerei, f. strianar, striunar - er, in=
striar, behexen. strianaus vi da quei,
verwicht, verhext auf eine Sache sein.
Strich, m. Strich, m. dar in-, einen
Strich geben. strihar, stricher, strei=
chen, aufstreichen. strihada, f. stri-
cheda, Strich, m. Streichung, f.
strihau, ada, gestreift.
Stridar, beleidigen, böse machen, ärgern.
Strien, m. 1. Hühnerkoth. ti sas in-,
du weißt nichts.
Strisar, 1. verstreuen, (trockene Dinge,
Mehl 2c.)
Strivla (sdrivla), f. Streif, m.
Stromm, m. stram, 3. Stroh, n.
Struba, f. scruvèra, scrauf, 2. scrov,
scruf, 3. Schraube, f. ir a scranf, 2.
Gewind haben. scruvar, scrover,
aint, oura, E. ein = ausschrauben.
strubiar-giar, 1. schrauben, verwickeln,
(nur im schlechten Sinne). strubi=
gimm, strubiimm, m. Verwicklung,
Verschränkung, f.
Struclar, storcler, 3. drücken, pressen.
struclada, f. Druck, m.
Strüzla, f. 3. hufeisenartige Küchlein, (in
Butter gebacken).
Strusiar, chastiar - er, E. strafen.
strof, m. chasti, 2. chastih, m. 3.
Strafe, f. strusiader, m. chastia-
der - eder, E. Bestrafer, m. stru-
sicivel, vla, 1. punibel, chastiabel,
bla, E. strafbar. nunstrusiaus-ada, 1.
ungestraft.

Strupiar, strupchiar, 1. strupchar-er, E. verkrüppeln. strupiau, strupchiau, strupchà-ò, E. Krüppel, m.

Strusch, struschmein, 1. a paina, E. kaum.

Stubla, f. stupla, 2. stuvla, 3. Stoppel, f.

Stucc, m. stecc, 2. Stück, n. Waarenballen, m. Gesten. tont par-, soviel für den Ballen. far stuccs, 1. vor Traurigkeit oder Zorn sich ungebärdig aufführen. da quels stuces fai bucc, solche Streiche mach mir nicht.

Studiar, stüdgiar-er, studiren, nachdenken, nachsinnen. studi, m. stüdi, E. Studium, n. student, m. Student, m.

Stuffi, a. stüffi, a. E. mafleidig, überdrüsig, langweilig, unverdaulich. stuffiar-igiar, stufchiantar, stüfchanter, maßleidig machen, sättigen, Ekel zu erregen.

Stuira, f. 1. Zugnagel, n. sturèra, f. Rüstnagel, m. stirola, f. 1. Zugnagel, am Pflug.

Stulir, 1. verschwinden.

Stumbel, m. stombel, 3. Treibstecken, dicker Stecken.

Stumplar-er, stoßen, (im Streit), Stöße geben. stumpel, stiempel, Stoß, m. dar-, Stöße geben.

Stuorn, a. betäubt, betrunken, albern, thöricht. sturnell, m. Querkopf, närischer Kerl. stuornadad, f. stuorndad, f. 2. sturnited, 3. Betrunkenheit, Thorheit, Albernheit, f. sturnizzi, m. Schwindel, m. Gallenfieber, f. sunar da stuorn, stuornas, (sollte heißen: da sturm), suner sains da stuorm, Sturm läuten. It. campana a martello.

Stuorz, m. stenn, m. latta, E. Blech, m.

Stupar-er, verstopfen, die Löcher ausfüllen. - si la pigna, den Ofen aufstopfen. stapun, m. stupun, m. Lumpen zum Ausstopfen; ein unsauberes Geschöpf.

Stupir, sa, s'instupir, E. sich verwundern, erstaunen. stupur, f. stupefaziun, f. Erstaunen, Verwunderung, f. stupend, a. erstaunlich, bewundernswürdig.

Stuppa, f. stoppa, E. Werg, n. B. Stuppe, f. esser aint ella-, 2. im Pech sein.

Sturnidar, starnüdar-er, niesen, erniesen. sturnidada, f. starnüd, starnüdöz, 2. einmaliges Erniesen.

Sturnir, insturnir, 3. erschlagen. Ital. stordire. - inna vacca, eine Kuh niederschlagen (beim Schlachten).

Stuschar, stauschar, 2. stoßen, angrenzen, auf Einen anweisen, wechseln. - ils dents, die Zähne wechseln, (v. Vieh). ilg prau stauscha, der Acker stößt, grenzt. - vi da N. auf M. anweisen. stausch, m. stosch, f. stuschada, Stoß, m.

Stuver, stovair, E. müssen.

Stuzz, m. chant, chaunt, E. ansteigender Weg, Stutz, m.

Styl, stil, m. Styl, m. Schreibart, f.

Suar, süar-er, schwitzen. sa suantar, 1. in Schweiß kommen. suur, savur, f. süur, 3. pl. süuors, Schweiß, m. f. savur.

Sublim, a. erhaben, sublimar, verfeinern, ins Feine, Genaueste gehen.

Subsidi, m. Unterstützung, Hülfe, f. subsidiar, soccuorer, unterstützen, Hülfe schicken.

Substanzia-za, Substanz, f. Wesen, n. Inhalt, m. substanzial - el, a. wesentlich. substantiv, m. Haupt =, Ding =, Nennwort, n.

Substituir, ersetzen, an die Stelle setzen. substituziun, f. Ersetzung, f. Ersatz, m. substitut, m. Ersatzmann, Stellvertreter, m.

Subtrahar, subtrer, p. subtratt, 3. subtrahiren, abziehen. subtracziun, f. Subtraktion, f.

Succumber, soccomber, E. unterliegen, erliegen.

Suchia, supchia, f. sopcha, E. Stuhl, Thron, m. - da mulscher, munscher, Melchstuhl, m.

Sudler, m. Sudler, m. sudliar, sudlar, 2. sudlager, 3. sudeln, beschmutzen, oberflächlich machen. sudlaria, f. Sudelei, f.

Suenter, suainter, 2. zieva, 3. nach, hernach, gemäß. - miezgi, mezdi, nach Mittag. dus gis -, duos dis -, zwei Tage später. - cumond, dem Befehl gemäß. igl suenter gi, der jüngste, lezte Tag. mirar suenter vi, darüber hinaussehen. schar-, nachlassen, erlassen.

Suffel, m. zuffel, soffel, E. Wind, m. suflar, soflar-er, wehen, blasen. suflett, foll, m. fol, follet, 2. bosett, 3. Blasebalg, m.

Sufficient, a. sufficiaint, E. hinlänglich.

Suffrir, soffrir, p. soffert, E. leiden, erdulden, ertragen. sufferenzia - za, f. E. Geduld, Langmuth, f.

Suga. f. sua, E. Seil, n. Strick, m.

sugett, baila, 1. suetta, E. kleines, kürzeres Seil.

Sugel, m. 1. Webebaum, m.

Sugl, suigl, m. suolch, 2. suoigl, 3. Furche, f. far-, trer si tiara, suolchar, 2. fer -, 3. die erste Furche graben.

Suig, suvlg, m. savajü, 2. sumblcc, sumbügl, 3. Hollunder, Flieder, m. flurs, pumma -, Hollunderblüthe = Beeren.

Sul, a. sulett, a. allein, sul sulett, ganz allein. parsul, a. 1. allein. star parsuls, allein wohnen.

Sulazz, m. Unterhaltung, Ergözlichkeit, Vergnügen, f. sulazzar, far sulazz, sich unterhalten, ergötzen, scherzen.

Suleigl, m. sulaigl, E. Sonne, f. - leva, leiva, die S. geht auf. - va da randeu, il sulaigl vo gio, tramunta, die S. geht unter. soliv, suleigliv, a. 1. sulaiv, a. 2. soliv, sulagliv, a. 3. sonnig, auf der Sonnenseite. parisol, prisol, m. Sonnen= Regenschirm, m.

Sulèr, Raum vor den Zimmern, Gang, m.

Sulom, m. solom, 2. sulam, 3. Hofstätte, f. Bauplatz, m. sulom a schuvergnium, Haus= und Geräthschaften. cavar sulom, das Fundament graben.

Sumar - er, zusammenzählen, addiren. summa, f. Summe, f. en summa, in summa, überhaupt. far summas, metter en summa, Capitalien macheu. capitalisiren.

Sumigliar, sumagliar-er, gleichen, ähnlich sein. sa, as -, sich gleichen. - cuort, 1. Kurzweil haben. far s. cuort, gut, angenehm unterhalten. sumeglia, f. sumaglia, E. Bild, n. vults a sumeglias, idols et imegnas,

E. Gößen und Bilder, b. h Gößendienst. sumigliont, a. sumigliant, a. 3. ähnlich, auf ähnliche Weise, ebenso. sumiglienseha, f. sumglienischa, E. Aehnlichkeit, f.

Sun, 1. besaun, a. E. (Traulicher Bewillkommnungstitel für Verwandte). suu frar, suu cusrin, besaun frer, cusrin, Willkommen, Bruder, Vetter.

Sunar-er, spielen, (von Instrum.) läuten. - la giegia, gla, die Geige sp. - ils sens, sains, die Glocken läuten. - tuccar da miert, suner da led, ils sains plondschan, plaundschan, läuten, klingen wie bei Leichen. sunn, m. Klang, Laut, m. sunadur, m. sunader, suneder, 3. Spielmann, m. sunaigl, sunaiglera, E. Glöckchen, Geschell, m. (beim Schlittenfahren).

Sünfluss, m. diluvi, E. Sündfluth, m.

Sunscha, f. sondscha, 2. sundscha, 3. Schmer, Schweinefett, n.

Suolper, m. surfel, suolper, 3. Schwefel, m. sulprin, m. surplin, 3. Schwefelhölzchen, n.

Suonna, f. E. Kübel, m. dar del pè nella -, in den K. treten.

Suord, a. gehörlos, harthörig. absuord, a. abgeschmackt, sinnlos, unvernünftig. absuorditad - ed, Uusinn, m. Abgeschmacktheit, f.

Superbi, supiervi, a. 1. superbi, a. E. stolz, hochmüthig, prächtig. superbia, supiervia, 1. superbia, E. Stolz, m. Hochmuth, m.

Superfizial-el, a. oberflächlich. superfizia, E. Oberfläche, f.

Superiur, a. höher, über Andern, tüchtiger. ils superiurs, die Obern, Vorsteher, Regenten. el ei superiurs a mi, er ist tüchtiger, übertrifft mich. igl suprem, der Höchste, Gott. superar-er, besiegen, überwinden, übertreffen.

Superstiziun, f. Aberglaube, m. Vorurtheil, n. Einbildung, f. superstizius, a. abergläubisch, voll Vorurtheile.

Suppa, f. broda, schoppa, E. Suppe, f. - cun frinna, da farinna, schoppa da farinna, Mehlsuppe. - schichia, sulla, Käsesuppe.

Supplicar, supplichar-er, flehen, angelegentlich bitten. supplica, f. Bittschrift, Bitte, f.

Suplir, erseßen, aushelfen. supleant, m. Ersazmann, Stellvertreter, m.

Suprimer, unterdrücken. supression, f. Unterdrückung.

Sur, sura, oben, über, auch als Partikel der Uebertreibung und des Gegensaßes. surent, suraint, darüber. suror, surour, darüber hinaus. dar surent, darüber geben, darauf losschlagen. dar sur angiu, ingio, regnen, schneien; in einen Abgrund stürzen. suravi, obenauf, darüber weg. far suravia, oberflächlich, schlecht machen. ir surora, überlaufen, (von flüsigen Dingen), flüchtig darüber weggehen. far sursull, sullsura, 1. suotsura, es verkehrt machen, verderben. surtutt, surtuot, besonders, vorzüglich. suramaun, Oberhand, f. igl parsura, der Obere, Vorsteher. sur noig, noat, übernacht. star, ster-, übernachten. sur ura, plößlich, unerwartet. far surasoinchia, 1. Feierabend machen. surcommi, 1. Aufgeld, m.

161

Surlaschar - er, zu Ader laſſen, (Eng. nur beim Vieh). surlaschada - ada, Aderläſſe, f.

Surretschèr, ll. surrer, figniclèr, 1. Meelbeerbaum, m. *Pyrus Aria*. surretscha, surra, ſignicla, 1. Meelbaumbeere, f.

Survir, servir, E. dienen, nüzlich ſein, nützen. survir si, 1. aufwarten, bedienen, traktiren. survient, servianl, m. Diener, m. - d'igl plaid da Dieus, Diener des Worts Gottes. survetsch, m. servezzen, E. Dienſt, m. - da Dieus, Gottesdienſt. esser en -, im Dienſte ſein. servitll, f. servitüt, E. die Dienſtboten, Servitut. f. servitur, m. Bediente, m. survitscheivel, vla, servizchaivel, E. dienſtfertig, n. survitscheivladad, f. servizchaivlezza, E. Dienſtfertigkeit, f. malsurvitscheivel, inservizchaivel, undienſtfertig.

Survitscheiglia, f. tschaigl, 2. survaschella, Augenbraune, f.

Suschdar, 1. suoschdar, 2. suschder, 3. gähnen. seuschd, m. suoschdöz, 2. suoschd, 3. Gähnen, n.

Suspettar - er, Verdacht, Argwohn haben, argwöhnen. suspett, m. Verdacht, Argwohn, m. suspettus, a. verdächtig, argwöhniſch.

Suspirar - er, ſeufzen, wehklagen, jammern. suspir, m. Seufzer, m.

Sust, suost. E. ir star, esser a-, unter Dach ſein. susta, f. suosta, E. Schoppen, m. B. Suſte, f.

Sustentar-er, unterhalten, erhalten, ernähren sustentaziun, f. Unterhaltung, Ernährung, f. sustentamaint, m. E. Unterhalt, m. Unterſtützung, f.

Sutt, suot, E. unter. sutt giü, unten hin. sutt si, unten auf. giu sutt, unten. si sutt, oben unter. sutt vi, unten hin; heimlich, verſteckt. sutt sura, verkehrt. far-, verkehrt machen, verderben. metter-, zu Grunde richten; Feindſchaft ſtiften. gnir -, in Streit, Zwiſt gerathen. sutt maun, sultamaun vi, suotamaun, unter der Hand, heimlich. metter sutt; verpfänden.

Suver, m. (lenn da suv.), schuver, 2. Korkholz, n. stupimm da -, cucun da -, Korkſtöpſel, m.

Svanir, verſchwinden. svaniment-aint, E. Ohnmacht, f. ir en -, in Ohnmacht fallen.

Svari, m. disvari, E. Unterſchied, Spahn, m. (zwiſchen Forderung und Bietung.)

Svurin, m. disuorden, f. uorden, Unordnung, Mißhelligkeit, Unruhe. sguardin, m. E. Unruhſtifter, m. svurdinar, sguardinar - er, in Unordnung, Unruhe bringen.

Sylba, f. Sylbe, f.

Symmetria, f. Ebenmaß, Gleichmaß, n. Symetrie, f.

Sympathia, f. Sympathie, gleicher Sinn. antipathia, entgegengeſezter Sinn, Antipathie, f.

Syntax, f. Satzbau, m. Syntax, f.

System, m. Lehrgebäude, Syſtem, m.

T.

Ta, ti, tei, 1. te, E. dich, dir. tatezz; te svess, stess, dich, dir selbst.

Tabacc, m. tabac, E. Tabak, m. - da nas, nes, da schnuf, Schnupftabak. - da fimm, füm, Rauchtabak, m. tabakèra, tabatiera, E. Tabaksdose. trer tabacc, schnupfen. fimar, baiver-, T. rauchen.

Tabalori, m. tamberl, 1. tamberlan, pöst, E. einfältiger Mensch, Tölpel, m.

Tabella, f. Verzeichniß, n. Tabelle.

Tabernakel, m. tabernacul, E. Stiftshütte, f.

Tacc, m. tacquel, 2. Flecken, Schmutzflecken, m. -d'igl calzèr, Fleck, m. (am Absatz).

Taccar, tachar-er, kleben. tacca tappa, E. Einschnitt, m. (in runde Hölzer, damit sie besser aufliegen.) dar alla-, 2. eine Art Kriegsspiel. attaccar, attachar-er, angreifen, s'-, sich angreifen. attacca, f. Angriff, m.

Tact, m. Takt, Tonmaß in der Musik. ir suenter igl-, den Takt halten.

Tadlar-er, horchen, hören. tadlar tiers, zuhören.

Tafanari, m. Hintere, Ursch, m.

Taffer, a. 1. gesund, frisch, tapfer. taffradad, f. Tapferkeit.

Tagliar-er, schneiden, hauen. taigl, m. Schnitt, m. talgia, Schnitte, f. taglia, Schnitt, m. Schnitz, Vermögenssteuer, f. (in der Gemeindsrechnung). buna, schliatta-, gut, schlecht zu mähen. far, metter si-, Steuer, Abgabe festsetzen, einführen. taglient, tagliont, m. Schärfe, (des Messers), schneidend. tagliada, f. Schnitt, m. taglier, m. besla, 3. Teller, m. tagliola, Hackstock, m. (Fleisch zu hacken). surtagliar, beschneiden. surtagliada, f. Beschneidung, f.

Tais, m. tass, E Dachs, m.

Tal, tel, a. solcher. talmein-maing, so. tal qual, tel quel, gerade wie es ist.

Talacc, m. talach, f. platte Rinderschelle; Untereng.: runde Schelle; alberner, einfältiger Mensch, Plaudertasche.

Talent, m. Talent, n. da talent, geistestalentreich).

Tàler, m. Thaler.

Talèr, m. Webestuhl, m. f. leisser.

Talou, (latteu), taliuna, f. runde Hölzer über der Tenne, die Garben zu legen und zu trocknen.

Talpa, f. talpinna, f. 2. Maulwurf, m. orb narr sco üna-, dumm wie ein Maulwurf. talpèr, m. Scheerenfänger, m.

Tamberl, m. Tölpel.

Tambur, m. Trommelschläger, Tambour, m.

Tanient, a. so groß, ein solcher, v. tont.

Tanvialla-ella-lutta, f. kl. Bohrer, m. l. f. tardi.

Tapegiar, tappen.

163

Tapeta, f. Teppich, m. Tapete, f. tapezzar, 1. tapizzer, 3. tapeziren.
Tapell, m. Federbett, Deckbett, n. teigia -, Deckbettüberzug.
Tapun, (da caulschas), braja, f. 2. clamaint d. c. 3. Hosenlatz, m.
Tara, f. Tara, f. Zugewicht, n. Abzug, m.
Tarchiar, 1. meinen, glauben. sa patarchiar, s'impissar-er, denken, überlegen. partrachiament, m. impissamaint, Gedanke, m. malpatarchiau, ada, unüberlegt, unbesonnen. malpatarchiadamein, unbesonnener Weise.
Tard, a. spät, (von der Zeit). tardar-er, zögern. s'antardar, intardar-er, sich aufhalten, = verspäten. tardiv, a. spät (von Früchten). vacca tardiva, späte Kuh. er tardiv, später Acker. tardivar, retardar, s' intardiver, sich verspäten, zurückbleiben.
Tardi, tradel, tarader - eder, E. m. 1. Bohrer, m. tardella, f. kl. Bohrer.
Targinar, 1. weilen, sich aufhalten, verzögern.
Targliun, m. tragliun, E. Schleifschlitten, auf zwei Rädern.
Tariffa, f. Tarif, f. tariffar, den Preis, Werth, Abgabe bestimmen.
Tarladir, 1. zuwider werden, ekeln. tarladeu, ida, häßlich, widrig, ekelhaft.
Tarlabar, 1. spotten, grobe Anzüglichkeiten sagen. tarlech, m. grober Spott, Anzüglichkeit, f.
Tarmaigl, m. turmaigl, tramaigl - egl. Belustigung, Vergnügen, f. Kinderspiel, n. Eng. Ball, m. far-, spielen, 1. (von Kindern). ir a-, Eng. Tanz halten, in die Jugendgesellschaft, zu einem Mädchen gehen, B. hengern.

Tarmauigl, m. Ziegerkübel, m.
Tarmantucc-upp, eine Alpspeise, Brod und Ziger in Butter geröstet.
Tarment, a. sehr groß. tarment giuven, sehr großer Junge. It. tremendo.
Tarschinar, 1. terdscher, E. besorgen, reinigen, in Ordnung bringen. - la biesca, ils uffons, das Vieh, die Kinder besorgen. Lat. tergere. maltarschinaus, ada, vernachläßigt, unordentlich.
Tarsenna, f. tarsohenna, davostraiglia, f. Gang, m. in der Mitte des Viehstalles.
Tartagliar-er, sfarfogliar, stottern. tarturtaigl, m. Stotterer, m.
Tartar, tartignar, 1. beschmutzen, unnütz vergeuden, versudeln. tartoign, m. suosc, suoisch, Sudler, m. tartignimm, m. suoschiaria, E. Sudelei, f.
Tartuffel, m. mail in terra, 2. pomm da-, 3. Kartoffel, f.
Tarvuorsch, tarvursch, m. 1. fuorcha da fain, 2. - d'lain, 3. hölzerne Heugabel, f.
Tasca, m. taschia, E. Tasche, f. - da piliets, Köcher, m.
Tascher, H. quescher, 1. taschair, E. schweigen. chi tascha cufferma, 2. wer schweigt, bestätiget.
Tassa, f. Tasse, Schale, f.
Tast, m. Tastsinn, m. Taste, f. (am Klavier).
Tatsch, m. pultistrida, memé, 1. Tatsch, m. dicke, zerstückelte Pfannkuchen.
Tatt, m. bapsegner, E. Großvater, m. tatta, f. Großmutter, f.
Tattà, far tattà, 1. in der Kindersprache: liebkosen, die Wangen streicheln.
Tattonna, f. 1. Genick, n. It. nuca.

Tauna, f. tana, Höhle, f. - d'igl uors, Bärenhöhle, f.

Taur, m. tôr, 3. Stier, m. dar taur, dem Stier zuführen, begatten. tener, tgner vadi, Kalb halten, austragen.

Taungla, f. 3. Lattenband, am Schlitten, Bandnagel, Vor= u. Hinterwagen zu verbinden, Dengelzeug, n.

Tavaun, tavoun, m. tavan, E. Hummel, f.

Tavla, 1. tabla, 2. tevla, Wirthstisch, m. Steintafel, f. tavletta, - da quint, 2. - da quints, 3. Schiefer= Schreib= tafel, f. tavella, f. H. Butterform, wie sie in der Alp gemacht werden, (v. 10 Krinnen). tavliar, intevler, 3. täfeln. tanvlèg, m. intevladùra, f. 3. Getäfel, n. intavolar - er, E. anbahnen.

Taxar - er, den Preis bestimmen; beschimpfen. taxar da lader, einen als Dieb schelten. Jtal. dar del ladro. taxa, f. Taxe, Abgabe, bestimmter Preis. taxadur-eder, m. Schätzer, m.

Tazza, f. B. Töpfi. dar -, knipfen.

Tèg, m. tett, E. Dach, m. techial, m. tettaglia, E. Dachstuhl. techiom, 1. was zum Dach gehört, großes Dach.

Tègia, thèa, 2. Berg= Alphütte. cau tegia, Hüttenmeister, m.

Tegien, tegen, m. daja, 2. deja, 3. Degen, m.

Tègl, m. tigl, 2. Linde, f. flurs d' -, Lindenblüthe, f.

Tèglia, teiglia, f. geschleizte Flachs= Hanffäden. stigliar, schleizen. stiglians, m. Schleizer, stigliunsa, Schleizerin. poppa teiglia, Flachs= Hanfstaute, f. 1.

Tegna, tigna, B. Bütte, f. E. auch Grind. Jt. tina.

Teigia, f. taja, 2. taischia, 3. Ueberzug, m. Scheide, f. Futteral, n. Hülfe, f. teigia tapett, Deckbettüberzug, m. - plumatsch, Kissenüberzug. teigia stilett, Dolchscheide, f.

Teila, f. taila, E. Zeug, m. (wollen und leinen). f. teisser.

Teina, f. tegna, E. Grind, Kopfaus= schlag, m.

Teiss, a. stip, E. steil, jäh, teissa, f. Stutz, m. Abhang. teissira, stipezza, 2. sehr steil.

Teisser, p. tesseu, tesser, p. ü - ieu, weben. teila, taila, E. gewobener Zeug, Gewebe, n. Wub, n. - filient, -d'araign, - da ragnun, Spinnewebe, f. tissuns, tsuns, E. Weber, m. tissunza, Weberin, f. talèr, m. clèr da tesser, E. Webestuhl, m.

Telescop, n. Fernrohr = glas, n.

Temèr, tamèr, tmair, E. fürchten. temma, f. Furcht, f. - da Dieus, da Dieu, Gottesfurcht, f. pigliar -, erschrecken. temalitsch, a. temaleg, temaluss, a. 1. tmuoss, tmüch, timid, a. E. furchtsam. timidilad-ed, f. Furcht= samkeit, f. tementar, erschrecken, Furcht einjagen. temenleivel, furcht= bar. strumenlar-er, E. starmentar, 1. abschrecken, sa as -, sich fürchten, ungern daran gehen. temerari, a. verwegen, kühn. temeritad - ed, f. Verwegenheit, f.

Tempel, m. taimpel, E. Tempel, m.

Temperar-er, mischen, mäßigen, tamprar-er, zurecht machen, 1. schneiden, durch's Feuer gehörig härten, E. - pennas, Federn schneiden. tampradiradüra, f. Ausbesserung, f. Schnitt, m. Härtung durchs Feuer, E. temperin, m. Federmesser, n. tempra, f. 1. taimpra, E. Schläfe, Mischung, mäßige Wärme. temprament, 1. tempramaint, 2. Temprament, n. temperonza, f. temperanza, E. Mäßigkeit, f.

Tempesta, tampiasta, f. tempeista-esta, E. Hagel, m. dar-, 1. tempestar-er, hageln.

Temps, m. temp, E. Zeit, f. Eng. auch: Wetter, n. Witterung, u. per -, zu rechter Zeit. temporal-el, a. zeitlich, irdisch. temporal, m. E. Gewitter, n. temporisar-er, E. hinziehen, zögern, um Zeit zu gewinnen. tempestiv, a. frühzeitig, zu rechter Zeit. intempestiv, a. zur unrechten Zeit, nicht hieher gehörig. tumpriv, a. früh, zeitig. vacca -, eine frühe Kuh.

Tender, spannen. - fallas, latschs, Fallen, Schlingen legen. tendenza, f. Richtung, Neigung, f. antender, intender, verstehen, meinen. intenziun, f. intent, m. Absicht, f. distender, extender, ausdehnen, extension, f. Ausdehnung, f. pretender, behaupten, fordern. pretensiun, f. pretaisa, E. Forderung, f. pretensius, a. anmaßend, ungenügsam. stender, spannen, ausspannen.

Tenor, m. Tenor, m. laut, nach Aussage. - la scartira, laut der Schrift. tenorist, m. Tenorsänger, m.

Tenscher, tendscher, 2. tainscher, 3. färben. It. tingere. tenscha, f. tinturia, E. Farbe, f. tenschider, m. tainschadur, tenschadur, E. Färber, m.

Tentar - er, reizen, ägern, versuchen. tentament-aint, m. tentaziun, f. Versuchung, f. Reiz, m. tentader-eder, Versucher, m.

Tenter, denter, tranter, trainter, unter, zwischen. - antor, unter Andern.

Terra, f. tiara, 1. Erde, Land, n. terratsch, m. Erde, f. Erdreich, n. terrein, terrain, E. Erdreich. terrein, terrain, a. irdisch. caussas terreinas, irdische Dinge. gnir terrein, terrenar - er, das Erdreich kommt unter dem Schnee hervor. Bünd.: aber werden. territori, m. Gebiet, Territorium, n. terrèr, 2. der Einheimische, m. terrassa, f. Terrasse. solterar-er, begraben. sollerada, f. Begräbniß, n. terratriembel, m. Erdbeben, n.

Terrur, f. Schrecken, m. Abscheu, m. terribel, a. terriblamein-aing, furchtbar, schrecklich. terrorisar-er, schrecken, durch Gewaltthätigkeiten, terrorisiren.

Test, m. 2. Pfanne, f. Kochtopf, m.

Testa, E. Kopf, m. testard, a. köpfig, halsstarrig.

Testar - er, vermachen, legiren. testament-aint, Testament, m. letzte Willenserklärung, f. veder a niev, vegl e nouv-, das A. und N. Testament. attestar - er, bezeugen. attestat, m. Zeugniß, n. protestar, dagegen einwenden, protestiren. protestaziun, f. Einwendung, Einsprache, f. protestant, m. Protestant, m. testificar, testifichar - er, zeugen, bezeugen. testimoni, m. Zeuge, m. Zeugniß, n. testimonianza, f. Zeugniß, n.

Tetta, f. Brust, f. Busen, m. uffont, infant da-, Säugling, m. tett, m.

22

Strich, Zit, m. (vom Vieh). tettar-er, saugen. tezzar-er, dar tetta, säugen. tezzunza, f. bêla, 3. Säugamme, f. stazzar, scer, 3. entwöhnen, die Milch entziehen.

Teu, tia, 1. tais, tüa, 2. tieu, tüa, 3. dein, deine.

Text, m. Text, m. legier igl -, den Text lesen, ausschelten, die Meinung sagen. pretext, m. Vorwand, m.

Theater, Schaubühne, f. Theater, n.

Thema, f. Thema, Hauptsatz einer Rede.

Theolog, m. Gottesgelehrter. theologia, f. Gottesgelehrsamkeit. theologio, a. theologisch.

Theorem, m. Lehrsatz, m.

Theoria, Theorie, f.

Theu, m. tiev, E. tev, F. f. Kiefer, f. (Föhre). teigia, 1. taja, teja, E. Kienholz, n.

Thier, m. bestia, animal-el, Thier, n.

Thron, m. Thron, m.

Ti, 1. tü, E. du. ti, ta, dich, dir. tatezz, dich, dir selbst.

Tiarm, tierm, m. term, E. Marfstein, m. ir sur tiarms, dadour ils -, sur our las tattas, über die Marchen hinausgehen. termia, m. Termin, m. terminar-er, E. endigen. determinar-er, bestimmen, begrenzen. determinaziun, m. Bestimmung, Beschluß, f. Entschluß, m. Ende, n. sterminar-er, vernichten, ausrotten.

Tiba, f. 1. Alpenhorn, n.

Tier, tiers, Adv. pro, E. dazu, bei. coulou-vi-nou tiers, hinzu, herzu, dabei. tener tier, anhalten, nöthigen. manar tier, vom Rindvieh: zum Stier führen.

Tiert, antiert, tort, m. tort, intort, E. Unrecht, n.

Tievi, a. tèvi, a. lau. lieviadad, f. tepidezza, Lauheit, f. tievgiantar, lau machen.

Tiger, m. tigher, E. Tiger, m.

Tignia, tegnia, f. tigna, f. Kübel, m. Bütte, f. (für Kraut), It. tina.

Tilarnavend, poetisch für: trer navend, von einem Orte wegziehen.

Tinta, f. Dinte, f. guotter da tinta, chalamer-ar, Dintenfaß, n.

Tipfel, m. Tupf, m.

Tirar, trer, E. ziehen; auch von der Flinte: ziehen. tirada, f. Zug, m. tir, m. Zug, schlechte Handlung. - d' in schelm, Schelmenstreich, m. f. trer. retirar-er, zurückziehen. retirada-eda, Rückzug, m.

Tiraun, m. tiran, 2. Tyrann, m. tirania, f. Tyrannei, f. tiranisar - er, tyrannisiren.

Tischin, taschin, E. Tessiner, m. fremder Schäfer auf den Alpen.

Tissi, m. tössi, E. Gift, m. tissiantar, tussagar, tösschiantar, 2. tözchanter, 3. vergiften. tissiantau, ada, vergiftet; von Wunden: entzündet.

Titel, m. Titel. titular - er, betiteln. titulaus, ada, betitelt. titulaziun, f. Betitlung, f. titulatura, Titulatur, f.

Titschun, m. Brunnenrohr, n.

Tizzun, m. Feuerscheit, m.

Tocc, m. töch, 3. Stück, n. Strecke, f. tocc paun, d' paun, Stück Brod. ir in tocc, eine Strecke gehen. ir en toccs, in Stücke, zu Grunde gehen. far en-, verderben. tocc a tocc, töch a -, stückweise. tokett, m. kleines Stück. toccun, gr. Stück.

Tolca, f. 1. puglinna, 2. pamparoacha,

3. B. Tolke, f. Tintenflecken, m. far - , tolken.
Tollerar-er, dulden, erdulden. tollerant, a. duldsam. intollerant, unduldsam. tolleranza, f. Duldsamkeit, Duldung, f. intolleranza, f. Unduldsamkeit, Intoleranz, f.
Toll, a. wacker, brav, rüstig. in toll matt, ein wackerer Knabe. inna toll casa, ein wackeres, schönes Haus.
Toma, tumma, f. 1. chomma, E. Ital. chioma. Mähne, f.
Tonscher, 1. tendscher, 2. tenscher, 3. langen, ausreichen. - suenter quei, nach dem langen. igl danèr tonscha bucca, das Geld reicht nicht aus.
Tont, 1. tant, 2. taunt, 3. so viel. - pli, um so mehr. - meins, desto weniger. - meglier, desto besser. tonatont, tant a tant, dessen ungeachtet.
Toppa, f. tappa, 2. schiatta, 3. Tatze, f. - da gatt, Katzentatze, f.
Torclar, (turclar), torchler, 3. keltern, torkeln. torkel, torchel, m. Kelter, f. Torkel, m. struclar, drücken, pressen.
Törer, sechar-er, E. dörren, welken. - pumma, Obst dörren. pera tosta, secha, Dürrbirnen, gewelkte Birnen.
Tort, stort, a. gedreht. s. tiert.
Torta, f. percha, E. Ruthe. dar la-, rütheln. passar las - , Spießruthen laufen.
Total, a. total mein-maing, ganz, vollständig. totalitad-ed, f. das Ganze, Gesammtheit, f.
Tozzel, m. tozzaina, 2. dunzaina, Dutzend, n.
Tractar, trattar-er, behandeln, bewirthen. tractament, m. trattamaint, E. große Bewirthung. trachia, 1. tratt, pla-taunza, Schüssel, Tracht, f. Gericht, n. contractar-attar-er, markten, unterhandeln. contrahend, m. Unterhandelnde, m. contract, m. Kontrakt, m.

Trachter, trachuoir, E. trazzuoir, f. Trichter, m.

Tradel, tarader, Bohrer, m. tardella, f. pl. Bohrer, f. tardi.

Tradir, verrathen. tradiment - aint, E. Verrath, m. Verrätherei, f. traditur, m. Verräther, m.

Tradiziun, f. Ueberlieferung, Tradition, f.

Traducziun, f. Uebersetzung, f. traductur, Uebersetzer, m.

Traffic, m. Handel, m. trafficar, traffichar-er, handeln.

Traglüsch, m. 1. targlisch, E. dreitretiges Tuch.

Tragödia, tragedia, f. Trauerspiel, n.

Tranquill, a. E. ruhig. tranquillitaded, Ruhe, Stille, f. tranquillisar-er, beruhigen.

Transit, m. Durchgang, Durchpaß von Waaren. transitar - er, durch gehen, durchgeführt werden. transitiv, a. übergehend.

Translatar, übersetzen. translaziun, f. Uebersetzung. translatur, m. Uebersetzer.

Trapla, f. Falle, f. traplar - er, ertappen.

Tras, tres, durch. tras a tras, tres a tres, durch und durch.

Traschia, f. Reihe, f. Tanz, m. E.

Traserir, übertragen, übersiedeln. sa-, sich begeben.

Trasgredir, übertreten. trassgressiun, f. Uebertretung, f. trasgressur, m. Uebertreter, m.

Tratt, m. tratt, 2. tract, 3. schwarzer

Brand, B. das schwarze Uebel (Krankheit im Rindvieh.)

Tran, m. trat, 2. tret, 3. Schuhmacherdraht, Pechdraht, m.

Trav, f. Balken, m. trev, f. 3. einzölliges Brett.

Travagliar, arbeiten, sich abmühen. travaigl, travaglia, Mühe, Sorge, f.

Travers, a. traviers, E. quer, quer über. traversal, a. querübergehend. traversar - er, durchgehen = schneiden.

Travuonchel, m. E. Erkältung, f.

Trazzatär, F. vergeuden, verschwenden. trazzalèr, m. Verschwender, m. trazzadūra, f. Einkommen, m. Unterhalt, n.

Treiglia, f. 1. das Bett im Viehstall auf den Bergen.

Treis, 1. tre, E. drei. tierz, terz, m. tiarza, terza, f. Drittel, m. tierz, terzavel-evel, a. der dritte. schar p'igl tierz, um den Drittel lassen. sterzar-er, E. in drei Theile theilen. sterzada - eda, Theilung in drei. terzar, das dritte Heu abweiden. terziel, m. das dritte Heu. Ital. terzolo. tripel, triplameinmaing, dreifach. triplicar, triplar-er, verdreifachen. tresegl, m. tresögl, E. Klee, m. triuni, dreieinig. la s. Trinitad - ed, die H. Dreieinigkeit.

Tremblar-er, zittern. triembel, trembel, m. Zittern, n. Zitterespe, f. terratriembel-trembel, m. Erdbeben, n. stremblar, stramblir, erschüttern.. stramblida, f. Erschütterung, f. stramizzi, m. Schreck, m.

Trèr, p. traig, traich, trar, trer, p. tratt, ziehen, einen Kauf einlösen. - ūna, eine Ohrfeige, Maulschelle geben. sa trer, sich balgen, schlagen. trer anavos, zurückziehen, die Auszehrung haben. - ent, einziehen. igl da trerent, trajamaint, E. der Einzug, beim Weben. - davos or, ausschlagen, v. Pferden. - navend, wegziehen. trer si, aufziehen, erziehen; vorwerfen, Vorwürfe machen. trer vi, ernähren, verwerfen, verschwenden. trachia, f. tratta, 3. Zug, m. das Verkaufte ziehen, einlösen. sleublar, 2. ziehen. slubgiaschun, 2. m. Zugrecht. maltrer, schlecht erziehen. maltraichohia, meltratt, schlecht erzogen. ratrer, retrar-er, zurückziehen, verschieben. surtrer, überziehen, zögern, verschieben.

Treschia, f. panuglia, 1. Grummetreihe, f. trasca, traschia, E. Tanz, m. fer üna -, einen Tanz tanzen.

Tretscha, f. Strick von roher Haut, B. Tretsche, f. tarschin, tarschiel, m. tretschin, E. kleine Tretsche. ir siu tarschiel, auf der T. schaufeln. tarschòla, f. traschola, Zopf, m. far en-, zopfen.

Trettlar-er, 1. toffar-er, E. Winde lassen. trettel, toff, m. Wind, (von Blähungen).

Tribel, trebel, a. avar, geizig. triblùn, m. Filz, Geizhals, m. tribladad, triblezia, f. avarizia, Geiz, m. Kargheit, f.

Tribuir, attribuir, zuschreiben, beimessen. tribut, m. Tribut, m. Abgabe, f. contribuir, beitragen. contribuziun, f. Beitrag, m. Abgabe, Steuer, f. distribuir, austheilen, vertheilen. distribuziun, f. Vertheilung, Austheilung, f. retribuir, vergelten.

Tribular-er, quälen ängstigen, tribulaziun, f. Trübsal, f.

Tribunal, m. Tribunal, n. Behörde, f.
Triep, tropp, m. troppa, f. 1. tröp, troppa, E. Schaar, Menge, f. truppa, f. Kriegsvolk, n. Truppe, f.
Trilla, Trülle, f. trüllar, trüllen.
Trinketta, f. 1. trinca, trinchetta, E. fl. Reisefäßchen, Trinkette, f.
Trippa, f. Gedärme, Kaldaunen.
Trischag, Kartenspiel, in denen Siebener und Buben die Hauptkarten sind.
Trist, a. traurig. tristezia-ezza, Traurigkeit, f. s'attristar - er, sich betrüben. contristar-er, betrüben. contristaziun, f. Betrübniß, f.
Triunfar - er, triumphiren. triunf, m. Triumph, m. Sieg, m. Freude über einen Sieg.
Trivial – el, a. gemein, niedrig.
Trottar-er, trappen, von Pferden. trott, m. Trapp, m.
Truaisch, m. grauer, Speicher, m. truasch, m. truäsch, f. F. Brunnen, m.
Trucca, f. chascha, archa, 3. Kleiderkiste, Krämerkiste, f. trocla, 2. Schachtel, f. trukett, truchin, f. chaschot, 2. chaschuot, 3. Schublade, f. Kistchen, n.
Trugliar, pastrügliar-er, sudeln. truigl, m. pastrügl, E. Sudler, m. einfältiger Mensch.
Truig, truich, m. 1. truoz, m. Fußweg, m. - da cauras, Ziegenweg.
Trukiar, stampar-er, drucken. trukeria, 1. stamperia, Druckerei, f.
Trumbel, m. Trommel, f. dar s'igl -, trommeln. trumbla, f. schinforgna, E. Maultrommel, f. sunar - er la -, Maultrommel spielen.
Trumeta, trumbeta, f. trumbetta, f. Trompete, f.

169

Truvar, 1. jüdichar-er, richten, gerichtlich entscheiden. truvader, m. Richter, m. truvament, m. Richterspruch, m. Erkenntniß, n.
Truzz, m. 1. Troß, m. truzzi, a. troßig. truzziar, truzzager, troßen.
Tschadun, m. sdun, E. Löffel, m. It. cucchiaio. tschadunar, den Löffel wacker führen= laden. tschadunada, f. sdunada - eda, ein Löffel voll.
Tschaffar-iffar, 1. tschüffar, E. ergreifen, erwischen. eigentlich beim Schopf (ciuffo) ergreifen. tschaffen, Vergnügen, n. Mühe, f. aver, avair-, Vergnügen haben, 1.; sich in fremde Angelegenheiten mischen, E. aver da-, Mühe, Noth haben, sich kaum durchbringen.
Tschagèra, f. tschièra, E. Nebel, m.
Tschaghignar, tschegnar, 2. tschigner, 3. nicken, winken mit den Augen. tschegn, tschin, m. Wink, m.
Tschagrun, m. tschigrun, E. Ziger, m.
Tschagnolla, f. schiguolla, E. Zwiebel, f. tschagugliuns, 1. challunch, 2. puors, 3. Schnittlauch, m.
Tschalattar, sgualattar, schialacher, Flüßigkeiten in einem Gefäß stark bewegen. tschalatt-ada, der Ton dieser Bewegung; eine Menge von Flüßigem. beiver in -, einen starken Trunk machen.
Tschalèr, schlèr, 2. mürütsch, 3. Keller, m. It. cantina.
Tschanar, tschnar - er, zu Nacht essen. It. cenare. tscheina, f. tschaina, E. Nachtessen, n.
Tschanfegl, m. tschienfegl, Vielfacher, m.
Tschanschar-er, reden, sprechen. tschonscha, tschanscha, 2. tschauntscha, 3. f. Rede, Geschwäz, n. tschan-

tscharia, E. leeres Geschwäß. tschautschiera, tschantschadra - edra-unza, Schwätzerin, f. tschontscherlar, fade schwatzen. tschontscherlimm, leises, fades Geschwäß.

Tschantar, schantar - er, setzen. sa-, sich setzen. - ent, einsetzen, wählen tschantament - maint, m. Gesetz, n. Verordnung, f. tschantada, f. H. Landsgemeinde, f. Wahltag der Obrigkeit.

Tschapar, ergreifen. Ital. chiappare.

Tschapitschar, sa - zapitschar, niedertreten= stampfen, zappeln, sich unruhig bewegen. la vacca tschapitscha, die Kuh läßt sich zum Kälbern an.

Tscharschar, scharschar, 2. hecheln. tschariesch, m. scharesch, 2. Hechel, f.

Tscharscher, m. tscharescher, 2. tscherescher, Kirschbaum, m. tschariescha, tscherescha, f. Kirsche, f. tscharschetta, f. Preußelbeere, f.

Tschavatt, m. Pfuscher, Stümper, m. tschavattiera, f. Sudlerin, f. tschavattar - er, pfuschen, sudeln.

Tschavèra, f. Mahlzeit, (f. Menschen u. Vieh); Mannsmad, f. (v. Dorfgütern).

Tschei, tschai, E. jenes. tschell, a. jener.

Tscheins, m. fit, E. Zins, m. dar par-, der a-, um den Zins lassen. metter en -, an Zins legen. antscheinsir, verzinsen. tscheins fier, B. denzins, m.

Tschendra, f. Asche, f. metter en - , antschendrir, 1. iutschendrer, 3. in Asche legen, verbrennen.

Tschengel, tscheingel, m. einsam stehender Fels, Weide über demselben.

Tschepp, m. Block, Stock, m. Falle, f. - da lenna, taglioula, Stock zum Holzhacken. tschepp, 3. Archiv, n. Opferstock, m.

Tschèra, f. tschaira, E. Wachs, n. It. cera. antscherar, intschairar - er, wichsen, mit Wachs bestreichen. teila antscherada, Wachstuch, n.

Tschèra, f. tschaira, E. Miene, f. far bialla - , heiter sein, freundlich thun. It. ciera.

Tscherclar, antscherclar, 1. schiercler, 3. Reife umlegen. tscherkel, m. tscherchel, 2. schierchel, 3. Reif, m. tschercladur, m. Küfer, m.

Tscherner, wählen. tscherna, tschernida, f. Wahl, f. Vorschlag zur Wahl, Mehren, n. L. cernere.

Tschert, a. tschertameiu-aing, gewiß, sicher, da -, im Ernst. tscherteziazza, Sicherheit, Gewißheit, f. concertar-er, verabreden, bestimmen, festsetzen. certificar, certifichar-er, bezeugen, versichern, beglaubigen. certificat, Zeugniß, n. Beglaubigung, f.

Tschessar, 1. schzer, 3. zurückweichen, aufhören. It. cessare. tschessantar-er, zurücktreiben.

Tschichia, f. H. tenso, E. Bannwald, m.

Tschiel, m. tschel, cel, E. Himmel, m. - da la bucca, der obere Theil des Gaumens. ir a-, in den H. kommen. celestial-el, celest, a. himmlisch.

Tschierv, m. tscherf, E. Hirsch, m. tscherva, f. Hirschkuh luf tscharvè, 1. m. Luchs, m.

Tschimma, f. der obere, spitze Theil des Baumes, Bergspitze. tschimar-er, die Spitze abhauen. tschameu, pfriemförmig, spitzig zugehend (v. Bäumen). It. cima.

171

Tschinta, f. Gürtel, Gurt, m. tschintar-er, umgürten, gürten.
Tschisa, f. 1. der erste Anschrot am Heustock, von der Tennenseite an.
Tschischeiglia, f. orba, 2. Blindschleiche, f.
Tschischpad, cisp, cispa, 2. cischp, Rosen, Wasen, m. sa tschischpar, s'incispir, sich bewasen. tschischpadeu, bewaset.
Tschischpader, m. 1. Amelanchier vulgaris. tschischpadaun, a. die schwarze, süße Beere desselben.
Tschiss, Weißer, m.
Tschitschar, tschütschar - er, saugen. tschitsch - ütsch, m. B. Lütsch, m. tschi-ütschader, m. Säuger, m. fur tschitsch, f. 1. Steinnelke, f.
Tschitta, f. spler, m. E. Schmetterling, m. Name verschiedener Insekten, wie bulla. far tschitta bitta, blinde Kuh spielen.
Tschittaloscha, f. papanella, 2. minchületta, 3. Zeitlose, f.
Tschocc, a. orb, 2. orv, a. 3. blind. tschoccadad, f. 1. sarbantüm, 2. E. m. Blindheit, Verblendung, f. tschoccantar, tscharvantar, orb - dsorbantar, 2. assorver, 3. blenden, verblenden.
Tschoccolada, f. Chokolade, f.
Tschopp, m. kurzes Männer = und Frauenkleid. B. Tschopen.
Tschou, 1. tscha, 2. tscho, 3. hier. tschou a lou, tscha e là, tscho e lo, hier u. dort. schà, 1. tschà, 2. Her dann! Gehen wir! Auf!
Tschucc, m. tschocc, 2. zon, 3. Einschlag für Thiere. Ruf den Schweinen. - da pierch, püerch, Schweinstall, m.
Tschuella, f. Eule, f.
Tschuff, a. suosc, suosch, 2. aschier, schmutzig, unsauber. tschuffadad, suoschiaria, 2. ascria, 3. Unsauberkeit, f. tschuffargnimm, m. Schmutz, Schmutzerei, Sudelei. tschuffarguar, suoschiar, 2. inascrer, 3. beschmutzen, sudeln, besudeln.
Tschunkeisma, f. 1. die, das Klafter.
Tschunkeismas, tschinquaisma, E. Pfingsten.
Tschunca, f. schambun, m. Schinken, m.
Tschuncar, 1. tschunchar-er giù, giò, abschneiden, abschlagen, verweigern. - miass, mess, hüerdi, Gerste schneiden. tschuncanar, abeinander schneiden. It. troncare.
Tschuor, a. ritschà - ò, eda, kraus. tschurar, ritschar - er, kräuseln. - cavels, chavels, das Haar kräuseln.
Tschupi, m. pl. ials, cranz, craunz, E. Kranz, m. - da spusa, Brautkranz. - da morts, Todtenkranz.
Tscharvì, m. tschervè, E. Hirn, Gehirn, n.
Tschutt, m. tschott, 2. agnè, 3. Lamm, m. Liebkosungsname für Kinder. meu-, mein Lämmchen, Herz!
Tuaglia, tuvaglia, f. Tischtuch, m. rasar -, Tisch decken. tuaglöl, m. E. Handtuch, n.
Tuargia, f. latvergen, Latwerge, f. -suig, da savajü - sambügl, Holderlatwerge.
Tuba, f. colomb, a. E. Taube, f. turteltuba, f. turterella, E. Turteltaube.
Tucc, m. Tücke, f. aver en tuccs, stinkels, Tüke haben.

Tuccar, toccar, 2. tocher, an = berüh=
ren, greifen, treffen, läuten. - mauu,
Hand bieten. - la noda, gotta,
schaiba, das Ziel treffen. - ils
cuorts, das Vorläuten, bei Begräb=
niffen. - da stuorn, sturnas, sturm,
1. sunar-er sains da stuorm, E. stür=
men, Sturm läuten. tuccar igl senn
grond, die große Glocke läuten. ei
mi tucca hiaras, es trifft mir Vieles,
habe viel zu leiden. tucc, tuccada, 1.
tucheda, 3. clocca, ein kurzes Läu=
ten, Berührung, f. tuccond tiers, in
Betreff deffen.
Todeschg, tadaisch, deutsch.
Tuf, tuv, m. Tuffstein, m.
Tuffar, spüzzir-er, stinken, (v. Winden).
toff, m. toffa, f. leifer, übelriechender
Wind. tuffien, 1. spüzza, E. Ge=
stank, m.
Tughiar, 1. digerir, digestir, 3. ver=
dauen. tugèg, m. digestiun, f. Ver=
dauung, f.
Tulipana, f. tulipanna, E. Tulpe, f.
Turnper gi-noig, m. während des Tags,
- der Nacht.
Tumult, m. Tumult, Aufruhr, m. Un=
ruhe, f. tumultuar - er, Unruhe erre=
gen. tumultuant, m. Aufwiegler,
Wühler, m. tumultuus, a. unruhig,
aufrührerisch.
Tunar-er, tönen, donnern. U. E. auch
schlagen. tun, m. Ton, Schall, Don=
ner, m. tunada-eda, einmaliges Tö=
nen, Donnern.
Tun, augmentatives Adverb. ex. li
tan bagliaff, du Erzlügner. in tan
matt, ein Erzjunge.
Tunder, tonder, 2. tuonder, 3. scheren.
forsch da-, Schaffschere, f. tundider.

tunduns, a. 1. t
scherer = in.
Tuor, turr, f. Th
Tuorhel, tuorbi,
tuorblöz, 2. T
rung, f. Aufstand,
2. turbler, 3. trüb
ren, trüben. turb
conturbar, cont
sa as-, sich betr
contuorbel, m.
bar-er, stören, u
disturbi, m. Stö
dar-, Ungelegen
sturbader - tur
störer, m.
Tuorta, turta, To
laig, Milchtort
Hochzeitskuchen,
Tupé, m. die Haa
des Kopfes eig
geordnet.
Turba, f. Torf, m
Turnantucc-upp,
und Brod in S
Turnar-er, zurück
tuorn, m. Rück
zurückweifen = sc
Turnar, 1. turnir,
m. Drechfelbank,
der Keffel beim
tuornadur, 2
Turnigel, m. trab
m. turniclar,
Turpiar, sa, trup
men. turpins,
trupagiuoss, f
turpigiuss, sch
tuorp, f. Sch
Schamtheile.

ochenscha, f. 2. Schamhaftigkeit, Schüchternheit, f.
Tarèra, f. Gußstein, m.
Turschar, truscher, rühren, mischen. -la pasta, den Teig rühren. turschett, m. Rührholz = Prügel, beim Käsen. turschada, Durcheinanderrührung. tarschiamm, m. Sudelei, f. Tursch, tsorsch, a. trübe. vin -, trüber Wein.
Tursiar, 1. lagner, rügen, zurecht weisen.
Tusch, m. Tusch, chinesische Tinte.
Tusser, tossir, tössir, husten. tuss, f. toss, 2. tuoss, 3. Husten, m. tussegn,
1. Hüsteln, n. tussinm, m. tossöz, tnossam, vieles, allgemeines Husten.
Tutela, Vormundschaft. tutar, m. Vogt, m tutelar, a. schützend. aungel-, Schutzengel.
Tutt, a.1. tot, tuott, 2. tuott, 3. alles, ganz. tuttinna, tott-tuottüna, einerlei, gleich. tutt tuttinna, alles eins. tuttavia, tott-tuottavia, jedoch, doch. tugi, totta - tuottadi, den ganzen Tag. tuttpossent, allmächtig.
Tutta, f. 1. dickes, hohles Schilfrohr, woraus die Knaben Sprützen machen.
Tuvinschalla, f. 1. Pflugdeichsel, f.

U.

Uaffen, guaffen, m. Waffe, f. Geräthschaften für Haus u. Feld. fig. Wicht, m. nichtsnutzig. ti pauper -, du armer Wicht.
Uaibel, m. maschialeh, 2. mess, 3. Weibel, n. Gerichtsbote, m. Ital. fante.
Ual, Bach, f. aua.
Ual, adual, ugual, a. 1. egual, ugual, a. gleich, ähnlich).
Ualti, gualti, 1. ziemlich. Lat. valde. ualti bien, ziemlich gut.
Uatsch, m. B. Strübli, n. s. iev, ov.
Uault, guault, m. 1. guant, 2. god, 3. Wald, m. Gewalt, f.
Ubadir, obedir, gehorchen, gehorsam sein. ubiedi, a. ohediaint, a. E. gehorsam, folgsam. ubadienscha, f. ob - ubedenscha, Gehorsam, m. malubiedi,
disobediaint, ungehorsam. malubadienscha, f. disobedenscha, Ungehorsam, m.
Ucleu, ida, Tropf, Lümmel, m.
Udir, hören. udir tiers, 1. appartgnair, zugehören. udida, f. Gehör. exudir, erhören. nunuden, ida, inaudit, 2. inudien - ida, 3. unerhört. surudir, überhören, mißverstehen.
Ün, a. in, inna, ein s. unir.
Uèra, nur in Verbindung mit bucca; bucc uèra, nicht gar, gar nicht. bucc' uera sauns, nicht sehr gesund, kränklich. Fr. guère.
Ueschg, uvesohg, m. ovaisc, 2. ovaisg, 3. Bischoff, m. ueschien, uvaischien, E. Bisthum, n.
Uett, 1. vett, quitt, 2. wett, quitt. nus essen uetts, wir sind quitt.

23

Uffiern, unfiern, m. infiern, 3. Hölle, f. infernal, a. höllisch. peina d'igl -, Höllenqual, f.
Uffizzi, m. Amt, m. uffizial - el, m. Offizier, m. offiziant, m. 2. Angestellter, Beamter, m. uffizius, a. 3. dienstfertig, gefällig, zuvorkommend.
Ufflar, 1. schwellen. ufladira, ufladigna, Geschwulst, f.
Uffont, affon, m. uffant, infant, 2. infaunt, 3. Kind, n. d'uffont, kindlich, kindisch. uffontadad, f. infanzia, E. Kindheit, f.
Uiara, f. 1. uerra, guerra, E. Krieg, m. vurriar, 1. guerregiar - ager, E. kriegen, Krieg führen, kämpfen. vurriader, m. guerrier, Krieger, Kämpfer, m. urgiamenta, guergiamainta, 2. gurgimainta, 3. Waffenrüstung, f. urgimenta, 1.targia, 2. Tartsche, f. Ezechiel 22, 23, 24.
Uiersch, guersch, a. krumm, schielend. uersch, 2. schielend. ir -, krumm gehen. uierscha, uiarscha, f. Scheitel, m. It. vertice. f. guersch.
Uila, f. 1. aguaglia, Nadel, f. 1. f. guila.
Uisa, f. Weise, f. f. guisa.
Uliv, guliv, anguliv, a. gualiv, E. gerade, gleich, gleichmäßig. ulivar, angulivar, 1. gulivar, 2. gualiver, 3. gleichmachen, ausgleichen. angulivaziun, f. gualivamaint, 2. gualivaziun, 3. Ausgleichung, f. ulivadad, f. 1. Gleichmäßigkeit, f.
Ulm, m. Ulme. It. olmo.
Ulterior, a. darüber hinaus, anderweitig.
Ultim, a. E. der lezte. ultimamaing, zulezt, endlich, lezthin. ultimar - er, beendigen. ultimaziun, f. Beendigung, f. ultimat, m. lezte, unabweisliche Bedingung.
Umblazz, m. B. Umblätze.
Umblig, m. umblih, Nabel, m.
Umbriva, f. sumbriva, E. Schatten, m. umbrivar, far -, 1. sumbrivar - er, beschatten. umbriv, umbrivuss-aun, a. 1. sumbrivant - vaint, E. schattig. umbrius, umbriuoss, 3. scheu, (von Pferden).
Umhang, m. tuornaleit, E. Bettvorhang, m.
Unchir, weichen, f. gunohir.
Unda, f. onda, 2. uonda, 3. Welle, Woge, f. ondiar, 2. ondager, 3. Wellen schlagen, schwanken, zweifelhaft sein.
Unfrir, 1. offrir, E. opfern. unfreuda, f. offerta, Opfer, n. f. offrir.
Ungla, f. Nagel, m. (an Hand u. Fuß). ungletta, f. kl. Nagel, Klaue, f.
Unir, einigen, vereinigen, (v. ün, in), s'unir, sich v. uniun, f. Vereinigung, Einigkeit, Eintracht, f. unitad-ed, f. Einheit. uncus-ida, unit, a. verbunden, vereinigt. unitamaing, mit, nebst, sammt. unic, a. einzig. unanim, a. einstimmig. unanimitad-ed, f. Einstimmigkeit, f. uniform, a. gleichmäßig. uniforma, f. Uniform, f. uniformitad-ed, Gleichförmigkeit, f. univers, m. Weltall, n. universal-el, a. allgemein. universitad-ed, f. Universität, Hochschule, f. ampunir, 1. ansetzen, anfügen. ampunida, f. Ansetzung, f. comuniun, f. Gemeinschaft, f. heil. Abendmahl. n. comunicar, comunichar-er, mittheilen. sa, as -, sich mittheilen, zum h. Abendmahl gehen. comunioaziun, f. Mittheilung, f.

175

sa disunir, sich entzweien. disuneus, disunit, a. entzweit, uneinig. disuniun, f. Streit, m. Zwietracht, Uneinigkeit, f.

Unscher, untar-er, salben. unschida, f. Einsalbung, f unschider, m. Salber, m. ūt, E. itg, 1. m. Salbe, f.

Unvers, anvers, m. Vorwurf, m. (unwerth). far-, vorwerfen.

Uuviern, m. inviern, uviern, E. Winter, m. anvernar, invernar-er, durchüberwintern.

Unza, f. Unze, (zwei Loth).

Uonn, vonn, guonl, m. Handschuh, m.

Uonn, dieß Jahr, f. onn.

Uorden, arden, m. Ordnung, Verordnung, f. Zeug, n. dazu gehörige Werkzeuge. igl aorden da cuser, urdegn, da-, das Nähzeug. urdinar-er, ordnen, verordnen, bestellen. disuorden, m. Unordnung, f. strasuorden, m. gänzliche Unordnung, Verwirrung, f. svurinar, sguardiner, 2. verderben, stören. svurin, 1. m. Unordnung, f. Aufruhr, m. sguardin, 3. Ruhestörer, m.

Uors, urs, m. Bär, m. uorsa, f. Bärin, m.

Ur, m. Saum, Rand, m. far ur, far aint ur, urlar-er, säumen. urmigl, m. 1. Rand, (v. Gütern od. Wald).

Ura, f. Uhr, Stunde, f. - da sacc, Taschenuhr. dar batter las uras, die Stunden schlagen. urialla, urella, f. Weile. ouortarialla-ella, Kurzweil, f. leangurialla-ella, Langeweile, f.

Urar-er, beten. urazian, f. Gebet, n. arader, m. Beter, m. adurar-er, anbeten. adurator, m. Anbeter. adurazian, Anbetung, f.

Urchicla, f. urtia, E. Nessel, Brennnessel, f. urchiclar, urtiar-er, brennen, v. Nesseln.

Urdir, urgir, 1. zetteln. urdiment-aint, E. Zettel, m. urgiadira, f. E. urdatūra, Zettel, m.

Ureidi, a. einfältig.

Ureiglia, f. uraglia, E. Ohr. dar-, gehorchen, folgen. trer par las -, öhrlen, bei den O. ziehen.

Urgent, a. dringlich. urgeuza, Dringlichkeit, Noth, f.

Urina, f. Harn, m. urinal-el, Nachttopf, m. urinar-er, harnen, pissen.

Urizzi, m. Gewitter, n.

Urlar, ürlar-er, brüllen, heulen. uorl, m. ürlözz, 2. üerl, 3. Brüllen, Gebrüll. durlar, H. murren, surren.

Urna, f. Urne, f.

Usar, isar, 1. üsar-er, brauchen, pflegen. sa usar, disar, s' adüsar-er, sich gewöhnen. disada, f. adüs, m. E. Gewohnheit. usi, m. isonza, f. üs, adüs, E. Sitte, f. Gebrauch, m. abusiv, a. gewöhnlich, gebräuchlich durch Mißbrauch.

Uss, ussa, 1. uossa, E. jezt, gegenwärtig. aunc-, noch jezt. grad, güst-, sogleich, gerade jezt. pir, pür-, erst jezt. ussa bein, jezt wohl, so, also. dioh uossa, E. vorig, vorher.

Ustria, f. usteria, E. Wirthshaus, m. tener far-, wirthen. ustier, m. ustèr, E. Wirth. ustiera, f. ustèra, Wirthin, f.

Uslonza, f. 1. Festung, f. Schild, m. (nur bildlich).

Usura, f. Wucher, m. usurari, a. E. übermäßig, mit Wucher.

Usurpar - er, sich anmaßen, mit Unrecht aneignen. usurpatur, m. Anmaßer. Gewaltthätige, m. usurpaziun, f. Anmaßung, f.
Util, itel, m. util, E. Nutzen, m. util, a. E. nützlich, ütilisar-er, zu Nutzen ziehen, benutzen. utilitad-ed, f. Nutzen, m. Nützlichkeit. inûtil, a. - maing, E. unnütz. disutil, a, daschüttel, E. nichtsnutzig, Taugenichts, m.
Utschi, m. pl. als, 1. utschè, E. Vogel, m. utschalla-ella, Weibchen vom Vogel. utschella da nossa donna, 2. Schwalbe, f. utschi magliagrass, Kohlmeise, f. utschi mellan, Gold=ammer, m. - da la cua cotschna, Rothschwänzchen. -d'igl puppen cotschen, Dompfaff, m. - da neiv, Schneefink, m. - da gault, Wiedehopf, m. utschiglia, f. utschlomm, 2. utschellam, 3. Gevögel, n.

Uttar, sgiarvatscher tra la naiv, durch den Schnee waten.

Uveigl, ueigl, m. aguaigl, E. Stachel der Bienen und des Stockes. dar-, uveigliar, 1. pizchar, 2. aguagler, stechen von Bienen. aguagliar, 2. austreiben. dar ûna aguagliada, mit dem Stachel des Stockes stechen.

Uvierkel, m. Deckel, m. f. cuvrir.

V.

Va! va! 2. vo! 3. Geh! (Imp. von gehen);
Vacanza, f. Ferienzeit, Vakanz, f.
Vacca, f. vacha, E. Kuh, f. vacclutta, vachetta, kl. Kuh. vachèr, m. E. Kuhhirt, m. vaketta, vacchetta, Schmalleder, n. vaccinar - er, impfen, (die Kuhpocken). vaccinatur, m. Impfarzt, m.
Vadi, m. pl. ials, vadè, vdè, 2. vdè, 3. Kalb, m. far-, kälbern. fierer vadi, 1. guastar-er, zu früh kälbern. tener vadi, Kalb halten. vadialla, f. vdella, E. weibliches Kalb.
Vadruskel, m. viruoschiel, 2. viraschiel, 3. Rothsucht, f. wilde Blattern. O. L. verkrüppeltes kleines Tännchen.
Vagabund, a. herumstreichend. vagabuond, m. Landstreicher, m.

Vaiha, f. flanc, 2. flanch, 3. m. Weiche, f.
Valèr, 1. valair, E. gelten, werth sein. valeivel-aivel, a. valid, a. E. gültig. nunvaleivel, invalid, ungültig. valitta, f. valütta, E. Werth, n. valsenn, valsieu, m. 1. Werth, m. (bes. bares Geld od. Kostbarkeiten.) da vaglia, von Werth, gut. in pauc da vaglia, v. geringem Werth; schlechter Mensch. valent, a. E. valurus, rüstig, tapfer. valur, f. Werth, innerer Gehalt. da valur, werthvoll. senza -, werthlos. sa prevaler, as prevalair, benutzen, Gebrauch davon machen.
Valen, vali, m. valü, 2. vlüd, 3. Sammet, m. da valen, sammetner.
Valisch, f. Felleisen, n. Mantelsack, m.
Vall, f. Thal, Tobel, n. ir a vall, a

moul, 2. aufwärts = abwärts gehen. vallada, f. Thal, Thalschaft, f.

Vanal, venal, a. vnal, 2. vnel, 3. feil. far -, feil bieten. esser -, feil sein. venalitad-ed, f. Käuflichkeit, Bestechbarkeit, f.

Vanaun, f. avna, 2. evna, 3. Erzhafen. vanclla, f. av - evnclta, kleiner Erzhafen.

Vandliar, 1. wandeln. vandel, m. Wandel, m. Betragen, n. Aufführung, f.

Vangons, a. degn, E. würdig. malnunvangons, a. indegn, a. E. unwürdig. vangonsadad, f. Würdigkeit, nun - mal - vangonsadad, Unwürdigkeit, f.

Vantaig, vantach, m. Vortheil, Nutzen, m. vantagius, a. vortheilhaft. vantagiar-er, Vortheil haben. disavantaig-ach, m. Nachtheil, Schaden, m. disavantagius, a. nachtheilig. disavantagiar - er, einbüßen, zusetzen. f. avantaig.

Vantira, f. ventūra, E. Glück, n. vantireivel, a. ventūraivel, E. glücklich. svantira, f. sventūra, E. Unglück, n. Unglücksfall, m. malvantireivel, a. svent-mal-melventūraivel, unglücklich. svantiraus, ada, sventūra - ò, unglücklich. avventūra, E. Abenteuer, n. avventūrier, Abenteurer, m.

Vantrill, m. vantrigl, E. Wade, f. f. venter.

Vanzar-er, übrig bleiben. sa-, as vanzar, vorschlagen, zurücklegen. avanzar - er, verrücken, befördert werden. avanzament-maint, m. Beförderung. vanzadira - ūra, E. Ueberbleibsel, n. Rest, m. d'avonz, d'avanz, 2. übrig. aver d'avonz, übrig haben. f. avant.

Vapur, f. Dunst, Dampf, m. svapurarer, verdunsten, verdampfen. svapuraziun, f. Verdunstung, f. barca, barcha a vapur, Dampfschiff, n.

Vargar, 1. voran= vorbeieilen, zuvor kommen, übertreffen. igl onn vargau, das verflossene Jahr.

Variar - er, ändern, verändern. variaziun, f. Veränderung, f. varietaded, Verschiedenheit, Mannichfaltigkeit, f. variabel, a. veränderlich. invariabel, a. unveränderlich.

Varniar, 1. advertir, E. warnen; varniament, m. avvertimaint, E. Warnung, f.

Varschallas, pl. vardschellas, 2. die Sterne des Orion.

Vart, f. Seite, f. frar d'inna vart, m. Stiefbruder, m. da vart, von. - las ovras, von den Werken. da vart d'igl bab, von Seiten des Vaters. noudvart, dießseits. vidvart, jenseits, beiseit.

Vartid, f. virtūd, E. Kraft, Tugend, f. vartideivel, a. vertūdaivel, a. kräftig, tugendhaft. vartideivladad, f. virtūdaivlezza, Tugendhaftigkeit, f.

Vartir, 1. patir, 2. vertir, 3. leiden, dulden, aushalten bucca puder vartir, nicht leiden, ertragen können. (physs. u. sittlich.)

Vasall, m. Lehnträger, m.

Vaschi, vischi, pl. als, vaschè, E. Gefäß, n. - da bara, Sarg, m. - d'aveuls, Bienenstock, m. - purment, ein gewisses Quantum Molken, (Butter, Käs und Ziger). vaschlèr, Geschirrmacher, Böttcher, Küfer, Töpfer, m. Coll. la vischalla, Geräthe für Küche, Keller, ɩc.

24

Vaschigia, f. vaschia, 2. vschia, 3. Blase, f.
Va-vischir, vestir, E. kleiden. va-vischieu, m. vestimaini, 2. vstieu, stieu, 3. Kleid, n. vi-vascadira, 1. vestimainta, E. Kleider. sa svischir, as svestir, sich auskleiden.
Vau, m. dar vau, (canvau) einen Schwaden mähen, um dem Anstößer Weg zur Wegführung seiner Frucht zu geben.
Vaun, voun, a. van 2. eitel. vaunadad, vanitad-ed, f. Eitelkeit, f.
Vaunga, f. vaungia, E. Ekel, m. Heimele. gnir vaungas, Reiz zum Erbrechen haben. f. mangaun.
Vèder, a. 1. veider, vegl, 2. vegl, 3. veder a niev Testament, vegl e nouv T. Altes u. Neues Testament. vin, caschlel vèder, veider, alter Wein, Käs. It. vecchio.
Vedretta, f. Gletscher, m. Eisberg, m.
Vegetar-er, grünen, treiben, leben von Pflanzen. vegetaziun, f. Vegetation, f. Pflanzenleben. vegetabel, m. Pflanze, f.
Veider, m. vaider, E. Glas, n. Glasscheibe. It. vetro.
Vehement, a. heftig. vehemenza, f. Heftigkeit, f.
Vegl, ia, alt. gnir vegls, alt werden. vegliett, ein guter Alter. vegliatsch, ein böser, häßlicher Alter. vegliadigna, f. vegldüm, f. Alter, n.
Veina, aveina, f. vaina, 2. vaina, avaina, 3. Aber, f.
Vel, m. Vorhang des Tempels, Schleier, m. Segel, n. It. velo. revelar-er, offenbaren, enthüllen. revelaziun, f.

Offenbarung, Enthüllung, f. svelar-er, entdecken.
Vella, f. onda, 2. uonda, 3. Welle, f.
Vender, verkaufen. - a peisa, paisa, nach dem Gewicht verk. - car, char, theuer v. venditur, m. vendader, 2. Verkäufer, m. vendeivel, a - aivel, vendibel, verkäuflich. nunvendeivel, invendaivel, unverkäuflich.
Venderdis - gis, m. venderdi, E. Freitag,m. -soinch, sainch, Charfreitag,m.
Vendicar, vendichar - er, rächen. sa, as-, sich rächen. vendetta, Rache, f. far-, sich rächen. vendicativ, a. rachsüchtig. vendicatur, m. Rächer, m.
Venerar-er, verehren. veneratur, m. Verehrer, m. veneraziun, f. Verehrung, f. venerand, venerabel, a. verehrungswürdig.
Venscher, 1. vendscher, 2. vaindscher, 3. endigen, überwinden, siegen, besiegen. vinschida, f. vendschida, 2. vaindschida, 3. Ende, n. Sieg, m. vinschigliuns, vinschun da scuder, 2. guinsohun, 3. Mahlzeit, nach Beendigung des Dreschens. cunvenscher, convendscher, überzeugen. cunvinziun,f. Ueberzeugung, f. cunvinscheus, ida, convint, a. überzeugt. survenscher, überwinden. victoria, f. vittoria, 3. Sieg, m. victorius, a. siegreich.
Venter, m. vainter, E. Bauch, m. ventrun, ventratsch, großer Bauch. ti ventergron, du Wanst, Dickbauch. ventrus, a. dickbäuchig. vantrill, m. vantrigl, E. Wade, f.
Vèr, a. vair, a. E. wahr, ächt, wahrhaft. nunvèr, invair, unwahr. piglvèr, pelvaira, E. fürwahr, wahrlich.

179

vardad, f. vardat, 2. varded, 3. Wahrheit, f. nunvardad, 1. invardat, 2. Unwahrheit, f. vardeivel, a. vardaivel, a. E. wahrhaft= ig. nunvardeivel, a. invardaivel, a. unwahrhaft. vardeivladad, f. vardaivlezza, E. Wahrhaftigkeit, f. verificar, verifichar-er, untersuchen, ob es wahr ist. sa, as-, sich erwahren, bewähren. verificaziun, f. Untersuchung zur Ermittlung des Wahren.

Ver, (veder,) p. veu; vair, 2. p. viss, vair,3. p. vix, sehen, vasida, f. vzûda, 2. vsûda, 3. Gesicht, n. visiun, f. Gesicht, n. Erscheinung, f. vaseivel, a. visibel, a. sichtbar. nunvaseivel, invisibel, unsichtbar, vaseivladad, visibilitad-ed, Sichtbarkeit, f. nunvaseivladad, f. invisibilitad-ed, Unsichtbarkeit, f. evident, a. klar, anschaulich, augenfällig. evidenza, f. Klarheit, Anschaulichkeit, f. prevèr, prevair, voraus= vorhersehen. provèder, versorgen, anschaffen, dafür sorgen. sa, as -, sich versehen, versorgen mit etwas. provisiun, f. Vorrath, m. dar-, versorgen. far -, sich Vorrath schaffen. prender-, den Lohn für die Mühe nehmen. provisori, a-mein, provisorisch, zur Aushülfe für einige Zeit. provediment - maint, m. Vorsorge. providenza, f. Fürsehung, Vorsehung, f. sprovedeus, ida, ohne Vorrath, entblößt. survèr, survair, übersehen. stravèr, schief sehen, sehen was nicht ist.

Vèra, f. Nabereif, m.
Verd, a. grün. verd d'irom, m. Grünspan. verdagar-cgiar, 1. verdiar, 2. verdager, 3. grünen. verdüra, das Grüne, Kräuter, Gemüse.

Vergugna, f. vergogna, verguogna, E. Scham, Schande, f. sa vergognar, as verguognar, s'verguogner, sich schämen. vergognus, a. verguognus, a. schändlich, schamhaft. vergognusamein-maigno, auf schändliche Weise.

Verniess, m. vernisch, f. Firniß, Lack, m. dar-, vernischar-er, Firniß geben, lakiren.

Verr, m. verl, 3. Eber, m.
Vers, m. Vers, Spruch, m. Strophe, f. versificar, versifichar - er, in Verse bringen, Verse machen. versificaziun, das Verse machen, Versart, f.

Vers, gegen. vers sera, gegen Abend. anvers, gegen. - Dieus, gegen Gott. adversari, m. Gegner, Feind, m. adversitad-ed, Widerwärtigkeit, f. Unglücksfall, m. revers, m. Empfangs= Gegenschein, m. pervers, a - mein, verkehrt. perversitad - ed, Verkehrtheit, f. Unsinn, m. travers, quer über, schief, unglücklich. tutt va a travers, Alles geht schief, verkehrt. traversar, über = durchgehen.

Versar-er, (ungebräuchlich). conversar, Umgang haben, sich unterhalten. conversaziun, f. Umgang, m. Unterhaltung.

Versaus, ada, 1. versà, 2. versò-eda, erfahren, geübt.

Verscha, guerscha, f. versch, 2. Scheitel, m. It. vertice.

Vertir, übersetzen. versiun, f. Uebersetzung, f. con - cunvertir, bekehren. convertit, a. bekehrt, zu einer andern Confession übergetreten. conversiun, Bekehrung, f.

Veschla, f. (cocca), vaischla, 2. vaschla, 3. in Butter gebackene Küchelchen. - d'meila, B. Apfelküchle.
Vess, 1. Adv. greiv, greif, 3. schwer. ir vess, Mühe haben zu gehen. far vess, ungerne thun.
Vestigar, investigar, forschen, nachforschen.
Ven, m. vaidg, guaivd, E. Wittwer, m. It. vedovo. vena, f. vaidgua, guaivda, 2. Wittwe, f. veuadad, f. stadi - stedi vidual - el, Wittwenstand, m. Wittwenschaft, f.
Veulta, f. 1. Wendung, f. Rank, m. Heu= Getreidefuder, n. f. volver.
Veunga, f. Ekel. gnir veungas, Ekel haben, sich erbrechen müssen.
Vezz, m. 1. böse Neigung, f. böser Hang, Laster, n.
Vi, Adv. hin. vi a nou, hin und her. vi lou-la-lo, dorthin. vi tras - tres, hindurch. vi da, vid', daran. vid la casa, am Hause. vidavont, vorher, vornen. vidavos, hinten.
Via, f. Weg, m. par, per, via, auf dem Wege, wegen, halber. tuttavia, ganz und gar, dennoch. anviar, inviar-er, auf den Weg schicken, anbahnen. as, s'-, sich auf den Weg machen. anviament - maint, m. Anbahnung, f. desiar-er, vom Weg abkommen, (sittlich). sviar - er, vom rechten Weg ablenken. sviament - aint, m. Verirrung, f. trivial-el, a. gemein, niedrig. trivialitad-ed, f. Gemeinheit, f. viandaun - oun, viandaunt. 2. viandaunt, 3. Reisende, m. viadi, viedi, 3. m. Reise. f. far viadi, viagiar - er, reisen.
Viaspra, f. veispra, 2. vespra, 3. Wespe, f. vesprer, ugnieu da vespras, Wespenneft, n.
Viaspra, vespra, f. Wesper, Abendandacht, f. tuccar da-, Wesper läuten, n.
Vichira, f. vtüra, vtüra, E. Fracht, f. Fuhrlohn, m. vtürar-er, fuhrwerken. vitturin, m. Fuhrmann, m.
Vid, a. vöd, a. E. leer. Ital. vuoto. svidar, svödar-er, leeren.
Vierm, m. verm, E. Wurm, m. verminus, a. wurmig. vermaniglia, vermiglia, E. Gewürm, Ungeziefer, n.
Viers, m. Geheul, m. far in viers, heulen, Geheul machen.
Viert, m. E. das Wort, (logos, Joh. 1.)
Vieti, a. wüthend, toll. chiaun-, rabgius, toller Hund.
Viexla, f. Weichsel, f. viexler, m. Weichselbaum, m.
Viez, m. Weißtanne, f.
Vig, m. vich, 2. vib, 3. Hof, m. Dorf, n. far vig, auf offenem Platze oder in Häusern sich versammeln, unterhalten. B. dörfen. ir a vlg - tramaigl, 2. zunft, 3. zur Gesellschaft gehen. cuvig, m. cuvich, 2. cuvib, 3. Dorfmeister. caput vici: cuvianza-aunza, E. Dorfmeisteramt, n. sumvig, zu oberst, der oberste Theil im Dorf.
Vigliar, vagliar - er, wachen. svigliar, svagliar - er, wecken, erwecken. survigliar-survagliar-er, überwachen, bewachen. vigilar-er, bewachen. vigilont, a. vigilant, a. wachsam. vigilonza - anza, Wachsamkeit. vigilgia, vigilia, vigilgia, Vorabend, vor einem hohen Feste. - da nadal, der Abend vor Weihnachten.
Vigna, f. Weinberg, m. vitt, f. Weinstock. f. vin.

Vigur, f. Kraft. vigurus, a. kräftig. vigurusadad-itad-ed, f. Kräftigkeit, f.
Vilaus, ada, filantà, feilantò - eda, erzürnt, zornig. (vile, fel?) sa vilar, s' avilar, schimpfen, keifen. vilantar, filantar, feilanter, erzürnen, zornig machen. sa, as -, zornig werden, zürnen.
Vilomgna, f. 1. Teufelskraut, n. gemeine Nießwurz.
Vin, m. Wein, m. vinars, m. Branntwein, m. vigna, f. Weinberg, m. vendemia, f. Weinlese, f. vendemiargiar - ger, den Wein erndten. vilt, f. Rebstock, m. vendemiatur, vendemgiader-geder, Winzer, m. vinatscha, 1. Spitzbeeren. arsûclas, E. Weintrester, m.
Vingiar, rächen. vingiader, m. Rächer, m. f. vendicar.
Viola, f. Veilchen, n. Biole, f. violett, a. violet, dunkelroth.
Violar-er, verletzen, entehren, schänden. violaziun, f. Verletzung, Entehrung, f. violatur, m. Verletzer, Entehrer, violent, a. gewaltsam, gewaltthätig. violenza, f. Gewaltthätigkeit, f.
Violin, m. Geige, f. violinist, m. Geiger.
Virola, f. viroula, E. Blattern. - salvadia, sulvadia-vedgia, wilde Blattern. virolaus, ada, virulà - ò, blatternarbig.
Visar, avisar-er, warnen, mahnen, ansagen, visiten. visitar - er, besuchen, untersuchen. visitta, f. Besuch, m. visitaziun, f. Untersuchung, (v. Waaren ꝛc.) visitatur, Untersucher, m. vischdar, Taufmahl halten. vischdunz - a, Taufgast, m.

Vischandèr, m. trosser, Zuhirt, m.
Vischdar, f. visar.
Vischin, m. vschin, E. Nachbar, m. Dorfgenosse, m. vischinna, f. vschinna, f. E. Nachbarin. vischinadi-edi, m. Dorfschaft, Dorfgemeinde, f. vischnauncea, 1. vischnauncha, f. 3. Dorf, n.
Visclar-er, schlagen, schmützen. vischia, f. E. Ruthe.
Visier, m. Visier, n.
Vista, vesta, f. Backen, m. Wange, f. Angesicht, n. da vista en vista, von Angesicht zu Angesicht. ancanuscher da vista, persönlich kennen. vista chil, chûlatta, E. Hinterbacken, m.
Vitriol, m. Vitriol, m.
Viver, leben. vivent, a. vivaint, E. lebend, lebendig. viv, a. lebendig, lebhaft. vivacitad - ed, f. Lebhaftigkeit, f. vivificar, vivifichar-er, beleben. argient viv, m. Quecksilber, n. vitta, f. Leben, n. Leib, m. ir suenter la-, (von einem Kleid) gut sitzen, nach dem Leib gehen. esser bein en -, stark, kräftig aussehen. aver bialla -, gut haben. aver mala vitta, schlecht haben, Verdruß haben. in vittafallada, ein Taugenichts, m. vital, a. zum Leben wesentlich. vitalitad - ed, Vitalität, Lebenskraft, f. vitalizzi, m. Leibrente, f. victuaglia, Lebensmittel. Evviva! Hoch lebe! vivonda, f. vivanda, E. Speise, Nahrung, f. cunviver, zusammen leben. surviver, überleben.
Vivra, f. Otter, Viper, f. razza da vivras, Ottergezücht, n.
Vizzi, m. Laster, n. vizius, a. lasterhaft. viziusitad-ed, Lasterhaftigkeit, f. s'inviziar-er, lasterhaft werden.

Vocaziun, Ruf, Beruf, m. invocar, anrufen. invocaziun, f. Anrufung, f. con-provocar.

Voga, f. Uebung, Mode, f. esser en-, vielfach geübt werden.

Volver, p. veult, kehren, wenden. volver ent, -aint, einkehren, einschlagen, (den Saum). sa, as -, sich wenden, kehren, bekehren. svolver, durchblättern, ablenken, abwendig machen. ravolver, revolver, E. durchsuchen, durchstöbern. voltar-er, kehren, wenden. sa, as-, sich wenden. voltada, f. Wendung, f. veulta, f. 1. Kehr, f. Rank, m. Fuder, n. (Heu, Korn). sa, as revoltar - er, sich empören. revolta, f. Aufruhr, m. revoluziun, f. Revolution, Empörung, f. revoluzionar-er, empören machen, Aufruhr stiften. revoluzionari, a. aufrührerisch. revoluzionari, m. Aufrührer, m.

Volubil, a. E. flüchtig. volubilitad-ed, f. Flüchtigkeit, f.

Voluptad-ed, f. Wollust, f. voluptuus, a. wollüstig.

Vomitar-er, sich erbrechen. vomit, m. E. Erbrechen, n. vomitiv, m. Brechmittel, n.

Vonn, f. vann, 3. Wanne, f. vanuar-er, wannen. vanuzza, f. Wannerin.

Vonsei, gegen Abend, heute Abends.

Vopa, f. 1. Wappen, n.

Voss, a. viess, euer, eure.

Votar - er, vudar, 2. stimmen. vot, vud, m. E. Gelübde, n. Stimme, f. votaziun, f. Abstimmung, f.

Vricla, f. virücla, 2. virüja, 3. Warze, f.

Vugau, vugò, m. avuà, 2. avuò, 3. Vogt, m. dar, der-, bevogten. far-, Vogt sein. esser avuadà-ò, bevogtet sein. vugadar, avuadar-er, den Vogt machen. vugadia, f. avuadia, Vogtei, f.

Vnginar, 1. riscar, risager, E. wagen. vugèg, m. 1. Wagen, n. Wagniß, n.

Vuler, vulair, E. wollen. veglia, f. voluntad-ed, f. veglia, f. vöglia, E. Wille, m. da bunna-, heiter, vergnügt, freiwillig. da mala -, mißvergnügt, verstimmt, ungerne. sur veglia, cunter vöglia, unwillig, ungerne. viglius, a. volunterus, a. E. willig. viglinsadad, f. voluntasitad-ed, Willigkeit, f. volontari, a. volontariamein - maing, freiwillig. vuler bein, mal, wohl- übelwollen. beinvuglient, a. benevolent, a. E. wohlwollend. beinvuglienscha, f. bainvuglentscha, Wohlwollen, n. malvuglienscha, mal-melvuglentscha, Uebelwollen, n. beinvuglieu, ida, bainvuglü - üda, friedlich, gutmüthig. mal - melvuglieu, malvuglü-üda, unverträglich, störrisch, zänkisch.

Vulgar, a. gemein. vulgarmein-maing, gemeiniglich.

Vuolp, f. guolp, golp, E. Fuchs. laghiar la-, auf den Fuchs lauern (wenn ihm Köder ausgestellt ist).

Vuor, m. archa, conschett, 2. chönschett, 3. Wuhr, f. Damm, m. far vuor, wuhren, dämmen.

Vuorch, m. 1. Knoten, Knorren, m. (bei der Scheidung eines Doppelastes.)

Vurriar, kämpfen, f. uiara.

Vus, ihr. vusezz, vus svess, ihr selbst.

Vusch, f. It. voce. Stimme, f. dar la-, die Stimme geben. vuschar-er, E. schreien.

Vutt, m. 1. Götze, m. Götzenbild, n. magliavutts, bigott, Frömmler, m.

Z.

Zacagnar, 2. verwirren, chikaniren. zacaign, m. Wühler, Verwirrer, Chikaneur, m.

Zaco, anzaco, ünsaco, auf eine Weise, irgend wie. zacu, anzacu, anzacouracuras, 1. ünsacura, E. einmal, irgendeinmal.

Zacuder, sacuder, 1. squasser - er, schütteln, erschüttern. za-saccuossa, f. squass, m. E. Erschütterung, f. gewaltsam schütteln.

Zafferment, zaffermuost, Ausruf des Unwillens: Plunder! beim Plunder!

Zagbiar, varziar, 2. varzager, zagen. zagèg, m. varziamaint, 2. varzagiamaint, 3. Zagen, n.

Zagrin, m. schiainder, 2. schiainger, 3. Zigeuner, m.

Zais, a. F. zäh.

Zaina, zena, f. E. Glas, n. zanin, m. zenin, kleines Glas. - vinars, Gläschen Branntwein.

Zanua, anzauna, 1. ünsanua, 2. irgendwo.

Zauur, f. dishonur, 2. disonur, f. Unehre, Schande, f. far zanur alla famiglia, der Familie Schande machen.

Za-samuostra, f. schimuossa, 3. Tuchende, n.

Zapp, m. Tritt, Schritt, m. ancauscher d'igl zapp, am Tritt erkennen. zappar-er, treten, baden. zappa, f. Hacke, f. zappun, m. große Hacke. zappiu, m. kl. Hacke. zappaduoira, 3. Hackmesser, n. zappalada, f. Schneidehacke, Gräben zu machen. zappadur-a, zappuns-a, E. Hacker = in, (hinter dem Pflug). za-sapilschar giu, zertreten, zerstampfen. zappignar, zappeln.

Zarclar, zerclar-er, jäten. zarkel, Jäthacke, f. zarclett, m. zerclin, E. kl. Hacke; Büschelchen, 1. (v. Beeren). zarclimm, m. zierchel, Unkraut, n. Ausgejätetes. zercluns-a, ziercluns-a, Jäter = in. zarcladur, m. 1. Juni, Brachmonat, m.

Zart, a. zart, fein. zartadad, f. zartezza, E. Zartheit, f.

Zarscha, f. 1. Zarge, f.

Zarva, f. Buche, f.

Zaunga, zounga, f. zangua, 2. zaungia, 3. Zange.

Zavrar-er, scheiden, entwöhnen. - nuorsas, die Schafe scheiden. - ussouts, vadials, Kinder, Kälber entwöhnen, die Milch entziehen.

Zavrin-na, suvrin-na, E. Geschwisterkind im zweiten Grad. suvrinadi, 2. Vetterschaft, f.

Zeco, m. zecla tscheeba, 2. Schaflaus, f. Zecke, f.

Zecca, f. Münze, f. Münzstätte, f. zakin, m. zachin, m. E. Dukaten, m.

Zeclin, a. klein, dünn, schmächtig, E. sgrembel, u.

Zedel, m. biglielt, E. Zettelchen, n.

Zeiger, *m.* zeigher, 2. maun dell' ura, 3. Uhrzeiger, *m.*

Zeiver, *m.* zaiver, E. B. Gelte, *f.* (kupferne oder hölzerne). - d'aua, Waffergelte, *f.* - da paun, Brodzuber, *m.*

Zeli, *m.* Eifer, *m.* zelant, *a.* eifrig. zelus, *a.* E. eifrig. zelantameinmaing, mit Eifer, eifrig. zelusia, *f.* E. Eifer, *m.* ernstes Streben. zelot, *m.* Fanatiker, Eiferer, *m.*

Zelta, *f.* tenda, E. Zelt, *n.*

Zember, *m.* 2. Holzwerk, *n.* laina da-, Bauholz, *n*, zembriar, 2. zimmern, handlangen.

Zender, *a.* 2. tüchtig, kräftig. la zendra, E. pugniera, 1. Herrkuh, *f.*

Zeppla, *f.* zepra, E. Aas, *n.* fauler Mensch, schlechtes Weib.

Zezna, *f.* 2. Mist, Dünger (in d. Alpen).

Zezzen, *m.* chandann, 2. troasser, chandaun, 3. Zusenn, *m.* ziznun, signun, *m.* signan, 2. sain, 3. Senn, *m.*

Zicc! Ruf, den Schweinen.

Zichia, *f.* zücha, E. Kürbis, *m.* Feldflasche, Schaflaus, *f.* tschecha, 2.

Ziclar, 1. zicliuer, 2. necken, reizen. It. *inzigare.* ziclader, ziclin, *m.* Necker, Störer, *m.* ziclimm, *m.* Reizen, Necken, *n.*

Ziegel, *m.* zieghel, mattun, E. Ziegel, *m.*

Ziffra, *f.* ziffer, *m.* Ziffer, *f.*

Zig, zich, zitg, *m.* 1. eine Menge Flüssiges. beiver in-, einen großen Trunk machen.

Zink, *m.* Zink, *n.*

Zinn, *m.* Zinn, *n.* da zinn, zinnern. surzinnar, surzünnar - er, verzinnen. surzinoadira-üra, Verzinnung, *f.*

Zinslar - er, in Holz arbeiten, schnitzeln.

Eng. auch: ziplar - er. ziplas, E. Holzspäne. zinsla, *f.* Abfall von Tuch, Leder. H. eine Art Hausmakaroni.

Zin - zansur, sinzur, dar-, antworten, wenn man gerufen wird. Ital. *sentore?*

Zirkel, *m.* zircul, 2. zirchel, 3. Zirkel, Kreis, *m.*

Zisli, *m.* Zeisig, *m.*

Zittra, *f.* Zitter. sunar la -, Zitter sp.

Zocla, *f.* schotlla, zoatla, runde, kleine Mistknollen am Vieh. zoclus, *a.* was solche Knollen hat.

Zoll, *m.* Zoll, *m.* zoller, *m.* Zoller, *m.*

Zona, *f.* Erdstrich, Erdgürtel, *m.* Zone, *f.*

Zon, *m.* zann, 2. Einschlag im Stall. zon da nuorsas, Schafstall. - da pors, Schweinestall, *m.*

Zondra, *f.* 2. Gesträuch, *n.*

Zopp, *a.* ziep, hinkend. ir zops, zoppiar, zoppager, hinken. zoppina, *f.* Klauenseuche, *f.*

Zuetschga, *f.* zvetschgia, 2. zvetschga, 3. Zwetschge, *f.* It. *prugna.*

Zuffen, *m.* 1. Menge, *f.* Bürde, *f.* purtar in -, eine Bürde, Ladung tragen.

Zuffanar, 1. entwenden. zuffanader, *n.* Entwender, *m.*

Zugmies, *m.* verdüra, E. Gemüse, *n.*

Zukker, *m.* zücher, E. Zucker, *m.* zukkercandel, *m.* - candit-chandel, kandirter Zucker. zukkerar, zücherar, 2. inzücrer, 3. zuckern, verzuckern.

Zund, zond, zuond, (Verstärkungswort). sehr. zund bi - bein - mal, sehr, gar schön, gut, übel. cunzund, besonders.

Zundrar, 1. blasimar - er, fluchen, lästern. zundrader, *m.* Lästerer, *m.*

Zuoigl, zuigl, *m.* zuoigl, 2. Häufchen,

m. Menge, f. - fein, fain, ein Haufen Heu. - meila, eine Menge Aepfel. anzugliar ent, einwickeln. zuogliar, 2. verstopfen, bedecken.
Zuolla, f. rasaina, E. Streichholz, n. Teigwalze, f. zuolla pischada, burlin painch, ein cylinderartig geformtes Butterstück.
Zuornar, 1. zwirnen.
Zupp, m. H. zóp, fossel, 2. puozz, 3. Hanf=Flachsröste, f.

Zuppar, anzuppar, 1. zoppar-er, verbergen. far da-, Versteck spielen. sa, as-, sich verstecken. zuppaniar - er, etwas flüchten, verstecken.
Zvaila, f. traglüsch, E. Zwilch, m.
Zvicc, m. Zwitter, m.
Zvinghiar, sforzar-er, zwingen. zvingèg, m. sforz, E. Zwang, m. zvinghiader, m. Zwänger, m.

Romanische Zahlwörter.

Hauptzahlen.

	Oberländisch.	Unterengadinisch.	Oberengadinisch.	Oberhalb-steinisch.	Ennebergisch (Im Tirol).
Eins	in, inna	iin, ūna	iin, ūna	in	ung, un.
zwei	dus, duas	duos, * duoi	duos	dus	dui.
drei	treis, tres	trais, * trai	trais	tre	trei.
vier	quatter	quatter	quatter	cater	cater.
fünf	tschunc	tschinch	tschinch	tsching	tsching, tschink.
sechs	sis	sês	ses	secs	sis, sies.
sieben	siat	sett	sett	seat	sett.
acht	oig, och, otg	ott	oach	otg	ot, ott.
neun	nov	nouv	nouv	nov	nü, nu.
zehn	diesch	disch	desch	diasch	disch, diesch.
eilf	indisch	ündesch	ündesch	endasch	ünesch.
zwölf	dudisch	dudesch	dudesch	dodasch	dodesch.
dreizehn	tredisch	tredesch	tredesch	tredasch	tredesch.
vierzehn	quitordisch	quattordesch	quattordesch	catordasch	catordesch.
fünfzehn	quindisch	quindesch	quindesch	quindasch	chinesch.
sechszehn	sediesch	seidesch	seidesch	sedasch	sedesch.
siebenzehn	gisiat	deschsett	deschsett	dischseat	deeohsett.
achtzehn	schoig, schoich	deschdott	deschdoach	dischdotg	deschdott.
neunzehn	scheniv	deschnouv	deschnouv	dischnov	deschnü.
zwanzig	veiga, veunch	vainch	vainch	vaintg	vint.
einundzwanzig	veinchiin	vainchün	vainchün	vaintgin	vint ung.
zweiundzwanz.	veinchiadus	vainch e duos	vainch e duos	vaintgiadus	vint dui.
dreißig	trenta	trenta	trenta	trenta	trenta.
vierzig	quronta	quaranta	quarenta	quaranta	caronta.

187

	Oberländisch.	Unterengadin.	Oberengadin.	Oberhalbstein.	Ennebergisch.
fünfzig	tschunconta	tschinquanta	tschinquaunta	tschuncanta	tschinconta.
sechzig	sisonta	sesanta	sesaunta	sassanta	sesonta.
siebenzig	sialonta	seltanta	seltaunta	seatlanta	seltonta.
achtzig	ochionta	ottanta	oachaunta	olganta	otonta.
neunzig	novonta	nouvanta	nonaunta	nouvanta	nüonta.
hundert	tschient	tschient	tschient	tschent	tschent.
zweihundert	dua tschient	duatschient	duatsohient	dutschent	
dreihundert	trei tschient	trajatschient	trajatschient	tretschent	
tausend	milli	milli	milli	milla	mille.
zweitausend	dua milli	dua, duoi milli	dua milli	dumilla	
Million	millium	millium	millium		
zwei Millionen	dus milliuns	duos milliuns	duos milliums		

Ordnungszahlen.

	Oberländisch.	Unterengadinisch.	Oberengadinisch.	Oberhalbsteinisch.
Der erste	igl amprim, a	il prüm, a	il prüm, a	amprimm, a
zweite	dusavel, secund, secundavel	il segoud, segon-davel	il seguond, se-guondevel	secund-avel
dritte	tierz, terzavel	il terz, terzavel	il terz, terzevel	terz-avel
vierte	quartavel, a	il quart, quartavel	il quartavel	quart-avel
fünfte	tschuncavol, a	tschinchevel	tschinchevel	quiol-avel
sechste	sisavel	sesavel	sesevel	sext-avel
siebente	sialavel	sellavel	selievel	seat-avel
achte	ochlavel	otavel	oachevel	olgavel
neunte	novavel	nouvavel	nouvevel	novavel
zehnte	dieschavel	deschavel	deschevel	diaschavel

188

	Oberländisch.	Unterengadinisch.	Oberengadinisch.	Oberhalbsteinisch.
eilfte	indischavel	ündeschavel	ündeschevel	endaschavel
zwölfte	dudischavel	dudeschavel	dudeschevel	dodaschavel
dreizehnte	tredischavel	tredeschavel	tredeschevel	tredaschavel
vierzehnte	quitordischavel	quattordeschavel	quattordeschevel	catordaschavel
zwanzigste	veinchiavel	vainchavel	vainchevel	vaintgavel
einundzwanzigste	veinchinavel	vainchünavel	vainchünevel	vaintginavel
zwei u. zwanzigste	veinchiaduaavel	vainch eduosavel	vainch e duosevel	vaingiadusavel
dreißigste	trentavel	trentavel	trentevel	trentavel
vierzigste	quaronlavel	quaranlavel	quaraunlevel	qurantavel
fünfzigste	tschunconlavel	tschinquantavel	tschinquauntevel	tschuncantavel
sechszigste	sisontavel	sesantavel	sesauntevel	sassantavel
siebenzigste	siatontavel	settantavel	settauntevel	seatantavel
achtzigste	ochiontavel	ottantavel	oachauntevel	otgantavel
neunzigste	novantavel	novantavel	nonauntevel	novantavel
hunderiste	tschientavel	tschientavel	tschientevel	tschentavel
zweihundertste	duatschientavel	duatschientavel	duatschientevel	dutschentavel
tausendste	milliavel	milliavel	millievel	milliavel
zweitausendste	duamilliavel	duamilliavel	duamillievel	
millionste	milliunavel	milliunavel	milliunevel	
Hunderte	tschientanéra	tschientanéra	tschientenera	
Tausende	milliéra	milliéra	milliera	

Zusammenstellung einiger bündner-romanischer und tyrolisch-romanischer Wörter.

(Leztere sind aber keineswegs mit Auswahl gesammelt, sondern von einem Freunde, auf einer Tirolerreise mehr zufällig aufgegriffen und mir gütig mitgetheilt worden. Die Ziffer 1. bezeichnet: Oberländisch; B. Badiotisch; G. Gredenerisch; E. Engadinisch; R. Rhätoromanisch, d. h. allen Bündnerdialekten gemeinsam; T. Tirolisch, d. h. dem Badiotischen und Gredenerischen Dialekte gemeinsam.)

Abend. sera, 1. saira, E. sere, B. seire, G.
Auge. ēgl, 1. ōgl. jodli, B. uodli, G.
Bach. ual, 1. aguaigl, ovel, E. ru, B. rut, G.
Blau. blau, 1. blov, E. brum, T.
Blitz. cameg, 1. chalaverna, E. trenude, B. leita, G.
Bock. bucc, 1. bock, buoch, E. becc, T.
Bruder. frar, 1. frar, frer, E. frè, B. fra, G.
Brust. brust, 1. pett, E. dant, piete, B. piet, G.
Damals. lura, 1. in allura, E. inloata, T.
Dort. lou, 1. là, lo, E. illo, T.
Durst. seit, 1. sait, E. sei, B. seit, G.
Finger. dett, 1. daint, E. deich, deitg, T.
Felsen. gripp-a, 1. crippel, E. crepp, B. creppes, G.
Fohlen. pulein, 1. puleder, E. pulerign.
Fühlen. sentir, R. senti, T.
Fuß. pei, 1. pè, E. pisch, T.
Gehen. ir, R. schi, T.
Gelb. mellen, 1. giall, E. gell, B. giel, G.
Gerne. bugiend. gugient, R. giang, T.
Gerste, f. damieg, 1. hüerdi, E. ordè, T.
Gestern. ier, 1. her, E. ivir, T.

26

Gras, n. iarva, erva, 1. erba, E. erbä, B. vierlä, G.
Grau. grisch, R. grisch, T.
Greis, m. vegl, R. vedel, T.
Großmutter, f. tatta. l' a, B. l' ava, G.
Großvater, m. tatt, 1. bapsegner, E. Nene, T.
Haar, n. cavell, 1. chavè, E. pischignes, T.
Haber, m. avcina, 1. avaina, E. evenä, T.
Hagel, m. tempiasta, 1. tempeista, E. grenischores, B. tämpesta, G.
Hahn, m. chied, cod, 1. giall, E. giall, T.
Hassen. hassiar, 1. odiar - er, E. purte sen, B. desennä, G.
Haus, n. casa, 1. chusa, chesa, E. chase, tgiase, T.
Henne, f. gaglinna, 1. giglinna, E. gerine, T.
Heu, n. fein, 1. fain, E. feign. T.
Hier. cou, 1. quilò, E. chelò, T.
Himmel, m. tschiel, 1. tschèl, E. tschi, pereisch, B. tschiel, G.
Holz, n. lenn, 1. lain, E. leign, T.
Hören. udir, R. aldi, B. andi, G.
Hügel, m. crest, bott, 1. muott, colligna, E. col, T.
Hund, m. chiaun, 1. chan, 2. chang, tgiang, T.
Hunger. fomm, 1. fam, E. fang, T.
Ja. giè, 1. schi, E. schè, pò, T.
Jetzt. ussa, 1. uossa, E. saing, T.
Jüngling. m. giuven, 1. juven, giuven, E. schoon, sunsel, T.
Jungfrau, f. giuvantschella, 1. juvna, E. schone, sunsele, T.
Kalb, n. vadi, 1. vdè, E. videl, T.
Kalt. freid, 1. fraid, E. freit, T.
Kammer, f. combra, 1. chambra, E. chammene, tgiamene, B. maschung, G.
Katze, f. gatt, 1. giatt, E. pantaganä, T.
Keller, m. tschalè, 1. schler. murütsch, E. cheno, tgienò, B. tscholè, G.
Kind, n. uffont, affon, 1. infant, infaunt, E. creatura, B. pitel, G.
Kinn, n. mentun, 1. mintun, E. mantung, B. sumautoug, G.
Knabe, m. matt, R. mutt, T.
Kopf, m. chiau, 1. cheu, chò, E. chè, tgiè, B. chà, tgia, G.
Korn, n. graun, 1. gran, E. blua, B. blava, G.
Kraft, f. forza, R. forzä, T.
Kuh, f. vacca, 1. vacha, E. vacha, vatgia, T.
Lärche, f. larisch, 1. larsch, E. lersch, T.
Leben. viver, R. vire, B. viver, G.
Liegen. scher, 1. giaschair, E. pone, T.
Lippe, f. lev, 1. leiv, E. custeis, B. räppes, G.

Mann, m. hum, 1. hom, E. om, T.
Mädchen, n. matta, R. muttä, T.
Magen, m. maguu, 1. stomi, E. magung.
Maus, f. meur. mir, 1. mür, E surrutscha, T.
Morgen, m. damaun, 1. doman, E. dumang, T.
Mutter, f. mumma, 1. mamma, E. umä, B. oma, G.
Nase, f. nas, oes, R. näs, T.
Nebel, m. tschagera, 1. tschiera, E. chiera, tgiera, B. nivel in terra, G.
Nacht, f. noig, 1. nott, noat, E. not, B. nuot, G.
Nein. na, 1. nabricha, E. na, T.
Nirgends. nigliu, 1. ningür, E. innio, T.
Ochs, m. bov, 1. bouv, E. bo, T.
Oheim, m. aug, 1. barba, E. berba, T.
Ohr, n. ureiglia, 1. uraiglia, E. oredle, T.
Pfeifen. schivlar, 1. schüvlar-er, E. schiurè, B. schiblè, G.
Pferd, n. cavaigl, 1. chaval, E. chavail, tgiavail, T.
Rabe, m. corv, R. corf, T.
Regen, m. plievgia, 1. plövgia, E. ploje, T.
Riechen. fardar, 1. odurar-er, E. tofer, T.
Roggen, m. segel, 1. sejal, E. siarè, B. siade, G.
Roth. cotschen, 1. coatschen, E. cotsche, B. cuotscha, G.
Sehen. ver, 1. vair, E. udei, T.
Schaf, n. nuorsa, 1. bischia, E. bisché, B. biesché, G.
Schlagen. pichiar, 1. batter, E. petè, T.
Schenkel, m. queissa, 1. cossa, coassa, E. cosse, B. cuossä, G.
Schnee, m. neiv, 1. naiv, E. nei, B, neiv, G.
Schwester, f. sora, 1. sour, E. so, B. sor, G.
Schreien. sbragir. eridar, E. scraje, B. schvaia, G.
Schwein, n. pieroh, 1. püerch, 1. purtschi, purtschiei, T.
Schwitzen. suar, 1. sũar-er, E. sujé, T.
Stehen. star, ster, R. stè, T.
Singen. cantar, 1. chantar-er, E. chentè, tgientè.
Sonne, f. suleigl, 1. sulaigl, E. suredel, T.
Sprechen. ruschanar, 1. radschunar-er, E. raschonè, B. ruschnè, G.
Stirne, f. front, R. uffrunt, T.
Tag, m. gi, 1. di, E. dè, B. di, G
Tante, f. onda, 1. anda, E. mede, anda, T.
Thür, f. isch, 1. üsch, E. usch, T.
Wade, f. vantrill, 1. vantrigl, E= gross dlä jamä, T.
Wald, m. uault, 1. bosch, E. bosch, T.

𝔚arm. cauld, 1. chaud, chod, E. chaud, tgiaut, tgialt, T.
𝔚idder, m. annigl, 1. greg, 3. bagott, T.
𝔚eib. femma, femna, R. fōmeue, T.
𝔚ie. co, R. co, T.
𝔚iederum. puschpei, 1. da pè, E. indà, T.
𝔚o. nua, 1. innua, E. olà, T.
𝔙ater, m. bab, 1. bap, E. pere, T.
𝔙ogel, m. utschi, 1. utschè, E. vitschell, T.
𝔖iege, f. caura, 1. chavra, chevra, E. chore, tgiore, T.
𝔖orn, m. gritta. rabgia, E. senn, T.
𝔖ufammen. ansembel, 1. insembel, E. adüm, T.

Verzeichniß

der Wörter, unter welchen diejenigen, die in diesem Lexikon nicht alphabetisch geordnet sind und wegen Verschiedenheit der Dialekte oder geringerer Aehnlichkeit mit ihrem Stammworte schwerer zu finden sein dürften, zu suchen sind.

A.

Abat, siehe Avat.
Abiadi - Biadi.
Absolut - Absolver.
Abusiv - Usar.
Act - Agir.
Actuar - Agir.
Acziun - Agir.
Adam-om - Derscher.
Adeister - Lingier.
Adimaint - Andament.
Admirar - Mira.
Adurazinn - Urar.
Adüs - Disar, usar.
Adversari - Vers.
Agla - Levar.
Affront - Frunt.
Agnè - Tschutt.
Agrajar - Gariar.
Agua - Aua.
Aguaigl - Aua, Uveigl.
Aguaiglia - Guila.
Aguaigliar - Uveigl.
Aguazun - Aua.
Aguin - Gluva.
Agüstar - Gist.
Aien - Agien.
Aign - Oign.
Airi - Eri.

Alaussa - Laussa.
Aldar - Ladar.
Alimeri - Glimari.
Allegrar - Lagrar.
Almentar - Lamentar.
Aloggiar - Luschar.
Alschiva - Laschiva.
Alvar - Lavar.
Amarv - Marv.
Ambanir - Baun.
Amiaivel - Amig.
Amid - Gleri.
Amo - Aunc.
Amparmidar - Midar.
Ampunir - Unir.
Anamig - Amig.
Anascria - Enis.
Ancarpar - Crapp.
Andraschir - Andriescher.
Anferrar - Fier.
Angarschar - Grass.
Annollar - Nolla.
Antardar - Tard.
Antschalir - Itschal.
Anviar - Via.
Anzugliar - Zuigl.
Aram - Irom.
Aramaint - Anèr.
Archa - Boga, Vuor.
Arfradar - Freid
Arpchar - Arpagar.

Arschücla - Asch.
Arsücla - Vin.
Artezza - Flad.
Arzavenna - Argiavenna.
Aschèr - Ischier.
Aschier - Tschuff.
Aschigl - Ischill.
Ascria - Tschuff.
Asöl - Ansiel.
Assa - Aissa.
Assediar - Blagriar.
Assorver - Tschocc, orbar.
Assover - Aua.
Atschal - Itschal.
Autoritad - Autur.
Avair - Aver.
Ayiöl - Aveul.
Aventurier - Vantira.
Avna - Vanaun.
Avuà-ò - Vugau.

B.

Bacher, siehe Biher.
Baderl - Balter
Bagnöl - Bugnar.
Bainvuglentscha - Vuler.
Balbutir - Balbiar.
Baleincha - Balonscha.
Bapseguer - Tatt.

Barella - Banaigl.
Barscheul - Bratsch.
Baschlöz - Beschlar.
Basgnus - Basegns.
Battaigl - Batter.
Bavröz - Beiver.
Bazzida - Buott.
Besla - Tagliar.
Bestial - Biesc.
Bestiam - Biesc.
Besun-aun - Sun.
Bger - Biar.
Biamaun - Bi.
Bignera - Bugnar.
Biguun - Biergnia.
Bindè - Pindell.
Blecha - Badlini.
Bleraut - Ous.
Blibir - Blaich.
Bocca - Bucca.
Boffar - Buffar.
Bögl - Begl.
Boign - Bugnar.
Bottel - Bittar.
Bouda - Bova.
Brachar - Barbar.
Bragir - Bargir.
Branclöz - Bratsch.
Braschier - Barneu.
Braschun - Barschun.
Brassar - Barsar.
Brisclar - Bischa.
Brüar - Pargalar.
Brüdaigl - Bardeigl.
Brüscha - Bischa.
Brüschar - Barschar.
Brüschè - Burschl.
Brütt - Britt.
Bsögn - Basegns.
Buaditscha - Birlar.

Bual - Bov.
Buatscha - Bov.
Buccari - Bucca.
Buglia - Buglir.
Bügl - Begl.
Büman - Bi.
Bütsch - Bitsch.
Buorl - Birlar.
Buscha - Bulscha.
Butrig - Buott.
Butschin - Buott.
Buttatsch - Buott.
Buttla - Stizzun.

C.

Cacca, siehe cagar.
Calgera - Calschinna.
Calgier - Calzèr.
Canvegen - Coniv.
Canvitsch - Coniv.
Caponera - Capun.
Carezia - Car.
Carpialla - Crapp.
Carpus - Crapp.
Carschadigna - Crescher.
Carschent - Crescher.
Carschienscha - Crescher.
Carteivel - Crer.
Cavorgia - Cavar.
Celestiai-el - Tschiel.
Certifichar-er - Tschert.
Cession - Ceder.
Chabgia - Cabgia.
Chadaina - Cadeina.
Chajar - Cagar.
Chalamana - Camiar.
Chalamar - Tinta.
Chalaverna - Camiar.

Chalchoign - Calcoign.
Chalun - Calun.
Chamar - Camar.
Chambla - Mulaun.
Chamma - Comba.
Chammi - Scumgnar.
Champagna - Comp.
Chandaun - Zezzen.
Chandun - Cumbel.
Chanf - Coniv.
Chanva - Comba.
Chanzun - Canzun.
Chapè - Capialla.
Chapütscha - Capialla.
Char - Car.
Charr - Carr.
Chasa - Casa.
Chascha - Trucca.
Chastè - Casti.
Chativiergia - Schliett.
Chevra - Canra.
Chod - Cauld.
Chomma - Tumma.
Chönschett - Vuor.
Chör - Chir.
Chüdera - Pariel.
Chül - Chil.
Chüra - Chira.
Chüraivel - Cura.
Chüsa - Chisa.
Chigisch - Cagar.
Chiou - Quescher.
Chiular - Chiaun.
Cicogna - Storch.
Circumstanzia - Star.
Cisp, Cischp-Tschischpad.
Cittadin - Burgeis.
Clamaint - Tapun.
Clavigliar - Carmalar.
Clocca - Tunar.

Cognoscher - Canuscher.
Colligna - Bott.
Colomb - Tuba.
Commissari - Metter.
Compilar - Pigliar.
Compromiss - Metter.
Comunicar - Unir.
Comuniun - Unir.
Conceder - Ceder.
Concessiun - Ceder.
Conclusiun - Clauder.
Condoler - Duler.
Confederaziun - Fidar.
Confin - Fin.
Conseguenza - Seguent.
Consentir - Senn.
Conservar - Servar.
Contract - Tractar.
Contradicziun - Gir.
Contrahend - Tractar.
Contristar - Trist.
Conturbar - Tuorbel.
Conversar - Versar.
Corp - Chierp.
Cranz, Craunz - Tschupl.
Cravun - Scarvun.
Crear - Scafir.
Creditur - Crer.
Cretta - Crer.
Cridar - Bargir.
Crötsch - Culter.
Cudèra - Glonda.
Cufalèra - Diess.
Coffiert - Fort.
Cugnada - Cugn.
Cul, Culim - Cular.
Culuoster - Caluster.
Cumpatriot - Pader.
Cunvenscher - Venscher.
Cunvinziun - Venscher.

Cumadira - Comod.
Cumbatt - Batter.
Cumpaig - Paig.
Cumpassiuu - Patir.
Cupichiar - Pichia.
Curtais - Cuort.
Curtè - Cunti.
Custab - Bustab.
Custimonza - Costumar.
Cuvaida - Queida.
Cuvianza - Vig.
Cuvig, Cuvih - Vig.

D.

Dabatt - Batter.
Daciper - Lavagar.
Dalett - Dalechiar.
Damanonza - Manar.
Dancler - Dett.
Dann - Donn.
Dantett - Anèg.
Dargiaditsch - Draig.
Darschalar - Schalar.
Daschiar - Ascar.
Davonz-anz - Vanzar.
Davostraglia - Tarsenna.
Debel - Fleivel.
Debit - Duver.
Decis - Ceder.
Declarar - Clar.
Defensiun - Fender.
Deivet - Duver.
Delicat - Delizia.
Demolir - Spazzar.
Descender - Ascender.
Desiert - Desertar.
Deviar - Via.
Diember - Dumbrar.

Diever - Duvrar.
Difficulttad - Far.
Digerir - Tughiar.
Digestiun - Tughiar.
Diluvi - Sünfluss.
Diminuziun - Sminuir.
Diramar - Romm.
Dirschun - Dir.
Disavantaig - Avantaig.
Discheina - Diesch.
Discomed - Comod.
Disfidar - Ravidar.
Disobediant - Ubadir.
Disprezzi - Prezzi.
Disproporziun - Part.
Distuorbi - Tuorbel.
Disturbar - Tuorbel.
Diuniun - Unir.
Disuorden - Uorden.
Döglia - Duler.
Domeisti - Dumiesti.
Dominar - Dumignar.
Dovair - Duver.
Dreg - Derscher.
Dschambun - Schanbun.
Dschelpcha - Alp.
Dscherpchar - Alp.
Dschender - Schiender.
Dunzaina - Tozzel.
Dür - Dir.
Dürar - Cuzzar.
Dutsch - Dulsch.
Duzar - Ault.

E.

Egual - Ual.
Eien - Agien.
Eister - Jester.

Eivla - Adler.
Elecziun - Legier.
Emendar - Menda.
Empi - Pietus.
Enorm - Norma.
Era - Iral.
Erpchar - Arpagar.
Erter - Artar.
Essenzial - Esser.
Eug - Jou.
Evla - Adler.
Evna - Vanaun.
Excluder - Clauder.
Execuziun - Exequir.
Expedient - Pei.
Exposizlun - Poner.
Express - Exprimer.
Extensiun - Stender.

F.

Facilitad - Far.
Fagnèra - Raufla.
Fainer - Fein.
Fallitschus - Fallir.
Fallomber - Fallir.
Fam - Fomm.
Fanada - Fein.
Fardagliuns - Frar.
Faschöl - Fav.
Fastenn - Fistaig.
Fatschenda - Far.
Fatschògn - Far.
Fazzöl - Fazzalett.
Fei, Fè - Fidar.
Feilanter - Vilaus.
Festinar - Faschinar.
Fiergna - Fier.
Filantar - Vilaus.

Finar - Pladir.
Fingià - Schon.
Firmar - Ferm.
Fivla - Fibla.
Flanc - Vaiha.
Fled - Flad.
Flera - Fêl.
Fliauna - Flena.
Flozziar - Fluss.
Forza - Fort.
Fos - Fauls.
Fossel - Zupp.
Foura - Rusna.
Fraslegen - Fistaig.
Fravi - Fier.
Frenar - Farein.
Früa - Frig.
Fudschinna - Fier.
Füm - Fimm.
Fumazz - Fomm.
Fumeigl - Famiglia.
Fumichiasa - Famiglia.
Funeral-el - Bara.
Funs - Fundar.
Fuogn - Favugn.
Fuonch - Bulen.
Fuorcha - Tarvuorsch.
Furmaint - Salin.
Furnadi - Fuorn.
Fussau - Foss.

G.

Garmèra - Gromma.
Garnitsch - Graun.
Garschira - Grass.
Gavegl - Giavì.
Gera - Glera.
Gla - Giegia.

Gialdūm - Mellen.
Giall - Chied.
Giamgia - Gomgna.
Giarvenna - Argiavenna.
Giazza - Hazla.
Giaschlglèr - Madir.
Gigant - Rês.
Gigliofla - Scarsella.
Giglūdras - Garnidels.
Gimell - Schumial.
Giovar-er - Giugar.
Giraun, Girang - Girar.
Giucc - Giugar.
Givè - Schuvi.
God - Uault.
Golp, Guolp - Vuolp.
Graflanna - Garflauna.
Graista - Resta.
Gratager - Gartiar.
Gratifichar - Grazia.
Gratuit - Grazia.
Gratular - Grazia.
Gravezza - Grev.
Greg - Anuigl.
Griaintas - Draig.
Groffel - Negla.
Guaffen - Uaffen.
Guaivda - Veu.
Guaut - Uault.
Guerra - Uiara.

H.

Her - Jer.
Herdumbel - Rumbliar.
Hertar - Artar.
Homicidi - Mazzar.
Hüerdi - Dumieg.

I.

Jegùn - Giginn.
Igitt - Gitt.
Imnatschar - Manatschar.
Impissar - Patarchiar.
Impuonder - Ampunder.
Bei zusammengesezten mit im suche dafür an.
Impissir - Pissir.
Imsüra - Masira.
Bei zusammengesezten mit in suche dafür an.
Inacordscher siehe Ancorscher.
Inascrer - Tschuff.
Inaudit - Udir.
Inavriar - Eiver.
Incharna - Ancarna.
Incispir - Tschischpad.
Incler - Antalir.
Indecent - Descher.
Indemnisar - Donn.
Infaunt - Uffont.
Infiern - Uffiern.
Influir - Fluss.
Ingiovinèra - Angiavinar.
Inimih - Amig.
Inrüglar - Ricla.
Insauna - Ansauna.
Intardar-er - Tard.
Intellett - Antalir.
Intender - Tender.
Intèr - Antir.
Intollerant - Tollerar.
Intschendrir - Tschendra.
Invidas - Nuidis.
Inviern - Unviern.
Invisibel - Ver.
Invlidar - Amblidar.
Is, Glis - Isar.
Isonza - Usar.
Itel - Usar.
Jüdichar-Giudicar, Truvar
Jüvlar-er - Garir.

L.

Laborius - Luvrar.
Lain - Lenn.
Lantigua - Lantagien.
Lapis - Rispli.
Laschantiv - Lischent.
Latrar - Giappar.
Latt - Laig.
Laungia - Leunga.
Lavander - Faudra.
Lavantar - Levar.
Lavont - Levar.
Lechia - Legier.
Lectur - Legier.
Lèd - Laid.
Legitim - Legal.
Lejer - Lagrar.
Leivra - Leur.
Lens - Lendi.
Lescha - Legal.
Letra - Laitra.
Levrus - Massignin.
Levrusia - Biemal.
Lindorna - Schnek.
Linterna - Latiarna.
Linzöl - Lanziel.
Lò - Là.
Loba - Miscaloa.
Local - Leug.
Lö - Leug.
Lönsch - Lunsch.

Lomma - Lama.
Lottar - Luchiar.
Luntanar - Lunsch.
Luoza - Giaocun.

M.

Madargnun — Madra.
Madier — Madir.
Madischinna — Madagar.
Madritscha — Madra.
Madrun — Madra.
Magiöl — Glas.
Magistrat — Oberkeit.
Mail — Meil.
Majorenn - Onn.
Malign — Mal.
Malonn — Mal.
Malprivau — Privar.
Malvuglieu-ü — Vuler.
Manisus — Ampalar.
Mannoch — Mignucc.
Manuscript — Maun.
Manzaser — Mentir.
Manzegna — Mentir.
Manzneder — Mentir.
Marcadar — Marcau.
Marchà — Marcau.
Margun — Bargun.
Maridar — Mareu.
Maridiez — Mareu.
Marit — Mareu.
Masada — Meisa.
Maschialch — Uaibel.
Mascul — Maskel.
Maschchar — Mastiar.
Masdügl — Mischadar.
Mastraunza — Meister.
Mastrina — Meister.

Matrimoni — Madra.
Matun — Ziegel.
Maun dell' ura — Zeiger.
Medgiar — Mediar.
Meger — Mager.
Meil — Mel.
Mentun — Mantun.
Mera — Mira.
Merl — Marlotscha.
Mess — Meder, Uaibel.
Mezz — Miez.
Miass — Meder.
Miel - Meula.
Migieivel — Amig.
Migliurar — Meglier.
Miguoigl — Maguoll.
Mildrar — Meglier.
Minchületta — Tschitta-loscha.
Mingla — Meula.
Minorenn — Onn.
Minzin — Lamizzi.
Miracla — Mira.
Mistregn — Meister.
Mistronza — Meister.
Mizguaigl — Maguoll.
Mnada-eda — Manar.
Mnatschöl — Manar.
Mnütt — Manidel.
Molett — Schlifer.
Molta — Maulta.
Mongia — Maun.
Müffa — Miffa.
Mür — Mir.
Müravaglia — Marveiglia.
Munigin — Maun.
Murlinna — Meur.
Murtirar — Marter.
Mustriar — Meister.

N.

Nair — Ner.
Naiv — Neiv.
Nianca — Nioung.
Niazza — Nevs.
Ningür — Nigliu.
Noait — Noig.
Nombrar — Dumbrar.
Noscher — Nuscher.
Noss — Niess.
Notizia — Nota.
Nouv — Niev.
Nova — Niev.
Novaziun — Niev.
Novizzi — Niev.
Nüd — Neu.
Nüvel — Nivel.
Nüzz — Nizz.
Nuscheivel — Nuscher.

O.

Obedenscha — Ubadir.
Observazinn — Servar.
Occular — Ögl.
Occurrenza — Cuorrer.
Ocha — Auca.
Odorer — Fardar.
Offaisa — Offender.
Offerta — Offrir.
Ommissiun — Metter.
Opposiziun — Poner.
Òr — Aur.
Òra — Aura.
Oreifer — Or.
Orizzi — Aura.
Orma — Olma.
Orva-ezza — Orbar.
Òt-ezza — Ault.
Oter — Auter.
Ova — Aua.
Ovaisc — Ueschg.
Ovel — Aua.
Ovi — Nuill.
Ovra — Operar.

P.

Pacificar — Pasch.
Padlauna — Dischiett.
Padraster — Pader.
Padrin — Pader.
Pag — Pagar.
Paglina — Pagar.
Paglioula — Paglialounca.
Pajar-er — Pagar.
Painch — Piaun.
Paiver — Peiver.
Pala — Pal.
Paletscha — Pial.
Paligna — Peil.
Palintschalla — Pal.
Palorma — Olma.
Paluoch — Pal.
Paluotta — Pal.
Palus — Peil.
Panazun — Panaglia.
Pandaligia — Pender.
Pandlar — Pender.
Pandrer — Pindrar.
Panèra — Paun.
Pantizzi — Peina.
Pantun — Punt.
Papanella — Tschittaloscha.
Parair — Parer.
Parait — Prei.

Parcatschin — Catschar.
Parchida — Part.
Parchirar — Chira.
Parderseher — Rastiar.
Pardütta — Pardichia.
Parevla — Praula.
Parfümar - Fimm.
Parmèr — Amparmèr.
Parmezar — Miez.
Parpiest — Poner.
Parsura — Sura.
Partecipar — Part.
Particular — Part.
Partida — Part.
Partischont — Part.
Parvair — Parver.
Parzial — Part.
Pasantar — Pasar.
Paschantar — Pasc.
Pascul — Pasc.
Passantar — Pass.
Passar — Pass.
Passatemps — Pass.
Passè — Pissl.
Passiun — Patir.
Passler — Spar.
Paster — Pasc.
Pastizier — Pasta.
Pastriu — Pastu.
Pastrügler — Pasta.
Patern — Pader.
Patria — Pader.
Patriot — Pader.
Patüflar — Patangar.
Pausa — Pussar.
Pavaigl — Lameigl.
Pazchaint — Pazient.
Pchò — Puccau.
Peja — Pagar.
Peida — Peda.

Pejügl — Pej.
Pell — Pial.
Pelvaira — Ver.
Penitienscha — Peina.
Percha—Cudetscha, Torta
Perfeczionar — Parfeig.
Personal — Parsunna.
Perversitad-ed — Vers.
Petten — Pechien.
Pettnar — Scultrir.
Pezchar — Pizz.
Pichira — Pichia.
Pidèra — Pidra.
Pierla — Pirla.
Pierta — Porscher.
Pigiel — Pei.
Piglver — Ver.
Pignela — Panaglia.
Pilnoschia — Peil.
Piogna — Oign.
Pistantar — Advocat.
Pitschnir — Pinch.
Pizchiar — Pizz.
Plaia — Plaga.
Planira — Plaun.
Planiv — Plaun.
Plauna — Plaun.
Plaunca — Plaun.
Plievgia — Plover.
Plövgia — Plover.
Plüch — Pizzi.
Plüma — Plimma.
Plumatsch — Plimma.
Plüra — Scarpittla.
Plusa — Maula.
Pövel — Pievel.
Popular — Pievel.
Poplöz — Puplar.
Port — Purtar.
Portafegl — Purtar.

Porziun — part.
Positiv — Poner.
Possibel — Puder.
Possident — Ser.
Post — Poner.
Posta — Poner.
Praschun — Parschun.
Prasuir — parsui.
pratic — prachia.
pravenda — parvenda.
predichant — pardagar.
predgia — pardagar.
pregiudizzi — Giudicar.
premeditazion — Meditar.
prepotent — puder.
president — Ser.
presuntuus — presumar.
pretaisa — Tender.
pretensiun — Tender.
prevaler — Valer.
prievel — prigel.
prisol — Suleigl.
prò — prau.
probabel — prova.
proceder — Ceder.
product — prodür.
proporziun — poner.
protecziun — protegier.
protestar — Testar.
providenza — Ver.
provisiun — Ver.
provisori — Ver.
prümavaira - parmavera.
prünna — primm.
pruina — purginna.
pruvament — provar.
psaunt — pasar.
pser — pasar.
püglinna — pulom.
pugnar — pugn.

püjöl — pei.
pulè — Cureg.
pulmaint — purment.
pölsch — pillisch.
pultistrida — Tatsch.
puoign — pugn.
puoncha — Costa.
purchier — pierch.
purschlin — pierch.
püschel — Maig.
pusseivel — puder.
pussonza — puder.
puschmaun — Damaun.
pütta — pichia.
puttera — pul.

R.

Rabitschar - Rauba.
Rachiar - Darcar.
Rafüdar - Rafidar.
Raginam - Regier.
Ragurdar - Cor.
Raig - Reg.
Rain - Diess.
Ram - Romm.
Rameigl - Mangiar.
Ramigliar - Mangiar.
Rana - Rauna.
Raudolina - Schvalma.
Rasgiadira - Reisgia.
Rasgiar - Reisgia.
Rassolauna - peil.
Rastè - Rasti.
Realisar - Real.
Rechamar - Recamar.
Recordar - Cor.
Red - Ried.
Reducziun - Redür.

Reginam - Regier.
Reformaziun - Forma.
Remarcar - Marca.
Remeidi - Mediar.
Remiedi - Mediar.
Republica - public.
Repugnar - pugnar.
Requisit - Requirir.
Reservar - Servar.
Resger - Reisgia.
Respir - Spirar.
Responsabel - Rispunder.
Reug - Rugar.
Rever - Reiver.
Revers - Vers.
Rovoltar - Volver.
Revoluziun - Volver.
Riment - Rumient.
Risch - Ragisch.
Rischlus - Riscar.
Ritschà - Tschuor.
Roacha - Rucca.
Rodel - Roda.
Rosadi-edi - Rugada.
Rouar - Rugar.
Rouda - Roda.
Rudlar - Roda.
Rüglentscha - Ricla.
Rujer - Ruir.
Rumur - Ramur.
Ruoschiel - Rusc.
Rüpch - Riep.
Ruschaneivel - Raschun.
Ruschieni - Raschun.
Ruttadira - Rumper.
Rutter - Rumper.

S.

Sabi - Saver.
Sadella - Sadialla.
Sagè - Sigi.
Sagliutt - Salipp.
Saguar - Aua.
Sajar - Schagiar.
Saida - Seida.
Saidla - Seidla.
Saigl - Saglir.
Sainza - Senza.
Saiv - Seiv.
Salniter - Sal.
Salpeiter - Sal.
Sanar - Meister.
Sandad-ed - Saun.
Sanglantar - Saung.
Sanguinari - Saung.
Santificar - Soinch.
Sapient - Saver.
Savajü - Suig.
Shalonzchar-er - Balonscha.
Sbara - Bara.
Sbeglar - Beschlar.
Sblach - Blaich.
Sbrajazzi - Sbargattar.
Sbrinzlar-er - Springir.
Sbrügir - Birlar.
Sbuatschar - Bov.
Sbudà - Rumper.
Scafferlar - Scaffa.
Scafienscha - Scafir.
Scarsola - Schleusa.
Scartatschar - Scarsin.
Scav - Cavar.
Schantar - Tschantar.
Schar - Laschar.
Scharschar-er - Tscharschar.
Schedta - Schalar.
Schem - Schamêr.

Schaul - Scholar.
Scheula - Asch.
Scheulda - Schuldau.
Schlaf da g. - Gromma.
Schialamana - Camiar.
Schiambar - Scumguar.
Schiampel - Scalper.
Schianar - Canar.
Schianger-der- Zagringel.
Schianlschia - Scaffa.
Schiarpa - Calzer.
Schiarplinar - Scarplir.
Schiarpötschar - Scarpitschar.
Schiatta - Topa.
Schiavlò - Bargalir.
Schiazzi - Scazzi.
Schichia - Schich.
Schiellar - Scalin.
Schierchel - Tscharclar.
Schimuossa - Zamuostra.
Schinager - Schaniar.
Schinforgua - Trumbel.
Schiuma - Spimma.
Schiurdům - Schir.
Schiusar - Chisa.
Schlavidrar - Lavar.
Schlavun - Lavar.
Schler-Schaler, Tschalèr.
Schlupett - Schlupar.
Schnavui - Schnuir.
Schnizlu - Nizza.
Schnizzar - Nizza.
Schoacha - Gippa.
Schuar - Ana.
Schzer - Tschessar.
Scollar - Colla.
Sconecher - Antschender.
Soorchett - Cutsch.
Scort - pardort.

Scoudir - Sooder.
Scoula - Scola.
Scruoschir - Scruscher.
Scumbigliar - pigliar.
Scuntrar - Ancunter.
Scurdar - Cor.
Scurnar - Chiern.
Scurzanir - Cuort.
Scuvalun - Lavar.
Scuvir - Cuvir.
Sdrigier - Sgargliar.
Sdrinà - Crutsch.
Sdun - Tschadun.
Sechar - Sech.
Seg - Schagiar.
Segl - Saghr.
Seguond - Socund.
Sella - Stalla.
Semda - Senda.
Sench - Soinch.
Sensaziun - Senu.
Sensibel - Senn.
Sensur - Senn.
Sentir - Senn.
Sentiment-aint - Senn.
Serpegiar - Siarp.
Serradüra - Sarar.
Servezzen - Survir.
Setter - Sagar.
Seuschd - Suschdar.
Sezzer - Sòr.
Sfardar - Freid.
Sforzar - Forza.
Sfrac - Sfarcar.
Sfrenà-ò - Farein.
Sfessa - Fender.
Sfuigner - Sfular.
Sfuir - Sfular.
Sfondrar - Funs.
Sgamiar - Gomgna.

Sgiarvatscher - Uttar.
Sgitt - Gitt.
Sguaigliò - Gaigl.
Sgualattar - Schalattar.
Sguardinar - Uorden.
Siand - Esser.
Sibiunera - Sablun.
Sichiur - Sagar.
Significar - Segn.
Sittom - Sagittar.
Slargiar - Larg.
Slaschau-à-ò - Laschar.
Sligiar - Ligiar.
Smagrir - Mager.
Smanatscha - Manatschar.
Smanchar-er - Ambliḋar.
Smarvigliar - Marveiglia.
Smassůchar - Smaccar.
Smedas - Samada.
Snagar - Negar.
Snejer - Negar.
Snervar - Nerv.
Snûdar-er - Neu.
Soffel - Suffel.
Sön - Sienn.
Soliv - Suleigl.
Sopcha - Suchia.
Sör - Sir.
Sotterrar - Terra.
sour - sora.
spaisa - spisa.
spalanchar - spanniar.
spedir - pei.
spesa - spender.
spettar - spichiar.
spiendi - spender.
spiert - spirar.
spiritual - spirar.
spizzau-à - pizz.
splajar-er - plagar.

splanar - plaun.
splecha - splemma.
spler - Tschiss.
splundrager - sblundriar.
spluntar-er - plant.
spordscher - porscher.
spredschar-er - prezzi.
sproporziun - part.
sproposit - poner.
spurnar - sprunn.
spüzzir - Tuffar.
squasal-el - schós.
squassar-er - saccuder.
squiglia - pulom.
sramer - Romm.
stabel - star.
stabi - star.
stabilir - star.
stagner - stinar.
staila - steila.
staliver - stinar.
starnüd - sturnidar.
statariel - star.
staunza - star.
stazzar - Tetta.
stenn - staign, stuorz.
sterzar - Treis.
stevel - star.
stig - stenscher.
stinaus - Obstinar.
stinf - Calschicl.
stipp - Teiss.
stovair - stuver.
stramentar - Temer.
straordinari - Ordinari.
straver-vair - Ver.
strivla - sdrimma.
strozchar - Runar.
studentar - stinar.
sturtigliar - storscher.

stüerta - storscher.
stüffi - Anfis.
sudò - schuldau.
süjartad-ed - sigir.
sularar - Aur.
suliv - suleigl.
sulprin - suolper.
sulvedi - salvadi.
sumbriva - Umbriva.
sumbügl - snig.
sumeiglia - sumigliar.
sunteri - santeri.
suosc, suosch - Tschuff, Tartar.
suoschiar - Tschuff.
surbantüm - Tschocc.
surdurar - Aur.
surigliada - Ögl.
surleiv - Lev.
surlievgiar - Lev.
surmanaivel - Manar.
surnumerari - Dumbrar.
surtagliada - Tagliar.
survagliar - Vigliar.
suschiar - Ascar.
suttamissiun - Metter.
suvrin - Zavrin.
svapurar-er - Vapur.
sventüra - Vantira.
sviar - Via.
svidar - Vid.
svigliar - Vigliar.
svurin - Uorden.

T.

Tablà - Clavau.
Tacquel - Tacc.
Taglioula - Tagliar.

Taja - Teigia.
Taindschaduor - Tenscher.
Taischia - Teigia.
Talvò - Clavau.
Tapizzer - Tapeta.
Tardenn - Dent.
Targlischar - Glisch.
Tarmetter - Metter.
Tarna - Mulaun.
Tass - Tais.
Tavella - Tavla.
Teila - Teisser.
Temaleg - Temer.
Temerari - Temer.
Temma - Temer.
Temperin - Temperar.
Tempestiv - Temps.
Temporal-el - Temps.
Temprament - Temperar.
Tenda - Zelta.
Tenscha - Tenscher.
Tenscher - Tonscher.
Tepid - Tievi.
Terdscher - Tarschinar.
Terribel - Terrur.
Terrorisar - Terrur.
Terza - Treis.
Terziel - Treis.
Testament - Testar.
Testificar - Testar.
Tett - Teg.
Tev - Theu.
Tezzar - Tetta.
Thea - Tegia.
Tiara - Terra.
Tierz - Treis.
Tigl - Tegl.
Tissuns-a - Teisser.
Tmuoss - Temor.
Töch - Biergna, Tocc.

Toffa - Tuffar.
Tór - Taur.
Torchel - Torclar.
Töss - Tusser.
Tössir - Tusser.
Tossöz - Tusser.
Tot - Tutt.
Trabügl - Turnigel.
Trachia - Trer, Tractar.
Trachuoir - Trachter.
Trainter - Tenter.
Transparent - parer.
Trattar - Tractar.
Travers - Vers.
Travuonder - Laguotter.
Tret - Trau.
Triaunza - Dent.
Trid - Macort.
Trimma - Gianitscha.
Trinitad - Treis.
Triplichar-er - Treis.
Tristezia - Trist.
Triuni - Treis.
Trivial-el - Via.
Tropp-a - Triep.
Truoz - Truig.
Trupager - Turpiar.
Tschà - Tschou.
Tschaffen - Tschaffar.
Tschai - Tschei.
Tschaira - Tschera.
Tschameu - Tschimma.
Tschegnar - Tschaghignar.
Tscherchar-er - Anqurir.
Tschereschèr - Tscharschèr.
Tschervè - Tschurvl.
Tschièra - Tschagèra.
Tschüffar - Tschaffar.

Tschütschar-er - Tschitschar.
Tschurvantar - Tschocc.
Tschuvertscham - Schuvergnioum.
Tucher - Tuccar.
Tugèg - Tughiar.
Tumpriv - Temps.
Tuorn - Turnar.
Tuornalett - Umbang.
Tuorsch - Turschar.
Tuoss - Tusser.
Turbament - Tuorbel.
Turblar-er - Tuorbel.
Turbolent - Tuorbel.
Turpchenscha - Turplar.
Tussagər - ťissl.
Tusuns-a - tunder.
Tuttavia - Via.

U.

Ubedenssha - Ubadir.
Ubiedi - Ubadir.
Ua - Eua.
Udurar - Fardar.
Üerl - Urlar.
Üert - Jert.
Ugual - Ual.
Ui, Uvi, Uvill - Nuvill.
Umbrinoss - Umbriva.
Unanim - Unir.
Unfrenda - Unfrir.
Uniform - Unir, Forma.
Univers - Unir.
Universal-el - Unir.
Unlar-er - Unscher.
Unzacura - Anzacura.
Unsaco - Zaco.

203

Uonda - Unda.
Uonn - Onn.
Uossa - Ussa.
Uraglia - Ureiglia.
Urdatüra - Urgir.
Urialla - Ura.
Urtia - Urchicla.
Üsar - Usar, Isar.
Uschè - Aschìa.
Uschievla - Asch.
Uschigliò - schigliocc.
Usöl - Ansiel.
Ustèr - Ustier.
Ustrir - Barsar.
Üt - Unscher.
Uttun - Mesch.
Utnon - Atunn.
Uzar-er - Ault.
Uzlauna - pett.
Uzzun - Izzun.

V.

Vacha - Vacca.
Vaccinar - Vacca.
Vaglia - Valer.
Vagliar - Vigliar.
Vaider - Veider.
Vaidg - Veu.
Vaidgia - Veu.
Vaina - Veiua.
Vaiudscher - Venscher.
Vainter - Venter.
Vair - Ver.
Valair — Valer.
Valitta — Valer.
Valsenn — Valer.
Valur-us — Valer.
Valü — Valeu.

Van — Vaun.
Vanitad-ed — Vann.
Vanzadūra — Vanzar.
Vardad-ed — Ver.
Vardaivel — Ver.
Varietad—ed — Variar.
Varsacons — Anzachi.
Varzager — Zaghiar.
Varziar — Zaghiar.
Vaseivel — Ver.
Vasida — Ver.
Vdaig — Farcaigl.
Vdè — Vadi.
Veglia — Vuler.
Veider — Veder.
Veispra — Viaspra.
Vendetta — Vendicar.
Ventura — Vantira.
Verifichar — Ver.
Vermaniglia — Vierm.
Versiun — Vertir.
Vertir — Vartir.
Vespra — Viaspra.
Vestir — Vaschir.
Viadi — Via.
Viagiar — Via.
Viandant — Via.

Victorius — Venscher.
Victuaglia — Viver.
Vigna — Vin.
Vigilar — Vigliar.
Vigilgia — Vigliar.
Vinschida — Venscher.
Violent — Violar.
Viruoschiel — Vadruskel.
Virücla—ja — Vricla.
Vischia — Visclar.
Visibel — Ver.
Vischnauncha — Vischin.
Visitta — Visar.
Visibil — Ver.
Vital — Viver.
Vitt — Vin.
Vitta — Viver.
Vivacitad—ed — Viver.
Vlüd — Valen.
Vöd — Vid.
Vöglia — Vuler.
Volontari — Vuler.
Voluntad—ed — Vuler.
Vschia — Vischigia.
Vtūra — Vichira.
Vud — Votar.
Vulair — Vuler.

Z.

Zachin — Zeoca.
Zangua — Zaunga.
Zann — Zôn.
Zappar — Zapp.
Zappaduoira — Zapp.
Zappa — Manizzar.
Zappiu—un — Zapp.
Zappuns — Zapp.
Zaungia — Zaunga.
Zavigliar — Carmalar.
Zeloi — Zeli.
Zelus—ia — Zeli.
Zercluns — Zarcira.
Zepra — Zeppla.
Zert — Desertar.
Zierchel — Zarclar.
Ziplar — Zinslar.
Zocca — Migliacc.
Zoatla — Zocla.
Zop, Puoz — Zupp.
Zūcha — Zichia.

Nachtrag.

(Siehe darüber das Nachwort.

Abeich, * a. nichtig, leer. Tit. 2.
Abiadi, m. Enkel. abiadia f. s. biadi.
Abilitad-äd, f. E. Geschicklichkeit, f. s. abil.
Abiss, m. E. Abgrund, m.
Abitar-är, wohnen. abitant, E. abitont, 1. Einwohner, Bewohner, m. abitabel, a. bewohnbar. abitaziun, f. Wohnung, f. disabitau-ada, 1 disabitò-äda, unbewohnt, s. avdar.
Ablatschanto * E. (1 Petr. 1, 19) rein.
Abod, E. Adv. avunda 1 genug.
Abortar, zu früh gebären. abort, m. zu frühe Geburt.
Abuniar, E. versöhnen, beschwichtigen.
Abusi, m. Mißbrauch, m. abusiv, mißbräuchlich. cuors abusiv (dem tarifmäßigen entgegen).
Acclar-är, accligiar-är, E. das Vieh im Maiensäß haben - äßen, s. accla.
Accentuar-är, betonen. s. accent.
Acchiassär *, vertreiben, Fr. chasser.
Accordar-är, s. corda.
Accrappar-är, E. steinigen, s. crap.
Accumular-är, änfnen, an - aufhänfen.
Aciò, Conj. E. damit, aufdaß.
Acuflär, s', E. sich verbinden, vereinigen, fleischlich beiwohnen.
Adagnar *, adegnur, E. würdigen. sdegnar, entwürdigen, verachten.

Adaramaint, m. E. Irre, f. s. anèr.
Adascuzz, a. M. stolz, a. baarfuß unbeschuht; bov - slitta -, unbeschlagener Ochs-Schlitten..
Adester, adeister, a. E. geschickt, gewandt, adestrar-är, abrichten.
Adimaint, s. andament.
Adinna, 1 adüna, E. Adv. immer, allezeit.
Adossar-är, aufbürden, belasten, s. diess.
Adüsar-är, E. gewöhnen, s. disar.
Adversari, m. Gegner, Widersacher, m. adversitad-äd, Widerwärtigkeit, f. Unglück, n. s. vers.
Aer, air, m. E. Luft, f. arius, a. windig, luftig.
Ägla, böschg d'-, E. Steineiche, f.
Ätad, f. E. Alter, Zeitalter, n.
Äternel, a. ewig; fö-, n. ewiges Feuer.
Affont. m. 1 Kind, n. s. uffont.
Aggravaditsch, * a. E. lästig, s. grov.
Agid, agüd, ajüd, m. Hülfe. agiüdaunt, m. E. Gehülfe, m. s. gidar.
Agispēri, f. E. Verderben, n. redür in -, ins Verderben stürzen.
Aglia, aivla, ävla, aguaglia, f. E. Adler, m.
Agn. aign, m. Erle, f. s. oign.
Agne, m. E. Lamm, n. agnellar-är, lämmeln, s. anuigl.
Ägra, f. M. Mühe, f. cun -, mit Mühe, schwerlich, kaum.

1

Agraiar-är, E. wünschen, f. gariar.
Agreabel, a, angenehm, f. agradir.
Agricultur, m. Ackersmann, m.
Agua, aguäl, aguaigl, aguazun. f. aua.
aguadottel, m. E. Wasserleitung.
Aguäd. m. E. Hinterhalt, m. guätar sü, auflauern.
Aguaigl, m. E. Stachel, m. f. üveigl.
Aguaiglia f. aguin, m. E. Nadel, f. guila.
Agüz, a. spitzig. agüzzar, schärfen; – il curté. das Messer –, f. gizzur.
Aha, (Ausruf des Merkens, sich Besinnens) ja so, jetzt wohl!
Ailch, E. einiges, etwas.
Aina, f. M. Hechel, f. – larga, weite H. – stretta, enge H. glin innü, gehechelter Flachs.
Airi, a. steif, f. eri.
Aisel, a. M. thätig, arbeitsam. aislezza, f. Arbeitsamkeit, f.
Aiver, a. E. betrunken, f. eiver.
Alaig, f. F. Ehe. f. f. leg.
Alaussa, alossa, E. Faulbeere, f. madürar las –, Zeit haben, lange gehen, f. laussa.
Albierg, m. Gebäulichkeit. funs ad albiergs, Güter und Geb. f. albierg.
Aldar-är, aldüm, aldümär, f. ladar.
Alär, alèr. elèr, E. Spuhlenflügel, m. f. ala.
Al-argordar, algordaschun, f. Erinnerung, f. ragurdar.
Alguar, E. schmelzen; bildlich, – il cor, weich – gerührt werden.
Alimäri, almärgi*, m. E. Thier, n. alimergi, a* thierisch, f. glimari.
Allachiär *, säugen, stillen, f. laig.
Allatrad, a. E. gelehrt, It. letterato.
Alleger, allegrar, allegria, f. leger.
Allottar-är, locken, erfreuen. allettamaint, m. Lockung, f. Reiz, m.

Alligiar-är, alliar-är, colligiar, sa, sich verbünden. alliaunza, f. E. alligionza, 1 Bündniß, n. ils alliai, allios, die Verbündeten, f. ligiar.
Allignär, 3. gedeihen, Wurzel fassen.
Allò, E. Adv. dort.
Allogiar-är, E. logiren. f. luschar.
Almain, E. Adv. wenigstens. f. meins.
Almantär.3 klagen.almantaunza, f.lamentar.
Alschiva, f. E. Lauge, f. f. lischiva.
Altèr, a. E. stolz, hochmüthig.
Alv, a. weiß. ir en mongias alvas, in Hembärmeln gehen.
Alvar, alvamaint, alvaunt. f. levar.
Alvrus, levrus, a, E. aussätzig. fünig. alvrüsia, levrüsia, f. Aussatz, m. f. biemal.
Am, amp, m. E. Fischangel, m.
Ambastir, f. Ambustir.
Amäder*, m.E. Liebhaber, m.amurvaditsch. a. verliebt, f. amar.
Amanchiantus, a. mangelhaft, gebrechlich, f. muncar.
Amanzunär, E. erwähnen, f. menziun.
Amarv, a. starr. f. marv.
Amnsduos, amisduos, beide.
Ambiguo, a.E. zweideutig, zweifelhaft, ungewiß. ambiguamaing, zweideutig. ambiguitad-äd, Zweideutigkeit f.
Ambis, amble, f. E. *Abies pectinata*.
Amid. amad, m. E. Stärkemehl, n.
Ammalatär, 3 krank werden, f. mal.
Ammastrar-är, unterweisen. ammastramaint, Belehrung, f. f. meister.
Ammattir, zornig, leidenschaftlich werden, aufbrausen, f. matt.
Ammetter, s'* sich einem ergeben, f.metter.
Amo, amuo, 3 Adv. noch, überdieß.
Ampa, aumpulla*, f. E. Lampe f.

Ampalmar-är, bebändigen, f. palm.
Amparneivel, a. 1 angenehm. amparneivlaladad, f. Annehmlichkeit, f. f. prender.
Ampau. 1 ein wenig. f. pauc.
Ampel, a. E. weit, geräumig. amplificar, amplifichar-är, erweitern. amplificaziun, Erweiterung, f.
Ampiens, 1 (immer in der Mehrzahl) Urin, m. Wasser von Menschen und Thieren; lavar cun -, mit Urin waschen.
Ampinamaint, spiamaint. m. E. sonderbarer Einfall, Thorheit, f. f. ampinar.
Ampraisma, f. M. der erste Anschrot am Heustock.
Ampruar, 1 versuchen, f. pruvar.
Ampunir. 1 ansehen, f. unir.
Amüsar. E. belustigen; s'-, sich vergnügen.
Amüstäd, * far -, freien, f. amar.
An (Eng. in) an sonda, am Samstag. anvi - annou, hin- herwärts. anavont, vorwärts.
Anamig, anamicizia, f. amig.
Anasprél. m. F. die Büchse an der Wagenachse, f. buis.
Anavos, 1 inavous, E. Adv. rückwärts. trér-, zurückziehen, (bei Krankheiten) abnehmen; mal da trér anavos, 1 Schwindsucht, f. in anavos, ein Geringer, Schwach matiler.
Ancaigl. m. 1 der erste Keim der Früchte, Korn, Kartoffeln etc.
Ancanuras, 1 Adv. bisweilen, zuweilen. f.
Anda, amda, f. E. Tante, f. f. onda.
Anda, andung, f. E. Gute, f. auca.
Andamaint, m. E. Gang, Hergang. m. andit, m. Hausgang-Flur, m. andautameinmaing, ziemlich, ordentlich.
Andirar, 1 leiden, f. dir.

Andreg, 1 Adv. indrett E. recht, far, far -, recht thun.
Aneva, f. F. gemeine Arve, Bergkiefer, f.
Angarnalar, 1 f. graun.
Angarschar, mästen, f. grass.
Anglar, m. 1 freie, bemoste, baumlose Stelle in einem Walde.
Anialla, f, agnella, weibliches Lamm. f. anuigl.
Anisch, m. E. Anis, m. f. enis.
Ann, m. E. Jahr, n. annada, f. Jahrgeld, n. f. onn.
Annotaziun, f. Anmerkung, f. nota.
Annullar-är, vernichten, für nichts erklären, aufheben. - il contract, den Kontrakt aufheben.
Ansius, a. E. begierig, ängstlich. ansietadäd, Sehnsucht, Begierde. f.
Ansonn, 1 vor einer Weile
Antecedent, a. vorhergehend, vorherig. antecedenzin, Vorgang, was vorher gegangen ist.
Antenat, m. E. Vorfahr, m.
Antender, 1 verstehen.
Antic, a. E. alt. antiquitad-äd, Alterthum, n.
Anvernaun, m. 1 ein überwintertes Schwein. f. unviern.
Anzerd, m. 1 ein Stück gezettetes Heu. f. anzordar.
Anzi, E. vorher, vielmehr. anziaun, m. Aeltester. Vorsteher, m.
Anzola, f. M. Erdbeere, f. farvun.
Anzua, f. M. Johannisbeere, f.
Apurir, erscheinen. aparent, a. scheinbar.
Apaschür*, beschwichtigen, f. pasch. aparentscha, E. Schein. Anschein, m. aparizinn, Erscheinung, f.
Apichiar *, (alla crnsch) anheften. f. pichia.
Apinär, bereiten, f. pinar.

Apozär, s* f. anlehnen, einem anhangen, sich anlehnen, - stützen.
Aprezzar. aprüschar*, schätzen, f. prezzi.
Aprobar, billigen.
Apruvar, f. pruvar.
Apussaivel, a. heilsam, zuträglich. impraisa -, heilsames Unternehmen. opussaivlezza, f. Billigkeit, Milde, f.
Aque, das. par-, denn, weil.
Aradè, m. E. Pflug, m. arazun, m. günstiger Tag zum Pflügen, (wenn Wetter und Arbeiter gut sind), F. radira, Stück von 800 Kl. f. arar.
Aragliò, m. E. Backzuber, m.
Araig*, E. König, f. regier.
Aram, arom, m. E. Kupfer, n. aromina, M. ramina, E. Art Kupferhafen, m. Kesselchen, n. f. irom.
Aramaint, Irrthum, f. aner.
Arampchar, arampiar-är, E. klettern, von ram.
Arasar, ausbreiten, zerstreuen, f. rasar.
Arassa, f. E. rassa, Mantel, m. Kleid, n.
Aravitscha, E. Coll. ln, Kräuter, Rübenkraut.
Arbaigl, m. E. Erbse, f. f. arveigl.
Archa, f. Wuhr, n. Wehr, f. Trog, m. Bogen, m. - da graun, E. arcun, 1 Korntrog, m. archa palperi, E. Papierbogen, m.
Ardür, E. bringen, It. redurre.
Aredschaduor, m. E. Herrscher, f. regier.
Aresüstaunza, f. E. Auferstehung, f.
Arfüdar, E. verwerfen, scheiden. charta d'arfüdaschun, Scheidebrief, m. f. rafidar.
Argiar-är, saguar, wässern, f. aua.
Arginvenna, 1 falsche Bärenklau, Heracleum (nicht Suracleum) sphondilium.
Argiunscher, E. beifügen.
Argör, m. M. Grummet, n, f. raschdiv.
Arguardar, E. für riguardar, berücksichtigen.

Arich, a. E. reich, f. rich.
Ariglia, Coll. l'-, Bauholz (für Ställe).
Arinchüra, E. avair -, darauf halten, achten, zu Herzen nehmen, (cura.)
Arisch, f. Wurzel, f. arischär, einwurzeln, f. ragisch.
Arlia*, f. E. Zwietracht, f.
Armagliar, E. wiederkäuen, ramaglia. 1 f. mangiar. .
Armal, armantiv, a. f. arment.
Arnuär*, E. erneuern. arnuamaint, m. Erneuerung, f. It. renovare.
Arob*, m. E. Schmutz, Unrath. m. Beute, f. arobär, rauben.
Aröf, m. E. Bitte, f. arouar, bitten. f. rugar. .
Arozär*, E. sich rebellisch erheben, rabaulzar, 1.
Arpchar-är, E. eggen, f. erpi.
Arprender, E. für, reprender, rügen.
Arptar-är*, E. schwelgen. 2. Tim. 5.
Arsaia, f. M. brennender Durst. arsentüm, M. brennende Kälte. arsaint, a brennend, f. arder.
Arsalvar, E. rasalvar, 1 vorbehalten.
Arschaiver, E. empfangen, f. ratscheiver.
Arschantèl, m. 2. Spühlbecken. m. f. arschantar.
Arschfradar-är, erkalten, kalt werden, rafreidar.
Arschücla. f. E. Sauerampfer, f. f. asch.
Arsenal, n. Zeughaus' n.
Artezza, f. E. Muth, m. Kühnheit, f. der - als infants, die Kinder kühn, keck machen, anreizen.
Arträr, F. ziehen, an sich ziehen. artratta, Zug, m. Zugrecht, n.
Arüflär*, E. bereuen. arünflentscha, Reue, Buße. f. ricla.

Arvadi, m. 1 Weidelohn in den Alpen. f. iarva.
Arvgnir, E. gelangen, erhalten.
Arviert*, m. E. Apost. Gesch. 1, 20. Wohnung, albierg, avdonza.
As, 's, E, sich, sa, s' 1.
Asafdär*, E. ausbedingen, sich verdingen, offenbaren, verkündigen; – pagaglia, Lohn ausdingen.
Aschèr, m. E. Ahorn, m. f. ischier.
Aschier, a. E. rein, reinlich. aschieria, Reinlichkeit.
Ascho, E. dorthin, weg. da qui –, von hier hinweg.
Ascultar, f. scultar.
Asen, m. Esel, m. Pfluggestell=Träger, F. fig. Einfaltspinsel, m.
Asienf, m. B. Wucher, m.
Asöl, asoula, E. Ziegenlamm, n. asoulèr, m. Hirt der 3. f. ansiel.
Asper, a. E. herbe, streng. aprezza, aspradad 2. Bitterkeit, Herbe, f. insaprlr, bitter werden, inaspreu-ida, erzürnt, erbittert.
Assa, f. M. Schindel=Bretterblock.
Assaglir, angreifen. assault, Angriff. m.
Assapiantär*, wissen lassen, anzeigen.
Assent, m. E. Wermuth, m. f. issiens.
Assögniär*. E. besorgen, pflegen. söng, m. Sorge, Fr. soin.
Assorvär*, blenden, f. orb.
Assovär*. wässern, f. aun.
Astä, f. M. Sommer, m. f. stad.
Astaint, astijnt*, m. E. Mühe, f. astaintar, leiden, gedrückt sein, plagen. f. stentar.
Astella, stella, f. E. Holzspäne. f. stialla.
Aster, m. F. Hausflur, Hausgang, Estrich, m. Nervenfieber. n.
Asth*, a. bitter, (Jac. 3, 14.) (astio?)

Astur, m. E. Habicht, m.
Atheist, m. Gottesleugner, m. atheismus, m. das Gottleugnen.
Atizgiar*, E. reizen, It. aizzare.
Atschal, n. Stahl. atschalin, m. E. Flintenschloß, n.
Attender, tender davo, sich womit beschäftigen, abgeben.
Atturnär*, E. umgeben.
Auèr, m. M. Aufseher über das Wasser. aueria, das Aufseheramt übers Wässern.
Aunta, f. M. Sägebrett, n.
Aunz, E. eher, früher, vor, f. ons.
Aunza, f. E. Schlinge, f. f. onza.
Autro, utro. Adv. anderswo.
Auzar-är, aduzar, aduzamaint, f. alzar.
Avant, vor, avantar*, E. übertreffen, überlegen sein. in anuvont, ein Vornehmer.
Avärar*, E. bewähren, (avverare), s' avürär, sich bewähren.
Avair, haben, f. aver.
Avduduor, m. 2 Bewohner, m. f. avdar.
Avna, evna, f. Erzhafen, m. f. vanaun.
Avriard, m. E. Trunkenbold, m. avriartüm, m. Völlerei, f. f. eiver.
Avuà, avuò, E. abuà, m, Vogt. m. f. vugau.
Avurar*, avuoirär, augurar, wünschen. avoir, Wunsch, m. It. augurio.
Azaffar, E. ergreifen, f. tschaffar.
Aziever, E. einholen, It. raggiungere.
Azzuogliür, E. stopfen, verstopfen; – la buocha, den Mund verst. f. sugl.

Baccun, m. E. Bissen, m. Stück, n. Brocken baccuuar-är. aint, einbrocken, fig. zu schaffen machen, f. bucca.
Bacharia. f. Mezt, f. Schlachthaus, n. f. mezga.

Bachetta, bichetta, f. E. Stock, Richterstab, m. tener -, den Stab (im Gericht) halten, der erste sein. rumper la -, den Stab brechen, (Sinnbild der Verurtheilung zum Tode). bacchettari, m. E. Stabträger, Vorsteher in einer Wahlbehörde. bachettar-är, mit Ruthen schlagen. bachettada, f. Stock-Ruthenhieb, m.

Badaint, n. (faus -,) Doppelzahn. badaint, a. stark, mächtig.

Badaischg, m. Verderben, n. Ps. 6. büttar, a -, schlimm einschlagen, sich auf die böse Seite wenden.

Badalaischg, m. Ochsenzunge, f. (Grasart).

Badar-är, E. achten auf etwas, sich etwas daraus machen. as badontar, f. badinar.

Badascar, herumirren - schweifen.

Baderl, baderlar, schwatzen; f. batter.

Badinar, 1 stillen, besänftigen. sa badinar, sich verweilen.

Baduclas, F. ir a -, herumirren, lungern.

Baffa, f. F. Speckseite, f. ischitta, 1.

Bagnèra, f. Waschzuber, m. f. bugnar.

Bagott, m. O.H. Querkopf, Schwindelkopf, m.

Bajar, bajader, bajaria, f. bagliass.

Bain, m. E. Wohl, Gut, n. Adv. wohl; far -, wohlthun, gut anschlagen; ir -, gut gehen. chi sta bain, nun as mouva; chi sta mal as sloua. bainstadi, m. E. Wohlstand, m. Wohlhabenheit, f.

Balchar, beruhigen, beschwichtigen, verschwinden; - sco ün füm, wie Rauch verschwinden. esser balcha giò, fig. gesetzt, ruhiger geworden sein.

Ball, m. F. Schaukel. f. ballar, schaukeln (auf dem Seile oder Brett), f. ballonscha.

Bandus, a. sanft, E. bandusezza, f. Sanftmuth, f.

Banc, bancha, 2 bauncha, 3 baun (boun, beun) 1 Bank, f. - pegna, Ofenbank. - da splanar, Hobelbank, f. - da trer, Reisbank f. bankier, m. Bankier, m. bancarutt, m. Bankerot, m. far -, Bankerot machen, die Schulden nicht bezahlen können.

Banir, bandeu, f. bann. bandaschun, f. E. Verbannung. f. Bann.

Bar, m. E. Widder, m.

Baradella, f. F. zweirädriger Wagen.

Barbachaun, m E. Stützmauer, f.

Barbin, m. E. Pudel, m.

Barbuogna, M. f. vergugna.

Barcha, f. E. kleines Schiff, Boot, n. sbarchar, ausschiffen, f. barca.

Barchügliar aint, M. einwickeln. berchuoigl, m. Klumpen, m.

Bardasch, a. E. schlingelhaft. unartig, ausgelassen.

Baretta, bretta, f. E. Mütze, Kappe, f.

Bargiatöli, m. E. Fegfeuer, n.

Barlangia, f. f. magliacc.

Barlöch, a. E. barlocc, 1 sonderbar, einfältig, albern. F. schlecht gekleidet, zerlumpt.

Barlocca, f. 1 Quaste, f. capitscha cun -, Kappe mit Quaste.

Baroclas, pl. M. Kinderbänke in der Kirche.

Barscheul, bratschöl, m. f. bratsch.

Basar-är, gründen. basa, Grundlage, f.

Baschigl, m. E. Becken, m. Bartschlüssel, f. It. bacino.

Basdicaz, m. M. Kerl, m. Schuftchen, m.

Basdrin, m. Vetter, basdrina, f. Base, im vierten Grade.

Basgual, a. gleich.

Bastiun, m. Bollwerk, n.

Batliner, m. 2 Heu-Betttuch, n.

Batschlauna, f. 3 Tannzapfen, m.

Battader, m. M. Drescher, m. f. batter.

Battalaier, battalaer m. M. Windrad, m. fig. wankelmüthigen Mensch, Windfahne, f. Windbeutel, m.
Battitschun, mattitschun, Kinn. batter.
Bavania, babania (verstümmeltes Epiphania) Dreikönigstag im Januar, der nach dem Volksglauben sich besonders zur Erforschung der Zukunft eignet. Die erwachsene Jugend will aus dem Falle des über den Kopf rückwärts geworfenen Schuhes, oder aus den Formen des mit gestohlenem Bleie gegossenen und ins Wasser geworfenen Bleies, an diesem Tage das Zukünftige errathen. far -, durch solche Künste wahrsagen.
Bavun, m. E. s. clav.
Bazun, m. E. Bogen, Pfeil, Blitz, m. (Hiob).
Bè, 2 Adv. nur, bloß. na be, nicht nur.
Beaus-ada, beo-äda, E. selig. beadienscha, 1 beadenfcha, E. Seligkeit, f. beatifichar-är, beseligen.
Beau, beaus, alteng. für bels.
Bebè, M. bibi, 1 Kindername für alles Schöne, wie cacca, für alles Häßliche.
Bègl, m. E. gemaltes Heiligenb. B. Helgeli.
Bellet, m. E. Schminke, f.
Benefactur, f. far-factur.
Benign, a, E. gütig, gutmüthig. benignitad, f. Gütigkeit. Gutmüthigkeit. f.
Berchel, m. E. kleiner Kerl, Knirps
Besaun. a. s. sun.
Beschia, f. E. Schaf, n.
Besla, f. E. Teller, m. basleda, F. Tellervoll, Versuchstück von der Metzl, dem Pfarrer oder Freunden.
Bestia, bestialitad-äd, f. biesc.
Better, f. bezzar, 1 hüttar, E. werfen, schieben; - d' inna vart, auf die Seite schieben. sbittar, verachten.

Biaig, biach, m. E. Dünger, m. abiagiär, dar üna biagiäda, f. leicht, oberflächlich düngen. abiagiäder, m. (alteng). Landbauer, m.
Binmaun, bimun, s. bi.
Bien, bunna, 1 gut. dar bien gi, den guten Tag wünschen. dar bien pluid a saig, freundlich sein. schar cun bien, in Ruhe, ungestört lassen. bien, bön, m. das Gute. igl bien ca ti fas, das Gute, das du thust, bien. Adv. far bien, gütig, wohlthätig sein. aver da bien, zu fordern haben.
Biergna, f. M. jeder Wurzelknoten, Geschwür, n.
Bignun, m. E. Geschwür, n.
Blada, f. 1 Hostie, f.
Blasfemar-är, lästern, verläumben, blasfematur, m. Verläumber, m. blasfemia, f. Verläumbung, f. fama.
Blèr, a. E. viel, blerüra, beariras, 1 ga r viel.
Blihir, bleichen, s. blaich.
Blov, a. E. blau. blovetta, f. *Genziana Verna.* blaue Blume überhaupt.
Böd, 3 bauld, 1 bald. scumbod, sobald als
Bögl, m. E. Darm, m. s. begl.
Böschg, m. E. Staube, f. Gesträuch, n. kl. Baum. la bosca.
Bosna, f. M. Weberkleister, m. s. schmizza.
Botsch m. Widder, Schafskopf, m. far il -, murrisch, sauertöpfisch sein. botschar, stoßen, (vom W). sa -, sich stoßen.
Bouda, f. (bova) Erdschlüpf, m.
Bov, m. Stier, m. Pl. bos. dar bov, zuchten lassen. dar bos, Fuhrwerk liefern. bouva, f. E. Zugkuh, Zugrind n. buagèr, brüllen. vacca buaditscha, Brüllerin, f. buolch, m. E. Ochsenhirt, m.
Bozza, f. Schößling, m. Knospe, f.

Braja, f. E. Mühe, f. f. breigia.
Brajassas, brajessas, Pl. E. Hosen, Jt. *brachetto*.
Braina, braginna, 2 Reif, m. f. purginna.
Brainta, f. branzin, m. E. f. branchin.
Brais, m. (bei Campell oft) Preis, Ruhm, Jt. *vanto*.
Bramus, a. bramusamuing, begierig, E. bromma, f. brommar, f. bramar.
Branchar-är, E. branclar, greifen (mit der Hand). brancläda, braunca (d'fein), eine Handvoll, ein Wisch Heu. branclöz, m. Umarmung, Umhalsung, f.
Brastuoch, m. E. Brusttuch, n.
Bratsch, m. E. Arm, Elle, E. - muot, ein Elle lang, im Gegensatz von b-quadrat, cubic.
Brazzüra, f. Holzstrick, m. brazzärin, kleiner Strick.
Brêv, f. 1 charta, E. Brief, m. -, da marcau - marchò, Kaufbrief.
Bricha, E. nicht, f. bich.
Briclar, briglar, M. wimmeln.
Briecha, f. F. ein dickes, häßliches Weib, Jt. *donnaccia*.
Brillär °. (Ap. Gesch. 10) kriechen.
Brischnaclas, *onobrychis sativa*.
Bröl, m. E. Baumgarten, m.
Bröch, f. brick.
Broda, f. Suppe, f.
Bröz, m. E. zweirädriger Wagen.
Brüdgiar, beschmutzen. brüdgiöng, brudi, m. E. Schmutz, m. Unreinlichkeit, f.
Brumblar, 1 murren, brumblimm. brumblada, Gemurre.
Brün, a. braun. brunett, a. bräunlich. brünetta °, f. Dämmerung, f. brünnint, bräunlich.
Brunclar, M. murren, keifen, bruncladitsch,
a. mürrisch. brunquel, m. Unwille, Lärm, m. Getümmel, n.
Bruntular-är, E. murren, surren, bruntulun, m. Murrkopf. bruntulüm, bruntulada, Gemurre, n.
Brüscha, f. E. Nordwind, m.
Brütt, E. Schwiegertochter, f. f. britt.
Brys °, (della vertüd) 2. Cor. 4. 7. Kraft, Vortrefflichkeit, f.
Bsögn, E. bsögnar, f. basegns.
Buagiär, E. bughiar, 1 wagen.
Buchiäl, m. E. Maulkorb, m. f. *bucca*.
Bnglitsch, m. F. Wäsche, f. von buglir.
Bügna, f. 2. Geschwür, n.
Buih, ach was! möglich!
Bullar, bóllar-är, stempeln, brandmarken. buol, m. Stempel, m. Brandeisen, n. Brandzeichen, m. buolla, f. Beule, Geschwulst. bulletta, f. boletta, Gesundheits-Waarenschein, m. bulettin, Zettelchen.
Buma, Coll. 1 Leckereien, B. Güteli.
Bumar gió, m. beschwichtigen, aussöhnen.
Bümatsch, m. E. Widder, m.
Bumbunus, a. 1 wurmstichig.
Buocha, E. Mund, m.
Buonder, m. Neugierde, f. huondragius, a. neugierig. buondrar, buondragiar, neugierig sein.
Buorsaröl, m. Beutelschneider, m. f. buorsa.
Bural, m. Oeffnung, f. Loch, n. etwas hinauszustoßen. (Fallthür über dem Ofen zur Schlafkammer).
Burchett, m. f. briek.
Burdigliar, F. kriechen, wimmeln, (noll' agua).
Burlar-är, spassen, spotten, burlun, m. Spötter, Possenreißer m. burlada, burlimm, Gespött, n.
Büs, m. E. Kummer, m. Wunder, n. nu

avair no büs nu pisser, M. sich nichts daraus machen.

Büschen, m. E. Leuchel (Röhre einer Wasserleitung) m. sbüschar, entfliehen.

Büschin, f. E. Loos, Looshoļz, n. trar la -, das L. ziehen. dar oura las -, Loosholz vertheilen. Splitter, m. Matth. 6.

Büschietta, f. Tasche, f.

Büschmar, 2 knistern, auflodern.

Buschun, a, M. stark, kech.

Bäsen, m. E. Schilfrohr, n.

Butia, f. Kramladen, m. fig. Hosenlatz, m.

Butin, m. E. Beute, f. butinar-är, Beute machen.

Butsch, m. M. wattirte Kindermütze.

Bütsch, m. E. Kuß, m. bütschar, küssen. - ils mauns da las duas varts, froh sein können, M. f. hitsch.

Butschin, butschida, s. buott.

Büttar-är, werfen; - bain, M, gedeihen (vom Vieh). büttabain, m. ein Schmerbauch. imbüttar, vorwerfen, beschuldigen. rebüttar, verwerfen. sbüttar, verachten.

Buttatsch, m. großer Bauch, Magen (vom Rindvieh), m. (alteng.) Posaune, f.

Buttibuoigl, m. M. Gewirre, Gemengsel, Gewimmel, n.

Ca, cha, daß. bein ca, obwohl. cur ca, wenn. fin ca, bis. par ca, damit, Abkürzung von bucca, nicht. sas ca pli, weißt nicht mehr; deßgleichen von casa, Haus: ir a ca, nach Hause gehen.

Cadrim, m. F. vierjähriger Ochs, (di quattro anni).

Cadüc, a, E. hinfällig, gebrechlich.

Calgèra, f. calschina.

Calisch, 1. calasch, m. E. Kelch, m.

Calureus, ida, chalurieu, ida, erhitzt, f. calur.

Cambrida, f. 1 der frische Schnee, Reif, welcher an den Waldbäumen bis zu einer gewissen Tiefe des Berges herunter sichtbar ist, und sie gleichsam pudert.

Camutschas, Pl. O. H. Zeitlose, f. Colchicum autumnale.

Canaglia, Coll. Lumpengesindel, n. f. chiaun.

Canistialla, 1. Coll. Johannisbeeren.

Canval, canvitsch, f. coniv.

Cardienscha, carteivel, f. crer.

Carig, carich, charg, m. E. Auftrag, m. Amt, n, inchargiar, beauftragen. incharg. m. Auftrag, m. f. cargar.

Cas, m. E. cass, 1 Fall, m.

Cartaun, m. B. ein gewisses Milchmaaß in den Alpen (2 Maaß).

Caula * (cavla?) Adler, m. Luf. 19. und an mehrern andern Orten des Bivronischen N. T.

Cavazzòla, f. das vorspringende Stück an der Wagenachse.

Cazchiar, 1. unverständig treiben, drängen.

Chadafö, f. E. Küche, f. f. casa.

Chadregia, E. chiadräa *. f. Stuhl, Sessel. m.

Chadret, m. M. Ballen, m.

Chajar-är, scheißen. chiechien, kl. Junge, Hosenscheicher, f. cagar.

Chalamär, calamar, m. E. Dintenfaß, n.

Chalastrin, f. E. Mangel, m. (von calar?)

Chalaverna, f. F. Dunst, m. schwüle Witterung.

Chalchar, E. drücken, niedertreten. It. calcare.

Chalcharnit, a. G. kaltig. crap -, Kalkstein, m.
Chalv, a, kahl, ohne Haare.
Chambla, f. E. chamaula, F. Milbe, f. chamular, von Motten fressen.
Chambra, chambrèr, f. combra.
Chamburar, 2 anstoßen, straucheln.
Chaminar-är, gehen, wandeln.
Chamma, f. E. Bein, f. comba.
Chamü, M. still. tascha -, schweig still, halt' s Maul.
Chamotschina, f. M. Zügel, m. tgnair in -, im Zügel halten.
Champ, m. E. Acker, Land, f. comp.
Champaista,* f. Kampf, Streit, Wettstreit, m. champaistar, streiten.
Champanèr, m. E. Glöckner, Glockengießer, m.
Champasch, m. E. großer, weitgeflochtener Tragkorb, Heu und dergleichen Sachen zu tragen.
Chancla, chauncla, f. E. Kanne, f.
Chandan, chandaun, m. E. Zusenn, (Alpenbirt.) m.
Chanf, m. Hanf, f. coniv.
Channa, f. Rohr, n. f. cana.
Chantun, E. chamadun, M. Ecke, f. ne pizz ne -, keinen Sinn haben. ir tiers nè da pizz nè da -, einen gar nichts angehen.
Chanvù, chanvoul, m. M. Schwaden, m. tour oura sieu -, eine tüchtige Portion beim Essen herausnehmen.
Chanvella, f. E. Knöchel, m. - del pè, Fußknöchel.
Chanzla, f. E. Kanzel, f.
Chapitscheila, fär la -, F. blinde Kuh spielen.
Chaplüda, f. 2 Haselhuhn, m.

Chappa, f. E. Kirchenmantel, m.
Chära, f. E. Milbe, Motte, f.
Char, a. lieb, theuer, f. car.
Charbaint, m. M. Brettgestell für Mundvorrath.
Charbun, m. E. Kohle, f. charbunèra, f. Meiler, m.
Chariet, m. B. Kübel, den frischen Ziger zu formen, B. Skap.
Charn, f. Fleisch, n. charnüd, a, fleischicht, scharnüd, a, dürr, mager, f. carn.
Charpainta, f. M. Bretterboden im Heustall für Feldfrüchte.
Charr, m. Wagen, m. chargiöla, f. M. kl. Bettstelle für Kinder. charröl, charrüttla, Schubkarren, m. charradin, m. Fuhrmann. charradinar, fuhrwerken. charraduor, m. Fuhrmann. charradüras, Pl. Abfall von Aehren beim Laden.
Charrèra, f. M. Stuhl, m. Fahrweg durch Aecker im Frühjahr. charg, m. E. Ladung, f.
Charta, f. E. Brief, m. Papier, n. - geografica, Landkarte, f.
Chasa, f. Haus. chasar*, haushalten, mit der Frau gut umgehen. casarin, chasarin, a, haushälterisch, chasäda, Familie, f. Hausgesinde, n. chasamaint, m. großes Haus. chasaun, chesaun, a, heimisch, im Haus gemacht. ponn, lanziel -, Haustuch, Hausleinwand.
Chascha, f. E. Kiste, f. f. cassa.
Chaschon, f. E. Grund, m. Ursache, f. chaschunaivel, a, gebrechlich, fehlerhaft, schuldig. It. cagionevole.
Chastagna, f. E. Kastanie, f.
Chastiar-är, strafen, f. castiar.
Chastör, m. E. Aas, n. chastördad, f. Trägheit, Faulheit, f.

Chastrun, m. Hammel, m. f. castrar.
Chatin, a, E. abergläubisch, bigott.
Chativ, a, schlecht, böse, auch erfinderisch, gewandt, F. chativüergia, f. Bosheit f.
Chatschöl, m. E. Strumpf, m. f. calschiel.
Chauna, f. M. weißes Haar, Greisenalter. ün las chaunas, bis zum G. chanüd, a, chaunos, a, grau, canutus.
Chaunt, m. E. Gesang, m. Hügel, m. Anhöhe, f. chauntamisergin, m, ein Unzufriedener, der immer wehklagt.
Chauoz, m. M. Fischernetz, n.
Chava, chavüergia, cavorgia, f. Höhle, f.
Chavadel, m. E. Brustwarze, f.
Chavezza, chavezzin, f. cavester.
Chavezzin, m. F. kleines Schaf, n.
Chavra, f. chiarlauna, f. caura.
Chè, chiè, chä, f. Haus, n. H. Altf. ches.
Checla, f. M. Topf, m. ir in checlas, zu Grunde gehen.
Cheiel, m. F. Regel, f. hieigel.
Chevrida, f. F. ein Schlag Waldbäume, die früher geschält und dadurch zum Fällen bezeichnet wurden, f. cavreu.
Chiapper, m. 1 Dohle, Krähe, f.
Chiendel, m. 1 Geruch, m. Spur, ir suenter -, der Spur nachgehen.
Chierm, m. M. dar-tour a chierm, ein Thier fürs Futter zum Gebrauch nehmen - überlassen.
Chiervi*, m. (Hirsch?) Gemse, f.
Chigisch, 1 chüeisch, 3 einjähriges weibl. Schaf.
Chiou, a, cheu, queu, a, still, ruhig. It. chelo. chiouadad, f. 1. Stille, Ruhe, f. f. quescher.
Chireul, chirul, m. 1 Milbe, f. cherulada, milbig.
Cho, m. Kopf. f. chiau.

Chod, warm, f. cauld.
Cholscha, chotscha, f. E. Hosen, f. früher auch: Strumpf, m.
Chiomma, f. E. tumma, 1 Mähne. f.
Chönsch, chiünsch, a, °, E. leicht, sanft, leitsam, friedlich, dischiönsch, a, unfolgsam, störrisch. chionsch, Adv. leicht.
Chönscha, f. Beize, Gerberlohe.
Chosa, Sache, f. chussa.
Chöttel, m. E. Kohle, Kohlenglut, f.
Chüdera, chüderoula, f. E. Kessel, m. chüdiröl, chalderar, m. Kupferschmied, m.
Chüra, f. E. Sorge, f. s'inchürar-är, sich bekümmern-hüten, f. chira.
Chüram, m. Leder, f. curom.
Chütschinna, Kalk, f. calschinna.
Chüz, a, ausgeseckelt, baar, blos, habenichts.
Chüzär, beschuhen. chüzzamainta, Koll. Fußbedeckung, Schuhe, calzamenta.
Chüzlantür, 3 reizen, hetzen.
Ciplar, 1 etwas Geringes entwenden, wegstiplen.
Circumcis, a, E. beschnitten. circumcisiun, f. Beschneidung, f.
Citäd, f. E. Stadt, f. citadin, m. Bürger, citadina, f. Bürgerin, f. citadinaunza, f. Bürgerschaft, f. Bürgerrecht, n.
Cladir, M. schließen, f. clauder.
Claffa, f. B. Hahnenkamm, m. Rhinantus Cristagalli. Unkraut, n. claffur, Unkraut säen.
Clamagoun, m. 1 Zaunöffnung zur Einfahrt in die Güter.
Clamaint, m. 2 Hosenlatz, m.
Clapar-är, fangen, fassen.
Clappa, f. H. glattes Hufeisen fürs Zugvieh.
Claviglia, f. Nagel, Pflock, m. bricha sün

üna claviglia per inchün, M. nicht für
Jeden da sein.
Clear, clèr, clegier, E. auslesen, sammeln.
Clech, ia, F. liebenswürdig, zärtlich. clechiagiär, liebkosen.
Cleg, gleg, m. Glück. bun, mal –, gutes, – schlechtes Glück.
Clingiar, M. klingen, erschallen. clingiada, f. Geklingel, n. sclingiaduoir, m. Geklirre, n.
Cloc, m. M. Schlag, m. clocar, schlagen, as –, sich schlagen.
Clocca, cloacha. f. E. Flasche, f. tgnair scu üna –, wasserdicht, fest sein.
Cloder, schließen. clos, a, dicht, verschlossen. ir clos, schwer, mühsam gehen.
Cluträr, F. einengen, pressen, drücken.
Co, Adv. 1, wie. E. hier.
Coassa, cossa, f. f, queissa.
Cod, m. Hahn, m. cöds d'ova, B. Dotterblume, f.
Cognuoscher, kennen, f. canuscher.
Colana, f. E. Halskette, f.
Collecta, f. Kollekte, Steuer, f. collectar-är, St. sammeln. collectur, m. Steuereinsammler. collecziun, f. Sammlung, f.
Coller, m. 1. Haselstaude, f. *Corylus Avellana*.
Collonell, (coronol) m. Kriegsoberst, m.
Colomb, m. E. Taube, f. columbèra, f. Taubenhaus, n.
Combinar-är, f. abbinar.
Comèr, f. cumar.
Comestibels, Pl. E. Nahrungsmittel.
Comparar-är, vergleichen, comparaziun, f. Vergleichung. f. comparabel, a, vergleichbar. incomparabel, unvergleichlich.
Compensar-är, entschädigen, f. incombensa u. recumpensar.

Competer, E. zukommen, gebühren, angehören, sich bewerben. competent, a, geziemend, zuständig, gebührend, befugt. competenza, f. Befugniß, f. Recht. incompetent, a, unbefugt.
Comün, a, gemein. comünaunza, E. cuminonza, 1 Gemeinschaft, Gemeinde, f. cumünär, M. zu Rathe halten, änfnen.
Con, cun, E. mit. con, cont, quont, wie viel, f. quant.
Concepir, empfangen, abfassen, entwerfen. concept, m. Entwurf, m. concepziun, f. Empfängniß, f.
Concluder, beschließen. conclusiun, f. Beschluß, m. f. clauder.
Condir, conscher giu, würzen. condimaint, E. cungiament, m. Würze, f. f. cungir.
Condolair. f. duler.
Condür, E. führen. conductur, m. Führer. condotta, f. Aufführung, f. Betragen, n. Fuhrlohn, m. dedür, ableiten. prodür, hervorbringen. sdrür, vernichten, verprassen.
Confederaziun, f. Eidgenossenschaft, f. ils confederai, confederos, die Eidgenossen.
Conferir, zuträglich sein, sich besprechen, übertragen. conferenza, f. Versammlung. Berathschlagung, Unterredung, f.
Confin, m. Grenze, f. confinar-är. f. fin.
Confuorm, a, gemäß, f. formar.
Confutar-är, widerlegen. confutaziun, f. Widerlegung, f.
Congiura, f. Verschwörung, f. congiurar-är, sich verschwören. ils congiürai, die Verschwornen, f. girar.
Congregar, sa, sich versammeln. congregaziun, f. Versammlung, f.
Conschett, m. 2 chönschett, 3 chaschett, F. Wasserdamm, Wuhrkopf, m.

Considerar, 1 cuschidcrär*, erwägen. consideronza, considerazinn, cuschidraunza, f. E. Erwägung, Berücksichtigung, f. prender en -, berücksichtigen. consideraivel, a, beachtenswerth, bedeutend.
Consolar-är, trösten. consolaziun, f. Trost, m. consolant, a, tröstlich, trostreich. consolatur, m. Tröster, m.
Constituir, einsetzen, festsetzen. constituziun, f. Verfassung, Leibesbeschaffenheit, f.
Cont, cunt, m. E. Graf, m. contessa, Gräfin, f. contèa, f. Grafschaft, f.
Contadin, m. E. Bauer, m. contadina, f. Bäurin, f.
Contender, streiten. contaisa, f. Streit, m.
Contrabanda, f. Schmuggel, m. contrabandier, m. Schmuggler, m.
Contradicziun, contergir, s. gir.
Conva, f. M. Hanf, m. hölzerner Reif, Kälber und Ziegen an die Krippe zu binden.
Conversar-är, mit einem umgehen, sich unterhalten. conversaziun, f. Unterhaltung, f. Umgang, m.
Copiar, copchar-är, scriver giu, abschreiben. copia, f. Abschrift, f. copist, m. Abschreiber, Kopist, m.
Coppa, copa, copela, f. E. Schüssel, f. halbe Maaß; - del chiau, M. Schädel, m. copar, todtschlagen. suttacuppa, f. Unterschale, f. Präsentirteller, m.
Corbona,* f. Gotteskasten, Tempelschatz, m.
Cordöli, m. E. Herzeleid, n. (v. cor und duler).
Corn, m. corna, f. Horn, n. far cornas, (mit entgegengestrecktem kl. Finger und Zeigefinger) spotten, reizen. cornüd, a,
E. curneu, ida, 1 gehörnt. scurnigliar. mit den H. spielend stoßen. scurnada, f. Hornstoß, m. s. chiern.
Corniglia, f. Krähe, f.
Cornisch, f. E. Teuchel, m. (hölzerne Röhre), Gesimse, n. Rahm, m. (um ein Gemälde).
Corpulent, a, beleibt, stark, s. chierp.
Cortina, f. E. Vorhang, m.
Corva, f. E. Viertel, n. (Kornmaaß, ster?)
Costa, f. abhängige Fläche, Abhang, m. Seite, (des Messers). s. costa.
Cotscha, f. M. gepolsterte Ruhebank. ir a cousch, M. zu Bette gehen, (von Kindern,) Fr. coucher?
Cotschnir, sa, erröthen, s. cotschen.
Cou, hier, s. qua.
Couscher, coscher, E. kochen, sieden. scouscher, brennen, (von Wunden). imin-chün sa chai cha coscha in sia avna. M. Jeder weiß, wo ihn der Schuh drückt. laina cotta, wurmstichiges Holz. cotta, f. das Sieden. dar üna -, ein wenig sieden.
Cräs, m. E. Kreis, m. - della terra, Erdkreis.
Crafaivel, a, E. kräftig.
Craida, f. E. Kreide, f. s. hrida.
Crair, craier, E. glauben. crededer, m. Gläubiger, m. s. crer,
Cramer, m. E. Krämer, m.
Crap marsch, m. E. Bimstein, m.
Crasp, a, E. (vom Brod), leicht, gut durchgebacken.
Cratsch, m. E. Schleim, Auswurf, m. cratschar-är, dicken Schleim ausspeien.
Cratschla, f. E. Heher, m. Krähe, f. cratschlar-är, E ächzen, jammern.
Craunz, m. E. Kranz, m.

Cravun, m. E. Kohle, f. scarvun.
Crear-är. E. erschaffen. creäder, m. Schöpfer. m. creaziun, f. Schöpfung, f.
Cregn, a, craign, a, E. voll, gestrotzt von Milch ob. Wasser. incregnär, anfüllen.
Crempel, a, M. geizig, filzig.
Crenna, f. Krinne, f. (48 Loth), Einschnitt, Zahn, z. B. in einer Klinge.
Creppa, f. E. Hirnschale, f.
Crett, a, sanftmüthig, friedsam, f. crer.
Cridar-är, E. schreien, weinen. cridolaint, a, weinerlich. cridöz, m. Weinen, Schreien, n.
Crign, m. E. Roßhaar, n. It. crinc.
Cripla, f. E. Hühnerstange, f. B. Seddel.
Crippel, m. Fels, m, E. criplar-är, in Verlegenheit, Gefahr sein bringen -. scriplar, aus der Gefahr befreien. as scriplar, sich auf Felsen versteigen.
Cristall, m. Kristall, m. cristalin, a, fristallen.
Cröa, cröia, crün, f. E. Krug, Topf, m.
Crosa, 1 crousla, f. E. Schale, f. - d'ovs, da nuschs, Eier=Nußschalen.
Crotsch, a, M. voll, strotzend.
Crott, a, gebückt, as crottar-är, sich bücken. crottli, m. 1 kleiner (schlechter) Kerl.
Crucifichiar, f. crusch.
Crudar-är, fallen, f. curdar.
Crü, o, crüadad-äd, f. creu.
Crullar *, fallen, zusammenstürzen. It. crollare.
Crunzlär, E. durchprügeln.
Cruschinna, f. E. Frühstück, n. cruschinnar, frühstücken, (crustulum), f. ansolver.
Cublar *, E. zusammenlegen, It. accoppiare.
Cucarda, f. Kokarde, f.

Cuclun, m. Stöpsel, m. cuclunar, den St. aufsetzen. scuclunar, den St. abnehmen.
Cudèra, cuderoula, f. caldera.
Cudrïa, f. 1. die Arbeitsgenossen beim Pflügen und Dreschen, Arbeitergesellschaft, f.
Cufal, a, M. bausbackig, cufal, m. Ausbruch des Lachens. dar our ün -, mit L. ausplatzen. cufalun, m. Vielfraß, Nimmersatt, Schwätzer. m.
Cugliada, f. quaigl.
Culcischen, m. Pyrus ob, Sorbus Aucuparia.
Culèr, culerin, m. E. Bäffchen, n. Amtskragen der ref. Geistlichen.
Culmaina, f. culmar.
Cult, m. Gottesdienst, m. Gottesverehrung, f.
Culter, m. M. grobe Decke. (coltre). cultergialla, f. Keil am Pflugmesser, f. culter.
Culuonna *, f. Säule, f.
Culuoster m. E. Riegel, m. Siegrist, m. f. caluster.
Cumadar-är, 1 zurecht machen, ausbessern. cumadadira, f. Ausbesserung, f. cumadada, dar ina -, ausbessern, cumadimm, unzeitiges, schlechtes Ausbessern, f. comod.
Cumanzar-är, anfangen. cumanzamaint, m. Anfang, f.
Cumbaigl *, m. E. Pracht, Aufsehen; far -, Pl. entwickeln, Aufsehen machen, auch: Vermischung, Verwirrung, f.
Cumparadi, f. M. Gevatterschaft, f. renovar -, G. erneuern.
Cumpigliamaint *, m. Inhalt, m. Fasse, f. f. pigliar.
Cumplaschèr, gefällig sein. cumplaschien-

scha, f. Gefälligkeit, f. cumplascheivel, a, gefällig, f. plascher.

Cunchüstar, E. erobern. as -, sich erwerben. acunchüstamaint, m. Eroberung, Erwerbung, f. It. conquistare, acquistare.

Cundamnar, (damnar), 1 verurtheilen, verdammen. cundamnaivel, a, verdammenswürdig. cundamna, f. Verurtheilung, f. cundamnaziun, f. Verdammniß, f.

Cundun, chundun, m. E. Ellbogen, m.

Cunigl, m. E. Kaninchen, n.

Cunstrenscher, zwingen. sa -, sich beschweren, f. strenscher.

Cuntaundscher, E. betreffen, beschlagen, zukommen, f. tonscher.

Cunterpens, m. Gegenstand, n.

Cuntradi, m. E. Gegend, f. Widerwärtigkeit, f. Adv. entgegen, zuwider, wie cuntrari. cunträdgia, f. E. Gegend, f.

Cunzienzchia, cunzienzia, f. Gewissen, n. senza -, gewissenlos. sin -, aufs Gewissen, gewiß. cunzienzchius, a, gewissenhaft.

Cuorer, curir, laufen, in der Brunst sein. la cogna cuora, die H. ist brünstig. currenta, f. M. Durchfall, m. scurrentа· verscheuchen, f. cuorer.

Cupichiar, 1 umfassen. cupirolas, f. pichia.

Cupiditad-äd, f. Begierde, f. concupir, begehren, begierig sein.

Curascha, f. Muth, m. an-incuraschir. ermuthigen. scuraschir, entmuthigen.

Curtais, n, freigebig, höflich. curtaschia, curtasia, f. Freigebigkeit, Höflichkeit, f malcurtais, unhöflich. curtaseivel, a, höflich, freigebig.

Curtè, m. E. Messer, n. - da duos mouns, Zugmesser, n.

Curunna, f. Krone, f. f. crunna.

Custer, M. Adv. nahe, nächst.

Cutüra, E. cultira, 1 f. Getreidefeld, n. Land (im Gegensatz von Stadt.)

Cuvaida, E. queida, f. 1 Lust, Begierde, f. cupiditas.

Cuvaigl, m. 2 Eimer, Milcheimer, m.

Cuvegna, f. F. Zusammenkunft, Gemeinschaft, f. far -, sich gut vertragen.

Cuvel, m. Höhle, f.

Cuvernar-är, E. decken. cuvria, f. Decke, f. M. Pelzdecke, als Unterbett. scuvernar, abdecken, f. cuvrir.

Cuvidar-är, E. anzünden, f. anvidar.

Cuvig, cuig, m. Dorfmeister, m. f. vig.

Cuzzantar-är, E. dauernd, dauerhaft machen, erhalten. Dieu cuzzainta e guarainta, Gott erhalte und schütze, (gewöhnl. Wunsch).

Cuzzèr, m. f. cutt.

Da, von. Außer in den S. 42 angegebenen Fällen wird da gebraucht, um den Beruf, den Ort, woher einer ist, den Stoff, die Eigenschaft oder Beschaffenheit der Dinge zu bezeichnen. In da Cuera, ein Churer, in da Giadinna, ein Engadiner. quell dalla pumma, der Obsthändler. da fier, eisern. da itschal, stählern. da fil, fäden. da launa, wollen. Mit Substantiven und Adj. verbunden, werden Adverbien daraus gebildet. da amig, als Freund. da vart, von Seiten. da vantaig, mehr, zum Vortheil. da unsch, weit.

Da-decipar-är, E. verderben, zu Grunde richten. dacipamaint, m. Verderbung, f. dacipader, m. Verderber, m.

Daja, f. E. Degen, f. tegien.
Daint, daintatüra. f. dent.
Dalibrar-är*, E. befreien. dalibramaint, m. Befreiung, f.
Dannar, adannär, E. beschädigen, f. donn.
Dantett, Adv. E. sogleich, schnell, dantett, a, jähzornig, aufbrausend, frevelhaft. dantigliar-är, zanken, hadern. dantiglius, a, zänkisch, streitsüchtig.
Dapi, dapò, daspö, Adv. seit, seitdem, weil.
Dar, där, geben. - ancunter, widersprechen, sich widersetzen. dar vi, hingeben, in Ohnmacht fallen. dar davos ora, ausschlagen, (von Pferden).
Darchau, darchò, Adv. E. wiederum.
Darschan, m. f. dir.
Daschiar, f. ascar.
Daschütel, a, E. faul, träge, nichtsnutzig.
Datschiert, Adv. im Ernst.
Dauzar, dozar, erheben. - il scossal, fig. schwanger sein, f. alzar.
Davart, von. - las ovras, von den Werken. - la cardienscha, vom Glauben.
Davo, davos, nach, hinten. davo roda, nach der Reihe.
Daz, m. H. die frische Baumrinde, die in den Alpen um den neuen Käs geschlagen wird, ihn zusammenzuhalten.
Debel, a, E. schwach, blöde. deblezza, f. Schwäche, Schwachheit, Blödigkeit, f. indeblir, schwach werden.
Debit, dbit, (dbiteder*, Schuldner), f. duver.
Decader, verfallen. decadenza, f. Verfall, m.
Dech, E. Adv. blos, nur.
Deceder, entscheiden. decis, a, entschieden. decisamein-ning, entschieden. decisiun, f. Entscheidung, f. f. ceder.

Declarar, declaronza, f. clar.
Deferir, verschieben, übertragen. - la caussa ad in, Einem die Sache übertragen. - trocca damaun. bis morgen verschieben.
Deglia, döglia, f. duler.
Deischel, a, F. schmächtig, schwächlich.
Deivet, m. Schuld, f. f. duver.
Delettar-är, erfreuen. delettus, a, angenehm, f. dalechiar.
Delia, ada, M. abgezehrt, hager.
Deligent, a, deliginint, a, fleißig. deligenza, f. Fleiß, m.
Demansmaint, m. Betragen, f. manar.
Denunziar-är, verklagen, f. annunziar.
Derscher, 1 richten, aufrichten. sa derscher si, sich aufrichten.
Descender, absteigen, abstammen. descendent, m. Abkömmling, m. descendenza, f. Nachkommenschaft, f. f. ascender.
Descriver, beschreiben. descripziun, f. Beschreibung, f. scriver.
Desdir, M. sich entschlagen, darauf verzichten.
Desdrür, E. zerstören, vernichten.
De-disegnar-är, zeichnen. desegn, disegn, m. Zeichnung, f. Plan, m. desegn, M. mißliche Lage.
Desister, davon abstehen, f. assister, subsister.
Despoinsa, f. E. Speisekammer, f.
Despot, m. Despot, m. despotic, a, despoticamein, tyrannisch. despotisin, m. Tyrannei.
Deterioar-är, verschlimmern, an Werth verlieren.
Detestar-är, verwünschen, verabscheuen.
Dett, m. 1 Finger. trer igl dett, (B. häkeln), ein gewisses Spiel, die Stärke der Finger zu zeigen.

Devozius, f. Andacht, f. alteng Hang, m. Neigung, f.
Dezafrar-är, E. ausscheiden, unterscheiden, f. zavrar.
Dich, nur. dich nossa, E. eben jetzt.
Dichiar, 1 achten. aultdichiaus, ada, hochgeachtet. nundichiont, ungeachtet, f. adaig.
Diember, m. 1 Zahl, f. f. dumbrar.
Diever, m. Gebrauch, f. duvrar.
Difficil, a, schwierig. difficultad, f. Schwierigkeit, f. f. far-facil.
Digerir, E. verdauen. digestiun, f. Verdauung. digest, a, verdaulich. indigest, a, unverdaulich. indigestiun, f. Unverdaulichkeit, f.
Digiün, a, E. nüchtern. digiünar-är, fasten.
Digrent, m. 1 gurent. E. abnehmender Mond.
Diluvi, m. E. Sündflut, f.
Dimaina, dimäna, E. also. weil.
Diminuir, sminuir, schmälern, vermindern. diminuziun, sminuziun, Schmälerung, f. diminutiv, a, verkleinernd.
Dimperse, Adv. E, sondern, besonders, zumal.
Dir, sagen. man dir, M. geschweige, f. gir.
Diramar-är, as -, sich verzweigen, verbreiten.
Discapitar-är, verlieren, Schaden leiden. discapit, m. Schaden, Verlust, m.
Disch, E, lange, da -, seit lange.
Dischöl, m. E, Unverdaulichkeit, f. mäl del -, Unverdaulichkeitsübel, n.
Discipul, m. E. Jünger, Schüler, m. indisciplinò, äda, zuchtlos. indisciplina, f. Unordnung, Zuchtlosigkeit, f. f. disciplina.

Disfidar, sfidar-är, herausfordern. sfida, f. Herausforderung, f.
Disfranziar, 1 unterscheiden.
Dispunir, verfügen, übersetzen. dispunibel, a, verfügbar, f. poner.
Dissuader, abrathen, f. persuader.
Disteisa, f. E. Firmament, n.
Distribuir, vertheilen, f. tribuir.
Disturbar, stören. disturbi, m. Ungelegenheit, Störung, f. f. tuorbel.
Divin, a, göttlich. divinitad-äd, Gottheit, f. f. Dieus.
Dmurar-är, wohnen, sich aufhalten.
Docil, a, E. gelehrig, folgsam. docilitad-äd, f. Gelehrigkeit, Folgsamkeit, f.
Dolair, dolur, f. duler.
Doman, E. morgen, f. damaun.
Domestic, a, zahm. domestchiar-är *, zähmen, f. dumiesti.
Dominar-är, beherrschen. domini, m. Herrschaft, f. f. dumignar.
Donda, f. M. Sonnenblick aus trübem Himmel. dondas chaudas - stipas, schwüle S. dondagiar-är, E. wanken, schwanken.
Donder, m, E. *Pinus sylvestris montana.*
Donn, m. 1 Schaden, m. donn a puccau, recht Schade.
Dotta, f. Aussteuer, f. Reugeld, Lösegeld, n. F.
Drechiadad, f. 1 Rechtlichkeit, Rechtschaffenheit. maldreg, ia, unrecht. maldrechiadad, f. Unredlichkeit, f. dreg.
Dreichdad *, f. E. Trägheit, Bitterkeit, f. Eph. 4, 31. *amaritudine.*
Dschemblin, dschumell, a, E. Zwilling, m.
Dschender, m. E. Tochtermann, f. schiender.
Dschenguer *, tschingar, E. tschintar, 1

3

umgürten, umzingeln. dschengua *, f. Gürtel, m. *cingere*.
Dschervir *, schaben, schmähen, (*disservire?*)
Dschett, a, E. dschoat, a, F. kalt, (von Speisen und Todten). dschlüra, dschetta. f. E. Frost, m.
Dschiglius, a, eifersüchtig, f. schiglius.
Dschorrmar-är, zur Waise machen, verwaisen, berauben; - dell' hunur, der Ehre berauben.
Dubalgiär *, E. verdoppeln, von dubel.
Duca, m. E. Herzog, m. duchessa, f. Herzogin, f. ducat, m. Herzogthum, n. ducata, f. Dukaten, m. archiduca, m. Erzherzog, m.
Duell, m. Zweikampf. duellar-är, duelliren. duellant, m. Zweikämpfer, m.
Dugadas, H. (ir a -,) das Melken in den Alpen (von Unparteiischen), am Abend vor dem Messen der Milch.
Dunschalla, f. 1 adeliches Fräulein.
Dunzaina, f. E. Dutzend, n. Pension, f, ir in -, zu Tische gehen.
Dürar-är, E. dauern, währen, f. dir.
Dutsch, a, E. süß, f. dulsch.
Duvrar, 1 druvar. E. brauchen, sduvrar, sdruvar, mißbrauchen, Unzucht treiben.

Eau, 3 eug, 2 ich. eau *, 2 er. Pl. eaus* eus *, 2 sie, els.
Ebriaunza, f. E. Trunkenheit, f. civer.
Ecla, f. M. Blutegel, m. tais sco ün'-, voll wie ein Blutegel.
Egra *, f. Mühe, f. cun -, mit Mühe, Röm. 5.
Egual, a, E, gleich. disugual, inegual, a, ungleich. uguagliar-är, gleich machen, ein Paar bilden.

Eimna, civna, evna, Woche, f. janna
Empi, a, E. gottlos. empietad-äd, f. Gottlosigkeit, f. f. pietus.
En, eintin, enten, in, darin.
Endi, m. M. Geschick, n. Geschicklichkeit, f. hom d'endi, - d'inschin, ein Manu von Geschicklichkeit.
Entrar-är, eingehen, entrada-äda, E. entrachia, f. 1 die Einkünfte.
Enzinar, s', 1 sich bekreuzigen. (*signum?*)
Epistla, f. Brief, m.
Eri, m. der Stuhl, worauf die Leitern und das Brett des Wagens ruhen, f. eri.
Etta *, f. Matth. 26. 1 Gewohnheit, f. It. *abitudine*.
Excess, excessiv, f. ceder.
Excluder, exclusiv, f. clauder.
Exequir, ausführen. execuziun, f. Ausführung, Vollziehung, f.
Expedir, expeditiv, f. pei.
Express, expressiun, f. exprimer.

Facil, facultad, f. far.
Fadiv, m. E. Widersacher, Feind, m.
Fafanoias, Pl. 1. Alfanzereien, Possen. Fabeln.
Falign, a, E. langsam, unbehülflich.
Fagnera, f. E. Reuse, f. raufla.
Fnig, 1 fatt, m. E. That, Sache, f. Vermögen, n. el ha bien -, hat ein hübsches V. far seu, -, das Seinige thun, (euphemistisch) seine Nothburft verrichten. ir par sou -, weggehen, sich davon machen.
Faléra, f. fél.
Falla, f. 1 Falle, Klinke, f. Buße, f. curdar en -, in B. fallen. ir en In -, in die Falle gehen.

Fam Hunger, f. fomm.
Fanadur, m. 1 Heumonat, v. fein.
Fanschluotta *, f. ll. Magd, f. fantschalla.
Far, fär, machen, thun. far si, aufbauen, teftiren; – giu, abbrechen. far rom e tom, M. kräftig, mit Geschick durchgreifen, gut ausführen. far par casa, die Hausgeschäfte besorgen. sfar, auflösen, austrennen, abbrechen. sa sfar, fig. untröstlich, wild, rasend sein.
Farcla, f. 1 Sichel, f. farclar, Korn schneiden.
Fardar, 1 riechen; – da fimm, nach Rauch riechen. fardar da missa, nach Schimmel riechen.
Farèr, m. Schmied, f. f. fier.
Farniclett, m. F, kleiner Dreifuß für die Pfanne, wenn sie mit der Speise auf den Tisch gebracht wird (Pfannenknecht).
Fastenn, f. fistaig.
Fatschenda, f. Geschäft, m. fatschadign, m. 1 Tändler. m. fatschadigna, f. Tändelei, nichtige, leere Geschäftigkeit, ängstliche Sorge, f. far.
Faulsch, 1 faudsch, 2 fodsch, 3 f. Sense, f. falschada, 1 ein Schnitt, das Heu, das mit einem Schnitt geschnitten wird. falschin, m. 1 Axt, ll. Aeste zu schneiden.
Faung, m. faungia *, f. E. Roth, m. Jauche, Pfütze, f. Jt. fango.
Favergier, E. schmieden.
Fè, f. E. sei, 1 Treue, f. privar da fei a sarament, von Ehr und Gwehr setzen. da fei, treu, redlich. fdaimaing *, E. treulich. malafei, f. llutreue, f. f. fidar.
Feil, m. E. Galle, f. feilantar. filantar, erzürnen, böse machen.
Fermonza, f. Haft, f. metter en –, verhaften, einsperren.

Fers, a, E. heiß, brennendheiß.
Fervent, a, fervurus, a, inbrünstig, fervur, farvur, f. Inbrunst, f. Jt. fervore.
Fêtar, E. schmücken, zieren. fetamaint, m. Schmuck, f. Zierde, f. f. fittar.
Fiergna, f. Marder, m. Hemmkette am Schlitten; – d'guaut, Iltis, m. – d'agua, E. Biber, m.
Figuèr, m. Feigenbaum, m. f. ficc.
Filsiarp, filserp, m. B. Wasserkalb, a.
Finar-är, E. dingen, bestellen. finaschun, f. Bestellung, Vertrag, Vertragsdauer, f.
Firar, feiern; – da far mal, aufhören, Böses zu thun.
Firgons, m. Pl. M. Bettvorhänge.
Fiseivel, a, langweilig, noioso, f. anüs.
Fittar via, E. verpachten. fitt, m. Zins, Pachtzins. fittaunza, f. Pachtgut, n. fittadin, m. Pächter, m.
Fiüra *, f. E. Gestalt, figura.
Flà, m. Athem, m.; – da pac, M. nichtsnützig. ailch du fla, kostbar, werthvoll. s'fladar aint, sich einfressen, einwurzeln.
Flad, m. 1 Athem, m. trer, trar –, fladar, sfladar-är, Athem holen, ein wenig ausruhen.
Flanc, m. Seite (zwischen Hüftbein und Rippe), Flanke, f.
Flarus, iflarus, a, B. heftig, jähzornig, Jt. iracondo.
Fleivlonza, f. 1 Schwäche, f. f. fleivel.
Flexium, f. Beugung, f. flexibel, a, biegsam. circumflex, umgebogen. (*).
Floss, a, M. schwammig, aufgedunsen, spungoso.
Flöz, m. 1 flöz, E. Holzfloß, m.
Fluia, f. fleua.
Fluir, fließen, fluid, a, flüssig. fluxium, f. Fluß, (Krankheit), flüm, E. flimm, 1

Fluß, m. (la flimma, Coll. Flüsse,) influir, Einfluß haben, einflößen, einwirken. influenzchia, f. Einfluß, m.
Flur, fluor, f. Blume, Blüthe, f. flur da s. Gian, Maiblume. Convallaria majalis; - da meil, Steinnelke, f. - da schlopp, Silene inflata, B. Klöpferle; - da piaun, Schmalzblume; - da cuolm. Vanillenblume, Orchis nigra. flur, E. Blüthe (sinnlich und bildlich); esser en flur, in der B. sein. en la flur dils ons, in der B. der Jahre. flur, (del latt) E. Rahm, m.
Flustrèra, f. M. große Flamme auf dem Kochherd.
Fnedla, f. B. Beere des Mehlbeerbaums.
Fo, m. Buche, f. s. fau.
Foarbasch, E. Scheere, f. s. forsch.
Fö, m. (alt.) föch, E. Feuer, n. s. feug.
Fögl, m. E. Blatt, n. s. fegl.
Formia, f. E. Ameise, f. s. furmicla.
Fornicaziun, f. E. Hurerei. f.
Forzus, a, kräftig. rinforzar-är, stärken, s. fort.
Fös, a. falsch, s. fauls.
Föscha *, f. E. Welse, Art, f.
Fracla, f. Schoppen, m. üna - d'vin, ein Schoppen Wein.
Frain, E. frein, m. 1 Zügel, m. ignair in -, im Zaum halten. frandeivel, m. M. Leitseil, n. infrainar, zügeln, s. farein.
Franzos, m. Franzose, m. H. Esparsette. f. (weil die Schweizertruppen in fr. Solde roth gekleidet waren.)
Fräschel, a, E. gebrechlich, hinfällig. fräschlezzn, f. Gebrechlichkeit, s. fragilis.
Frascun, m. E. große Flasche, Weinflasche.
Frasegn, a, M. zech, fest, zäh. (von Personen).

Fraudiar, fradagiär *, E. Unrecht thun, betrügen.
Fravi, m. 1 farèr, E. Schmied, m. fravgia, 1 Schmiede. farvagiar, farviar, 1 schmieden, s. fier.
Frinnk *, friunkg *, m. E. Burg, Schutzwehr, Freistätte, f.
Frida, f. 1 Streich, Schlag, m. gnir a -, zu Stande kommen, etwas zu thun, gelingen.
Frietar, 1 befreien. frietad, f. Freiheit, f. frietaziun, f. Befreiung, Loskauf, m.
Frizzar-är, E. reizen, stacheln. - pro ira - pro sdegn, zum Zorn reizen. frizzamaint, m. Anreizung. f. istigare.
Frua, 1 früa, E. Alpnutzen, Gütererträg, m.
Frugal, a, mäßig. frugalitad-äd, Mäßigkeit, f.
Frunt, m. E. Stirne, f. - rott, unverschämter, schamloser Kerl. sa fruntar, sich widersetzen, die Stirne bieten.
Fruonzlas, E. die Nadeln vom Nadelholz.
Fruoschiär, E. Busch, m. Gebüsch, n.
Frütt, m. E. Frucht, früttar, s. frig.
Fuar, M. aufwühlen. fuà, m. M. Maulwurfshaufen, m. s. sfuir.
Fuatscha, f. E. Kuchen, m.; - grassa, fetter K. (Lieblingsspeise im Unterengadin).
Fudschinna, Schmiede, f. fudschinar, schmieden, s. fier.
Füergia, füörgia, f. E. 3 Buth, f. Grimm, m. fuergius, a, rasend, wüthend.
Fuliüm, 2 Eisenfeil, n. Feilspäne, It. limatura.
Fullastär, a, E. fremd, ausländisch.
Fumaz, m. 1. Hungersnoth, s. fomm.
Fundella, f. E. Sumpf, m. Pfütze, f.
Funs, m. Boden, m. funsa, ada, E. ge-

gräubet. fuusamaint, m. Grund, f. fundar.

Fuogn, E. fagugn, favugn, m. 1 Südwind, m. favonius.

Für, a, M. gierig. fürar, gierig fein. guarda co el füra – es für, fchau, wie er gierig ist.

Furacla *, f. Höhle, f.

Furmär, m. E. Schublejsten, m.

Furmaint, m. E. Walzen, m. f. salin

Furtiuna, f. fortuna.

Furscbar, reiben, pußen; – vischalla, Geräthschaften reinigen; – ils mauns, die Hände reiben.

Fuschella *, f. E. Fackel, f.

Gambitscha, 1 Coll. starke, kräftige Beine (vom Rindvieh).

Garmèra, 1 Rahmkübel, m. f. gromma,

Garbuigl, m. Verwicklung, Verwirrung, f. gierbuglius, a, sophistisch, streitsüchtig. ingarbugliar, verwirren.

Generus, a, großmüthig. generusitad-äd, Großmuth, f.

Geni, m. E. Genius, m. ir a –, gefallen, lieb sein.

Gentil, a, E. artig. gentilhom, m. Edelmann, m.

Genuir *, erzeugen. prümgenuieu, der erstgeborne. sulgenuieu, eingeborner.

Gervosa, f. E. Bier, n. schlechtes Getränk.

Già, schon. fingià, fingiò, bis.

Gial, a, E. gelb, schäckig, bunt, gialdüm, m. 2 Gelbsucht, f.

Gial, m. E. Hahn, m. giglinna, f. Henne, f. chantär in giallast, wie ein Hahn krähen. giul sulvadi, m. Spielhahn, m.

Giamber, m. E. Krebs, m.

Giamgia, f. E. Spott, m. f. gomgnia.

Giaraun, giraun, giranc, f. girar orn.

Glariest, m. F. schwerfälliger Tölpel.

Giarlett, m. E. Sehne über der Ferse.

Giarsun, m. Lehrburfche, m.

Giarzöl, m. E. (della vit) Schößling, m.

Giaschair, E. liegen, f. scher.

Giatin, m. E. Zank, Streit, m. giatinär. 3 sa ghitinar, 1 zanken.

Giatter, m. E. Gitter, f. gattri.

Giauden, giaden, m. E. Gemach, n. kl. Heustall, (B. Gabe).

Giavun, m. 2 Eisenklammer, f.

Giaza, giazella, f. E. Elster, Krähe, f.

Gieusla, f. Schlitten, m.

Giever *, E. wenigstens, saltem.

Gietigl *, m. (Röm. 14.) Aburtheilung, dijudicatio (?).

Giglüdra, f. E. Preiselbeere, f.

Gingiva, f. E. Zahnfleisch, n.

Ginüra *, Genealogie, Tit. 3. f. gianira.

Gio, giù, Adv. ab.

Giommer, m. 1 Jammer, m.

Giöcb *, m. E. Spaß, Scherz, m. giösch, a, muthwillig, heiter, launig, jocosus.

Giötsch *, m. E. Götze, m.

Giovar-är, E. spielen, nützen. frommen.

Gir ora-oura, ausschwatzen. aver da –, da cha dir, zu sagen, auszusetzen haben.

Girar-är, herumgehen, drehen, wenden; – ils ögls, die Augen wenden, verdrehen.

Girun, m. E. ghir, 1 Geier, m.

Girtun, carfun, m. E. zweirädriger Mistwagen.

Giudgiar *, giudicar, richten, urtheilen. giudizzi, m. Verstand, m.

Giunar-är *, fasten.

Ginodscher, E. verbinden, anspannen. giütta *, Band, n. Col. 2.
Giustischär *. giustificar, rechtfertigen, s. gist.
Giüstrar-är, kämpfen. giostra, s. Kampf, Wettkampf, m.
Giutt, m. 1 ein Gerstenkorn. bletsch sco in -, tutt in giutt, bachnaß.
Giuvanissem gi, gi adessa, 1 der jüngste Tag, m.
Giuvanschella, s. Jungfrau, s.
Givè, giüvè, m. E. Schulter, s. s. schuvi.
Glanda *, (bei Bivroni) Hungersnoth, s. (sonst) Drüse, s.
Gleg, cleg, m. 1 Glück, n.
Glien, n, (lgien, a,) feucht, sumpfig, (von Wiesen), *paludoso*.
Glatschèr, glitschèr, m. 1 Gletscher, m.
Gliergia, s. Herrlichkeit, s. s. gloria.
Glivra, (lgivra), s. E. Pfund. n. *lira*.
Glüm, (lgüm), m. glümera, s. Licht, n. glünnär, leuchten, erleuchten. glümnaduor, m. der Leuchtende.
Gnegn, a, M. unbehülflich, ungeschickt. gnegnar, winseln.
Gniabatsch! (rober Ausruf), poß Wetter.
Gnieu, m. E. Nest, n. s. igniv.
Goasch, m. E. Kropf, m. It. *gozzo*.
God, 3 gnault, 1 guat, M. Wald, in. gnir nel dret guat a far föglia, (ironisch) an den rechten Ort kommen.
Gorda, s. Gande, s. steiniger, felsiger Boden, Abhang.
Gradir, gefällig sein, annehmen, genehmigen. gradimaint, m. Gefallen, n. d'agredimaint, gefällig. sgradir, nicht genehmigen, verachten. s. aggradir.
Graflauna, s. garflauna.
Grammzchius, a, E. grämlich, mürrisch.

Gren, granata, granir, s. graun.
Grander, a, E. stolz, prunkend. grandaschia, s. Hochmuth, m. Großthuerei, s. grandanir, vergrößern, s. grond.
Grat, a, E. dankbar. gratificar, verguten, entschädigen, s. grazia.
Gratuit, a, umsonst, ohne Bezahlung.
Gratular-är, beglückwünschen, s. grazia.
Gravadigna, s. 1 Schwere, Beklommenheit, s. Kummer, m. s. grev.
Gravatt, m. H. Bettstelle, s.
Gravida, E. schwanger. gravidanza, s. Schwangerschaft, s. ingravidar - är, schwängern.
Grazchiaivel, a, anmuthig, lieblich.
Greiv, a; schwer, s. grev.
Gronda, s. 3 Traufe, s.
Gronflar-är, E. schnarchen.
Gruoign, m. Schnauze, s. drovar il -, manten. strachar aint il -, das Gesicht einschlagen.
Grupp, m. Knoten, m. Geldrolle, s.
Grüsär, a. * roh, grob, Fr. *grossier*.
Guadagnar-är, gewinnen, s. gudignar.
Guaichtär, E. wachen. guaichtäder, guitader, m. E. Nachtwächter.
Guaigl da gramma. m. E. Rahmkübel, m.
Guaivd, m. Wittwer, m. guaivda, Wittwe, s. guaivdar-är, trauern, Leid tragen, *vestir il bruno*.
Guaitar-är, E. schauen, lauern. aguaitarär, nachstellen, Hinterhalt stellen. *aguato*.
Guar, 1 oder, (ganz veraltet).
Guarett, gurett, m. Harnisch, m.
Gümstsch, m. M. Widder, m.
Guidar, inguidar-är, leiten, führen. guida. s. Führer, m.
Guinchir, weichen, s. gunchir.
Guis, uis, m. 1 Marder, m.

Gutta, f. M. (puscha, batschlauna), Tannzapfen, m.
Guva, guglielʼ, f. gluva.
Guvernar, regieren; - la biesca, das Vieh besorgen. guvern, m, Regierung, Versorgung, f.

Havna, f. E. Erzhafen, m.
Hazzer, a, (verstümmeltes) Ketzer; in hazzer buob-hum, ein arger, lecker Junge - Mann.
Her, E. gestern, f. ier.
Herdeffel, m. 1 Erdapfel, m.
Holländer, m, Holländer. m. Wiesensalbei, Salvia prativa (weil die Schweizertruppen in holländischem Solde blaue Uniform hatten).
Homicidi, m. E. Mord, Todtschlag, m. homicider, Todtschläger, Mörder, m.
Hosta, f. 1 die Lederform, welche die Schuhmacher über den Leisten schlagen.
Hucla, cucla, f. Kugel, f.
Huerdi, m. E. Gerste, f. dumieg.
Hüertel, hörtel, m. E. Sauferei, f.
Huffcrär *, opfern. hufferta, f. Opfer, n.
Hundrar, 1 ehren. hondrat, a, E. hundreivel, a, ehrsam, ehrbar. hundrienscha, f. Ehrbarkeit, f. f. honorar.
Huorna *, Maaß, n. Luk. 16, 5.
Husli, a, häuslich, thätig. esses huslis? (gew. Gruß den Arbeitsleuten), seid ihr thätig?
Huzz, (Hetzwort den Hunden); far -, hetzen.

Jansauna, giansauna, f. anzauna.
Jaster, jester, a, fremd, f. ester.

Ibe, ibisch, m. E. *Taxus buccata*.
Idel, m. E. Götze, m.
Jerpi, m. E. Egge, f. f. erpi.
Iffich *, m. E. Leiden, Ungemach, m. Adv. sehr, stark. dsfichiar, von Leiden betreten.
Imgiurar-àr, E. bessern, f. meglier.
Iffichiar, darauf bestehen. iffichio, äda, E. fichiaus, ada, 1 hartnäckig. eigensinnig.
Iflär, inflär, aufschwellen. ifladüra, f. Geschwulst, n. iflo, geschwollen. f. unflar.
Iffant, m. E. Kind, n. iffanscharia, f. Kinderei, f. f. uffont.
Igrischär, schaudern, f. sgrischur.
Ilg, der; bei Bivroni: in dem, in lg, wie. ils, für in ls, in den.
Illechiar, illechantar *, anloden. lichiett, m. M. Lockspeise, f. dar il -, anloden, födern.
Illegitim, a, unächt, f. legal.
Illur, illura, ilhura *, damals.
Im, a, zu innerst, zu unterst. dad im il cour, aus der Tiefe des Herzens. im doll' üsch, m. M. Thürschwelle, f. In Zusammensetzungen mit Ortsadv. giudim, zu unterst. sidim, zu oberst, entaoradim, zu innerst äußerst. noudim. zu nächst herwärts. vidim, zu hinterst.
Imbascharia, f. Gesandtschaft, f. f. am bassadur.
Imbräf, a, F. habsüchtig, zudringlich, gierig.
Imbruncho, äda, erzürnt.
Imbüttamaint, m. E. Vorwurf, Tadel, m.
Imgiurar-är, bessern, f. meglier.
Iminacula, ada, unbefleckt, f. macla.
Immagna, f. E. Bild, n. sʼimmaginar-är, sich einbilden, vorstellen. immaginabel, a, denkbar. immaginaziun, f. Einbildnug, f.

Immütir, immütär *, E. verstummen, f. mitt.
Imnatschar-är, E. drohen, f. manatschar.
Impachar-är, s', f. ampatschar. impatsch, m. Verlegenheit, f.
Impalar, 2 beflecken, verunreinigen. schänden.
Impasträgliar sü-aint, einmischen, einmengen, f. pasta.
Impedir, impedimaint, f. pei.
Impennar, s', (a guerra), sich erheben, ermuthigen.
Imperse, dimperse, E. sondern, besonders, zumal.
Impestiaunt, a, E. stehenden Fußes, sogleich, stante pede.
Implir, implinir, E. füllen, f. plein.
Imprastar-är, leihen, f. amparstar.
Imprimèr, a, * der erste.
Impro, E. jedoch.
Imprometter, versprechen. impromischun, f. Versprechen, n. Verheißung, f. f. metter.
Impuonder, anwenden, f. ampunder.
Imsüra, imsürar-är, f. mesirar.
Inamiaunza *, f. Feindschaft, f.
Inamurar-är, f. amar.
Imbastir, imbastidüra, f. ambustir.
Incantar, inchantar-är, bezaubern. inchant, m. Bezauberung, Zauberei, f. Versteigerung, f. metter all' -, versteigern.
Incha, E. noch. inchamo, auch noch.
Incharna, f. Winkel, f. ancorna.
Incler, intler, inclegier, inclir *, f. antalir.
Incollar-är, f. ancular.
Incrasür *, umgeben, umzingeln; s' -, sich anhäufen.
Increscher, E. verdrießen. increschantüna, f. Heimweh, n,

Incunter, E. gegen, entgegen. incunter, m. Gelegenheit, f. Anlaß, m. iscuntrar, begegnen.
Indar, s' -, M. sich was daraus machen, darum bekümmern. el nun s'inda nüglia, er macht sich nichts daraus. indar, s' M. (von Thieren), leiden, mager werden, abzehren. (Fr. en donner, en aller?)
Indebitù, ada, verschuldet. f. duver.
Indecent, a, unanständig, f. descher.
Indispost, a, unwohl, unpaß. nicht aufgelegt. indisposiziun, f. Unpäßlichkeit, f.
Indisch, M. 1 insch, 2 Nestel, n. indizzi, m. E. Anzeige, f. Merkmal, n. f. indicar.
Indolent, a, indolenza, f. duler.
Indrett, E. recht, f. andreg.
Indschendrar, E. erzeugen, f. generar.
Inerrar, irren, abweichen.
Inesser, M. savair s' -, sich gefällig, artig betragen können.
Infauschamaint, m. Falschheit, Heuchelei, f. f. fauls.
Infendscher, E. sich verstellen, heucheln. infendschaduor, m. Heuchler, m. infenschamaint, m. Verstellung, f. It. fingere.
Infierns *, E. Pl. Hölle, f. f. ulfiern. infernal, a, höllisch.
Inflammar-är, Inflamaziun, f. flomma.
Ingian, Betrug, f. anganar.
Ingiavinar, errathen, f. angiavinar.
Ingiò, E. abwärts, wo, wosern. ingionder, weßhalb, wegen, woher.
Ingiuriar, 1 injüriar, ingürgiar *, schelten, beschimpfen. injüria, ingiörgia *, f. Schimpf, m. Beschimpfung, f. injurius, a, schimpflich, beschimpfend.
Ingress, m. Eingang, m.
Ingualar-är, E. congulivar, 1 vergleichen, ausgleichen.

Inguarinär*, Gen. 12, 15. Wurzel schlagen.
Iniquitád, f. E. Unbilligkeit, f.
Initsch*, m. E. Neid, m. Mißgunst, f.
Inomer, m. E. Zahl, f. dumbrar.
Inpentir, s', E. bereuen, f. ricln.
Inperfett, a, unvollkommen; laschar -, im Stiche lassen.
Inrescher oura, M. nach-ansforschen, f. andriescher.
Insaché-chi, f. anzichiei-chi.
Insagiar-är, E. versuchen, kosten, f. schigiar.
Insaina, insaigna, f. E. Zeichen, Schild, f. ansenna.
Insnuir, isthnuir*, ischnuir, s', erschrecken, grausen, betäuben, f. schnuir.
Inspiar oura, ausdenken. s'-. sich einfallen lassen.
Instigar, reizen, antreiben, anstiften. instigatur, m. Antreiber, Anstifter, m. instigaziun, f. Anreizung, Anstiftung, f.
Insuordir, E. taub, gehörlos werden.
Intarscholar, flechten, einflechten.
Intaveder, m. F. Verstand, m. Einsicht, f. avair -, D. haben.
Intender, intellett, f. antulir.
Intér, n, ganz, redlich. integritad-äd, f. Rechtschaffenheit, f. f. antir.
Interdir, untersagen, verbieten. interdict m. Verbot, n. Bann, m.
Interpunctar, interpunktiren. interpuncziun, f. Interpunktion.
Intraguidar-är*, f. antruvidar.
Intrapraisa, f. E. Unternehmung, f. prender.
Intrar, anträr*, E, eingehen, eintreten; - in chalur, brünstig werden (von Thieren).
Intrepid, a, E. unerschrocken. intrepidezchia, f. Unerschrockenheit, f.

Intschetta, f. antscheiver.
Intup, m. Anstoß, Aergerniß. n. dar -, Aergerniß geben. antupar, 1 begegnen.
Inundar, überschwemmen, f. unda.
Inviä, 2 inviau, 1 invió, 3 Gesandte, f. via.
Invidar, ividar-är, einladen, f. anvidar.
Inviern, Winter, f. unviern.
Inviglia, Neid, f. invidia.
Invlidar-är, vergessen, f. amblidar.
Invocar, invochar-är, anrufen. invocaziun, f. Anrufung, 1 f.
Invödar, s'-, M. sich entblößen.
Ir, iou vomm, mava, mä, eus, ida, Ger. mond, gehen. ir ad aramaint, E. herumirren. ir a funs, untersinken. ir a mal, zu Grunde gehen, verderben. ir da chierp, Stuhlgang haben. ir a pichias-cupichias, umhinken, umfallen, herunter purzeln. ir en tocs-töchs, in Stücke fallen. ir cun bos, (vom Rindvieh) brünstig sein. ir ad arai, M. (von den Schafen) in der Brunst sein. ir pro, M. Einen angehen. quai ma va pro, das betrifft mich. ir anavos-innavo, rückwärts gehen, die Auszehrung haben. ir cal pitt in bröch, M. purtar pettapigna, H. der erste sein, eine angenehme Botschaft zu bringen. ir sco culs affars da comün, fig. grundschlecht gehen. ir par cor, zu Herzen gehen.
Ira, f. E. Zorn, m. irat, a, iró, iráda, zornig. iracund, a, jähzornig, irritar-är, reizen, erzürnen.
Isagliär*, siegeln, Eph. 4.
Iseglia, la, f. isar.
Isla, E. Insel, f. f. insla.
Isonza, üsanza, Gewohnheit, f. isar.
Isüs, a. E. fade, saftlos, insipido.

Itscheder ?, m. E. Richter, m. Luf. 12, 50.
Juncla, f. E. giuncla, 1 zuncla, M. lederner Leitriemen, Thiere zu führen, Riemen, m.
Jürader, jüreduor, m. E. Geschworner, Richter, m. f. girar.
Jüvlar-är, E. jauchzen, schreien. jüvlazz, m. Jubel, m. Geschrei, n.

Là, lo, lou, dort.
Laburius, a, arbeitsam, f. luvrar.
Lad, a, breit; manar lada, groß thun, sich breit machen. dunna -, schwangere Frau.
Ladinar, sladinar, M. frei-los machen, aufrütteln (aus der Trägheit).
Lagn, m. E. Vorwurf, m. Klage, f. lagnuns, a, mürrisch, tabeßüchtig, f. lagner
Laimat, 2 squassals d'-, (?).
Lain, m. Holz, n. f. lenn.
Lam, a, E. weich. alamgnar-är, erweichen. lamma, f. feuchte Stelle.
Lama, f. E. Klinge, f.
Lanscha, laundscha, f. E. lonscha, 1 Lanze, f. lanschar, schlaundschar-är, werfen, schleudern.
Lapid *, m. E. Noth, f. Leiden, n. lapidar, in Noth, Kummer sein, sich kümmerlich durchhelfen.
Lard, m. E. Speck, m.
Larifari, m. Alfanzerei, f. wankelmüthiger Mensch.
Larisch, 1 Lärche, f.
Lasch, a, F. stinkend, verdorben (vom Fleisch).
Laschaignas, Pl. E. Hausmakaroni, zinslas H.
Laschantiv, a, müßig, f. lischent.
Lussantar, 2 zusetzen, ermüden, beunruhigen.

Lateral, a, von der Seite; ierta -, Seitenerbschaft, f.
Latezchia, latozia, f. Freude, f. lagrar.
Latt, m. E. Milch, f. laig antir, ganze Milch; - sgormau, abgerahmte M. lattantar-är, E. säugen, stillen. slattar-är, die Milch entziehen. lattmelch, m. E. B. Luckmilch, f. geschlagener Rahm. lachiett, m. 1 Kalbsmilch, B. Milchli.
Lattvetsch, m. M. Pathengeschenk, n.
Latvergia, f. Latwerge, f.
Laungia, Zunge, f. leunga.
Laussa, alaussa, f. Vogel-Tauben-Abführsche, *Prunus padus*, (nicht *Chamnus frangula*), f. laussa.
Lavander, Lavendel, f. sandra.
Lavantar, lavont, f. levar.
Laviner, m. Lavinen Rinnsal, m.
Lävi *, E. far -, prangen, groß thun.
Lavuoign, m. F. Haufen, versteckter Vorrath (der Mäuse, Ameisen).
Lazz, a, (culur), E. (schwarz?).
Ledrar-är, E. bellen, *latrare*.
Ledscha, leggia *, f. E. lescha, 1 Gesetz, n. (*lex*) legisisem, a, E. legitim, ächt, gesetzlich. da bastard far -, als ehlich erklären, f. legal.
Leih, See, m. f. lag.
Leischen, a, 1 glatt, schlüpfrig. far igl -, schmeicheln, nach dem Munde reden. lischnar, gleiten, ausgleiten.
Leiv, leav *, a, E. leicht, f. lev.
Leivra, E, Hasen, f. leur.
Lenfchar-är, E. lecken.
Lens, f. lendi.
Lent, laint, a, E. langsam. lentezchia, lentezin, f. Langsamkeit, f.
Lèr, E. lesen. legiadur, m. Leser, m. f. legier.

27

Lerp, m. 1 Augenwimper, f. larpus, a, triefend, f. larma.
Letta, lätta, f. E. Auswahl, Blüthe, f. Kern, m. Elite, f. legier.
Lèv, lèf, m. 1 Lippe, f.
Lezna, f. 2 Schwaden, m. far our -, zetten.
Lia, liaschun, ligia, f. Bund, f. ligiar.
Lichira, 1 Coll. Milchspeisen, f. laig.
Lichiva, f. der Ort, wo die Forellen laichen, Forelle, f.
Lient, 1 aluaint, E. darin.
Lieut *, glieut, Leute.
Lievgia, leva, f. Hebel, f. levar,
Ligèr, a, F. leicht. ligerezchia, f. Leichtsinn, m.
Limargia *, f. Thier, n. (veraltet).
Lindorna, f. E. Schnecke, f.
Linguach, m. E. Sprache, f. f. leunga.
Linzöl, m. E. Betttuch, Leintuch, n. f. lanziel.
Lisch, a, (lgisch, glisch), glatt; esser -, fig. ausgezeckelt, von allem baar sein. lischaintar, putzen, glänzend machen. lischüra, f, Glätte, f.
Lisüra, f. E. Gelenk, n. Sehne, f.
Liüsth *, für glüsch, (Bivroni) Licht, n. liüscherna, lintscherna *, f. Blitz, m.
Liüna *, (für glüna), Mond, f. glinna.
Lo, Adv. E. lou, 1 dort. co e lo, cou a lou, hier und dort.
Lö, (alt. löch), m. 3. lou, 2 leug, 1 Ort, m.
Loba f. E. Tannzapfen, m.
Lobgia, f. Laube, f. lauchia.
Lodar-är, loben. lodavaigl, m. Prahler, m. lodavaglia, f. Prahlerei, Großthuerei, f. f. ludar.
Lomm, m. 1 Lunge, f. It. polmoni.
Lomm, a, 1 weich. lomgniar, erweichen, bewegen, rühren. lomgniada, f. Erweichung.

Lomma, f. 1 Rabrelf, m.
Lonscha, f. 1 Lanze, f. lanschetta, f. Lanzette, f Habermarck, Wiesenbocksbart.
Lordaun *, m. E. Unrath, Schmutz, m. It. lordura.
Lozza, f. 1 Gassenkoth, m. .
Luar, schmelzen, vergehen, (alt) verwesen. luantar, schmelzen, (transf.) luanteivel, 1 alguantaivel, a, E. schmelzbar. luantada, f. das Ausschmelzen.
Lugar, 1 luguar *, lovar, E. ordnen, richten. lugar en - or - si, giu, - tier, ein-aus-auf-ab-zurichten. lugar giu, gütlich abmachen, schlichten. sa lugar, sich vorbereiten. s'luguar *, E. sich lagern. lugada, f. (dar innan -,) das Ordnen. slugar, metter ord loug, verrenken, f. loug.
Lung, a, E. lang. lungurus, a, langweilig, f. lenng.
Lungaig, linguaig, m. f. leunga.
Luntaun, a, E. entfernt, weit. luntanar, alluntanar, sluntanar-är, entfernen. luntanaunza, f. Entfernung, f.
Luoch, locc, a, E. locker, f. locc.
Luottar-är, E. kämpfen, f. luchiar.
Lüschair, E. glänzen, leuchten, blitzen. lüschaint, a, glänzend. lüschaider, m. Blitz, m.
Lusingiar-är, E. schmeicheln, mit leeren Hoffnungen hinhalten. lusaingia, f. eitle Erwartung, f. lusingier, a, lusingiaivel, a, schmeichelhaft.
Luvrèr, m. 1 Arbeiter, E. luvriera, f. Arbeiterin, f. f. luvrar.

Macular-är, beflecken, f. macla.
Madagar. madischinna, f. mediar.

Madernatscha. Grimmen, n. f. madra.
Madier, Pl. la madiera, f. madir.
Madinà, f. ma.
Madrigna, f. Stiefmutter; f.
Madrütscha, 1 madrütscha, E. Pathe, f.
Madrun, mälmadrun, Rolif, f. madra.
Madschun, f. Hühnerstange, f. maschun.
Madür, a. reif. f. madir.
Mager, majer, a, mager; gi da -, Fasttag.
Magiöl, m. E. Glas, n. - d'vin, Glas Wein; - da vin, Weinglas.
Magister, m. E. Schullehrer, m.
Magliar-är, essen, fressen; - ora, ausfressen, zu entgelten haben. magliadrun, m. Fresser, m. magliaritsch, m. Nahrungsmittel; M. Nascherei, Leckerbissen. magliasiarps, m. 1 Storch, m. magliana, f. F. der Magen des Rindviehs.
Maguaigl, mizgunigl, E. Mark, f. maguoll.
Majaistra, E. miestra, f. 1 saure Molken.
Mainar, M. führen; - a rastè, einem den Meister zeigen, zurechtweisen, f. manar.
Majorenn, a, mündig, volljährig, f. onn.
Mais, maisa, f. meins, meisa.
Mal, a, Adj. schlimm, schlecht, klug, schlau. in mol, ein schlauer, geistreicher. mal, Adv. schlimm. far mal ses faigs, das Seinige schlecht besorgen. Mal ist in vielen Wörtern bloß privativ oder bezeichnet nur das Entgegengesetzte.
Maladèra, maladuira, f. Schafhürde auf freiem Felde.
Malagiär*, wehthun, schmerzen; Apost. Gesch. 8. verschlimmern, ärger machen.
Malcuntent, a, unzufrieden. malcuntententienscha, f. Unzufriedenheit, f.
Malcureivel, a, häßlich.
Mäldiount, a, üblesredend, afterredend, maldicente. mäldiaunzu*, f. Afterrede, f.

Maldischent, a, unanständig. maldischentadad, f. Unanständigkeit, f.
Malgiäda, f. 3 Mischung von Regen und Schnee, zusammen regnen und schneien.
Mälgial, m. E. Gelbsucht, f.
Mallidi, a, unleidlich, verdrießlich.
Mälvesch, a. F. unverträglich, lästig.
Mammaduonna, f. Großmutter, f. f. tatta.
Mammalucc, a, unempfindlich, gleichgültig. albern.
Manatschöl, m. E. Nabelschnur, f. f. manar.
Manaunza*, E. damanonza, 1 Betragen, n. Aufführung, f. f. manar.
Manch, m. E. Stiel, f. moni.
Manchar-är, mangeln. manchnoss, a, E. mangelhaft, f. muncar.
Manchir, minchir, lügen, f. mentir.
Manecla, f. M. kleiner Bohrer.
Manetscha, f. M. Handschuh, m. fig. unzuverläßiger Mensch. manetta, f. 1 Handhebe des Sensenstiels.
Manglar, M. vermissen. esser mangla, vermißt werden.
Manin, m. E. Armband, n. kleine Hand.
Manischar-är, leiten, handhaben, f. maun.
Manizin, m. Handkranse, Manschette, f.
Manschun, m. M. große Mahlzeit nach dem Dreschen.
Manstèr, m. E. Handwerk, n, mansteraun, m. Handwerker, m.
Mantinäda, f. Stützwein, m. Hochzeitsgeschenke der Brautleute an die erwachsene Jugend. baiver -, St. trinken. (f. mantineda, in anderm Sinne).
Manuocha, f. E. Käseform, f. f. mignucca
Manuscritt, m. Handschrift, f. Manuskript, n.
Manvaigl, a, 2 früh, f. marveigl.

Manzasèr, manznèr, manzegna, manzögna, f. mentir.
Marchà, 2 marchò, 3 Stadt, f. marcau.
Marella, f. E. Fensterscheibe, f.
Margun, mangun, E. Heuschoppen, f. bargun.
Marit, m. E. Ehemann. m. maridar, f. mareu.
Marmel, m. Marmor, m.
Marmulett, m. F. der kl. Finger.
Marschai, marschè, merschè, f. Lohn, Dank, Gotteslohn, m. id es marschai da jüdar, hier verdient Hülfe Gottes=lohn.
Marschanaglia, 1 Coll. faule Leute.
Marun, m. große Kastanienart.
Marùs, marùsa, f. amur.
Masain, m. M. Speckseite, f.
Maschalch, m. M. Gerichtsbote, Weibel, m. fante.
Maschiar, E. käuen, beißen; unruhig sein (von den Kühen vor dem Kälbern), M.
Mascläda, f. E. Backenstreich, m.
Mascul, m. E. Männchen, f. maskel.
Masdar-ar, mischen, mengen. masdügl, m. Gemisch, n. masdrügliar-är, untereinanderrühren, vermengen.
Maslär. E. maslèr, E. Stockzahn, f. mislar.
Massa, f. Masse, f. ammassar-är, anhäufen, aufhäufen. NB. massadur (S. 89.) ist unrichtig von massa abgeleitet worden. In andern Dialekten heißt es: mussadur, amuossadur, und kommt von massar, zeigen, nachweisen, nicht von massa.
Massa, Adv. E. zu viel. massa bain, zu gut. massa char, zu theuer. metter massa blers fiers in il fö, fig. zu vielerlei treiben.

Massèr, a, haushälterisch, Hauswirth = in. bunna massera, gute Hauswirthin. masseria, Hausgeschäfte, Hausgeräth, n. bellas -, schöne Dinge, (b. h.) Sudelei. maschnèra, f. (in Schleins) Dienstmagd, f.
Mastella, f. 3 kleiner Kübel.
Mastrau *, m. E. Gelehrter, Meister, m.
Mastregn, m. 1 mastria, f. F. Handwerk, n. tgnair a -, im Zaum halten.
Matrimoni, m. E. Ehe, f. matrimonia, a, die Ehe betreffend. duvers -, Ehepflichten; paigs, pats -, Ehepakten.
Mattaniglia, la, Coll. Kinder. mattidonza, f. 1 Thorheit, f. matt.
Mattun, m. E. Ziegel, m. großer Knabe.
Maun dell' ura, E. Uhrenzeiger, m.
Medemm, mademm, a, 1 derselbe, der gleiche.
Mediat, mediont, f. mediar. mediaunt *, m. Vermittler, m. mediaunza, f. Vermittlung, f.
Meidi, m. E. Arzt, f. mediar.
Meil, meigl, m. E. Honig, f. mèl.
Memüergia °, f. E. memorgia, f. memoria.
Menaschi, m. 1 Haushaltung, f. far -, das Haus verwalten. propi -, eigne, H.
Mendanur, f. 1 Unehre, f. hanur.
Menduras, 1 bisweilen, zuweilen.
Mèr *, a, 3 lauter, rein, merus; mer, a, mehr. mèr, Adv. nur. mer, mär, m. Pächter, m. märaria, f. Pachtgut, n.
Mèra, f. E. Ziel; f. mira.
Merda, f. f. miarda.
Mess, f. miass, f. meder.
Metter ent-aint ün, einen in Verlegenheit, in die Dinte bringen.
Meu, mia, 1 mein. Pl. mes mias; mieu, mia, E. meis, mias.

Mezz, f. miez.
Mezzaun, a, mittler. da qualitad -, von mittlerer Art.
Mied, möd, E. m. 1 Maaß, n, senza -, ohne Maaß.
Miedi, m. 1 Arzt, m. Weife, f. Melodie. f. suenter igl -, nach der Melodie.
Miel, m. E. ein wenig, f. meula.
Miel, m. 1 Feuchtigkeit, Näffe, f. dar schig a -, Trockenes und Naffes geben.
Migliurar, mildrar, beffern, f. meglier.
Migrar-är, wandern. emigrar, auswandern. emigrant, m. Auswanderer, m. emigraziun, f. Auswanderung, f.
Minchületta, f. 3 Zeitlofe, f.
Minchun, a, E. thöricht, albern, minchunar-är, fpotten, zum Beften halten.
Mingiergia *, Weife, f. maniera.
Minister, m. E. Pfarrer, m. ministeri, m. das geiftliche Amt. administrar-är, verwalten. administratur, m. Verwalter, m.
Minorenn, a, minderjährig, unmündig, onn.
Minz, minzin, m. E. der Kern von Steinobft.
Miracul, m, Wunder, f. mirar.
Mir - meur calancra, f. Raße, Ratte, f.
Misericordia - giu, Barmherzigkeit, f. f. miser.
Misgun, m. E. Kraufemünze, f.
Misfatt, m. E. Miffetbat, f.
Misum, m. E. Kinn, n.
Mitäd, mità, f. E. Hälfte, f.
Muüd, u, menüd a, klein, dünn, kl. gehackt. minuzchioni, m. Gefchnitzel, Abfall v. Holz, f. manidel.
Mobiglia, Coll. Hausgeräth, f. mover.
Moderar-är, mäßigen, f. möd.
Modinas, Pl. M. Nachtgeläute bei Eintritt des N. Jahrs.

Möia, f. 2 Muß, n. Brei, m.
Molett, m. Schleifer, m.
Molimaint, m. E. Grabmal, Monument, n.
Moliervi, a, E. weich, fanft, mild.
Mondan, a, weltlich, f. mund.
Montanella, E. muntanialla, f. munt.
Morbign, a, weich, mürbe, übermüthig, muthwillig. far passar il -, den Muthwillen vertreiben.
Morder gio, abbeißen, fig. verfchlucken. M. - bleras, Vieles v. müßen. smordüm *, E. Gewiffensbiß. m. mordagk, m. E. Morgenftern, (Waffe). mordreria, f. Mörderei, f.
Mörf *, m. E. (?).
Morschèr, m. E. Mörfer, f. mortèr.
Mort, mortal, mortificar, f. murir.
Mosel, mözel da rouda, Nabnabe, f. miesel.
Mouden, f. model.
Mu, imu, muo *, E. aber. f. mo.
Muaglia, muvaglia, la, Coll. Vieh, f. mover.
Mucc, a, ftill, betroffen. restar -, betroffen bleiben.
Mudsdif, a. * flüchtig, (von Cain). mutare (?).
Müffa, f. Schimmel, f. miffa.
Mufla, f. dicker Backen. muflieu, ida, bansbackig.
Mui, muig, mugia, f. megier.
Mulin, multira, f. moller.
Munch, muonch, muing, m. Mönch, m. nunngia, f. Nonne, f. f. munister.
Munschachoras, m. Nachtfchwalbe, f. Caprimulgus.
Munt, m. Berg, m. Haufe, m. in munt danèra, ein Haufen Geld. in munt glieut viele Leute. muntar, fteigen, bedeuten f. munt.
Muntaner, erhalten. muntanèr, m. 1 bie

Handhebe in der Mitte des Sensenstiels.
Muntanezza*, f. E. Krausemünze, f.
Muoier, a, E. mürrisch, starrsinnig.
Muosa, f. Stipendien oder Freitische, die die Bündner Studenten in Zürich und Basel genossen. mangiar la -, einen solchen F. haben.
Muosch, ia, schimlicht, feucht.
Muost, m. 1 Most, m. Obstwein, m.
Muott, a, stumpf, ohne Spitze. muotl, m. muotta, f. Hügel, m. Anhöhe, f.
Mür, m. E. Mauer, f. remür*, m. Gemäuer, n. f. mir.
Müravuglia, f. E. Wunder, n. müraflus, a,* wunderbar, f. marveiglia.
Murdeu, m. Bettler, f. amar.
Muriez, mureivel, muronz, f. amar.
Murinella, f. E. Bäffchen, n. (der Amtskragen der evang. Geistlichen); perder la -, vom geistl. Amte suspendirt oder ausgeschlossen werden.
Murtadella, f. eine Art Wurst, in welche auch Leber und Wein kömmt.
Muschinar, 1 sich zu regnen anlassen; sein regnen.
Mustergiar, f. meister.
Mütschar-àr, E. entfliehen, entkommen. mütscha, f. Flucht, f. metter alla -, in die F. schlagen. mütschafadias, m. Faulenzer, Arbeitsscheuer, m.

Na, nein, nicht. nagin na serra - n'arva, niemand schließt - öffnet. na creis? glaubst nicht? na i nun, M. (verstärktes) nein, wie. schi i schun, (verstärktes) ja. nainä, na mai, niemals. naver, never, nicht wahr, gelt!

Nasar, sa, M. merken, gewahr werden. el nu sa nusa, ch'ün il ri oura, er merkt nicht, daß man ihn zum Besten hält.
Nair, a, schwarz, f. nér.
Nappa, f. E. Netz, (um die Gedärme).
Narom, nirom, nirum. m. Leber, f.
Narraisc, a, E. närrisch. narraiscamaing, thörichter Weise.
Nativ, a, gebürtig, f. nascher.
Natta du viroula, f. M. Blatternarbe, f.
Natüra, Natur, f. natira.
Naun, nan, E. nou, 1 her. far naun pro nu, M. fig. stehlen. trar naun, nou, hervorziehen. nau pro, herbei.
Nebucca, 1 nicht wahr; - scha, sonst.
Netal, a. M. heikel, wählig im Essen.
Niauncha, niung, gnianc, E. niawnc, 1 nicht einmal.
Nicolá, f. B. Zeitlose, f.
Niev, nova, neu, onn niev, Neujahr, dafür auch: daniev, Neujahr. ei era da daniev, es war zu N. da biniev-binös, von Neuem. nousnir*, E. neu machen. renuvar, aruuar, erneuern.
Ni-ni, weder noch. F. ni ti, ni mi (von Speisen und Reden), que non so -, es hat weder Kraft noch Saft.
Ningür, E. nigliu, 1 nirgends.
Noatta, f. E. Note, Melodie, f.
Nouzza, f. E. Hochzeit, f. nozza.
Nöbel, nöblin, f. niebel.
Nociv, a, schädlich, noscher, f. nuschér.
Noda, f. Zeichen, f. nudar.
Noè, m. M. die neue Erndte; far -, gleich von der Erndte zehren.
Nom, nominair, f. num. avair il nom e il pom, fig. ächt, nicht blos scheinbar sein. avair il nom, ma na il pom, blos den Namen, den Schein haben.

Noma, E, nur, allein. noma ils cuosts, nur die Kosten.
Nosch, a, böse. noscher, schaden, (besonders durch Zauberei, Hexerei) Böses zufügen, anthun. nociv, a, schädlich, s. nausch.
Noti, m. M. innige Theilnahme. avair noti, sehr bemüht sein, zu Herzen gehen. far noti, sehr eingenommen sein. sich angelegen sein lassen, Zuneigung fühlen. quaists duos faun noti, die beiden sind einander gut, lieben sich lunig.
Notori, a, allg. bekannt. s. nota.
Nott, noat, s. E. Nacht, s. noig.
Nott, 1 far nott, nöthigen, sehr lieben; - da mangiar, zu essen nöthigen. far nott per pumma, das Obst lieben.
Nov, nova, s. niev.
Nud, a, nakt, bloß. snudar-är, entblößen, s. nea.
Nudrim, m. F. Kalb, n.
Nudrir, nadriar, nudriimaint, s. nutriar.
Nüglia, E. nichts; hom da -, nichtswürdiger Mann. ün püd nüglia, fast nichts. esser traunter veder e nüglia, s. veder.
Nui, M. irgend einer. na nui, niemand, keiner.
Numnaunza *, s. Ehre, s. Ansehen, n, von num.
Nuorsa, f. 1 Schaf. n. nurser, m. Schafhirt, m.
Nuozza, f. Klinge, s. nizza.
Nuvantar, nuvalir, 1 erneuern, von nov. nuvialla, s. Neuigkeit, Nachricht, f.
Nüvel, m. Nebel, s. nivel.
Nüzz, m. Nutzen, m. s. nizz.

O, u, oder. o-o, u-u, entweder-oder.

O, oh! Ausruf, ach!
Oast *, m. E. s. sust; as metter ad oast (Roban'e Krieg, Manuscript), sich bei Seite ziehen, lagern. oastar, ustar, abwehren, abwenden, s. dustar.
Obedir, gehorchen, s. ubadir.
Oca, ocha, s. E. Gans, f. s. auca.
Ocular, a, s. ögl. ögliêr, m. E. Augenzahn. m. ögliers, E. Pl. Brille, f.
Odiar-är, hassen. ödi. m. E. Haß, m.
Odolezza, f. 3 Servitutsbeschwerde; jede Gemeindesteuer; pajar las -, die G. entrichten.
Oi, oib (Ausruf des Schmerzes), o weh!
Oli, m. Oehl, m. star in il -; M. sich sehr wohl befinden.
Or, m. Gold, n, dorär, surdurär, vergolden, s. aur.
Ora, f. Wetter, n. s. aura.
Ordeinar *, ordnen, zurechtlegen. ordra, s. Befehl, m.
Orinchin, m. E. Ohrenrling, m.
Orma, f. E. Seele. s. olma.
Orv, orb, a, blind. orvezza, f. E. Blindheit, f. orba, f. E. Blindschleiche, f. assorvir, surbantar-är *, E. schurvantar. 1 blenden, verblenden. surbantüm, orbantüm, m. Verblendung, f.
Ot, a, E. olt, a, H. hoch, s. ault.
Ova, ovāl, ovazun, s. aua.
Ovaisch, ovaischg, Bischof, m. s. ueschg.
Overa, f. Eiergestell n. Eierstock, m.

Pà, m. 2 Wette, s. pagar.
Pac, pach, wenig, s. pauc.
Pachagiar-är. unterhandeln, Bedingungen stellen. pach, pait, m. E. Vertrag, m. Bedingung, s. paig.

Pacific, a. friedlich, friedsam. pacificar, beschwichtigen. sa -, sich beruhigen.
Padella, f. E. Pfanne, f. - del snuoigl, Kniegelenk, n. padellar, gierig essen. padellun, m. M. ein Vielfraß.
Padernuors, E. Väter, Vorfahren; nos -, unsre Eltern, Vorfahren.
Padrin, m. Pathe, m.
Pagiar, E. sühnen; - ils puchats, die Sünden sühnen. pagin, f. Lohn, m.
Paglioula, f. Wochenbett; far -, in die Wochen kommen. pagliolainta, f. Wöchnerin.
Pagnar, M. vor-zubereiten. pagnativ, m. Zurüstung, Vorbereitung, f.
Pajar-är, pagar, 1 bezahlen, werth sein, gelten. ei paga bucca la fadigia, es ist nicht der Mühe werth. quei paga bucca, das gilt nicht.
Pajaun, m. Heide, s. pagaun.
Pajer, paiver, a, 2 träg, faul. paigrezza, f. Trägheit, f.
Pain, m. Pfand, s. pens.
Paina, f. Schmerz, m. Buße, f. s. peina.
Painch, m. E. Butter, f. s. piaun.
Paisa, f. Gewicht, s. pasar.
Palais, a. E. offenbar, bekannt. palesar-är, offenbaren. palantar, veröffentlichen. palantüda, f. 3 Schwurtag der Obrigkeit. s'palantär (la naiv), sich künden; (von Kühen beim Kälbern) die Gebärmutter heraustreiben.
Palat, m. E. Gaumen, Geschmackssinn, m.
Palaunc, m. Planke, f. pal.
Palazun, f. far -, appelliren.
Paletscha, f. 1 Haut, Schaale, f. - da meila, Aepfelschaalen.
Palichiar, das Maul lecken, naschen. s. lichiar.

Palira, f. Mausen, n. s. peil.
Palotta, palutta, Keule, f. palott, 1 Meißel, Bäume zu schälen, s. pal.
Palüdaint, a, E. sumpfig. impalüdär, versumpfen, s. paleu, palü.
Palusa, f. 1 Raupe, f.
Pan, panada, panetta, s. paun. panpaluser, von panis pyreus, einem eigens geformten Waizenbrod, das man an einigen Orten fürs Erndtefest bereitete, ursprünglich also: Waizenbrodesser; später ein Spitzname für: Welsche. ils panpalusers, die Romanischen. pan paruotta, far -, Sandbrod machen, (wie es die Kinder zu ihrer Unterhaltung thun).
Panaglia leunga, langer Schmalzkübel. panaglia, stuorna, Drehkübel, (Butter zu schlagen).
Panazun, f. 1 runder Butterballen, m.
Pandalar, hängen, f. pender.
Pandschegl, m. B. Schneeflocken, m.
Panèr, m. 1 Brodkorb, m.
Paniar, 2 quälen, ängstigen.
Pann, m. E. Tuch, s. ponn.
Pantun, m. Brücke im Viehstall, f. pantunèra, f. E. Käsegestell, n.
Papanella, f. 2 Zeitlose, f.
Par (pär), trer da par, auseinanderziehen, scheiden, trennen. sa trer da par, sich scheiden (von Eheleuten und Streitenden).
Parait, f. Wand, s. prei.
Parasol, m. Sonnen-Regenschirm.
Parcatschin, a, s. catschar.
Parderscher, E. aufrichten, zurichten, zurecht machen. pardaschüda, f. E. Vorbereitung, f. pardert, a, zubereitet, gescheidt, gelehrt.
Pardütta, f. E. Zeuge, s. pardichia.

Pareigl, ia, ähnlich. paregliar-är, zwei ähnliche als Paar zusammenstellen. sa -, gleichen, ähnlich sein. sparegliar, die ähnlichen scheiden, trennen, auseinandertreiben. sparegliada, f. Scheidung, Trennung von ähnlichen.

Parevla, paräfla *, f. E. Mährchen, f. praula.

Parlèr, m. 1 Kesselflicker, f. priel.

Parmur, permur, wegen, weil, f. amar.

Parschürgiar, 2 (S. Genesis) versorgen, versehen, hüten.

Parsura, m. Vorsteher, Oberster.

Part, f. Theil, m. nun avair ni ort ni part, E. nè part ne sort, 1 gar keinen Theil daran haben.

Partecipar, particular, f. part.

Partida, partischaun, f. part.

Partorir, parturir, gebären. part, m. E. Geburt, f. das Geborne. part davo, E. Nachgeburt, f.

Parvidada, f. Brücken = Treppengeländer, n.

Parvis, paradis, n. 1 Paradies, n.

Parzial, a, parteiisch, f. part.

Paschantar, paschliar *, E. 1 abäßen.

Paschlur, weiden. pasculaziun, Aßung, f. f. pasc.

Pass, a, welk. pissir, welken. pissun, dürres, welkes Gras.

Passar, passabel, f. passantar, f. pass.

Passe, m. E. B. Lunzen, Pflock, m.

Passella, f. E. Rübe, f.

Passida, f. M. Fußstapfen, m. f. pass.

Passiun, f. Leidenschaft, f. patir.

Passler, m. E. Sperling, m.

Pastegiar, E. Mahlzeit halten, bewirthen.

Pastrin, pastrügl, f. pasta.

Patern, a, väterlich. patria, f. Vaterland, n. patriot, m. Vaterlandsfreund, m. patriotism, m. Vaterlandsliebe, f.

Patrunonza, 1 padrunauza, E. Herrschaft, f.

Patieus, (paghi Dieus?), patieusamein, vergelt's Gott. (tautologisch), patieusamein, nies Segner paghi.

Patüßlar, M. aufschneiden, albernes schwatzen.

Patütsch, m. M. Streue, f. Kehricht, n. far -, Streue sammeln.

Paunpäder, m. eine Art Pilz.

Paur, m. 2 Bauer, f. pur.

Paus, m. Ruhe, f. pussar.

Pavaigl, m. E. Docht, f. lameigl.

Pavel, m. Futter, n. pavlar, E. füttern. pavluns, m. Futterknecht, m. f. parvasèr.

Pavun, m. E. Pfau, m.

Pè, m. E. Fuß, m. sül vegl -, auf dem alten -; gio da pè. zu unterst. peada, f. Fußtritt, m. pedal, Fuß, Sockel, m. -pedina, f. Stein im Damenspiel, Bauer im Schachspiel. servir da -, als Werkzeug dienen. pedun, Fußgänger, m, f. pei.

Peau *, peu *, m. 2 peil, pail, Haar. rassa da peus, härenes Gewand.

Peccà, pucha, pcha, m. 2 pcho, 3 Sünde, f. pechar, pchar, E. sündigen. peccaduor, pecchiaduor, m. Sünder, m. peccadura, f. Sünderin, f. peccaunt, a, sündlich, sündhaft, pchiadus, a, elend, mitleidig; esser -, mitleidig sein, Math. 16.

Pedimar, sa, 1 padimar-är, E. sich beruhigen, besänftigen, nachlassen; - las dulurs, die Schmerzen stillen. Dat al duonna, ed el as padimèra, gebt ihm eine Frau und er wird ruhiger werden. padima'l, halt ihn auf.

35

Pegiorar-är, sa, as, sich verschlimmern, s. pigiur.
Peida, E. peda, 1 Zeit, Welle, f. Mal, n. dar -, Zeit lassen. duas peidas, E. zweimal.
Peis, pais, m. Gewicht, s. pasar.
Pell, s. Haut, s. trer giu la -, die Haut abziehen, fig. hart behandeln.
Pendiv, pendus, a, abhängig. penderglöz, m. Gehänge, n. große Ohrenringe.
Pens, 1 Pl. - da lég, Ehepfänder.
Pentir, as, E. bereuen. pentizzi, pantizzi. m, Reue, f.
Perchs, s. E. Ruthe, f. perchar-är, mit Ruthen schlagen. passar las -, Spießruthen laufen.
Perentar, verderben, s. pirir.
Perfecziun, perfecziunar, s. parfeig.
Permalus, a, empfindlich, mürrisch. as permalar, empfindlich, böse werden.
Pernizius, a, schädlich, verderblich. perniziusadad, s. Schädlichkeit, f.
Perpetuäl, a, * ewig.
Perprender via *, E. sich geziemen, gebühren.
Personal, s. persunna. persnavel, a, theilhaftig. personavel, m. 1 Alpgenosse, m.
Pertener, angehören, angehen, betreffen.
Pertschaivel, a, wahrnehmbar, (percipere?)
Per-partschender, E. abstammen, herkommen. partschendra, f. Abstammung, f. descendere.
Pervers, a, verkehrt. perversitad, s. Verkehrtheit, f.
Pett, m. E. péz, 1 Brust, f. It. petto.
Pettla, f. E. Schmutz, Unreinlichkeit, (zumal auf dem Kopfe junger Kinder), f. lutt.

Pettnar, pechnar-är, kämmen, s. pechien.
Pezz, pezzar, s. piczz.
Pia, 1 pöia, also. va pia, geh also. eis ei pia, ist es also?
Piaunch, E. pioign, 1 Pl. Brücke, s. pei.
Pich, pig, m. 1 Nadelstich, m.
Pidèra, f. Wanze, s. pidra.
Piersa, f. M. Sorgfalt, s. tor -, besorgt sein. piersus, a, sorgfältig.
Pierta, 1 Angebot, n. (v. porscher), (in Schleims) Hausflur.
Piessas, Pl. M. Mangold, m.
Pieula, s. E. Pech, n.
Pigliotta, s. E. Stampfmühle, f. pigliuott, m. Stämpfel, Stampfkolben, m. pisun.
Pignèla, f. Butterkübel, s. panaglia.
Pingoula, f. E. Baumwolle, f. s. mangola.
Pischegn, m. M. Frühstück, n. pischnar, frühstücken, s. puschein.
Pismir, 1 stöhnen, leiden, bes. v. Dürstigkeit.
Pisser, pissier, m. E. Gedanke, s. Sorge, s. pissär, paissär *, denken. pissirus, a, besorgt, nachdenklich. s'impissar-är, daran denken. impissamaint, m. Gedanke, Einfall, m.
Pitaun, pitanaun *, E. pitanader, m. 1 Hurer, m. pitauna, f. Hure, f. pitanar-är. huren. pitanöng, pitanegn, m. Hurerei, f.
Pitschen, a, klein. impitschnir, kleiner werden, f. pinch.
Piturar-är, E. malen. pitur, m. Maler, m. pitura, f. Gemälde, n.
Pivatta, f. M. gehechelter Hanf, Flachs (B. Riste).
Pizz, m. 3 pikel, 2 Schnabel, m. pizzalain, m. Specht, m. f. pizz.
Placar, 1 sa, sich bücken, ducken, verstecken.

Plachar, as, M. sich niederlassen, setzen (von Vögeln), It. poggiare.
Pläd, plaid, m. Wort, n. Sprache, f. (Bivroni) volver our in nos -, in unsere Sprache übersetzen. pläds badaints, starke Worte. pladär, feierlich reden. spladär *, afterreden, Böses sagen, rügen.
Plain, a, voll, f. plein.
Plaiv, plavania, f. E. Pfarrei. plavan, Pfarrer, E. m. plavanessa, Pfarrerin.
Plan, planiv, a, eben, f. plaun.
Plantunar, plantun, f. plunt.
Plaschantina, f. M. selbstgefälliges Wesen, Ziererei, f. far plaschantinas, sich zieren, zu gefallen suchen.
Platèra, f. E. Mäusefalle, f.
Plaundscher, E. f. plonscher.
Plichaplacha, f. F. Schmetterling, m.
Plichuira, f. 1 Garnwinde, f.
Plirs, pliras, Adj. Pl. mehrere.
Plom, m. E. f. plumm.
Plü, pü, E. pli, 1 mehr. implürir *, sich vermehren.
Plüch, f. pizzi.
Plümä, plümatsch, m. Deckbett, f. plimma.
Plunna, f. 1 ploma, E. Biege, Lege, f. -, d'lenna, Holzbiege, Holzlege, f. amplunar (lenna), Holz legen, aufschichten.
Plüra, f. E. Krätze, f.
Plürar-är *, f. plirar.
Pluschein, m. 1 Hühnchen, n. f. pulom.
Pô, 1 Adv. doch, um Gotteswillen! dai - lai po, gib-laß doch! pofardieu, 3 ja wohl - doch! stär sül po, den Großen spielen.
Poch, a, wenig, f. pauc.
Pöia, E. Adv. nachher, später, also. dapö, dapöia, dapi, seither, weil.

Polsch, m. Daumen, m. - d'üsch, Thürangel, f. f. pollisch.
Pom, m. Apfel, m. pom, fig. das Wesen, entgegen dem Schein. avair il nom, ina na il pom; avair il nom e 'l pom, das Aeußere und das Innere haben. pomelad, a, schäckig, gestreift.
Ponn, m. Tuch, n. - da sella, Pferdedecke, f.
Popular, a, volksthümlich, f. pievel.
Pora, f. Schweißloch, n. Pore, f.
Portic, m. pierten, 1 Halle, f. Vorhof, m. porteglia, f. 1 Zaunöffnung zur Einfahrt in die Güter, clamagnun.
Porziun, f. Theil, m. f. part.
Pos, posar, pozar, f. pussar.
Possident, m. Besitzer, Gutsbesitzer, m.
Pöst, m. 3 Tölpel, Alberner, m.
Posta, f. Post, f. Kunde, m. f. pustar.
Potent, a, mächtig, f. pudèr.
Pover, a, arm, f. pauper.
Pövel, m. Volk, f. pievel.
Pozar-är, E. stellen, anlehnen. pozal*, m. Lehne, f.
Prà, prat, pradèr, f. prau.
Praja, f. preja, E. Köder, m. Aas, die Füchse herauzulocken, Beute, f.
Praist, bald. praist, a, schnell.
Praschun, f. Gefängniß, f. parschun.
Prasuir, m. Wiesbaum, m. f. parsui.
Pratic, a, kundig, f. prachia.
Pravenda, f. Pfrund, f. f. parvenda.
Preceder, precedenzia, f. ceder.
Predchia, predchar, f. pardugèr.
Predsch, m. E. Preis, m. spredsch, m. Verachtung, f. Schimpf, m. spredschar -är, verachten, f. prezzi.
Premgia, f. E. premi, m. 1 Belohnung, f. premgiar, premiar, belohnen.

Preschàr *, eilen, f. prescha.
Preschaint, a, anwesend, f. present.
President, m. Vorsitzer, Präsident, f. sèr.
Pressant, a, dringlich, f. prescha.
Presuntuus, a, anmaßend, f. presumar.
Pretensiun, f. pretaisa, Forderung, f. tender.
Prezas, a, faul. Tit. 1.
Priedi, m. Predigt, f. pardagar.
Prievel, m. E. Gefahr, f. prievlus, a, gefährlich, f. prigel.
Primèr, a, * der erste.
Principi, m. E, Anfang, Grundsatz, m.
Pro, E. bei. pro, (abgekürztes prosit), wohlbekomm's. bun pro fatscha; far bun pro, gut gedeihen.
Proceder, verfahren, f. ceder.
Prodig, a, E. verschwenderisch.
Proferir, anbieten, f. offrir.
Prognosticar, ahnen, weißsagen. prognostichaduor, m. E. Wahrsager, m.
Prolungar, verlängern, f. leung.
Prompt, a, bereit, f. pront.
Pronunziar, aussprechen, pro nunzia, f. Aussprache, f. annunziar.
Propens, a, geneigt, günstig. propensiun, f. Zuneigung, f. Hang, m.
Prossem, m. E. Nächster, m. prossim, a, nahe. prusmar, as, sich nähern. prusmaunt, a, ganz nahe, zunächst.
Proveder, vorsorgen, sich Vorrath, das Nöthige verschaffen. providenza, f. Vorsehung, f.
Prüm, a, der erste. prümavairn, f. Frühling, m. prümeraun, f. Maiensäß, n.
Prümbla, f. Pflaume, f. prümblèr, m. Pflaumenbaum, f. primm.
Prun, a, * vorwärts gebeugt, geneigt. ir prun, gebückt gehen, *pronus*.

Pruscezza, f. E. Frömmigkeit, f. prus.
Prüva, adv, 2 traulich, heimelig, lieb, angenehm, üna chasa - stüva prüväda, ein heimeliges, ansprechendes Haus - Stube. el m'ais prüvo, er ist mir theuer. prüvadaunza, f. Vertrautheit, trauliches Wesen, gemüthliches Ansprechen. avoir gran-, sehr eingenommen sein für etwas.
Pschina, f. Gülle, Jauche, It. *piscina*.
Puct, f. Brei, m. - in grumma, Rahmbrei, (Lieblingsspeise der Oberengadiner). putär, a, Spitzname für: oberengadinisch; jedoch so unschuldig, daß J. F. Saluz das Bironische N. T. „Testamaint putär" nennt.
Püf, puif, M. E. Uhu, m. alberner Mensch.
Pugnar, pugniera, f. pugn.
Pulgna, puinna, f. frischer Gais = Schafziger.
Pulè, E. puleg, pulig, 1 Kümmel, m.
Pulitt, pulizia, f. polir.
Pulmaint, m. f. purment.
Pülsch, m. Floh, f. pillisch.
Pultaun, m. Lache, Pfütze, f. It. *pantano*.
Pultregna, f. 1 kl. Streich, kl. Lumperei, Schimpfrede, f. gir pultregnas, beschimpfen. far pultregnas, schlechte Streiche machen.
Punir, E. strafen. punibel, a, strafbar. puniziun, f. Strafe, f.
Puntual, a, pünktlich, f. pugn.
Puonch, puoign, m. Punkt, Artikel, f. pugn.
Purchièr, m. 1 Schweinehirt, f. pierch.
Purschall, m. 1 Ferkel, n. f. pierch.
Puschanada, f. E. langes, dürres Gras zu Streue, Streue, f.
Pussent, a, mächtig. pussaunza, E. pussonza, 1 Macht, f. f. pudèr.

Pusterla, pusterna, 1 f. Hinterthür, f.
Pustüt, E. Adv. besonders, zumal.
Putrögn, m. E. Unrath, sittliches Verderben. (Damit hängt wohl zusammen pultrunia, * (pultregnia).
Pütt, m. E, Nadelstich, m.
Pütta, f. E. Säule, f. pichia.
Puzlain, m. Kübel, m. - da majaistra, Sauerkübel, m.

Quaglia, f. E. Wachtel, m.
Quaigl, m. 1 Lab, m. Eimer, m. E.
Quart, a, E. Viertel n.
Que, aque, 3 das, dieses.
Queaus, queus, diese, für quels, wie eaus, eus, für els (veraltet).
Quei, 1 quai, 2 das, dieses.
Quella, diese; en a -, unterdessen, indessen.
Quercli, m. 1 Schoppen, m. f. quatter.
Quet, a, ruhig, still. quetamaing, ruhig. quaidezza *, Stille, f.
Quia, aquia, E. hier, da.
Quin, 1 wer, was. da quin, wovon, von wem. quindernan, E. Adv. daher, seither. quinder via, von da an.
Quintager, E. rechnen. quintader, quintaduor, m. Rechner, m. f. quint.
Quirer, E. suchen, dingen. quærere.
Quist, a, E. quest, a, 1 dieser.

Rabatschar-är, E. zusammenbringen, (mit Mühe) f. rauba.
Rabgiar, sa *, zornig, grimmig werden, f. rabbia.
Racher, m. E. Filz, Schacherer, m.
Radical, a, radicalmein, Adv. rabifal, von Grund aus, f. ragisch.

Radiv, a, E. irrend,
Radunar-är, verfam dunaunza, f. Ver
Rai, m. E. Sieb, u. S. schlagen. .
Rain, arain, m. E Rücken, Rückgrat, schmerzen.
Ramansigna, f. E. dar üna -, verwel
Ramaschun, f. Berg
Rambottel, m. 1 Kopf, B. Groppe
Ramm, m. E. rom la ramma; ir or Sache abschweifen verlieren.
Ramodam, m. E.
Rampin, m. E. Hal pinar-är, klettern.
Rampognar, E. Vorn
Ranär, m. 2 Weih,
Ranchüra, f. E. Ve n. It. rancore.
Ranuoigl, m. E. N
Rapla, rappa, f. E. rappas, voll R.
Ras, a, (vom Maa gensatz von comb
Raschiaudar *, 2 e
Raschlar, harken, r
Raseina, f. E. St Maaß
Rasteina, f. 1 Ralu
Rasuoir, m. E. Raf
Rat, m. E. Maus,
Ratificar, genehmig
Ratschimar, E. gebi
Raunclia, f. E. Sch

Ravairas, M. Abv. im Ernst, in der That, re vera, davvero.
Ravell, a, E. rebellisch. ravell, m. Rebell, Aufrührer, m.
Raz, m. E. Strahl, m. - d'solaigl - plövgia, Sonnen = Regenstrahl, m.
Razzada, f. E. Platzregen, m.
Rechüsar-är, verweigern, f. recusar.
Redscher, E, regieren, leiten. f. regier.
Reduondar-är, E. gereichen, ausschlagen; - in bain, - in mal, gut, - übel ausfallen.
Refuonder, ersehen, f. rafunder.
Refütar-är, widerlegen.
Regalar-är, schenken. regal, m. Geschenk, n.
Reghigliar*, 1 rugaglir, (veraltet) ärgern, beleidigen ruguegl, m. Verdruß, Zorn, m.
Regiment, m. Herrschaft, f. Regiment, m. reginam, m. Reich, f. regier.
Reguardar-är, berücksichtigen, f. guardar.
Regular, regeln, besorgen; - la biesca, das Vieh besorgen, in Ordnung bringen. sregulaus, ada, unordentlich, f. reglu.
Remarcar, bemerken, f. marca.
Rembel, m. E. Pfahl, Prügel, m. Ruder, n.
Rendeu, 1 ir da -, untergehen. igl sulelgl va da -, die Sonne geht unter.
Rensla*, f. E. Steuer, f. Tribut, m.
Reproscha, f. Vorwurf, m. reproschar, far unvers, vorwerfen.
Republica, f. Freistaat, m. f. public.
Repugnar-är, widerstehen, zuwider sein. repugnonza, 1 repugnaunza, f. E. Widerwille, m.
Rès, a, 1 scharf, beißend, heftig (von Essig, Gewürz und Weibern).
Resignar-är, se, as, sich ergeben, darein schicken. resignonza, f. resignaunza, Ergebung, f.

Resüstar, E. auferstehen, resüstaunza, f. f. Auferstehung, f. Widerstand, m.
Reuschir, E. gelingen. reuschida, f. Gelingen, n.
Revoluziun, f. Empörung, f. Aufruhr, m. f. volver.
Ribomb, m. E. Echo, n. ribombar-är, tönen, widerhallen, erdröhnen.
Ridicul, a, E. lächerlich, f. rir.
Ried, red, f. radar.
Rigiau, m. entwurzelter Baum, gezogenes Rohr, Stutzer, m. rigiada, f. die vom Sturm entwurzelten oder gebrochenen Bäume.
Rign, m. 1 Verweis, f. rignar.
Rimma, f. E. Clèfpalte, f.
Rinjuvnir, E. verjüngen; as -, sich verjüngen, f. giuven.
Rischlauna, f. 1 kl. Wasserkrebs.
Risma, f. Ries, n. - pupir, Ries Papier.
Ritscharola, f. 1 das Rädchen, woran die Kreise des Webstuhls hängen.
Rizza, f. 2 Igel, m. (bei Campell).
Roscha, f. E. Kunkel, f. rucca.
Roch, a, E. heißer, rochadad-äd, Heiserkeit, f.
Rögnar, E. ausschelten, keifen. rugnimm, m. 1 Gemurre, Gekeif, n.
Rosadi, rosàdi, m. E. Thau, m. f. rugada.
Rösch, a, frisch, kräftig.
Rouar, arouar-är, E. bitten. rö, röv, m. Bitte, f. f. rugar.
Rudeischen, m. 1 das Rad, die Scheibe des Spinnrades.
Rudialla, f. runde Fensterscheibe; Pfannkuchen, m. (mit Eiern), runde Formen von gezettetem Heu.
Rudlar, rudellar, ruclar, rollen, It. rotolare.

Ruegen, m. E, Roſt, m. ſ. ruinna.
Rügla, f. E. Reue, ſ. rigla.
Rumaner, bleiben, zurückbleiben; – orfan, Waiſe bleiben. rimanent, m. das Uebrige.
Rumenzà, ada. E. ſchläfrig, ſ. durmir.
Rumir, M. wegräumen, kehren. rumida, f. das Wegräumen; dar üna –, ein wenig aufräumen. rüment, M. riment, E. rumient, 1 Kehricht, n.
Rumur. E. Lärm, ſ. ramur.
Rundella, f. E. Kreis, m.
Ruoign, m. E. Raube, Tölpel, m. ſ. rugn.
Ruotta, daruotta, ſ. Niederlage, ſ. plover darutt, ſtark regnen. rutter, m. Wegbahner, m. von rumper via, über Berge im Winter den Weg bahnen, ſ. rumper.
Rüpch, m. E. Rülps, ſ. riep.
Rupp, m. Rupp, m. (12½ Krinnen zu 48 Loth).
Ruschanar, 1 erzählen. ruschieni, m. Rede, f. Geſpräch, n. ruschaneivel, a, vernünftig, ſ. raschun.
Ruschè *, f. E. Thau, ſ. rugada.
Rusgigliär, E. nagen, It. rosicare.
Rutinna, f. Uebung, Gewandtheit, Fertigkeit, Fr. routine.
Ruzaun, a, * E. muthwillig, übermüthig, ſtreitſüchtig.

Sabi, a, weiſe, ſ. saver.
Sabluniv, a, ſandig, ſ. sablun.
Sacargiar, 1 fluchen, diabliren.
Saccados, purtar –, auf dem Rücken tragen, z. B. ein Kind.
Saduol, a, ſatt. sadulezza, f. Sättigung, f.
Sagè, m. E. Siegel, n. ſ. sigi.
Sagliuott, m. E. Heuſchrecke, f. ſ. salipp.
Saguar, E, wäſſern.

Sajettar-är, 2 ſchießen, ſ. sagittar.
Salaschada, f. E. gepflaſterter Weg, It. selciato.
Salm, m. Pſalm, m.
Salsch, m. Weide, f. ſ. sälisch.
Sulüdar-är, grüßen, ſ. salidar.
Salvonna, f. M. Gülle, Jauche, f.
Samada, f. M. gefrorner Schnee. hoaz es samada a fier, heute iſt der S. wie Eis gefroren, ſ. samada.
Samma, ſ. sauma.
San, a, ſ. sann. sanar-är, E. verſchneiden (Schweine, Stiere).
Sapient, a, weiſe, ſ. saver.
Sarcomün, m. M. Vorſitzer des Kriminalgerichts.
Sarun, M. ſ. schirun.
Saschin, m. E. Mörder, m. saschinar-är, ermorden. saschinamaint, m. Mordthat, Ermordung, f. assassino.
Saschun, f. E. Zeit, Jahreszeit, f. Anlaß, m. It. stagione.
Sass, m. E. Stein, m. sassus, a, ſteinicht.
Savair, E. wiſſen. – s'metter, M. ſich beliebt zu machen wiſſen; – trar e tschessar, zleben und zurückweichen können, fig. ſich in die Umſtände zu ſchicken wiſſen. savüda, savida, ſ. Wiſſen, n. ſ. saver.
Savajü, m. Flieder, ſ. suvig.
Savdar, 1 ermahnen, ermuntern.
Sbalonzchar-är, E. ſchaukeln, ſchwanken.
Sbarüflà, ada, ungekämmt, zerzauſt.
Sbaschivar-är, E. zerſtören, verheeren. basitsch, verfallenes Gebäude, Gemäuer.
Sbatter, ausklopfen, halbverrückt ſein; – ün öv, Närriſches thun, irre ſein, ſ. batter.
Sblach, a, bleich, ſ. blaich.

41

Sbergal, m. E. M. Knirps.
Sböglior-är, f. sbudlar.
Sbragir, weinen, schreien, f. bargir.
Sbrajazzar-är, f. sbargazzar.
Sbrinzlar-är, funkeln, flimmern, begießen.
Sbrüschiar-är, schlüpfen, ausgleiten.
Sburflar, sbuflar, schnauben.
Scadin, a, 1 schindün, scodün, a, E. jeder.
Scaldar, schiodar-är, wärmen, f. cauld.
Scalf, m. E. (dalla rassa) geschweifter Ausschnitt des Kleides, It. scollatura.
Scalinium, m. scalinada, f. 1 Geklingel, Getöse, n. f. scalin.
Scaupar, davon laufen, entkommen, genesen. scampantar, heilen, retten.
Scarbunar-är, berußen, f. scarvun.
Scarplin, m. E. Steinhauer, m.
Schaiba, f. E. Schießscheibe, f. f. trer alla -, nach der Scheibe schießen.
Schalauer, m. jetzt ein engadinischer Spitzname den Oberländern; (verstümmelt) da tschell' aua, von jenem Wasser — Flußgebiet, d. h. des Rheingebietes im Gegensatze gegen das Inngebiet.
Schanc, a, 2 links, linkisch.
Schanziar, sa, 1 sich verschanzen.
Schåvad, a, 1 ungesalzen, fade, schleimicht.
Schavat, m. Stümper, m.
Scheinch, m. E. Augenbraune, f.
Schendrar, erzeugen, generar.
Scheppamainta, Coll. Holzstücke, Trümmer, Unrath.
Scherl, E. schierl, m. Tragkorb, m. dar il -, den Korb geben, abweisen. ir cugl -, betteln.
Sehi, E. ja. schi e schun, (verstärkt) ja, ja!
S-chiaer, E. erschaffen; — bain, M. viel aus etwas ziehen. brichа -, nicht Meister werden, nicht bemeistern können. bein sca-seus, ida, wohlerschaffen, gesund, ohne Gebrechen (von neugebornen Kindern). Bivroni: skiffir, skiffidur, skiffiziun.
S-chiaigna, f. E. Stricknadel, f.
S-chiala. f. E. Treppe, Leiter, f.
S-chialamana, schialmana*, f. E. Blitz, m. Brunstzeit der Thiere. s-chialmanar-är, brünstig sein.
S-chialiter, m. 2 Zuckerbäcker, m.
S-chiandella, f. E. Schindel, f. schiandeller, m. Schindelbiege, f.
S-chiannar-är, stechen, f. canar.
S-chiansebta, 3 Schrank, m.
S-chiornütsch, m. E. Düte, f.
S-chiarpa, f. E. Schuß, Hemmschuß, m. Hufe, f.
S-chiarpar-är, reißen, f. scarpar.
S-chiarpel, m. E. Meißel, m. f. scalper.
S-chiarplinar-är, E. zupfen, auseinanderziehen; - launa, Wolle zupfen (B. zeisen.)
S-chiarpluotta, f. 3 Ofenröhre in der Stube (Speisen darin zu kochen oder warm zu halten).
S-chiartatschar, E. zerreißen (von wilden Thieren); kartätschen.
S-chiarz, a, knapp, f. scars.
S-chiatta, f. E. Tatze, f.
S-chiuvlô, äda, zerzaust, f. cavell.
Schiccar, 2 fäuen (Tabak).
Schiclora, f. M. Tellergestell, n.
Schierchel, m. E. Reif, m. f. tscherclar.
Schierm, m. 1 dscherm, E. Keim, m. schermugliar, schermanir, 1 keimen.
Schignar-är, E. winken. sehing, m. Wink, m. f. tschoghignar, winken, verstohlen blicken.
Schilun, m. H. Sensestiel, m.
Schimnossa, f. E. Tuchende, n.
Schinsorgna, f. Maultrommel, f.

6

Schiömla, f. N. Zeitlose, f.
S-chiös, m. Schale, f. - da nuschs, Nußschalen.
S-chioppa, schioppina, f. E. Flinte, f. It. schioppo.
Schirau m. 1. schirà, 2. m. gelähmt, paralitico. schirantar, lähmen.
S-chiüd, m. E. Schild, m.
S-chiüma, f. E. Schaum, f. spimma.
S-chiür, a. finster, dunkel, schierus, a. M. dunkel, neblicht, f. schir.
Schlaffa, schlaffada, f. Ohrfeige, f. M. auch Menge, f. üua - da glieud, eine Menge Volks. schlaffar sü, beohrfeigen.
Schlancarguar, schlendern schlottern (z. B. in zu weiten Stiefeln).
Schlaschögn, m. M. Ausgelassenheit, Ausschweifung, f. schläschaus, ada, ausgelassen.
Schlasuoir, m. E. Dreschflegel, m.
Slavazar-är, B. schlendern, vergeuden, verderben.
Schlitta, f. E. Schlitten, m. schlittada-äda, ein Schlittenvoll, f. schleusa.
Schlizzar-är, stechen, verwunden; - il chialchiaign, in die Ferse stechen.
Scloza, f. 2. Gleite, f. schlifra.
Sclamar-är, schmälern, sich vermindern, It. scemare.
Schmorv, n. 1. Fraße, L
Schmorvar-är * erschrecken.
Schnizzar, 1. aufschneiden, f. nizza.
Schnöss, m. 2. E. Spaß, f. schnocca.
Schoacha, f. E. Weiberrock, m.
Schoatta, soatta, Zotte, f. E. soatms, a. zottig, f. zocla.
Schücha, f. E. Wurzelstock eines gefällten Baumstammes, f. cuscha.

Schuncar, f. tschuucar, schneiden, erubten; - la perdiziun, das Verderben erubten.
Schunschiva, giungiva, f. 1. Zahnfleisch, n.
Schurar, tschurar, 1. verdampfen, verduften, z. B. von geistigen Getränken, auch vom Zorn; entlaufen, entwischen; lüften, auslüften, sciorinare (sciaurare) tü nu'm schuoras töch, du läufst mir nicht weit.
Schütschar-är, saugen, f. tschitschar.
Schüttar-är, schauen.
Schuver, m. E. Pantoffelholz, n. f. suver.
Schvilanar, verhöhnen, beschimpfen.
Schzär * E. zurückweichen, It. cessare.
Schzavrar, * ausscheiden, f. zavrar.
Scient, a. wissend, scijnza,* f. Kenntniß, f. cunscijncha, * f. Gewissen, n.
Sclarir, erklären; sa -, sich aufheitern. sclari ment-aint, Aufschluß, Aufklärung, f.
Selingar, E. klingeln. sclingöz, m. Geklingel, n.
Sclomm, m. 1. Fluch, f. clamar.
Sclutrieu, ida, E. schlau, verschlagen.
Scommissa, E. scumessa, f. 1. Wette, f.
Scort, a. E. gescheidt, verständig, accorto.
Scossa, f. Erschütterung, Heerde f.
Scovernar-är, den Deckel wegheben, abdecken.
Scrasuoir, m. Dreschflegel, m.
Scrauv, m. scruvèra, f. E. Schraube, f.
Scregn, m. E, fittlicher Unrath, böses Wesen, n. f. scrign.
Scroscher. E. schüttern, knarren.
Scrotta, f. Lappen, m. metter la scrotta sper la rusna fig. Verkehrtes thun.
Scrua, f. Sau, f. weibliches Schwein.
Scrudar-är, verfallen.

43

Scufal, cufal, m. Ausbruch des Lachens, Weinens, Zorn. Eph. 4.
Scuffia, f. Haube, Nachtmütze, f.
Scaluzzar, M. ängstigen, sculuzzamaint, m. Aengstigung, Aengstlichkeit, f.
Scumbaut, scumbot. E. sobald als.
Scungirar, beschwören, f. girar.
Scuolz, a. baarfuß, f. calzer.
Scurdar-är, vergessen, f. cor.
Scussal-ül. m. E. Schürze, f. dauzar il-, fig. schwanger sein.
Scuta,* f. Nachtwache, f. (prüma, seguonda).
Scutignar, M. kichern, heimlich, spöttisch lachen, scutignimm, n. Gekicher, n.
Scuvertar, abdecken, f. cuvrir.
Scuvir, mißgönnen, f. cuvir.
Sdarlossar-är, lockern, erschüttern, schlottern machen.
Sdescher, E. nicht geziemen. sdesch, m. E. Unart, Unanständigkeit, f. Verachtung, as deschdagiär,* sich schäuden. 1. Cor. 11. f. descher.
Sdratscha, S. far or-, Heu zetten, anzudar.
Sdrisar, 1. strisar, strüzzar, verstreuen, E. (nur feste Dinge); - fein-farina, Korn-Heu - Mehl verstreuen, fallen lassen.
Sdrüvagliar-är, aufwecken, aufwachen.
Sdun, m. Löffel, f. tschadun.
Sduvlar-är, E. durchsuchen, durchstöbern; - suot sura, durcheinander werfen, as-, sich regen, aufraffen.
Se, s', sich.
Sech, ia, dürr, seclin, a. dünn, schmächtig, f. zeclin.
Sechn, f. E. Schafzecke, f.
Secul, m. E. Jahrhundert, n.
Sedzer, sedzär, sezzer, E. sitzen, sezla,

f. M. Kindersitz, m. sezar, M. zu Gericht sitzen, condsedzaunt, m. Beisitzer, m.
Segond. segund, n. Adj. der Zweite; Adv. je nach dem. segundar-är, folgen, gehorchen, befördern.
Seguir, E. folgen. conseguir, erlangen. consequent, a. folgerichtig. consequenzcha, f. Folge, f.
Seita, saita, f. E. Blitzstrahl, m. saetta.
Sella, f. Sattel, m. f. sialla.
Semda, f. E. Fußweg, m. f. senda.
Sench, sünch, ia, 3. heilig, f. soinch.
Senn, m. Sinn m. or da -, wahnsinnig, f. senn.
Sentinella, f. E. Schildwache, f.
Serp, f. Schlange, f. f. siarp.
Serra, f. Schloß, n, f. saror.
Sert, a, ausgesechelt, verlumpt. sertun, m. Habenichts. m. f. deseriar.
Servir, E. siervir* dienen. bainservieu, wohlbedient, wohlerhalten. dar la charta da-, verabschieden. serv, m. Knecht, Sclav m. M. Hülfs-Förderungsmittel, n. servezen, m. Dienst, m. f. survir.
Seschd, a, trocken. seschda, sezda, f. 3. Trockne. f., sicus.
Setsch, m. B. Kupfereimer, m. It. secchia.
Sever, a. streng, ernst; sevèramaing, ernstlich. severitad-ad, E. Ernst, m. Strenge, f.
Sezz, a, selbst. sa sezz, sich selbst; par-, natürlich, versteht sich. esser tier-, bei Sinnen sein; or d'sasezz, von Sinnen, bewußtlos; gir tier-, bei sich denken.
Sfadiar-är, sich bemühen, f. fadiar.
Sfagliada*, f. E. Fackel, f.
Sfurdar, 1. abkühlen, f. freid..
Sfarfugliar, stottern, undeutlich reden.

sfarluigl, m. Stotterer, m. sfarfugliada, sfarfuglimm, Gestotter, n. leises, verworrenes Sprechen.

Sfarlatar, 1 vergeuden, verplempern.

Sfera, f. Kugel, f. Kreis, Umkreis, Bereich, m.

Sfiladira, m. H. abgefeimter Kerl, s. fil.

Sföltrar, M, aufschneiden, lügen. sflöter, m. Aufschneider, Prahler, m.

Sforzar-är, zwingen, erzwingen, mit Gewalt brechen, nothzüchtigen. sforz, m. Anstrengung, Gewalt, s. fort.

Sforzür, m. E. Felleisen, n. Koffer, m.

Sluign, m. M. Wühler, m. läppisches, halbunterdrücktes Lachen; far il-, läppisch thun, den Kuppler machen.

Sgargnir, keifen, ausschelten; (von flüssigen Dingen, Milch, Wasser) zu frieren anfangen.

Sgarmar, 1. abrahmen, s. gromma.

Sgiar, är, mähen, s. segar.

Sgiarbò, äda, unartig. sgiarbaria, f. Unart, Grobheit, f. sgarbato.

Sgiazär, E. scharren.

Sglatir, 1, laut schreien.

Sgnir E, abnehmen, abmagern, verschwinden.

Sgorgn, a. häßlich, verächtlich, verwünscht; quella-, die häßliche (besonders von Kühen und Weibern).

Sgraßar, kratzen, s. grisla.

Sgramblar-är, brechen (Hanf, Flachs) sgrembla, f. Breche, f.

Sgrattar-är, E. sgartar, 1. kratzen.

Sgrignir, E. wiehern.

Sgualattar-är, s. tschalattar.

Sguardin, E. svurin, m. 1. Unordnung, Verwirrung, f.

Sguazzar-är, E. vergeuden. sguazzun, m. Prasser, Verschwender, m.

Sguindel, m. E. Thorheit, Schwindelei, f.

Sgür, a, sicher; sgür, f. Axt, s. sigir.

Sien, 1. sön, m. E. Schlaf, m.; da-, schläfrig.

Signäl, m. Zeichen, Merkmal; dar ün-, ein Z. geben.

Signur, m. Herr, m. signuregiar, Herr sein, herrschen. signurin, Koll. la-, Herrenleute. signuria, f. signuradi, m. Herrschaft, f. (Land und Volk.)

Silenzi, m. E. Stillschweigen. n. silenzius, a. stille.

Sinar, signar, 1. sich mit dem Kreuz bezeichnen, far sonchia crusch. sinavel, m. Zauber-Kreuzzeichen, n. Zaubersegen, m.

Sinar aint, M. sich trauen lassen.

Sinävel, m. E. ün graun d'-, Senfkorn.

Sindäl, m. E. Schleier, m.

Sindicatur, m. ehemaliger Untersuchungsbeamter in den bündn. Unterthanenlanden. sindicatura, f. Sindicatur f.

Singlott, m. Schluchzen, s. sunglutt.

Siovar, sieuer, nachfolgen, nachgehen, einholen. M. sioun, f. Wettlauf, m. far la-, wettlaufen.

Siplantar-är, E. reizen, hetzen.

Sladar-är, 1. erweitern, s. lad.

Sladinar, s. ladin.

Slass, a. 2. fest, kräftig. slassamaing, kräftig (geschlossen?)

Slubiar, schlöbgiar, 2, verkaufte Güter einlösen. slubiaschun, f. Zug, m. Einlösung; drett da-, Zugrecht, n.

Smaladir, verfluchen. smaladischun, f. Fluch, m.

Smanchar-är, E. vergessen, s. amblidar.

Smarra, f. M. böse Laune, f. avair la-, verstimmt sein.

45

Smarvigliar, sa, sich verwundern, s. marveiglia.
Smazzüchar-är, E. zerstampfen, zerquetschen.
Smiss, a, E. entmuthigt, muthlos.
Smögliar-är, s. smugliar.
Smontar, ab=heruntersteigen, s. munt.
Smort. a, todtenblaß, s. murir.
Smorvar-är, afterreden, verleumden. smorvüna, smorvüm, Verleumdung, s. Verspottung, s.
Smular, sa, s. sich zerbröckeln, s. meula.
Sneister, a, E. links. sanirtrar or, um kehren, wenden, z. B. in sncc-las mongins, s. saniester.
Snudar, sa, sich entblößen, s. neu.
Snuoigl, m. E. Knie, s. schanuigl.
Sobri, a, nüchtern, mäßig. sorbietad-äd, s. Nüchternheit, Mäßigkeit, s. sobriamaing, mäßig.
Soffel, m. Wind, m. s. suffel.
Soffrir, leiden, dulden, s. suffrir.
Sögliar-är*, gründen. söglia, s. Grund, Fundament, n, Thürschwelle, f.
Solair, E. pflegen, solit, a, gewohnt.
Soli, a*, allein, unheimelig.
Söli, a*, fest. Apostg. 3, 7.
Sollicitar-är, antreiben, drängen. sollicitaivel, a, besorgt, ängstlich.
Sömi, m. E. Traum, m. s. siemi.
Son, sonna, s. sun.
Sön, m. E. Schlaf, m. sa dar bun-, M. guter Dinge sein, es auf die leichte Schulter nehmen.
Sondscha, s. E. Schweinefett, n.
Song, m. M. Senn, m. suottong, Zusenn, Alpknecht, m. (trosser, m. jüngster Alpknecht).
Söng*, m. Sorge, Sorgfalt. Fr. soin.

sögnär, assognär, pflegen, ehren, versorgen.
Sopcha, s. E. Stuhl, Thron, m.
Sör, m. E. Schwiegervater, m. s. sir.
Sort, s. Loos, n. da sort, Adv. so, von der Art.
Sotal, sottel, m. M. Holzschuh, m.
Soul, sul, n, E. allein, unheimelig. hom, lö-, unheimeliger Mensch, - Ort.
Soula, f. Sohle, f. s. sola.
Spaisa, E. Speise, s. spisa.
Spait, m. M. Strick, m.
Spalanchar-är, weit öffnen, aufsperren. ils ögls-l'üsch, die Augen — die Thür aufsperren.
Spalazzar, M. vergeuden.
Spander, gießen, s. sponder.
Spanniar, sa, M. prunken, großthun; - ils ögls, 1. die Augen aufsperren.
Spasmar-är, E. sich ängstigen. spasim, m. Beängstigung, Beengung, f.
Spaventar-är, erschrecken. spaventus, a. erschrecklich, s. spuantar.
Spazzar, M. aus-verschütten. spazzeria, f. spazzaduoir, m. Schutt, m. Trümmer, Kehricht. spazzar ad inchün per pac, wenig auf einen halten, spazzamür, m. E. Mauerbrecher, m. Lat. aries. f. spazzar.
Spedir, s. pei.
Speiel, m. E. Spiegel, m. s. spiegel.
Spelar-är, rupfen, ausrupfen, s. peil.
Spelm, spelma, E. Fels, m.
Speluncha, s. E. Grotte, Höhle, f.
Spergiür, m. E. Meineid, m. spergiür, a, meineidig.
Spesaun, spesaum, m. E. Hautausschlag, m. Geschwulst n.
Spettar-är, warten, s. spichiar.

Spia, f. E. spigia, 1. Aehre, f. spia, m. Spion, m.

Spiclar gio, Einzelnes ablesen, z. B. Beeren, Kirschen.

Spiert, Geist, f. spirar.

Spieul, spoul, E. Spuhle, f. s. spular.

Spindrar, 1. spendrar-är, E. erlösen, retten. spindrazinn spendraschun, E. Erlösung, f. s. pindrar. (pignus?)

Spirtual, a, geistlich. spirtual, m. Geistlicher, m. f. spirar.

Spizzal, spizzäl. m. gespitzter Zaunpfahl. spizzolada, f. Zaun mit solchen Pfählen, Spitzzaun.

Spladir, 1. abbestellen, z. B. Knecht, Magd, f. pladir.

Splaiar-är, abwinden, abwickeln. a bandèrn splaiada, mit flatternder Fahne.

Splanghiar, mit etwas prunken, groß thun, um Neid, Begierde zu erregen.

Splecha, f. E. Mitze, f.

Spler, m. Schmetterling, m.

Spletschär, abschälen, f. paletscha.

Splimmar-är, rupfen, bei den Haaren ziehen. splimmada, f. Haarrupf, m. dar üna -, rupfen, f. plimma.

Splundragiar, plündern, f. shlundriar.

Spluntar, 1. klopfen, f. plunt.

Spöia, da spöia*, daneben, f. sper.

Spretsch, m. E. Beleidigung, Verhöhnung, f. f. prezzi.

Sprinzlar-är, besprengen, begießen. sprinzlà, ada, gesprenkelt, schäckig. sprinzlada, f. Besprengung, f.

Sproposit, a, ungereimt, unbesonnen. sproposit, m. Ungereimtheit, f. spropositar, ungereimtes thun - schwatzen, toben.

Sprüzzar, E. sprizzar, 1. sprützen, begießen. sprüzza, E. sprizza, f. 1. Sprütze, Garten- Feuersprütze.

Sprizzi, a, 1. spröde, auffahrend.

Spüerta, f. Angebot, n. f. porscher.

Spuizzi, m. E. Schrecken, m. spuizzus, a. furchtsam, schüssig, hastig.

Spundiv, spondiv, a, schief liegend, abhängig, f. spunda.

Spureg, ia, 1. scheu, schüchtern, furchtsam.

Spurchenscha*, f. Unrath, m. Verderben, m. Unreines, Schändliches.

Spör. E. Adv. nur, lauter, f. spir.

Spütär*, zerstoßen, zerknicken, zermalmen. Math. 12. 20. Luk. 20.

Spüzzar-är, E. stinken. spüzza, f. Gestank, m.

Squagliar, gerinnen (von Molken); - dal rir, vor Lachen vergehen, bersten wollen.

Squassar-är, erschüttern, zittern; - dal fraid, vor Kälte zittern. squass, m. Bewegung, Erschütterung, f.

Squiglia, f. E. Hühnerkoth, m. squiglär, den K. fallen lassen.

Squilat, m. E. Eichhörnchen, n.

Squisit, a. auserlesen, ausgezeichnet.

Squitt, m. E. ein Bischen, nur wenig. un tantino.

Squitta, f. 2. Sprütze, Feuersprütze, f.

Srappar-är, fliehen, sich davon machen.

Stadi, m. Stand, m. en meu-, in meinem Stand, f. star.

Staflunar-är, antreiben, schupfen.

Staila, f. E. Stern, f. steila.

Staindscher, ersticken, f. stenscher.

Stainschaint, m. E. Dachtraufe. f. f. stella.

Staint, astaint, m. (alt) astijnt, Mühe, f. Leiden, n. cun-, mit Mühe, kaum, f. stentar.

47

Stais, a, gespannt, ir da -, gerade brauf losgehen. It. disteso.

Stalivar - är, stillen; - il saung, das Blut stillen.

Star, stär, stehen; - sü - gio - aint - our, auf-, ab-, ein-, anstehen. stabel, stavel, a, beständig. stavlamaing, beharrlich. stantiv, a, (von Milch, Fleisch ꝛc.) verdorben durch langes Stehen. staunza, f. E. Zimmer, n. stonza, f. 1. Burg, f. (bildlich). stabilimaint, m. Niederlassung, Handlung. f. distant, a, entfernt. distanza, f. Entfernung. f. instar, worauf dringen, fordern. part instania, der klagende Theil, Kläger. instaunza, f. Bitte, f. Gesuch, n. (bei Behörden); Gerichtsbehörde, f. far -, Gesuch stellen. la prüma -, die erste Behörde. instant, m. Augenblick, m. instantamaing, angelegentlich, dringlich. suprastaunt, m. E. Vorsteher, f. star.

Starnüdar - är, erniesen, f. sturnidar.

Starzar, 1. sterzar (il latt) E. die Milch lange nicht abrahmen; — la facultad, das Vermögen auszuscheiden.

Staunga, staungia, f. Stange, f. staunguar, E. riegeln, Stangen (im Winter auf den Bergen) aufrichten, den Weg zu erkennen.

Staunza, f. 3. Zimmer, Gemach, n.

Stausch, m. stosch, Stoß, Streit, m. Schutzwehr, f. pigliar meis -, meine Zuflucht suchen; drizzar meis -, meine Burg errichten. muvantar -, Zwist, Streit erregen. f. stuschar.

Stemmi, m. E. Wappen, n.

Stenn, n, fest, fech, f. staign.

Stenn, m. E. Blech, n. It. latta.

Steril, a, E. unfruchtbar. sterilitad - äd f. Unfruchtbarkeit, f.

Sterl, stiarl, m. Kalbstier, m. starlèr, m. Stierenhirt, m. sterlamenta - mainta. Coll. junge Kalbstiere. far sco la -, sich wie K. betragen.

Sterner, streuen, 1. f. stiarner.

Sterniglia, f. E. einjährige Ziegen.

Stidar*, 1. stüdar, E. auslöschen; - la cazzola, das Licht löschen.

Stinaus, ado, hartnäckig, f. obstinar.

Stinkel, m. U. Tücke, f. bizarre Neigung, Einfall.

Stip, a, steil, mühsam zu gehen.

Stival, m. E. Stiefel, m. f. stifel.

Stizzi, m. E. Spur, f. f. fastig.

Stocca, f. Herrkuh, f. stiek, m. Herrochs, m.

Stolla, f. M., der an den Absätzen gefrorne Schnee oder Eisklumpen.

Stolz, a, stolz. stolzadad, f. Hochmuth, m. stolziar, stolziren.

Stommi, m. stummi E. Magen, m. It. stomaco.

Stoppa, f. Werg, n, f. stuppa.

Stoppin, m. E. Stöpsel, m. stuppar.

Storclar - är, auspressen; f. struclar.

Stovair, müssen, f. stuvèr.

Straglia, f. E. Striegel, f. f. streglia.

Straglüsch, m. E. Blitz, m.

Strala, f. 1. Strahl, m., d'igl suleigl, Sonnenstrahl.

Stramir, stremir, stramär*, erschrecken stramizzi, m. Schreck, m.

Stranguoglinr, E. verschlingen, verschlucken, verprassen; - la facultad, das Vermögen verprassen.

Strapè, m. M. Schwindelkopf, m. far il -, über die Schnur hauen.

Strauni, a, E. sonderbar, seltsam, auffallend. It. strano.

Strasunar, furchtbar tönen, erdröhnen.

Straviar, vom rechten Wege abgeben.
Stravers, a, böse, verkehrt.
Strett, a, enge, strettnir, verengern, beengen. strettüra, E. strechiadad, 1. Enge, Bedrängniß, f. streia, f. 1. enge Gasse.
Strozchar-är, schleppen, verstreuen, schleifen.
Strüflar, M. sanft mit der flachen Hand streichen.
Strusch, Ad. nahe, neben. strusch, 1. kaum.
Stüdgiar-är, studiren. stüdgiamaint, Adv. eifrig, emsig. studiosamente.
Stüdir, stüdar, stüdentar-är, löschen.
Stüffi, a, überdrüssig, langweilig, lästig, stüfchuoss, a, stufchieutuss, a, widrig, langweilig, sättigend, Eckel erregend.
Stumgiär, B. im Zaume halten.
Sturniar, stuornagiär, Thorheiten begehen, albern thun.
Sturpchiar-är, E. entehren, schänden. sturpchius, a, schändlich. sturpchenscha, f. Schandthat, Schmach, s. s. turpiar.
Stüva, f. E. Stube, s. stiva.
Stüzzar-är, löschen, s. stizzar.
Sü, auf.
Sü, süh, m. M. Saft. m.
Suainter, nach.
Subel, m. E. Flechtband, Geflecht, n. It. sobbio.
Subject, m. Subject, n. sugett, a, unterwürfig, unterthan; sugettar-är, unterwerfen, subjecziun, f. Unterwerfung, Unterwürfigkeit, f.
Subitaun, a. 2. plötzlich, schnell.
Sübla, f. 2. Ahle, f. s. sibla.
Subtrar-är, abziehen.
Sudà, m. 2. sudò, 3. Soldat, s. schuldau.
Suetta, f. kleines Seil (sua, suga).
Suzerir, unter den Fuß geben, einflüstern,
eingeben. sugerimaint, m. Anrathen. n. Einflüsterung, f.
Suh, m. M. Schlucker, m.
Sul, a. E. allein, einsam, unheimlig. un hom sul, F. sombre; suldan, a, (Hiob) not-, eine stille, unheimlige, Nacht.
Sulam, m, E. Hofstätte, s. sulom.
Sulär, m. 2. Stockwerk, n.
Sulevar, sollevar-är, erleichtern, erheben, sulevaziun, f. Erleichterung, Empörung, f. Aufruhr, m.
Sulva, f. S. der Deckel auf einen Butterkübel.
Sulvädi, a, E. wild. sulvaschina, das Wild, auch Coll. Gewild, n.
Sum, 1. som E. (nur in Zusammensetzungen bei Ortsadv. gebräuchlich). si sum, sü som, zu oberst; ora-, zu äußerst. enta-, amta-, zu innerst; giù-gio-, zu unterst; ir giu sum, erfallen, in einen Abgrund stürzen; vi sum, am weitesten hin, am Rande. somitad-äd, Höhe, Bergspitze, f. avair il chiò süsom, fig. eigensinnig, widerhärig sein. aver orsum la bucca, es auf der Zunge haben.
Sumbriva, f. E. Schatten, m. umbrivaun. a. 1. schattig, s. umbriva.
Sunar-är, spielen, tönen, von den Bienen: sumsen. sunimm, m. Bienengesumse, n. sunader, m. Spielmann, chi vo ils sunaders. ils paja, wer tanzen will, bezahle. It. chi comanda paga.
Sunsigl, m. Glöckchen, n., eitler, einfältiger M. sunagliéra, f. Geschell, Pferdegeschell, n.
Suuder, 1. sondern.
Suntèri, m. Kirchhof, m. s. santeri.
Suolch, m. E. Furche, f, s. sugl.
Suondra, la, Coll. Gesträuch, n. niederes Nadelholz.

Suoschdur-är, gähnen, f. suschdar.
Suoschg, ia, E. schmutzig, unrein. suoschiaria, f. Unrath. Schmutz, m.
Suost, m. star a -, unter Dach bleiben.
Sapiervi, a, 1. stolz, spröde; lenn -, sp. H.
Suplizzi, m. Todesstrafe, f.
Suprintendenzcha, f. Oberaufsicht, f.
Surbantüm, m. M. Verblendung, von surbantar, blenden.
Surfatscha, f. Oberfläche, f. s. fatscha.
Surlievgiar, surleivgiar, erleichtern.
Surmuntar-är, übersteigen, f. muut.
Sarpassamaint. E. m. Uebertretung, f. pass.
Sursaglir, überspringen, überfallen (den Feind).
Sururar, surdurar-är, vergolden, f. aur.
Sust, m. M. schneller, witziger Einfall Witz, m. f. sust.
Sussister, bestehen, sussistenzcha, f. Bestand, m, Erhaltung, f. mezz da -, Erhaltungsmittel, n.
Sütt, a. schütt, a. trocken, f. schich.
Suttacua, m. Schwanzriemen, m.
Süür, f. Schweiß, m. f. savur.
Suvent, suvaint, E. Adv. oft, oftmals.
Suvirn, m. 2. Zwirn, m.
Suvrin, m. suvrinna, Geschwisterkind im dritten Grad.
Svarslar, Streifen an Stäben machen, durch Schälung der Rinde (v. Jacob, Genesis). sverlad a, E. schäckig, gesprenkelt.
Svertüdar, * E. entkräften, entsittlichen, entehren, n. f.
Svess, a, selbst, f. sezz.
Sviont, sehr, übermäßig, v. via.

Tablà, m. E. Heustall, f. clavau.
Tachar-àr, kleben, fassen. attachar, an=
greifen, anheften; s' -, Zuneigung fassen; attachò, äda, anhänglich. attachamaint, m. Anhänglichkeit, f. contatt, m. Berührung, f. gnir in -, in B. kommen.
Taclar, 1. besudeln, beflecken. taclod, ada, gesprenkelt, schäckig. tach, m. 1. Flecken, Absatz, m. batter ils tachs 3. fig. davon laufen. It. battere le calcagna. taclaria, f. 1. Kleinigkeit, f. Pl. Spielsachen. handliar cun taclarias, mit kleinen Waaren handeln.
Tagliöl, m. M. Hack- Sägestock, m.
Tagnin, a, M. tanient, so groß.
Taja, f. E, Hülse, Ueberzug, f. teigia.
Tainscher, E. färben, schöpfen. tintur, m. Färber, m.
Tais, a, gespannt, voll, satt. taisantar, M. mit Essen vollstopfen.
Talinna, * f. Querbalken, die Garben im ob. am Heustalle zu trocknen, f. latta.
Talvo, m. 3. Heustall, f. clavau.
Tamborl, * m. E. Trommel, f.
Tamisch, m. B. Mehlsieb, n.
Tapin, m. f. Verlegenheit, Bedrängniß, f. esser in bels -, in schöner B. sein.
Tar, 3. tier, 1. zu, bei.
Tarader, m. E. Bohrer, m. f. tradel.
Tardenn, m. 1. Mistgabel, f. tridente.
Targia, f. Tartsche, f. Ezech. 23, 24.
Tarmina, f. S. der Chor (in der Kirche.)
Tarscher, m. 1. Seiler, m. tarschiel, m. kleines Seil, aus roher Haut gemacht, Schaukelseil; ir sin -, schaukeln auf dem Seil. tarschin, m. ganz kurzes Seil dieser Art. tarschola, Zopf, m. f. tretscha, f. geflochtenes, ledernes Wagenseil.
Taschair, 1. E. schweigen. taschantar, schweigen machen, beschwichtigen.

Tavla, f. Tafel, f. kleines Buch, Lesebuch, Fragenbuch, Katechismus.
Teh! (Ausruf), brav, da hast's! teh, meu uffont! da hast's, mein Kind!
Temporiv, tumpriv, a, früh, frühzeitig, frühreifend. früts-, frühe Früchte.
Tenda, f. E. Zelt, n. von tender.
Tender, a. E. dünn, zärtlich; mamma-, zärtliche M.
Tenêr, tanêr, 1. tgnair, E. halten; - plaid, Wort halten; - in plaid, eine Rede halten. tenind or, ausgenommen, außer. s'attenêr, sich dran halten; s'abstenêr, sich enthalten. cuntenêr, contgnair, enthalten; sa -, sich verhalten, aufführen. cuntegn, m. Betragen, n. muntanêr, erhalten; - ses dregs, - ses vegls, f. Rechte, - seine Eltern erhalten. ratener, 1. artgnair, E. zurückhalten. rategn, m. urtegn, E. Rückhalt, m. sustener, sustgnair, behaupten, unterstützen. sustegn, Stütze, f. sustentarär, unterstützen, erhalten. sustenimaint, m. Erhaltung, Ernährung. Stütze, f. tegnitsch, a. M. heblg, filzig.
Tens. m. E. Bannwald. tessir, (Güter, Wald) in den Bann erklären. god tessieu, E. schichia, 1. Bannwald, m.
Terdscher, E. abwischen, reinigen, besorgen; - il muvel, M. das Vieh besorgen.
Term, m. Marktstein, f. tiarm.
Test, m. E. Pfanne, f. Kochtopf, m.
Tètè! Ruf den Hunden.
Tett, m. E. Dach, n. f. tòg.
Tev, n. E. Speckseite, f. ischitta.
Tevi, a, lau, E. f. tievi.
Tezzar-är, säugen, stillen. stezzar, die Milch nehmen, f. tetta.
Tgnair, halten, f. oben tener

Thea, f. E. Alphütte, f. tegia.
Thesuur*, m. Schatz, m.
Thuribul, m. E. Rauchfaß, n.
Tierm, m. M, Ziger, m. tiermar oura, (die Speisen) mit Ziger oder Käse bestreuen - würzen.
Tiev, m. Kiefer, f. (Föh-e) tioula, f. Kienholz, n. teigia, 1. f. theu.
Tilla*, f. (Campell) Krähe, f.
Tirannic, a, tyrannisch, f. tirsun.
Tizzun, latizzun, f. 1. Unkraut, n. Afterwaizen, m. zizzania. f. tizzun.
Tmair, fürchten, f. temêr.
Töch, m. E. Stück, f. tocc.
Toffar-är, Winde lassen, stinken, f. tuffar.
Tomâr, tumär*, fallen. Fr. tomber (oft bei Bivroni und Campell).
Tonder, scheeren, f. tunder.
Tont, tant, so viel. entont, intant, unterdessen.
Toraumat, m. E. Schutzwerk, Heiligenbilder.
Tortura, f. E. Folter, f. torturar, foltern, f. chierl.
Tossir, husten, f. tusser.
Tössi, m. E. Gift, n. f. tissi.
Tour, E. nehmen, Part. tad, tüt, genommen. dar e tour, sa bun cour, geben und empfangen macht das Herz gut - fröhlich. distour, abbringen, von etwas abziehen.
Trabattär*, (vom Schwert) durch einbringen, einschneiden.
Trnbügl, m. E. Wirbelwind, m.
Trachoat, a, übermüthig, vermessen. tracotante?
Trachuoir, m. E. Faßtrichter, m.
Tractar-är, behandeln, bewirthen; - da lader, Dieb schelten.

Tracutár*. (Luc. 19.) betteln.
Trafuschär*, verwandeln, 2. Cor. 11.
Tramaigl, m. E. Jugend-Tanzbelustigung, f. s. tarunigl.
Transpirar, ausdünsten. transpirazlun, f. Ausdünstung, f. s. spirar.
Trapartida, f. E. Zwerchfell, n.
Traplar, antreffen, ertappen. 1. zertreten, zerstampfen, E.
Trapür, a,* E. erbittert.
Trar, ziehen; - aint, - oura - sü - giö, ein - aus - auf - abziehen. trar inavaunt, vorwärtsziehen; - tras, durchstreichen, f. trer.
Trasor, trasora. 1. immer, beständig.
Ttrastüt, m. Statut, Grundgesetz, n. (la prüma ledscha).
Trut, m. E. Schumacherdraht, f. trau.
Trav, f. Balken, m. auch: der von der Pflugschaar geschnittene und umgeschlagene Erdstreifen.
Travachar, E. waten, durch den Fluß - das Wasser.
Travaglius, a. E. mühsam, f. travaigl.
Travazoign, m. traversoign, S. Querbalken im Boden, zwischen Kuh- und Heustall.
Travschar*, E. (travagliar, trafücar) sich abmühen. travsch, m. Umgang, Verkehr, Kummer, m.
Travuondar - är, E. verschlingen, verschlucken.
Treblöz*, m. Trübsal, Ungemach, n.
Trefegl, 1. trefögl, m. Klee, m.
Trega, f. E. Waffenstillstand, m.
Tremblöz, m. Zittern, f. tremblar.
Triacca, f. Theriak (alte Arzenei).
Triaunza, f. E. Mist-Heugabel, f. dent.
Tribut, m. Steuer, f. tribuir.

Trid, a, E. häßlich, übel aussehend schwächlich. tridezza, f. Häßlichkeit.
Trimm, m. dreijähriges Rind. trimma, f. dreijährige Zeitkuh.
Tripel, a, dreifach, f. trois
Troclett, m. 1. Schlichtelchen, Fruchtgehäuse, n. - da nitscholas.
Troia, f. 1. trächtige Sau, f.
Tropp, m. troppa, f. Schaar, f. triep.
Truasch, m. Dorfbrunnen (im Gegensatz von fantauna, Quelle). In Waltensburg: Speicher, d. h. ein eigenes Gebäude, worin die Reichen unten Käse und Butter, oben, im zweiten Stock, das Korn aufbewahren.
Trupegiar-är, sich schämen, f. turpiar.
Truschar-är, rühren, f. turschar.
Truspin, m. B. Dornbusch, Spitzbeerenstrauch, m.
Tschä, II. dort, entsprechend dem quä, co, hier, f. tschou.
Tschaigl, m. E. Augenwimper, f. tschagnar-är, tschaghignar, zwinken, winken, mit den Augen verstohlen blicken. tschagögn, tsching, m. Wink, m. ein Zwinken.
Tschainonta, f. M. Abendweide fürs Vieh.
Tschaira, f. Miene, f. Wachs, n. f. tschera. tschaira dals ögls, Augenbraune.
Tschamp, a, schanc, u, links. maun -, linke Hand.
Tscharnaglia, f. E. Locke, Haarflechte, f.
Tscherchar-är, E. suchen. cercare.
Tscherf, m. Hirsch, m. f. tschierv.
Tscherner, auslesen, erblicken. tscherna, f. Mehren, m. for inna -, ein offenes Mehr aufnehmen; Auswahl, f. la tscherna dull' armada, Elite, Blüthe der Armee, f. tscherner.
Tschiander, m. Zigeuner, m.

Tschièra, f. E. Nebel, n. tschièrus a, M. nebliśt, dunkel f.

Tschinclar, tschintar, 1, tschinguar*, E. umgürten, umzingeln. tschinta, f. Gürtel, m.

Tschisp, m. Wasen, m. tgnair il chiau in-, fig. ein gutes Schwert führen, nie satt werden.

Tschittiar, S, lauern, mit den Augen zwinken.

Tschuflans, f. tschagnolla.

Tsuns, zuns, m. E. Weber, f. teisser.

Tumper, während. tumpergi, des Tages, den T. über.

Tuornalett, m. E. Bettvorhang, m.

Tüorp, f. Schande, Schmach, f. Scham, f. turpius, a, schändlich, schamhaft.

Tup, a, 1. einfältig, albern. tupadira, tupamenta, Coll. Thoren, alberne Leute. tupadad, f. thörichtes Wesen.

Turdella, f. E. Turteltaube, f.

Turmentar-är, plagen, quälen. turmaint, m. Qual, Pein, f. turmentaivel, a, qualvoll, peinlich.

Tutta, f. 1. dickes Schilfrohr; Flöte aus Weidenzweigen.

U, oder; u-u-, entweder = oder. upia*, 1, upòia, es sei denn, oder daß.

Ual, gual, eben, gleich gerade, ualschi, bi, ebenso schön. ualvess, schwerlich.

Ualêr, m. 1. Bienenstand, m.

Uar, uvar, Eier legen, f. ov.

Uder, m. E. Schlauch, m. tgnair il mar seo in ün uder It. otre.

Udir, hören, gehören, geziemen. udir da far, zu thun treffen.

Uduarmaing*, E. pflichtwidrig. non doverosamente.

Udurar, odorar-är, riechen. udur, m. Geruch, m. f. fardar.

Uerscha, verscha, f. Scheitel, m.

Üert, m. E. Garten, f. jert.

Ui, uvi, avil, nuvill, m. Viehstall, m. ovile.

Uia, f. E. Weintraube, f.

Umblauna, f. E. Schneehuhn, m.

Umbrivaun, a, schattig, f. umbriva.

Umid, a, feucht. umiditad-äd, Feuchtigkeit, f.

Ün, ein. ünzacura, irgend einmal. li ün*, der eine.

Ungar, m. E. Ungar, m. ungarischer Dukaten.

Uonda, f. E. Welle, f.

Uossa, jetzt; beuossa, gerade jetzt. f. ussa.

Uotar, M. frisch heraussagen, von der Leber weg sprechen.

Upòia, Adv. wenn nicht, nisi, behufs, all' uopo; upòiar, nöthig sein.

Ur*, m. Schmach (?)

Uraglia, f. E. Ohr, f. ureiglia.

Urais, m. E. Uhrenmacher, m.

Urar*, beten, auch segnen, f. urar.

Uratt, m. 1. Ururgroßvater, Uratta, Ururgroßmutter, f.

Urdanar, verordnen; — si, aufrichten.

Urè, m. M. Trichter, m.

Urgimenta, 1. Coll. la, Rüstung; - d'igl spirt, Geistesrüstung.

Urlöz, m. E. Geheul, f. urlar.

Urslana, f. uzlauna, rassulauna, f. E. Raupe, f.

Urteis, m. 1. Gartenkraut, f. iert.

Üs, m. E. Sitte, Gebrauch. üsaglia, Coll. Geräthschaften, f. usar.

Üsch, m. E. Thür, f. metter la cluv suot-, fig. Bankerott machen. uschida, f. Ausgang, m. uschöl, m. kleine Thür. uschir, ausgehen. uschliar, M. häufig ein- und ausgehen. reuschir, gelingen, gerathen. reuschida, f. Gelingen, n.
Usché, E. also, so, f. aschia.
Uschiervi, a, E. dschiervi, M. feuchtkalt: taimp-, feuchtkalte Witterung. chasa-, ein feuchtkaltes Haus.
Uschievla, f. E. Sauerampfer, f. asch.
Uschgiliö, E. sonst, f. schigliocc.
Usöl, E. Zicklein, f. ansiel.
Ustar (ostar, dustar), abwehren, abwenden. ustonza, f. Burg, Freistätte, f.
Ustrir, rösten, f. barsar.
Usufruct, 1. usufrüt, m. E. Nutznießung, f. usufruir, nutznießen.
Utär, m. E. Altar, m.
Utsche, utscheu, m. E. Vogel, m. -dell' ova, Wasserschnepfe, f. utschlin, Vögelchen. utschlaglia, utschellina, Coll. Gevögel, n.
Uttar-är, salben. ütt, f. unscher.
Üttel, m. E. Nutzen, m. daschüttel, a, nichtsnutzig, träge. daschütlia, f. Trägheit, f. utilisar, benützen, f. util.
Utun, m. E. Messing, n.
Utuon, m. Herbst, f. atunn.
Uzua, m. Heidelbeere, f. izzun.

Vādar,* E. verweigern. It. vietare.
Vadeglia, f. 1. Haarlock-, f.
Vaigd, m. E. Wittwer. vaigda, f. Wittwe. vaidguar, vaigdar-är, Leid tragen. chanzuns da vaigd, Trauerlieder.
Vaglia, f. Werth, m. nuott da -, nichts werth, f. valèr.
Vaindscher, E. siegen, f. venscher.
Vaisa*, f. E. Gestalt, f. Aussehen, n. Matth. 25. It. cospetto.
Valgad*, f. E. Wacht, f.; tgnair intuorn-, bewachen.
Valid, a, gültig. invalid, a, ungültig.
Valinguotta, valnüglia, m. E. valnuot, 1. Taugenichts, m. f. valèr.
Valisch, f. Felleisen, m. (altung.) Last, Bürde, f.
Valischent, valischaint, m. Müßiggänger, m.
Vann, m. Wanne, f. vonn.
Vantar-är, E. rühmen; as -, sich rühmen. vont, m. Ruhm, m. Lob, n.
Vard (part.) f. Seite, f. davart, von. or d' vard, außerhalb; vi d'vard, bei Seite; nou d'vard, hieher. sur-suttvard, oberunterhalb. en vard, rücksichtlich.
Vargantar, vorausschicken, f. vargar.
vargiar-är, waten, durchs Wasser gehen.
Varzagiar-är, varziar-är, E. ängstigen, in Verlegenheit- rathlos sein, jagen.
Vau, m. 1. Weg, m. Straße, Gasse (eines Dorfes und auf dem Felde), f. vau.
Vè, vhè*, E. siehe, ecce, ecco, wofür die Oberländer immer, nach deutscher Weise, mire sagen.
Vearma*, f. E. Schlange, f.
Vearna*, f. Jungfrau, f. vergine.
Veder, a, alt. tainter veder e nüglia, zwischen dem Alten und nichts, d. h. auf der Neige, ohne Vorrath. vedrüsch, a, ältlich.
Vegl, ia, alt. vegliuord-a, (verächtlich) ein schlechter, häßlicher Alter- Alte. vildüm, m. Alterschwäche, f.

Veglia, f. Wille, m. viglius, a, willig, f. vuler.

Vegnir, vagnir, vignir (abgekürzt) gnir, kommen, werden. vegnida, vgnüda, f. Ankunft, f. ventür, a, zukünftig. ventüra, E. vantira, Glück, n. antervegnir, erfahren, vernehmen. avegnir, sich ereignen. aveniment, evenimaint, m. Ereigniß, n. cunvegnir, ausmachen, festsetzen, bestimmen, sich einverstehen, geziemen; zweckmäßig sein; ei han cunvegnieu aschia, sie haben sich also einverstanden; ei cunvern, es schickt, geziemt sich, man muß. convenient, a, schicklich, anständig, vortheilhaft. cunvenienza, f. Wohlstand, Anstand, Gebühr, f. canvent, m. Zusammenkunft, f. Kloster, n. conventnal, a, klösterlich, Klosterbruder, Klosterfrau. convenziun, f. Verabredung, f. Vertrag, m. incunvenient, a, unanständig, nachtheilig. incunvenient, m. incunvenienza, f. Unpassendes, Uebel, n. Nachtheil, m. convegna, s. F. Zusammenkunft, Gemeinschaft, f. far-, sich gut vertragen. sa cuvignir, 1. sich vertragen, in Eintracht leben. cuvignienscha, Eintracht, Verträglichkeit, f. scuvignienscha, f. Unverträglichkeit, Zwietracht. pervegnir, dazu gelangen. pervegnieu, m. Emporkömmling, m. preveguir, aufmerksam machen, voraus wissen lassen, warnen. prevenziun, f. Vorurtheil, n. vorgefaßte Meinung, f. previamein, vorläufig, zum Voraus. raveguir, sich erholen. el raven, er erholt sich. sgnir, E. abnehmen, verschwinden. survegnir, bekommen, erhalten, überfallen, einfallen. beinvegnieu, ida, 1. insavegni, ida, M.

willkommen; - qua tra nus, willkommen bei uns.
Voispra, f. f. vespra.
Vola, f. M. zweirädriger Karren.
Vendemia, vendemgia, f. vin.
Venscher, Part. vitt° vintscheu. victorgia*, vittorgia*, f. Sieg, m.
Vera, f. Naberëif, m. B. Zwinge, f. dalla faulseh, Sensenzwinge.
Verb, m. Zeitwort, Verbum, Coll. la verba; bgerra verba, viele Worte. gir, dir la verba ad in, einem die Meinung sagen, die Leviten lesen, ausschelten. verbal, a, wörtlich, mündlich, zeitwörtlich.
Vestir, E. kleiben. vest aa lett, f. Bettanzug, m. f. vaschir.
Veulta, f. 1. Rank, m. Fuder, f. volver.
Vez, a, E. klug, gewandt, vez, m. Neigung, f. Hang, f. vezz.
Vezzar*, sehen, wahrnehmen; - da bellas, arge Dinge sehen.
Via, E. Adv. weg, an, nach; el va via Lavin, nach Lavin. (Dies via dürfte aber wohl auch aus vi a, hin nach zusammengesetzt sein).
Viagiar-är, reisen, f. via.
Vicari, m. Vicar, Stellvertreter. vicarisar, jemandes Stelle vertreten. (In Bünden war vicari der höchste Criminalbeamte vom Veltlin.)
Victuaglia, vilquärgia*, Coll. la -, Lebensmittel, f. viver.
Vierf*, m. E. das Wort, Pl. la verva; mia verva, meine Worte.
Viers*, m. Geheul, Melodie. quel bun dutsch -, die gute süße Weise. straviers*, m. Bosheit, Uebelthat, f.
Vigna, f. Weinberg, f. vin.

Vilaun, a, zornmüthig, jähzornig, böse. vilania, f. Hohn, m. Beschimpfung. svilauer-är, beschimpfen, f. vilaus.

Vingiar, rächen auch verblenden, It. meritare.

Vinin, m.* Gift, n.

Virar*, auslegen, aufnehmen, It. virer.

Virtüd, vertieu*, f. Tugend, Kraft, f. (bei Bivroni auch) Wunderwerke. Matth. 13.

Vischdar-är, besuchen (die Wöchnerin); ir a. -, zum Taufmahl gehen. vischdaglias, Taufgeschenke. visdöz, m. 3. Ausstattung, f. (besonders in Kleidern und Geräthschaften).

Visibel, visium visitar, f. vêr.

Vital, a, zum Leben gehörig, f. vitla.

Vitt, f. Weinstock, f. vin.

Vituperi, m. Schimpf, Hohn, m; far -, beschimpfen, verböhnen.

Vöd, a, leer, f. vid.

Volver our*, übersetzen, deuten.

Vouta, f. E. Mal, m. Gewölbe, n. allavouta, bisweilen; üna, duas voutas, einmal, zweimal.

Vtürar-är, fuhrwerken, f. vichira.

Vud, m. E. Stimme, f. Gelübde, n. dar- die St. geben; far -, geloben, ein Gelübde ablegen. vudar-är, stimmen, geloben.

Vulair, wollen. veglius, voluntus*, a. E. willig, f. vulêr.

Vulpin, a, schlau, fuchsartig, f. vuolp.

Vungiar, vuingiar, anekeln. vungua, vaunga, f. Ekel, m.

Vuorg, m. Knoten, wo sich zwei Aeste theilen, Ast, Schaft (?) m. f. buorch.

Vurdar, 1. schauen, f. guardar.

Vus bella, f. 3. Buhlerin, Maitresse.

Zachin, zakin, m. Dukaten, m. Zekin.

zaffär*, rauben, fangen. 2. Pet. 2. 12. f. tschaffar.

Zaifel*, m. (Campell) Zeisig, m.

Zapignar-är, zertreten, (vom Wasser) trüben.

Zaplida, f. M. wenig gebahnter Schlittweg.

Zaplignar, M. ganz kurze Schritte machen. zaplignada, solche S. machen.

Zappar-är, hacken, treten. zappaditsch, m. M. Gehäck, n. (von Fleisch).

Zardin, m. E. Garten, m.

Zavagliar, 3. m. im Handel-Spiel hintergehen, betrügen. zavagliun, m. Unredlicher.

Zember, m. E. Arve, f. Bauholz, n. Werk, Geräth, n.

Zena, f. B. Gestell, n. - da paun, Brodgestell; - d'övs, Eiergestell.

Zepra, f. Aas, n. f. zepla.

Zerclar-är, jäten, f. zarclar.

Zerp da quatter pezzas (B. pletschas) Eidechse, f.

Zinuostra, f. Tuchende, f.

Zoata, f. B. Holzschuh, m.

Zober (d'üia), E. Weintraube, f.

Zocca, f. E. Gülle, Jauche, f.

Zoccas, far-, M. das Heu in große Haufen ziehen. far rainettas, schöcheln, kleine Häufchen machen.

Zöber*, m. E. Zauberer, m.

Zomba, f. Taufe, f. Küferkübel, m.

Zóp, m. E. Hanf- Flachsröste, f. f. zupp.

Zöppel, m. 2. Versteck, von zuppar.

Zotla, f. E. Wasserstelze, f. (Vogel).

Zücha, f. E. Kürbis, m. f. zichia.

Zücher, E. Zucker, f. zukker.

Züg, m. E. starker Schluck, s. zig.
Zundar, zuondär, schälen; - meila - ossa, Aepfel - Knochen schälen, grob weg=schneiden. zuondär ün prò, eine dürre Wiese abmähen. la zuonda, E. das Uebriggelassene, die Schaalen. laschar la -, die Reste, den Abfall lassen.
Zunkla, juncla, f. M. lederner Riemen.
Zuondra, f. Legeföhre, s. *Pinus silvestris montana.*

www.ingramcontent.com/pod-product-compliance
Lightning Source LLC
Chambersburg PA
CBHW032043230426
43672CB00009B/1457